日记里的教育世界

——晚清、民国士人日记阅读札记

田正平 著

上海教育出版社
SHANGHAI EDUCATIONAL
PUBLISHING HOUSE

图书在版编目（CIP）数据

日记里的教育世界：晚清、民国士人日记阅读札记 / 田正平著. — 上海：上海教育出版社，2023.6
ISBN 978-7-5720-1970-8

Ⅰ. ①日… Ⅱ. ①田… Ⅲ. ①教育思想 - 研究 - 中国 - 近代 Ⅳ. ①G40-092.5

中国国家版本馆CIP数据核字(2023)第126690号

责任编辑 董 洪
书籍设计 陆 弦

RIJI LI DE JIAOYU SHIJIE: WANQING、MINGUO SHIREN RIJI YUEDU ZHAJI
日记里的教育世界：晚清、民国士人日记阅读札记
田正平 著

出版发行 上海教育出版社有限公司
官 网 www.seph.com.cn
地 址 上海市闵行区号景路159弄C座
邮 编 201101
印 刷 上海展强印刷有限公司
开 本 889×1240 1/32 印张 13.875 插页 5
字 数 300 千字
版 次 2023年6月第1版
印 次 2023年6月第1次印刷
书 号 ISBN 978-7-5720-1970-8/G·1771
定 价 89.00 元

序

2017年9月，承蒙上海教育出版社各位关心，将我在2008—2016年间陆续写成的几篇阅读日记札记以《世态与心态——晚清、民国士人日记阅读札记》为题刊行。这几年到各地出差开会，经常碰到一些同行学者，特别是一些年轻朋友，问起这本小书的后续情况，因为他们大多记得，在书的“前言”中曾经提及，将继续进行这项研究，“以后陆续写成的，可以作为续集”的承诺。事实上，这些年来除必需的教学和培养研究生工作之外，我确实一直沉浸在晚清、民国士人日记研读的苦乐之中，真有一种欲罢不能的感觉。

研读这些日记的感受是多方面的，概括地说，就是增强了对历史研究的敬畏感和对于作为历史活动主体的人的研究的多面相、复杂性的理解。浙江海宁乡村塾师管庭芬五十余年逐日留下的一百三十多万字的日记，让我们对鸦片战争前后中国广大乡村普通士人的生活世界和精神追求有了感性的认识，对中国社会跨入近代的艰难与中国教育早期现代化启动的沉重有了深切的体悟。多年前阅读著名思想家龚自珍的警世之句“秋气不惊堂内燕，夕阳还恋路旁鸦”（《逆旅题壁，次周伯恬原韵》），体会不到作者那种复杂的心情，读着《管庭芬日记》，这两句诗会时时跳出来，让我掩卷沉思。出生于1860年的严修和出生于

1899年的郑天挺，无论从年龄、知识结构、个人阅历等哪个方面考虑，都应该是分属两代的士人：前者二十三岁中进士，点翰林，三十五岁主持贵州一省学务；后者二十一岁从北京大学国学门毕业，三十四岁担任北京大学秘书长，四十一岁兼任西南联大总务长。但是，当我分别阅读《严修日记（1894—1898）》和《郑天挺西南联大日记》时，却分明感受到一股浩然之气贯串其间。无论是在地瘠民贫、风气闭塞的贵州，还是在空袭不断、生活艰难的昆明，为了启迪民智，为了培育人才，为了民族的独立与富强，他们抛家别子，“万里孤征”，在不同历史时期、不同客观环境下表现出来的家国情怀以及让人感动不已的忠于职守、勤勉奉公、一身正气、洁身守德的个人品格和情操，跨越时空，交相辉映，一脉相承，把传统士人和现代知识分子紧紧地联系在一起。浙南乡村塾师刘绍宽的日记，则展示了一幅认识和理解中国近代教育史上诸多先进与落后、激进与保守的形象以及他们之间相互转化的生动画面。刘绍宽亲身经历了十九世纪九十年代至二十世纪二十年代的历次教育变革，由私塾先生、书院山长而小学校长、中学校长，直至县教育会会长、县政府教育科科长、温处学务分处编检，通过自己的努力，紧跟时代步伐，为浙南地区文化教育事业作出过重要贡献。辛亥革命后，作为教育家的刘绍宽，关注的重心从国家存亡的层面转而上升到中国文化的消亡、传统伦理的废弃、孔孟之学将被澌灭的层面。这种关注重心的转移使他视一切新思潮、新观点、新风尚为洪水猛兽，避之唯恐不及。他怀着深深的不安与无奈远离教育改革现场，回归故里，甚至试图通过恢复私塾式教学

“为后进造就几人”。这样一种从站在时代潮头到远离改革现场的人生轨迹发生在一位乡村塾师身上，比我们经常用来诠释历史的严复、康有为等在辛亥革命后的表现，更让人觉得震撼和有说服力，因而为我们深入认识和评论那段历史提供了一个全新的视角。朱自清的大名，对于近百年来受过中小学教育的中国民众而言，可以说，几乎无人不知无人不晓。大家都知道他是新文化运动以来影响最大的著名文学家之一。其实，朱自清短暂的一生有二十八年是在讲坛上度过的，其中，在清华大学和西南联大中文系担任教授、系主任即整整二十三年。他对大学教授的职业心怀敬畏和神圣，刻苦勤奋，抓住一切机会充实、提高自己。他教了几十年书，对每一堂课总是“如临深渊，如履薄冰”，时时反省，虚心向学生、同行学习，努力改进、提高教学效果。他严格律己，坦白诚挚，待人宽厚、亲切，谦逊而不失原则，在贫困与疾病的考验中彰显出知识分子的气节。他既是一位学识渊博的经师，更是一位品格高洁的人师。《朱自清全集·日记》是大学教授朱自清一生自我修为的忠实记录。

进入二十一世纪以来，各地陆续出版的晚清、民国时期的士人日记数量剧增，日记主人的身份更是纷繁多样，真让人有目不暇接之感。出于专业背景和读书兴趣，我在选择阅读对象时，大致遵循这样的思路：一是努力把近代以来的一个多世纪连贯起来，做到在时间上不断线，特别是几次大的教育变革，不能留下空档；二是人物的涵盖面尽量广泛，力争做到各个群体都有代表性人物，不留空白。十几年过去了，这样的思路一直是比较明确的，但是，由于主观条件和客观环境的限制，还是留下许多遗憾。最近，与上海教育出版社的领导交换意见，他们听了我的想法后明确告诉我，之前的承诺不仅仅是你个人的事，更是我们的责任。他们建议我把最近几年写的几篇札记收录进来，出一个新版，并建议把书名改为《日记里的教育世界——晚清、民国士人日记阅读札记》，以便让读者更好地理解我撰文的初衷。这个主意，我欣然接受。

此版增加的文章是《秋气不惊堂内燕——〈管庭芬日记〉阅读札记》《一位省级最高教育行政官员的工作日志——〈严修日记（1894—1898）〉阅读札记》《教育大变革中的一位乡村塾师——〈刘绍宽日记〉阅读札记》《忠厚诚笃，家国情怀——〈郑天挺西南联大日记〉阅读札记》《一位大学教授的自我修为——〈朱自清全集·日记〉阅读札记》《大爱无疆——〈梁启超家书校注本〉阅读札记》。另外，在正文之后增加了参考文献举要。同时，借改版的机会，将前此刊布的几篇文章又做了一次校阅。需要向读者说明的是，《大爱无疆——〈梁启超家书校注本〉阅读札记》一文是在阅读梁启超家书之后撰写的。梁启超是近代著名的改革家、教育家，文化启蒙的一代宗师。其实，他还是一位非常称职的父亲。梁启超不仅将自己的一生奉献给他念兹在兹、无日或忘的“新民”事业，而且身体力行，在他的精心培育下，九个子女个个成为二十世纪的“新民”，在不同的历史时期、不同的工作岗位上为国家独立、民族复兴作出了积极的贡献，所以世人用“一门三院士，九子皆才俊”的美誉称赞梁氏家庭教育的成功。《梁启超家书校注本》一书，忠实、全面地记录了一位慈父在子女教育问题上的所思、所行，生动、翔实地留下了梁氏九个子女各自成长的鲜活足迹。可以说，梁启超写给子女们的家书，就是一部二十世纪版的“梁氏家训”，阅读这些感情细腻丰富、没有任何修饰的书信，真切地感受到梁启超对子女、对亲人、对青年、对生活的深沉的爱恋，对社会、对民族、对国家的强烈的责任感，在教育子女问题上给我们开启了无尽的思考空间。家书，特别是在夫妻之间、父母与子女等至亲之间的书信往来，与日记一样，也是私密性很强的一类文献，所以把这篇文章一并收录进来。

感谢上海教育出版社的领导和责任编辑为本书付出的辛勤劳动，期待着读者诸君的批评指正。

田正平

壬寅端午于浙江大学西溪校区

目录

侍讲学士的困境与出路

——《恽毓鼎澄斋日记》阅读札记/107

教育大变革中的一位乡村塾师

——《刘绍宽日记》阅读札记/129

清末“废科举，兴学堂”的另一类解读

——《朱峙三日记（1893—1919）》阅读札记/186

横看成岭侧成峰：乡村士子心中的清末教育变革图景

——以《退想斋日记》和《朱峙三日记》为中心的考察/210

寻病源与读方书
——《黄炎培考察教育日记》阅读札记/231

理念·境界·情操
——《竺可桢日记（1936—1946）》阅读札记/251

救国千万事，造人为最要
——《胡适日记全编·留学日记》阅读札记/301

忠厚诚笃，家国情怀
——《郑天挺西南联大日记》阅读札记/330

一位大学教授的自我修为

大爱无疆

前　言

1926年6月，鲁迅在《马上日记·豫序》一文中写道：

> 我本来每天写日记，是写给自己看的；大约天地间写着这样日记的人们很不少。假使写的人成了名人，死了之后便也会印出来；看的人也格外有趣味，因为他写的时候不像做《内感篇》外冒篇似的须摆空架子。我想，这是日记的正宗嫡派。①

在鲁迅看来，日记应该是写给自己看的，不须摆“空架子”，并肯定此类日记“是日记的正宗嫡派”。

1936年7月，胡适在为商务印书馆出版的《胡适留学日记》撰写的“自序”中写道：

> 这十七卷札记是我在美国留学时期（1910—1917）的日记和杂记。……这十七卷写的是一个中国青年学生五七年的私人生活，内心生活，思想演变的赤裸裸的历史。他自己记他打牌，记他吸纸烟，记他时时痛责自己吸纸烟，时时戒烟而终不能戒；记他有一次忽然感情受冲动，几乎变成了一个基督教信徒；记他在一个时期里常常发愤要替中国的家庭社会制度作有力的辩

① 鲁迅.鲁迅全集（3）[M].北京：人民文学出版社，1991：308.

护；记他在一个男女同学的大学住了四年，而不曾去女生宿舍访过女友；记他爱管闲事，爱参加课外活动，爱观察美国的社会政治制度，到处演说，到处同人辩论；记他的友朋之乐，记他主张文学革命的详细经过，记他的信仰思想的途径和演变的痕迹。……这里面有许多少年人的自喜，夸大，野心，梦想，我也完全不曾删去。这样赤裸裸的记载，至少可以写出一个不受成见拘缚而肯随时长进的青年人的内心生活的历史。

胡适一再强调自己这部日记的真实性：

这十七卷的材料，除了极少数（约有十条）的删削之外，完全保存了原来的真面目。[①]

其实，日记作为一种应用文体裁，从最初产生时起，就是一种自我交流的形式，其主要功能即是用于记录个人的所闻、所见、所思。据我国著名日记研究专家陈左高教授考证：

二十多年前，江苏扬州掘到一座西汉宣帝时平民王世奉墓葬，棺内保存了十余件木牍，系具有年月日之简单日记。作者因“有狱事”，在狱中随手记下亲友来探监之经过。这一王世奉《狱中日记》木牍出现，给我们提供了最早一位有具体姓名的日记作者，有年月日的日记作品，足以印证日记溯源，推前至二

---

① 胡适.胡适日记全编（1）［M］.曹伯言，整理.合肥：安徽教育出版社，2001：55—59.

千年前的西汉，即公元前，允无疑义。[①]

这件被认为是最早的日记作品，其内容即是记录日记主人的狱中生活。当然，这是就日记这种体裁的“正宗嫡派”而言。然而，在长期的历史发展进程中，日记文献整体的情况还是比较复杂的，有些日记是记主在写作时就准备日后公开出版的，出于各种考虑，记载中难免有矫饰和虚假的因素；有的则是在日记准备公开付梓时，世易时移，客观形势发生了变化，早已不是记主当年写日记时的情境，本人或后人出于现实的顾忌，在公开付梓前对原作进行了有意的删改。上述两种情况在历朝历代的日记文献中所在多有。但是，作为日记文献的“正宗嫡派”而言，确实如学者们早已指出的：“历代日记作者是写给自己看的，可以直抒胸臆，畅言无忌，臧否得失，毫不掩饰……”相对于其他文献，它的优势“一是真实。……二是具体。……三是坦率”。[②] 正因为如此，日记文献历来为学者所关注。特别是对于人物研究而言，“日记除了记录历史人物的活动外，还常常记录了个人生活中的一些最秘密、最深沉、最亲切的感情，可以说就是自己写给自己看的书札。作为最纯粹的私人写作，日记反映了个人精神生活的隐秘领域，而这些恰恰正是正式的官方史书中所缺乏的内容。……因此，从某种意义来说，日记也是思想史和心态史研究最好的第一手资料”。[③]

① 陈左高.历代日记丛谈［M］.上海：上海画报出版社，2004：导言·1.

② 同上：导言·4.

③ 邹振环.日记文献的分类与史料价值［M］//古代中国：传统与变革（第一辑）.上海：复旦大学出版社，2005：326.

进入二十一世纪以来，由于国家清史编纂工程的启动和中华民国史研究的备受关注，大量收藏于个人或图书档案管理部门的晚清和民国时期人士撰写的日记得以面世出版，为人文社会科学的研究提供了宝贵的第一手资料。这些陆续出版的日记，记主们的社会地位不同，层次悬殊，视野各异，经历亦大相径庭；即使是共处于大致相同的环境之下，日记中留下的个人感受也可能完全不同。比如说，《恽毓鼎澄斋日记》的记主恽毓鼎，任晚清史官十九年，担任过日讲起居注官、翰林院侍讲、起居注总办、讲习馆总办等多种职务，虽然一直从事文字工作，远非封疆大吏那般有权有势，却是晚清为数不多的皇帝近臣之一，曾随侍光绪皇帝近十年，而这十年正是十九世纪末二十世纪初社会大变动时期。对于发生在这一时期的诸如科举取士制度的停废、学堂章程的颁布、新式学堂的创办这样一些牵动数百万读书人神经的大事，《恽毓鼎澄斋日记》中流露出来的感受和认知，与山西举人刘大鹏在《退想斋日记》和湖北秀才朱峙三在《朱峙三日记》中的感受和认知就大不一样。即使是同处于内陆地区的士人刘大鹏和朱峙三，对于科举取士制度停废的看法也表现出极大的差异。刘大鹏在日记中记载，当他得知清廷下诏停止科考的信息后，“甫晓起来心若死灰，看得眼前一切，均属空虚”。“昨日在县，同人皆言科考一废，吾辈生路已绝，欲图他业以谋生，则又无业可托，将如之何?”[①] 朱峙三在得知同样的消息后则无动于衷，在日记中写道：

前日报载有上谕，立即停止科举，各省学政改为专考察学

① 刘大鹏.退想斋日记［M].乔志强，标注.太原：山西人民出版社，1990：146—147.

堂事宜，今日科举已成历史上陈迹矣。许多醉心科举之人，有痛哭者矣。[①]

完全是一副事不关己的样子。人们所熟知的胡适和吴宓都是二十世纪第二个十年庚款赴美的留学生，出国前都对中国传统文化有较广泛的涉猎、较深厚的积累和强烈而浓厚的兴趣，回国后却阵线分明，前者参与《新青年》刊物的编辑，成为新文化运动的主将；后者集结同志，创办《学衡》杂志，誓与新文化运动抗衡。这样的例子实在是很多的。

细读这些日记，我们还可以发现，同样一位作者，其内心世界和外在行动会明显“错位”，公开言论和私下想法会两相背离。前面提及的光绪近臣恽毓鼎，出身科举世家，从祖父到他本人，都是科举取士制度的受惠者。1905 年清廷宣布停废科举取士之后，恽在日记中虽不敢对皇帝流露出不满情绪，却对力主此举的张之洞、张百熙等人大加挞伐：

悲哉，悲哉！废科举，立学堂，不能不叹息痛恨于南皮、长沙二张矣。[②]

今日大局之坏，根于人心，而人心之坏，根于学术。若夫学术之坏，则张之洞、张百熙其罪魁也。二张之昧良心。何尝醉心新政，直热中耳。因热中而甘心得罪圣贤，得罪宗社，他

① 朱峙三.朱峙三日记（1893—1919）［M］.胡香生，辑录.严昌洪，编.武汉：华中师范大学出版社，2011：169.

② 恽毓鼎.恽毓鼎澄斋日记［M］.史晓风，整理.杭州：浙江古籍出版社，2004：541.

日公道犹存，非追削官谥不可。[1]

但是，他真的愿意把自己的命运与即将倾覆的封建王朝大厦死死地捆绑在一起吗？其实未必。就在清廷宣布立停科举的第二天，1905年9月3日，恽在日记里写下如下一段话：

科举虽罢，子弟不能不读书。命宝惠（恽之长子——引者）专一研究政法学，为他日致用之道。……一切琐琐异同可置之。[2]

恽的反应是如此迅速，停废科举的谕旨才颁布了一天，他就果断地决定，让长子改弦更张，“一切琐琐异同可置之”，研习政法学，以“为他日致用之道”。二十世纪初，停废科举之后，法政类学堂是最受时人追捧的新式学堂，因为在清末立宪的大背景下，获得此类学堂的“文凭”是入仕做官的最佳“捷径”。恽不仅命长子进入法政学堂读书，而且以后又命多位子侄入该类学堂上学。言行是如此之不一，前后判若两人，这种情况只有通过对其日记的研读，才能明了其内心的真实活动，解释其言行“错位”的深层次原因。

当然，上面所举的例子只是围绕人物研究而言。事实上，日记涵盖面极广，或铺陈重大历史事件，或展示宏伟时代风云，或书写读书心得，或阐发个人胸臆，或缕述起居琐事，或披露参政内幕，或记载个人交往，或留下友朋踪迹。这些文字是十

---

① 恽毓鼎.恽毓鼎澄斋日记［M］.史晓风，整理.杭州：浙江古籍出版社，2004：562.
② 同上：276—277.

分珍贵的历史资料，常常能丰富历史的细节，透露其他文献资料中见不到的历史真相，从而让读者感受到历史更为广阔、更为复杂的层面。

晚清和民国时期是中国社会发生重大转折的时期，亦是传统教育向现代教育转型的重要时期。有日记存世者，大多是时代舞台上的要角，或者是现实生活中的强者，最不济者亦需识文断句，上过几天学堂或私塾，能提笔记下自己的所见所想，否则，何来日记传世？换句话说，这些人都受过不同程度的教育，无论是私塾教育还是高等教育，无论是在国内的学堂读书，还是到国外的名校留学，因此，在日记中大多会留下自己对彼时彼地教育变革的记载，抒发他们由这种变革而引发的感慨。古人讲“知人论世”，即是说明理解个人和认识时代的辩证关系。晚清和民国时期在中国发生的多次教育上的重大变革，深深地牵动着每个读书人的切身利益，对绝大多数普通读书人而言，对待这些变革的态度归根到底是受个人的利害得失制约的。这段历史留给后人回味的，既有先知先觉者的呐喊和壮烈行动，政体、国体转变前后当政者的种种举措，也有千百万读书人的心态变化和社会风尚的转移变迁。对于后者，一部部时人留下的各种题材的日记，给我们提供了探寻历史细节的无数门径。

收入本书的文章均是作者最近几年来研读晚清和民国部分士人日记的札记，大部分曾在《教育研究》《教育学报》《高等教育研究》等刊物上发表过。说实话，阅读的过程对我而言是与日记主人一起重新穿越历史的过程，我常常沉浸其中不能自已，有时甚至有一种受到强烈震撼并提升境界、净化灵魂的感受。上海教育出版社的同志建议我把这些文章结集出版，在感谢他们的好意之余，觉得篇幅小了点。我本来的设想是每年读一到两部日记，期之以十年，再考虑出版的事。可是从2008年开始，到目前仅读了十几种，有些日记篇幅很大，像《竺可桢日记》有一千三百多万字，一年时间根本无法读完，我只好先阅读他主持浙江大学校政期间十三年的部分；有些日记则是读了几遍后仍觉得抓不住要领，难以下笔，或者是写出来之后，自己仍觉得意犹未尽。编辑同志来信说篇幅太大反而可能给读者带来阅读压力，建议不妨先把现有的这十几万字出了，以后陆续写成的，可以作为续集。我想这也是个不错的主意，便听从了出版社的建议，不揣浅陋，把这本小册子奉献给读者，请读者诸君批评指正。

田正平

2016年12月31日

浙江大学西溪校区

秋气不惊堂内燕

——《管庭芬日记》阅读札记

学术界比较一致的看法是，十九世纪中叶先后发生的西方列强入侵和太平天国农民起义将中国数千年的传统社会卷入近代，开启了中国社会和中国教育早期现代化的沉重大幕。浙江海宁乡村塾师管庭芬的日记告诉我们，鸦片战争带给他的观感，不是对西方近代文明的艳羡，不是对西方科技知识的向往，而是对殖民主义者行径的仇恨、鄙视和排斥。太平天国严重地冲击了清政府的社会基础，作为一名乡村塾师，管庭芬在战乱中受尽了流离失所、家破人亡的痛苦，激起了他对圣恩之下享受平静生活的期盼和向往。面对19世纪中期中国社会的大变动，面对中国步入近代大门，管庭芬和他的塾师朋友们依然在既有的轨道上踯躅前行。《管庭芬日记》为我们加深理解中国教育早期现代化起步时期乡村塾师的生活世界，进而理解中国教育早期现代化的起步维艰和步履蹒跚，提供了一个很好的窗口。

1840年爆发的鸦片战争，以《南京条约》的签订而告终。西方资本主义列强用大炮和兵舰轰开了关闭一百二十多年的中国大门，有着几千年文明历史的中华帝国被无情地卷入资本主义世界性扩张的漩涡中。马克思曾经指出："英国的大炮破坏了皇帝的权威，迫使天朝帝国与地上的世界接触。"[①] "在这场决斗

① 马克思恩格斯选集（第一卷）［M］. 中共中央马克思恩格斯列宁斯大林著作编译局，编译. 北京：人民出版社，2012：780.

中，陈腐世界的代表是激于道义，而最现代的社会的代表却是为了获得贱买贵卖的特权——这真是任何诗人想也不敢想的一种奇异的对联式悲歌。”① 中国从此开始了走向世界的艰难历程。先进、文明与侵略，落后、陈腐与道义奇妙地交织在一起，铸成了近代中国绵延百年的历史悲剧。中国传统封建教育的解体和近代新式教育的产生发展，正是在这样一个广阔的背景下起步的。长期以来，学界关注这一时期传统教育的变革，主要集中于对林则徐、魏源、龚自珍、冯桂芬等一批“开眼看世界”人物的研究，考察他们对西方教育文化的宣传介绍，肯定他们“师夷长技以制夷”主张的划时代意义以及对传统封建教育的批判和对人才问题的大声疾呼。面对同一个时代主题，更多的普通士子是如何感知这种“三千年未有之变局”的？分布在广大城镇乡村社会下层的士人是如何因应这种世变的？进而言之，十九世纪中叶，他们的生活究竟是一种什么样的状态？他们是已跨入近代的门槛，抑或仍在传统与近代的边缘踯躅徘徊？其实，这是一个更值得深入探究的问题。浙江海宁乡村塾师管庭芬，为我们提供了一个很好的个案。

管庭芬（1797—1880），原名怀许，字培兰、子佩，号芷湘，晚号笠翁、芷翁、渟溪老渔、芷湘居士等，浙江海宁人。管庭芬二十四岁考入海宁州学为生员（秀才），取得了下层士绅的身份，以后多次参加乡试，直至五十六岁始终未能取得举人头衔。他能诗善画，精于鉴赏，勤于校勘，热衷乡邦文献的编

① 马克思恩格斯选集（第一卷）［M］.中共中央马克思恩格斯列宁斯大林著作编译局，编译.北京：人民出版社，2012：804.

纂整理，为清代浙江著名的校勘学家。管庭芬从 1815 年开始写日记，对此前十八年的生活经历，亦在后来做了概括性的回忆和追记。此后有三年（1817—1819）的日记因故被毁，但后来同样做了简要的补记。只有 1816 年 9 月 12 日至年底的日记缺失。1820 年以后直至 1865 年，全部日记几乎无日间断地被保存下来。管庭芬非常重视写日记，甚至在他病重无法提笔的日子里，仍让长子升恒代记了近一个月。一位清代普通士人的日记，时间跨度如此之长且持续不间断，是非常难得的。2013 年 9 月，中华书局组织整理出版了《管庭芬日记》，为我们了解和认识十九世纪中叶普通士人的生活世界和精神世界，进而加深对那个时代的认知，提供了丰富、鲜活、生动的材料。

一、“升斗之馆谷以糊口”

管庭芬出生于浙江省海宁一个薄有田产的下层士绅家庭，历代祖辈取得的最高功名即是秀才。他们大都不事农桑，而以课馆为业，家庭有读书传统。管庭芬自述“余家食贫守拙，安分读书，积百有余年矣”。[①] 他四岁开始识字，随父亲读《千字文》等书，五岁读《鉴略》及唐宋人近体诗，六岁始课四子书。九岁入塾，在父亲和塾师的指导下继续学习“四书五经”等儒家典籍，十六岁课时艺习举业。1808 年深秋的一个傍晚，十二岁的管庭芬与父亲在屋内读书，窗外“桂影扶苏，月光澄澈”，父亲命他即景赋诗一首，他脱口而出：“满院天发香，团圆月正

① 管庭芬.管庭芬日记（第一册）[M].张廷银，整理.北京：中华书局，2013：3.

中。一枝高折取，胜步广寒宫。”深得父亲赞许：“先大人大悦，以为立言得体。”[①] 多年后管庭芬追忆补记下来的这则日记，说明他本人和他的父辈是多么希望他能在科举仕途上蟾宫折桂，金榜题名。然而，由于家境的原因，管庭芬不得不把这种憧憬和追求压在心底，而把谋生、养家放在第一位：“受室后碌碌为衣食计，闲则习举子业，除四子五经外，余书屏贮高阁。”[②] 参加科举考试成了“休闲”时的副业，而主要谋生手段是做塾师。

嘉庆二十二年（1817 年）仲秋，二十一岁的管庭芬首次设馆于离家四里的桐乡晏城沈氏家，他给自己的塾馆起了个极富诗意的名字“红叶村庄”：“地为吴越古战场，平原莽莽，丹枫无际，因署曰：‘红叶村庄’。予尝有诗曰：‘碎锦连天拥作城，乱鸦点点夕阳迎。万花落地霜无迹，一径拖霞蝶有情。策仗丹岩催暮色，读书绛帐听秋声。他年若许登台阁，愿作朱云折栏旌。’”[③] 也许是由于第一次离家在外设馆授徒，暂时摆脱了家庭生活柴米油盐诸多琐事的纷扰，面对秋色中的吴越古战场，莽莽平原，无际丹枫，他写诗提醒自己，虽在荒村教读，但一定不能忘记“登台阁”“折栏旌”的奋斗目标。可以说，从教馆之日起，管庭芬就没有把它作为自己终身职业的打算。然而，事实却是，一直到有日记留存的六十九岁，管庭芬仍在与几个童子为伴。据日记记载，同治三年（1864 年）三月二十日：“因庆生读书，即开馆朱菊泉家。”[④] 六月初四日：“迁学徒于家塾。”[⑤] 这一年，

① 管庭芬.管庭芬日记（第一册）［M］.张廷银，整理.北京：中华书局，2013：12.
② 同上：179.
③ 同上：66.
④ 管庭芬.管庭芬日记（第四册）［M］. 张廷银，整理.北京：中华书局，2013：1771.
⑤ 同上：1777.

他六十八岁。同治四年（1865 年）正月二十四日："濮桥朱梅屏过谈，是日开馆。"[1] 六十九岁的老翁，元宵刚过，就在家里开学授徒了。从二十一岁至六十九岁，在漫长的近半个世纪的岁月里，除去赴直隶访亲的一年零四个月和应邀上省城主持编写《天竺山志》的两年半左右之外，管庭芬尽管有过许多兼职，但几乎没有离开过乡村教读生活。

提到传统教育中的乡村塾师，凡是接触过中国教育史的读者，眼前大概都会浮现身着一袭长衫，口衔烟袋，手捧一部《三字经》和学生一起摇头晃脑咿呀诵读的冬烘老者的形象。翻检《管庭芬日记》，我们很少看到他关于具体教学活动的记载，除去每年正月二十日左右开馆、腊月二十日前后散馆和清明、端午、中秋几个节日塾馆放假的记录外，大多是关于教读生活中个人情绪的宣泄。道光二年（1822 年），管庭芬到鄞墅镇王柽峰家设馆。一年后，他专门写了一篇《太古轩记》，详细描述自己当时的心情和感受：

是日作《太古轩记》一篇，记曰：太古之轩，芷湘子书以悬寓斋额也。忆自壬午之春，始客居郭溪太原氏，地当漳江之奥区，平畴绿野，中有屋数楹，掩映于疏槐高柳间，主人为予洁其北窗，作书室，尘嚣不闻，惟鸡犬声时流露于篱落下，余顾而乐之，因颜其居曰"太古"。每当课蒙之暇，把卷卧北窗下，清风徐来，原不让靖节之羲皇上人，而栩栩然或吟或咏，诸生时窃笑以为狂，而吾亦不能自抑，须卷尽乃止。邻居四五

① 管庭芬.管庭芬日记（第四册）[M]. 张廷银，整理.北京：中华书局，2013：1802.

家俱以耕凿为业，终岁不入城市，每询以时事，则口棘无所答，余甚爱其直朴，孰谓康衢击壤之风去古甚远哉。①

这是管庭芬在坐馆授徒第六个年头写下的一篇记叙塾馆生活的日记。在这里，他把一所僻处荒村的教馆和周围的环境描绘成充满诗情画意、令人无限神往的世外桃源——尘嚣不闻、平畴绿野、稻花拂袂、秧歌互答、或吟或咏、卷尽乃止……字里行间充溢着自得其乐的满足和愉悦。在他众多的关于教读生活的日记中，这是极少的几篇读来让人感到教读生活情趣的记载之一。他真的有如上感受吗？其实，更多的是与当时的环境和心境有关。此时的管庭芬二十七岁，家庭负担还不算沉重，十九世纪二十年代中国社会的大环境也算安定。更重要的是，三年前，他终于考取了秀才，即考入海宁州学，取得了最低一级的科举功名，进入了下层士绅的行列。虽然第二年乘胜出击，参加辛巳恩科乡试名落孙山，但对于一个下决心要走这条路的青年学子而言，一次失利实在算不得什么。在他的心目中，自己的前程依然是一片光明，目前的“荒村寂寞”权把它当作一种必经的修炼吧。心里能坦然面对，笔下就多了些温情和想象。

几十年间，管庭芬的塾馆大多设在家乡附近，离家不足一天的路程，有时则在家设馆授徒。塾馆都有一个古香古色的名字，“晖芸书屋”“太古轩”“笔花吟馆”“敬恕堂”“听雨书楼”“一枝轩”，等等。尽管这些名字如此富有诗意，但是随着家庭负担的日益沉重、社会的动荡不宁，特别是科举仕途上的屡屡受挫，乡

① 管庭芬.管庭芬日记（第一册）［M］.张廷银，整理.北京：中华书局，2013：229—230.

村塾师的生活图景再也难现昔日的温馨，取而代之的是无奈、贫困、无助的文字大量出现在管庭芬关于教读生活的日记之中。

道光七年（1827 年）春节过后，管庭芬再次回到鄟墅镇设馆，正月二十八日："是日戏草《重馆漈江》四律。其一曰：'半肩行李又随身，重向漈江问主人。聊借蠹书消岁月，为谋鹤俸且风尘。河堤柳绽初迎客，花径蜂喧欲报春。富贵神仙俱未遂，青毡仍守鲁儒巾。'"[①] 道光九年（1829 年）元宵过后不久，独自夜宿教馆的管庭芬写下《闻鸡》一绝云："未能簪笔立功名，卅载蹉跎负此生。豪气一腔消不得，何堪中夜听鸡鸣。"[②] 其实，此时的管庭芬已经厌倦了村塾生活，他在一封致堂兄管蓼吟的信中流露出弃就两难的无奈心情："弟年来食指浩繁，破砚生涯，终非活计。钻故纸之中，日与二三童子相对。鸡肋之味，实弃就两难耳。"[③] 道光十四年（1834 年）春分时节，儿子升恒从家里来探望独自在馆的管庭芬。儿子走后，管庭芬颇有感慨："是日作《感怀》一律曰：'莽莽春愁泥不消，轻阴疏雨酿花朝。绝无兴味难浇酒，未了豪情爱听潮。儿女债多羞范釜，诗书味永乐颜瓢。须眉如此中年近，未遂功名太寂寥。"[④] 韶光易逝，功名未遂，儿女债多，愁云难消。道光十八年（1838 年）九月，正在硖石馆中的管庭芬突然接到六儿去世的消息："晨八弟放舟之硖，恸悉六儿之殇。此儿早慧，苦患胎疥，秋来缠绵床席匝月有余，医药无资，不无抱歉耳。"[⑤] 此前不久，五

① 管庭芬.管庭芬日记（第一册）[M]. 张廷银，整理.北京：中华书局，2013：400.
② 管庭芬.管庭芬日记（第二册）[M].张廷银，整理.北京：中华书局，2013：503.
③ 管庭芬.管庭芬日记（第一册）[M].张廷银，整理.北京：中华书局，2013：455.
④ 管庭芬.管庭芬日记（第二册）[M].张廷银，整理.北京：中华书局，2013：755.
⑤ 同上：931.

儿煦春早殇的伤痛还未平复。现在，最疼爱的六儿宜春又因医药无资而不治，“是日因追悼五弟、殇儿，口占三绝句。……其二：‘自叹谋生笔一枝，全家衣食强支持。追思往事皆堪恸，曾见牵衣觅饭时。’其三：‘无端弱草半遭霜，抛骨荒阡亦自伤。此事九泉应见谅，寒衣典尽瘗三殇。’”[①] 更沉重的打击还在后面。同治二年（1863 年）七月二十七日：

薄晴。侵晨有急足来。骇知母亲于上夜亥时因痰厥去世，不觉五内俱裂。回思母子相依六十七载间，母将九秩，儿亦皓首，但为子者老大无成，不能戏莱衣之彩以相娱，而仍卜升斗之馆谷以糊口，致使老母瞑目之时，不克跪叩垂训之言，终天抱恨，其何以堪。不孝之罪，私衷莫释矣。随即步行抵家，抚床一哭，……余竟夕不寐。[②]

年已六十七岁的老翁，因为在外坐馆，母亲去世时都未能守在床前，这件事让管庭芬五内俱裂、抱恨终天。

有清一代，仅有秀才身份的下层士绅并不具备直接入仕的条件。要想入仕，大致有两条途径：一是所谓正途，即通过乡试、会试，取得举人、进士的头衔；二是所谓异途，即通过纳捐的方式，取得一定的身份。对于前者，管庭芬有试必考，屡败屡考，只是劳而无功，我们将在下面做进一步的分析。对于后者，管庭芬的家境既无纳捐的条件，他本人对此也极为鄙视。

① 管庭芬.管庭芬日记（第二册）[M].张廷银，整理.北京：中华书局，2013：940. 此次管的两个儿子与管的五弟三人同时入葬，故诗中有“三殇”之说。

② 管庭芬.管庭芬日记（第四册）[M].张廷银，整理.北京：中华书局，2013：1751.

他曾在日记里抄录无名氏的《捐官十嘲》，觉得这些辛辣的讽刺诗“实堪解颐”。[①] 可以说，对于一个下层士绅而言，仕途不通之后的唯一出路，就是坐馆做塾师。由于管庭芬薄有田产，因此全家的生活并不是完全靠做塾师的“升斗馆谷以糊口”。从日记中可以看出，每年的五月和十月以后总有关于外出收租的记载，如“收租至张店”[②] “步行之乡间催租”[③] 等。此外，管庭芬在海宁士子中很早即以能诗善画，精于鉴赏，勤于校勘而闻名。吴醒园为其《自娱集》作序：“予知芷湘之能诗久矣，而所见者不多，恒以未得读其全稿为憾。……息心展诵，见其取材也富，运思也深，调则从容而不迫，辞则妍丽而清新，拟诸前贤，唐似元白，宋比欧梅，明同何李，以似拜表揖赵趋时好者迥乎不侔矣。”[④] 钟署香为其所作《薇麓寻碑图》题云：“芷翁画为我乡望，笔力苍坚势奔放。偶然兴到一挥洒，陡觉云烟生纸上。”[⑤] 管庭芬的画兰尤为出色，因为名气大，以至于有人在其父亲去世未过三七之期居然求他画兰，这事让他颇感无奈：“先大人三七之期，举哀享祀。夜有月。是日有无知者，坚予画兰，即题二绝示之。”[⑥] 由于他对乡邦文献的熟悉和精于校勘之学，也经常受聘从事地方志的编纂和一些图书典籍的整理、抄录，所有这些活动当然都不是白尽义务。应该说，与一般的私塾先生相比，管庭芬的收入还是比较高的。道光十六年（1836

① 管庭芬.管庭芬日记（第一册）［M］.张廷银，整理.北京：中华书局，2013：452.
② 同上：52.
③ 同上：326.
④ 管庭芬.管庭芬日记（第二册）［M］.张廷银，整理.北京：中华书局，2013：670.
⑤ 管庭芬.管庭芬日记（第三册）［M］.张廷银，整理.北京：中华书局，2013：1247.
⑥ 管庭芬.管庭芬日记（第一册）［M］.张廷银，整理.北京：中华书局，2013：307.

年）三月二十六日记载："是日为升恒完姻吉期，……夜宾客赴吉宴者百余人，余酬应之，四鼓方寝。"[①] 长子结婚，宴请宾客百余人，应该说是相当不错了。但是，由于家口日繁、天灾人祸，再加上他身上传统士子的种种积习，如购书、品茗、饮酒、交游、观剧，等等，直至暮年都如影随形，因此家里生活总是入不敷出，处于拮据之中。他在一篇日记中写道：

> 余家世守寒素，除四子五经外，余书苦不能购。……余总角就傅，即喜读书，甚至免园册子亦不能全备。每当就试武林，过吴山书肆中，凡长编巨册，山堆阜积，阅其目无不爱之。然非大有力者不能捆载而来，归则形诸梦寐，至忘寝食。年来一衿才博，借馆谷以糊口，略有赢余，虽衣敝履穿，不为修饰，即付西吴书估。……视彼暴富儿缥囊缃帙，充栋汗牛，而徒为蠹鱼作巢穴者，恨不能制大挺而重挞之。[②]

一个酷爱读书的人买不起想读的书，看到那些富家子弟不读书而家里的典籍却充栋汗牛，只是供蠹鱼作巢穴，他怒火中烧，恨不得重挞他们。有一次，书铺伙计拎着一批书上门，"余欲购经解及考据书二三种，正值囊空，苦无以应。因检得夹衣数件付长生库质钱，书方为我有"。[③] 一位塾师，一个读书人，为了购置几本自己喜爱的书籍，身无余钱，只得把刚刚换下不穿的衣服拿去典当。为了生计，管庭芬甚至想到卖诗文、字画

① 管庭芬.管庭芬日记（第二册）［M］.张廷银，整理.北京：中华书局，2013：844.
② 管庭芬.管庭芬日记（第一册）［M］.张廷银，整理.北京：中华书局，2013：225.
③ 同上：65.

以糊口。道光十九年（1839年）六月初八日："是日子祥以小海所定《茶花草堂写生规约》见示，附录于此，庶几求笔墨者得所指南也：所画扇面（素白每面五钱，点景金鱼加倍，团扇同上）；册页（七寸、八寸不论横直，每册十二页六两，一尺以外另议）。"① 他把别人订的润笔费规约抄在日记里，为的是自己碰到类似情况时便于处理。虽然在以后的日记中我们没有看到卖艺的收入记录，当然，也可能是顾及面子没有记入，但是，生活的窘迫由此可见一斑。

以上就是十九世纪中叶一位乡村塾师管庭芬的日常生活。他做了一辈子的乡村塾师，但并不安心于这份工作，只是为了获得"升斗馆谷以糊口"；他喜欢购书、读书、校书，却常常因无钱买书而烦恼生气；他有着浓厚的传统士人的兴趣爱好，交游、吟诗、作画、品茶、饮酒，虽然生活拮据，但积习难改。当然，管庭芬更有自己的精神追求，"何年方听鹿鸣歌"，他要在千百年来士子们走了无数遍的科考路上留下自己艰苦跋涉的脚印。

二、"何年方听鹿鸣歌"

道光二年（1822年）腊月十二，已近年底，管庭芬的私塾仍未散馆，夜深人静，回想起今年因病未能赴省参加乡试，他心中惆怅不已，作《岁末感怀诗》四律，其四曰："韶光一掷疾如梭，总忆春回腊又过。淅沥寒声锁病骨，寂寥灯影动帘波。

① 管庭芬.管庭芬日记（第三册）[M].张廷银，整理.北京：中华书局，2013：959.

无才敢望青衫脱，有志当需铁砚磨。收拾残书作归计，何年方听鹿鸣歌。”① 时间过得真快，又一年在碌碌无为中过去了，收拾书籍散馆回家吧，什么时候才能脱下这件青衫参加鹿鸣宴，听鹿鸣歌呢？鹿鸣宴是科举时代乡试放榜后的次日，各省行政长官设宴款待考官及新中式举人的一个活动，因宴会上一定要歌《诗经·小雅·鹿鸣》之诗，故称作鹿鸣宴。管庭芬身在教馆，而心里却向往着“何年方听鹿鸣歌”。前文曾经提及，他是嘉庆二十五年（1820 年）二十四岁时取得生员（秀才）资格的，这只是最低一级的科举功名。第二年恰逢道光元年（1821年）辛巳恩科乡试，管庭芬乘胜出击，八月十五日中秋节晚上，是他第一次参加乡试的最后一天考试，万里无云，皓月当空，心情好极了：“薄暮完卷，余题一律于号壁，曰：‘棘园今夜度中秋，月色空蒙露气浮。万丈文光腾矮屋，一天星斗绕崇楼。漏长华烛频摇影，运到朱衣或点头。且酌残醪邀旧雨，遥听画角报更筹。’二鼓后监放牌，交卷归寓，已三鼓矣。”② 遗憾的是，尽管自我感觉不错，“万丈文光腾矮屋”，但他却名落孙山，铩羽而归。1822 年是道光壬午科乡试，这一年管庭芬因病未能参加。在八月三十日的日记中，他写道：“今秋偶染微疴，不赴省闱，内人讥予疏懒者，戏作一律示之。‘庸才未敢把名争，疏懒从来亦性情。三载不飞因敛羽，六宫无妒岂倾城。免趋锁院听更漏，伫看亲朋赴鹿鸣。一语与卿须记取，泥金未必定来生。’”③ 没有参加乡试，连内人都有微言怪他疏懒。他告诉妻子，今年没有

① 管庭芬.管庭芬日记（第一册）[M].张廷银，整理.北京：中华书局，2013：197.
② 同上：147.
③ 同上：188.

参考是为了积蓄力量，你可要记住，我不会永远就是现在的这副样子。事实上，1821 年第一次参加乡试失败后，因为各种原因，他直到 1828 年三十二岁时才第二次参加乡试。这期间，他曾为了全力应考，一度辞去教职，也曾亲见不少熟人在科举路上的悲欢荣辱。二十八岁那年，管庭芬写下《击壶歌》一首激励自己："蛟龙岂肯池中伏，况复亵在泥土辱。譬如驽马困盐车，汗血空怜等黄犊。英雄末路每如此，古来无怪唐衢哭。一朝蛟龙得云雨，驽马逢伯乐，飞腾万里志始伸，笑尔凡夫眼总俗。"[①] 他把自己比作蛟龙，比作英雄，期待着遇到伯乐飞腾万里那一天的到来。正是这种追求和自我期许，给了他屡败屡试的动力和支撑。

从 1828 年至 1852 年的二十四年间，除去一次因赴京访亲无法回省参加乡试之外，连续十二次，管庭芬有考必试，一次机会都不错过。1828 年第二次参加乡试失利后，他在日记中借着悼念姻家的机会宽慰自己："余年来文战屡北，心殊悒郁，君每慰之曰：功名一途，不可期望太深，亦不可淡漠视之，惟能刻苦于文之微妙处，一任造化小儿判断耳。余味其言，羡君于个中三味，亦深能领略者。"[②] 他于 1832 年第三次参加乡试，失利。不久接到至友许春苹的一封信，论及此次下第，并帮助其分析原因，认为他的文章有点不合时宜，建议他"似宜学翻花样，改画时眉为要"。[③] 实际上也确实如此，当时许多应考士子非常热衷于购置乡试闱墨，把考中举人的试卷当作应试宝典，人手

① 管庭芬.管庭芬日记（第一册）[M].张廷银，整理.北京：中华书局，2013：258.
② 管庭芬.管庭芬日记（第二册）[M].张廷银，整理.北京：中华书局，2013：493.
③ 同上：703.

一册，反复吟诵、揣摩模仿。管庭芬虽然对参加鹿鸣宴充满期待，却从未在应试技巧上下过功夫。直到第三次失利，“是日余始购新科浙江闱墨全卷，疏懒之性，望而知非好学者”。[①] 他在致许春苹的一封信里也承认了这一点：“弟之制义，实与近时花样不同，兼之狂生落魄，事事不合时宜，以奇字为怪诞，以佳话为笑柄，此中苦海汩没英雄，惟阁下每为首肯者，岂公道在人，抑或有过情之誉，真令人疑愧并集矣。……附诗：狂态如今尚未消，依然落魄受人嘲。欲观世事须浇酒，难慰文章且听潮。傲骨惟君堪结伴，菲材于我竟无聊。回看日近长安远，云树苍茫雁阵遥。”[②] 从上面的信中可以看出，管庭芬在三次乡试失利之后承认自己的制义文章确实与“近时花样不同”，觉得要做些改变，但骨子里并不服气，并不认为这是自己屡试不中的原因。1833 年第四次参加乡试，失利。十月十五日记：“是日门斗以落卷来归，评云：‘于题义未能切实发挥’，而誊录首场字迹恶劣，且脱误十余字，二三场皆任意草书，不能句读。阅之痛心。吁！钱神当道，寒士不可言功名矣。”[③] 门斗，指官学中的仆役。当管庭芬看到官学仆役送来的他的考卷时，对考官的评语未置一词，对经人誊录后面目全非的考卷却大发牢骚。他似乎终于找到了一个导致自己屡试屡败的原因，是因为没有钱买通誊录者，他们便任意胡乱誊录，导致原文全失其意，影响了考官对自己真实水平的判断。也许是由于这件事情使他受的刺激太深，也许是由于他真的认定自己是输在了这班誊录者之手，以后的日

---

① 管庭芬.管庭芬日记（第二册）[M].张廷银，整理.北京：中华书局，2013：709.

② 同上：685.

③ 同上：779.

记中多次重复着同样的抱怨。1839年第七次参加乡试，失利。十月二十七日记："门斗来，还落卷誊录，脱误漏略，不忍阅视，房官评云：'首艺明晰，次三有不可解句。诗妥。'吁！不可解之处，咎在此乎，咎在彼乎。誊录持权，寒士吃亏。甚矣，在房官尚梦梦也。"① 1843年第九次参加乡试，失利。十月二十七日记："门斗寄落卷来，潦草纵横，脱误不能句读，家贫不克以贿博誊录之欢，其阱人一至于此，欲邀功名者，宜富家大吉矣。"②

管庭芬在日记中对自己落榜原因的分析也许是有一定道理的。从宋代开始，为了防止考官辨认笔迹而徇私情，科举考试中规定考生的试卷（墨卷）一定要经过专人的誊录（朱卷）再呈考官评阅。这种本意在于防止作弊的措施，到后来反而为誊录者受贿提供了一个机会。从日记中可以看出，自第九次失利之后，管庭芬不再对誊录者的行为加以抨击了，而是对自己的"命运"产生了怀疑。1849年第十二次参加乡试，失利。十月初十日记："是日揭晓，吾邑中式者为陈君二南昺暄及潘表侄觉斋典学二人，皆意所不料者，始知科名自有定数，强求无益耳。"③ 1851年第十三次参加乡试，失利。八月十二日记："是日，揭晓，吾邑中式七人。……今科惟陈、吴二君，为予旧友，学问素所推服，余则总归之命运矣。"④ 随着一次次的失利，管庭芬曾经的豪情满怀渐渐地开始冷却。日记中有一个特别明显的变化：道光十四年（1834年）甲午科乡试之前，作为生员的

① 管庭芬.管庭芬日记（第三册）[M].张廷银，整理.北京：中华书局，2013：976.
② 同上：1139.
③ 同上：1341.
④ 管庭芬.管庭芬日记（第四册）[M].张廷银，整理.北京：中华书局，2013：1415.

管庭芬，尽管自己仍在为考取举人而一次次拼搏，但是，他却非常关注每科会试的考题，关注浙江省会试中式者题名录和会试鼎甲名单，每一场的试题、每一个中试人的名单，都在日记中一一记下。很明显，他志不在此，不会在取得举人头衔后止步，而是举人、进士，甚至是状元、榜眼……准备沿着这条路一直走下去。但是，1834 年后的日记里极少涉及此类记载。由于心情的变化，日记中对参加科考的经历也多有负面的记载。道光二十三年（1843 年）癸卯科乡试：

午刻至天开文运，候点头场名。雨骤风狂，水涌厂漏，兼之人数至一万二千有零之多，势甚拥挤，至有伤而不能就试者。余至迫暮方入，衣履皆湿透，不得更易，生平困苦，惟此为最，然后来者有中宵未克归号者，其窘更有甚于余矣。至四更三点方得封门，五更三点方能对号，亦二百年来所未有也。[①]

这实在是一幅惨不忍睹的科场考试图！雨骤风狂，一万多名考生前拥后挤，在风雨中等待点名进场；狭窄的号房内，考生们一个个从头到脚全身湿透，仍在伏案疾书。此时的管庭芬已四十七岁，他把这次经历说成是“生平困苦，惟此为最”。道光二十九年（1849 年）己酉科乡试，这是他第十二次参加：“时近号闻有桐庐诸生孙君名宇潼者，扶病入闱，即殁于号舍，始真功名重于性命，亦大可悲矣。余巳刻出场。”[②] 管庭芬亲眼

① 管庭芬.管庭芬日记（第三册）[M].张廷银，整理.北京：中华书局，2013：1130.

② 同上：1336.

看到一位考生抱病而来，身殁号房，印象极深。不仅是参加乡试屡屡败北，到后来，即使是参加科试，管庭芬也非常不顺。在明清时期，每届乡试前由各省提学官巡回所属各学举行科试，在科试中名列前茅者，才能取得参加乡试的资格。管庭芬参加了道光二十八年（1848 年）县里举行的科试，此时的他已经五十二岁，在日记中写道："出一等案，余不招覆，盖宗师所取者仅势利两途，惟以外貌相士，余年已苍老，自不合台阁，其见摈宜也。后知贱名抑置三等十名之外，毋乃过甚乎？"[①] 此次科试不仅未能名列前茅，而且位列三等十名之外，管庭芬实在有点想不通。他知道考官看重的是"势利两途"，自己与之无缘；但无论如何，总不至于落魄到三等十名之外，唯一的解释是自己"年已苍老"，考官在"势利两途"外，还"以外貌相士"。他愤愤地责问，这是不是有点太过分了？1852 年，五十六岁的管庭芬最后一次参加乡试，这已经是第十四次，失利。九月十二日记："是日揭晓，海昌中式者曰周士清，其才品无所取，至朱雪篁学博（元佑）文行俱优，以拔萃科而入副榜，士论皆惜之。"[②] 他通过评论两位考生的才品和反差极大的结果，宣泄了自己对科考录取公平性的质疑和愤懑。两天后，心情仍然悒郁难消，"是日作《咏凌霄花》一绝：'露华烂漫散林条，得气虽高志亦骄。到底要凭牵引力，未能孤立即凌霄'"。[③] 借着咏诵凌霄花，他总结自己一生在科场上屡试屡败的原因，"到底要凭牵引力"，自己无势无利，无人牵引，仅靠志气是难以独立

① 管庭芬.管庭芬日记（第三册）[M].张廷银，整理.北京：中华书局，2013：1294.

② 管庭芬.管庭芬日记（第四册）[M].张廷银，整理.北京：中华书局，2013：1449—1450.

③ 同上：1450.

凌霄的。

管庭芬真的从此结束了科考生涯吗？好像未必。从现存日记看，在1865年之前，即有日记留存的年代里，日记中确实没有再参加乡试的记载，但是却留下了三次参加岁试的记录。咸丰三年（1853年）五月二十六日："晴。黎明入场，坐西珍三号。……余午后投卷，头牌出场。"① 结果是三等二十二名。咸丰九年（1859年）五月二十日："晴。考府、仁、钱、海正场，五鼓赴辕，坐西称五号。……余未刻出场，头颅如许，从此可永不作此生活矣。"② 日记中未见此次考试结果。发出如上感慨不知出于何因，这一年管庭芬六十三岁。同治四年（1865年）七月初四日："晴。是日岁试，文题'亲亲而仁民，仁民而爱物'。……余体甚不适，头牌即交卷而出。"③ 前面发誓"从此可永不作此生活矣"的管庭芬，六年之后，再一次参加岁试，此时已是六十九岁。结果是"正案余入二等二十一名"。即是说直到有日记留存的1865年，管庭芬仍在参加岁试，且考试结果都在二等二十名之后。在明清时代，科试和岁试的功能是不同的。科试是取得参加乡试资格的选拔考试，主要是选拔功能；而岁试则意在考核生员们的学业成绩，区别优劣，以决定在官学享受待遇的等级，但亦规定成绩列一、二等者方可参加科试。从这个意义上说，岁试也应该与能否参加乡试有间接的关系。当然，岁试还有另外一个更重要的功能，即生员如果有三次（后来放宽到五次）缺考岁试，则将被革去头衔。管庭芬在五十七岁至六

① 管庭芬.管庭芬日记（第四册）［M］.张廷银，整理.北京：中华书局，2013：1470.
② 同上：1625.
③ 同上：1815—1816.

十九岁期间参加的三次岁试，即使从消极的意义上说，也是为了保住自己一辈子仅有的这个科举生涯中最低级的功名。

平心而论，管庭芬的科举生涯与千百年来千千万万在这条路上崎岖攀登、艰苦跋涉终生的士子们比较，并没有多少特别感人的故事。他从青壮年时期的有考必试，屡败屡考，到年老体衰后仍然念念于兹，实际上更多的是一种历史的惯性使然。我们遍读他五十余年的日记，几乎没有看到他为了应考，如何认真准备，如何挑灯夜读，如何废寝忘食的身影。与此相反，十四次赴杭州参加乡试的日记里，除去考场中遭遇大雨，吃尽苦头的一些记载外，总是显得很从容，到了杭城最期盼的是拜师访友，与朋友一起作诗、品画、结伴而游。有几次，在三场考试的间歇，他还抽空到书铺购了几册书。考试过后也看不见他等待榜示的焦虑和不安。读着上述记载，有时候真怀疑他的参加科考，像是在应付一件与他关系不是十分密切却又不得不走一下过场的事情。这与他在日记里经常流露出来的“何年方听鹿鸣歌”的期盼，与他在科考失利时“蛟龙岂肯池中伏”的自我激励，更与他十二岁的小小年纪即吟出“一枝高折取，胜步广寒宫”诗句的豪情，存在着巨大反差，确实是十分矛盾。一个比较合理的解释似乎是，千百年来，参加科考取得功名是读书人唯一出路的观念已经渗透到绝大多数士子的血液之中，成为他们精神生活的唯一追求，成为整个社会的一种历史惯性。只要是个读书人，就要根据自己的情况，一次又一次地参加不同层次的科考，这已经成为士子们的生活常态。如果不是十九世纪四十年代西方势力的强行入侵，如果不是十九世纪五十年代太平天国的漫天烽火，管庭芬五十余年日记所呈现的生活图景、心路历程，也许就失去了典型意义。

三、“秋气不惊堂内燕”

管庭芬日记中最早出现英军入侵的记载是道光二十年（1840年）六月十三日：“是日骇闻英夷突犯浙江，于初八日定海失守，知县姚公怀祥、典史全公福皆死节。海上承平二百年，一旦遭此蹂躏，深为浩叹。”① 没过几天，他坐馆的硖川已经“微闻炮声”：“是日英夷犯乍浦，为官兵击退，硖川虽远，微闻炮声。”② 这一年，管庭芬四十四岁。此后，有关“英夷”的活动在管庭芬日记中屡屡出现，一直持续到1865年即有日记留存的最后一年。综观日记中的相关记载，其内容大致可以分为两个方面。一个方面是记录英军的暴行，抨击清政府官员的腐败无能，赞扬抗英志士，控诉战争给地方造成的巨大动荡和灾难。举其要者，如关于乍浦的失陷：

是日骇闻乍浦已为英逆所陷，……死者不可胜算，城中民人逃窜一空，其有畏辱而不能避者皆自裁以殉，奇都统出奔嘉兴郡城后亦殉难。萧山街及灯光山庙俱焚毁无余。③

午后之郭溪，晤问原，适自乍浦探亲初归，谈被寇事甚悉，云战骨尚未收，流民尚未复，妇女之殉节者尚未表扬，官弁尚

① 管庭芬.管庭芬日记（第三册）［M］.张廷银，整理.北京：中华书局，2013：1002.
② 同上：1003.
③ 同上：1080.

未驻扎，蒿目伤心，莫此为甚。至于火药弃满城河，浮尸叠见汉港，尤不胜述云。[①]

关于吴淞口和上海的失守：

是晚有人自上海回，惊悉吴淞口失守之事，云英逆自月初以来夷船日以加增，提台陈公化成以炮声击毁夷船数只，叠打胜仗，至初八日夷船大帮齐集进攻，陈提台仍力守轰击，夷匪死者甚众，颇有畏心。持至午刻，牛制军一军先奔，其麾下员弁一哄而散，陈公孤立无助，身受重伤，遂跃登其舟，手刃白鬼数人，为火器所害，其偏裨夺回其尸，殓于嘉定县城，绅士编氓白衣冠而哭奠者数千人，特杀一牛，缚镜于背为祭，吴淞口遂为逆据。……（夷于）十二日遂进上海，城中文武官员及民人等已逃窜一空，遂为英逆据守。[②]

关于英军进攻南京：

是日闻英逆自据京口，后即长驱之金陵，直抵城下，无一兵与之拒战者。城坚不能攻，贼众舁大炮置钟山上，欲俯击城中，牛制军大恐，与伊都统里布登夷舟讲和，逆夷要索百端，无不允从。[③]

---

① 管庭芬.管庭芬日记（第三册）［M］.张廷银，整理.北京：中华书局，2013：1082.

② 同上：1083—1084.

③ 同上：1089.

关于南京城下的议和：

是日闻和议成，兼传牛制军等与逆夷璞鼎查等称觞累日，迭作宾主，凡所约文武相见则讲平行之礼，择定马头建造会馆通商，并许缴还烟价银二千万两，先付六百万两，刻下尚有不敷者，令殷富捐足付之，吁！以百姓有限之脂膏，填逆夷无穷之欲壑，忍乎哉。[①]

英军的惨无人道、陈化成等将领的英勇抗敌、普通老百姓的爱憎以及牛制军们的无耻，类似的极具现场感的描述在管庭芬的日记中随处可见。至于英军入侵给普通百姓造成的痛苦和社会动荡不安的记载，更是满纸连篇。总之，在管庭芬的笔下，鸦片战争带给中国社会，带给他的家乡和他本人的，完全是灾难性结果。在他的印象中，代表近代西方文明的大英帝国就是一个不折不扣的野蛮强盗。在日记中，他一再不屑地称之为尚未开化的“逆夷”。

日记中有关鸦片战争的另一方面内容是管庭芬阅读和涉猎的一些西方文献与他对基督教进入中国的观感。从日记中可以看出，管庭芬接触的第一种介绍西方的书籍是《海国见闻录》。道光六年（1826 年）十二月初六日记：“阴雨竟日。小篘归予《海国见闻录》。”[②] 据有的学者考证，《海国见闻录》“应该是《海国闻见录》，福建同安人陈伦炯著，成书于雍正八年（1730

① 管庭芬.管庭芬日记（第三册）[M].张廷银，整理.北京：中华书局，2013：1090.
② 管庭芬.管庭芬日记（第一册）[M].张廷银，整理.北京：中华书局，2013：391.

年）。该书上卷《大西洋记》篇，涉及欧洲各国历史地理，虽记载简略，甚至不无错讹，但却是中国人较早介绍西方知识的重要文献”。[①] 此事发生在鸦片战争前十几年，从日记的行文中可知，书是管庭芬自己的，但日记中并未留下他阅读此书的记载。道光十四年（1834 年）十一月初五日记：“是日偶见《自鸣钟图释》一纸，即图于此。右《释》虽已见上华亭徐朝俊《高厚蒙求》，此更简易，存之以便识认。”[②] 这是有关西方器物的记载，自鸣钟在明末清初即由西方传教士带到中国，但对于管庭芬而言，可能尚未见到原物，他认真地把这幅《自鸣钟图释》依样画葫芦抄录在自己的日记中。此事同样发生在鸦片战争之前。道光二十年（1840 年）十月二十一日，管庭芬从朋友处得到一篇《英吉利国记》，把全文照录在当天的日记中。《英吉利国记》一文比较详细地介绍了英国的历史、地理沿革，英国的交通、物产、贸易、军事、官制、首都、人种、宗教、风俗、人民的日常生活、皇室的政治活动，华人在英国的境遇等。原文在最后写道：“此道光二十年秋（1840 年秋——引者），浙江宁波府获白夷晏士利达拉所供也。黄南坡太守属为之记。晏士利达拉为其国将兵，能绘事。……被擒至宁波军营，有所绘舟山图一，英吉利国图一，国都王宫朝贺图一。”[③] 这实际上是一份英国战俘交代的口供，看得出管庭芬对其中透露的信息很感兴趣。1840 年底，管庭芬在除夕的日记中全文抄录了一篇《备英夷说》：“《备英夷说》此篇系戊戌冬幕粤逸叟所撰，甬东友

---

① 李细珠.变局与抉择：晚清人物研究［M］.北京：北京师范大学出版社，2017：40—41.
② 管庭芬.管庭芬日记（第二册）［M］.张廷银，整理.北京：中华书局，2013：782.
③ 管庭芬.管庭芬日记（第三册）［M］.张廷银，整理.北京：中华书局，2013：1017.

人抄示，因附存于此。”[①] 该文可能是一位在广东亲历了鸦片战争的学者所撰，主要是向政府当局建言抵御英国侵略者的策略。遗憾的是，日记中没有留下管庭芬对此的评说。咸丰五年（1855 年）十月初六日记：“是日仁和曹柳桥茂才金籀过访，以所刻《释天》一卷见赠，谓日轮统摄天地而不动，而能以盛气鼓星月与地而旋转。又谓日月星辰中黑影皆有国土人民。又谓天河中白气皆众星所聚，因极远而不能分离。略主西人所说，亦新奇可喜。”[②] 在这则日记中，管庭芬虽然没有交代他的关于西人的天文知识是从哪里来的，但是他认为《释天》一书的观点“略主西人之说，亦新奇可喜”。这说明他对西人之说有一定的了解，并且认为新奇可喜。同治四年（1865 年）二月二十六日：“是日录《经天该》一卷，即书其后云：‘是书又名《经天诀》，相传为明季利玛窦著，又称薄子钰所作，未得而详焉。其中所载之星有多寡之殊，有隐显之异，当与《步天歌》参观，可以知今昔之谈象纬矣。然南极下出地之星，中法所未载，北极下出地之星，西法所未收，天形如球，高下终未可一理论也。吾辈窥蠡之见，本无借此，姑录斯卷以俟蒙求。乙丑二月下浣芷翁记。”[③] 这是日记中极少见的一篇阅读西书的读后感。《经天该》是依照民间流传的《步天歌》的形式编写的普及天文知识的小册子。日记中讲《经天该》一书“相传为明季利玛窦著”，据今人朱维铮考证，“此篇直到利玛窦去世两个半世纪后，才由

---

① 管庭芬.管庭芬日记（第三册）[M].张廷银，整理.北京：中华书局，2013：1024.
② 管庭芬.管庭芬日记（第四册）[M].张廷银，整理.北京：中华书局，2013：1534.
③ 同上：1804.

清乾隆末、嘉庆初的吴省兰刻印传世，因而它是否利、李二氏译作，代有争论”。[①] 即是说，此时管庭芬看到的《经天该》无论是否为利玛窦、李之藻二人的译作，可以肯定的是，它并不是鸦片战争前后才从西方翻译介绍进来的。换言之，管庭芬在十九世纪六十年代接触的西方科技文献，主要是清中叶以前的作品。

鸦片战争后，凭借不平等条约的保护，西方传教士大举进入中国，深入乡村，管庭芬日记中对此多有记载和评论。道光二十七年（1847 年）七月十三日：“是日闻省中发下告示一纸，贴于海神庙前，系许修复各处前所拆毁之天主堂，民间有传习耶稣邪教者无禁，盖由广督知照而通示者也。又闻海盐接壤已大兴土木，建耶稣之祠，从此随地皆逆夷间谍，其患不仅沿海矣。吁！为此议者，其居心尚可问乎？”[②] 这是《南京条约》签订后西方基督教深入沿海农村的情况，过去被拆毁的天主教堂要修复，各处在大兴土木建设新的教堂。管庭芬对此充满忧虑，因为在他看来从此将“随地皆逆夷间谍”。道光二十九年（1849 年）十一月，管庭芬与朋友一起作浙东游，在通商口岸城市宁波亲眼看到华洋杂处而“居民视之恬然”的景象，让他十分担心：“偶步江滨，见夹岸皆新建夷房，崇楼峻宇，皎如霜雪，其奉耶稣教主之处倍极巨丽，且往来黑白夷鬼，近颇与市井交际，居民视之恬然，而其狡狯之心颇难测度。吾东南之隐忧，自此日深矣。”[③] 特别是看到教堂传教布道的场景，“愚民为其煽诱，

---

① 利玛窦.利玛窦中文著译集［M］.朱维铮，主编.上海：复旦大学出版社，2001：315.

② 管庭芬.管庭芬日记（第三册）［M］.张廷银，整理.北京：中华书局，2013：1267.

③ 同上：1347.

皈依极多”，更使他愤慨不已：“偕素公偶步南门，内有英夷设立讲书之所，但其妄谈耶稣之旨，非儒非释非道，词义极其俚鄙，且刊刷成卷，递相分送，近闻愚民为其煽诱，皈依极多，始知逐臭之夫盛于海滨，诚不虚也。是日得诗四首。……其四：‘碧眼波斯野似狙，夹江巢结任分居。愚民争羡耶稣教，估客欣传货殖书。风俗于今殊可想，鲸鲵未必尽堪除。鲰生枉具轮囷志，东望沧溟郁不舒。’”①

从上面摘引的日记中可以看出，两次鸦片战争给这位塾师带来的观感，不是对西方近代文明的欢迎，不是对西方科技知识的向往；恰恰相反，而是对西方列强殖民主义行径的仇恨、鄙视和排斥。日记中摘录的一些天文、数学和自鸣钟知识，虽然也让他感到新奇，但这些大多是十六七世纪明末清初的翻译作品，而不是十九世纪中叶以后传入的新知；日记中对英军暴行的记载，对传教士活动的描述，对战争给中国人民造成的灾难，却是实实在在的亲身经历。“逆夷”“丑类”“禽兽”是日记中对漂洋过海而来的殖民主义者（将领、军人）、传教士以及西方旅行者的统称，这些感情色彩极浓的词语，就是“近代西方”给他留下的最鲜明的印记。

第一次鸦片战争爆发后十一年，道光三十年末（1851 年初）广西发生的太平天国农民起义，迅速席卷大半个中国，引起巨大的社会震荡，管庭芬的家乡海宁屡遭兵燹，给他的生活带来严重影响。《管庭芬日记》中第一次出现太平军的记载是咸丰二年（1852 年）十一月二十八日：“时闻粤氛侵及武昌、汉

① 管庭芬.管庭芬日记（第三册）[M].张廷银，整理.北京：中华书局，2013：1348—1349.

阳，而九江、安庆等处已戒严。”[①] 此后一直到有日记留存的1869年，有关太平天国的记载可以说不绝于书。这些内容大致可归纳为三个方面。

一是亲人、家庭和朋友遭受的灾难。因家乡路仲里被占领，管庭芬不得不带着年逾八旬的母亲到处避难：

> 是日讹言四起，里中逃避者已强半。余奉母及携眷暂避近村。[②]
>
> 避居近村，破楼一间，聊以栖止。自初一至初五，逆氛渐逼，知梅里、石泾、硖石川焚荡殆尽，延及予乡，复携眷狂奔，炮火掀天，昏烟匝地，几频于险者数次，幸脱于虎口。痛悉里中被戕暨自尽并为所掠者计三十余人，亲邻中则沈三英妻谢氏恐寇辱，以帕蒙面赴水死。……数百年来惨祸至此已极。[③]
>
> 夜二鼓贼猝至于市西、市北，大焚民屋纵掠，余与八弟仓皇出走，由晏城之石泾，携幼孙庆生止天才桥徐孙婿家，幸有月光，不至颠踬，然老母弱妻尚在家中，未能脱离于难，终夜垂涕，坐以待旦。[④]

日记中记载的在战乱中死去的亲人有孙女婿、亲家、舅弟等多人。最让管庭芬痛不欲生的是长子其实也是他唯一的儿子升恒在战乱中受伤染病去世。咸丰十年（1860年）八月二十九日：“大儿升恒因避寇逃窜受伤，忽患血痢，日夜数十次，因延

---

① 管庭芬.管庭芬日记（第四册）[M].张廷银，整理.北京：中华书局，2013：1456.
② 同上：1661.
③ 同上：1663—1664.
④ 同上：1698.

李梦兰兄诊视，服药无效，心甚忧之。”九月初八：“大儿之病日沉，恐其不起，心甚怵然。”十一日：“儿病渐不可为，心殊郁郁。”十三日：“愁看儿病，老怀难遣。”十四日：“苦雨不止。未刻大儿升恒卒，年四十有七。儿虽不才，略可以支撑门户，暮年丧子，情何以堪，不觉老泪之纵横也。夜老妻命作佛事。”[①] 从发病至故去，前后仅半个月。

二是战乱对地方造成的严重破坏，管庭芬记录了咸丰十年（1860 年）八月从桐乡至家乡路仲里的情景：

初四，晴。贼兵午后至路仲市，焚毁十余处，烽火烛天，炮声殷地，难民悲号道路，弃女抛妻，不可胜记。

初五，晴。贼焚硖川东南湖大街，生沐、寅昉之居俱成灰烬，又至路仲掠富室数家而去。未几官兵又至，掠贼之所遗，兼土寇纵横，莫能抵御，以至十室九空，立锥无地，痛何如之。

初六，晨阴雨。烽烟稍息。余先至家探望，幸老屋尚存，而家具已不可复问。时吾乡掠去丁壮十余人，内管姓亦失四人，妇女殉节者已查得二人。

初七，阴雨竟日。余乡市之前后及附近村落无主之尸盈河横道，惨不可言。[②]

同治三年（1864 年）正月二十，海宁刚刚收复，这天早上管庭芬进城看望朋友：

---

① 管庭芬.管庭芬日记（第四册）［M］.张廷银，整理.北京：中华书局，2013：1665—1666.

② 同上：1662.

时城甫收复，兵勇未撤，城中大半焚毁，编户未复，民间尸棺俱为贼发，到处白骨委地，壕沟中骷髅堆积，半皆被戮之良民，伤心满目，惨不忍言，即将所见者详记之。

管庭芬详细记录下来的是：

学宫：大成殿启圣祠及名宦、乡贤、节孝等祠木主皆无，徒存壁立，教授、训导住宅并尊经阁皆为白地，惟明伦尚无恙，宋元碑碣仅有存者。州署：毁尽，仅存头门，吏目署亦无，州大堂宋元诸碑皆不存。书院：残毁，仅有未拆之梁柱尚存。海神庙：拆毁，存白地，大殿尚存废踪，惟东西两石坊及白石狮虽残缺，尚在，而尸骸尚多，瘗埋将有待。都司署：虽残破，收葺之尚可居，北道宫、南道宫、北宫尽毁，南宫惟像设不存，安国寺残毁已极，大殿、后殿虽存像设，墙垣俱无，幸唐石经幢三座无恙，尸骨满地。延恩寺：所毁同安国，惟大殿尚存梁柱。城隍庙：为贼兵屯粮之所，尚无恙，惟像设一空。[1]

上面只是从众多的记载中举出二例，即可看到战乱对江浙一带的严重破坏。日记中还记载了战乱引发的物价暴涨、土匪成群、货币混乱等给地方民众生命和生活造成的巨大创伤。

三是对太平天国的抨击、谴责、控诉，对政府举措失当的批评。如前所述，在日记里管庭芬把太平军称作“贼”，称作“寇”，把太平天国的活动统统称为“作乱”，态度十分鲜明。

---

① 管庭芬.管庭芬日记（第四册）[M].张廷银，整理.北京：中华书局，2013：1766—1767.

即使对于太平天国在占领区开科取士拉拢当地士人这样一些并非暴烈的文化举措，他也充满警惕和仇视。咸丰十一年（1861年）九月十五日记："是日有人自北来，云八月中贼开伪科，以天主教中语为谕，取不肖之士百人，名曰约士。"① 他把太平天国开科考试称作"贼开伪科"，敏锐地指出他们考试的题目出自天主教教义。同治元年（1862年）三月二十九日记："桐乡贼首钟姓者考试秀士，吾乡朱超，本州学附生，甘心从贼，改名朱祥，考中逆榜第一名，可谓丧心病狂矣。"② 尽管自己多次应考落榜，不无牢骚，但是对那些参加太平天国考试并被录取的士子，则充满了不屑与鄙视。因为在他看来，这些人背离正统，蔑视儒家典籍，是"甘心从贼"，是"丧心病狂"。日记中也多有对政府官员的批评和对官、贼、匪沆瀣一气的揭露和批判。他在咸丰十一年八月的一篇日记中写道："窃念国家承平日久，民不知兵，守土者文恬武嬉，惟声色货利之是好。一旦巨寇猝发，始则议抚而不议剿，继则议守而不议战，然兵皆空，借募四方之勇以实之，不知勇即贼也，贼即勇也，勇去则贼来，贼去则勇来，互相淫杀焚掠，设绳之以法，溃散无遗，且勾贼以为内应，故虽有坚城，终归沦陷，使民血遍膏于草野而漠然不救者，谁之罪欤？"③

太平天国作为一场声势浩大的农民起义，严重地冲击了清政府的社会基础，而作为一名乡村塾师，年过花甲的管庭芬在这场持续十多年的战乱中受尽了流离失所、家破人亡的痛苦：

---

① 管庭芬.管庭芬日记（第四册）[M].张廷银，整理.北京：中华书局，2013：1695.
② 同上：1711.
③ 同上：1693.

“垂老遭时乱，全家屡远奔，扁舟奉慈母，破屋息惊魂。觅食珍糠秕，冲寒累子孙。昨闻官纳款，贡献觅鸡豚。”① 战乱给他留下的是永远难以医治的伤痛。

相继发生于十九世纪中叶的西方列强入侵和持续十多年的太平天国农民起义，留给历史的影响是深远的。迄今为止，学术界比较一致的看法是：这两股巨大的冲击将中国数千年的传统社会带入近代，开启了中国社会和中国教育早期现代化的沉重大幕。鸦片战争之后，诸多开明之士通过各种途径呼吁“开眼看世界”，呼吁“师夷长技以制夷”，明确提出“人无弃才，不如夷；地无遗利，不如夷；君民不隔，不如夷；名实不符，不如夷”，主张采西学，改科举，育人才，呼唤改革的风暴早日到来！但是，直至十九世纪六十年代初，被延误了二十余年的早期现代化才蹒跚起步。阅读管庭芬日记，可以让我们从更深的层次理解中国教育早期现代化起步维艰的原因。我们在前面用大量篇幅摘录了日记中记载的两次鸦片战争和太平军给管庭芬、给他的家庭及家乡造成的巨大灾难。其实，日记中也有相当的篇幅呈现了他在战乱中生活的另一面。道光二十年（1840 年）四月十三日：“晴。午后未山丈及古山、梦祥、仲卿、寿庐来邀，作东山之游，饮于花屿山房，迫暮而返，顺由生沐处观陈童子子仙与许丈友巢对弈，劲敌也。”② 鸦片战争的炮火已经打响，只是尚未延及他的家乡海宁而已，管庭芬和他的塾师朋友们若无其事地照常结伴郊游、饮宴、对弈。道光二十三年

① 管庭芬.管庭芬日记（第四册）[M].张廷银，整理.北京：中华书局，2013：1702.
② 管庭芬.管庭芬日记（第三册）[M].张廷银，整理.北京：中华书局，2013：995.

(1843年)正月二十日:“晴。是日为唐白香山先生生日，生沐招同人致祭于白公祠，同祭者为……等共十四人，饮福于西山快哉楼下，即席以白傅诗‘毕竟林塘谁是主，主人来少客来多’分韵，余分得塘字。……各即席成句，抵晚而散。”[①] 此时，《南京条约》签订不久，管庭芬和他的塾师朋友们以纪念唐代诗人白居易为名，集会，饮酒，吟诗，联句，传统士人的生活方式没有丝毫改变。诸如此类的记载在后期的日记中并不少见。事实上，我们在前面谈及的管庭芬第八次(1843年)乡试以后参加的所有科考，也都是在战乱的大背景下进行的。

一部一百三十万言的日记，留给我们最深的印象是:鼓浪而来的西方列强没有给管庭芬的生活带来一星半点的近代气息，揭竿而起的农民起义只是进一步加强了管庭芬对圣恩之下享受平静生活的期盼和向往，面对十九世纪中期中国社会的大变动，面对中国步入近代大门，他和他的塾师朋友们依然在既有的轨道上踯躅前行。

“秋气不惊堂内燕，夕阳还恋路旁鸦。”[②] 先觉者龚自珍的这两句诗写尽了鸦片战争前后普通士人与时代的隔膜和表现出的麻木不仁，《管庭芬日记》为我们加深理解中国教育早期现代化起步时期士人的生活世界提供了一个很好的窗口。

---

① 管庭芬.管庭芬日记(第三册)[M].张廷银，整理.北京:中华书局，2013:1108.

② 龚自珍.逆旅题壁，次周伯恬原韵[M]//汤克勤，编著.龚自珍诗全集(汇校汇注汇评).武汉:崇文书局，2019:47.

读书·修身·治家
——《曾国藩日记》阅读札记

曾国藩是晚清“中兴名臣”，是中国传统文化的忠实继承者和践行者。在长期的仕宦生涯中，他有关读书、修身、治家的言论和实践不仅在当时，而且对后世产生了深远的影响。曾国藩认为，读书贵在立志，重在“深造自得”，前者强调读书要胸怀远大抱负，不为一己私欲；后者突出读书要修身务本，“学以为己”，注重道德实践和精神修炼。慎独、主敬、求仁、习劳是曾国藩一生用以儆惕的修己之道，更是他一生学问、事业成功的基础。曾国藩的治家理念是：愿家族世代为耕读孝友之家，不愿为仕宦暴发之家；愿子孙个个为读书明理之君子、礼义之旗帜，不愿他们做大官、发大财；家勤则兴，人勤则健，能勤能俭，永不贫贱；世家子弟，门第过盛，万目所瞩，骄怠者败。

曾国藩（1811—1872），字伯涵，号涤生，湖南湘乡白杨坪（今属双峰）人。道光十八年（1838 年）进士，改翰林院庶吉士，散馆授检讨。经翰林院侍讲、侍读，迁内阁学士兼礼部侍郎。咸丰二年（1852 年），丁母忧回籍，奉旨帮办本省团练，招募湘勇，与太平军角逐于湖北、江西、安徽等省。咸丰十年（1860 年），升任两江总督。同治三年（1864 年），攻克太平天国首都天京（今南京），受封一等侯爵。同治七年（1868 年），授武英殿大学士，调任直隶总督。同治九年（1870 年），回任两江，两年后去世。曾国藩是中国近代史上一位重要人物，他在世时即被称为“中兴名臣”“千古完人”，有“道德文章冠冕一代”的美誉。后世对他的评价可以说褒贬不一，青年毛泽东曾在一封致友人的信中坦陈：“愚于近人，独服曾文正，观其收拾洪杨一役，完满无缺。使以今人易其位，其能如彼之完满乎？”①

梁启超对曾国藩更是推崇备至，他在《曾文正公嘉言钞序》中写道：“曾文正者，岂惟近代，盖有史以来不一二睹之大人也已；岂惟我国，抑全世界不一二睹之大人也已。”②

另一种声音则把曾国藩说成是“汉奸刽子手”，说他是“近百年来反动派的开山祖师”。③ 需要说明的是，这种声音在二十世纪八十年代后渐行渐远。随着改革开放的深入，“曾国藩”三字再次进入人们的视野，引起国人广泛的兴趣。从官场到士林，从商界到军营，从学校到家庭，不同年龄、不同职业、不同层次的人们，都似乎想从曾国藩的身上汲取点什么。波澜壮阔的中国近代史上产生过无数重要人物，为什么唯独曾国藩会产生如此深远而巨大的影响？梁启超的分析很有道理：

文正固非有超群绝伦之天才，在并时诸贤杰中称最钝拙。其所遭值事会，亦终身在拂逆之中。然乃立德立功立言，三并不朽，所成就震古烁今，而莫与京者，其一生得力在立志。自

---

① 中共中央文献研究室，中共湖南省委《毛泽东早期文稿》编辑组.毛泽东早期文稿［M］.长沙：湖南出版社，1995：85.

② 梁启超.饮冰室合集 · 文集之三十四［M］.北京：中华书局，1989：1.

③ 范文澜.中国近代史（上册）［M］.北京：人民出版社，1962：出版说明 · 2.

拔于流俗，而困而知，而勉而行，历百千艰阻而不挫屈。不求近效，铢积寸累，受之以虚，将之以勤，植之以刚，贞之以恒，帅之以诚，勇猛精进，艰苦卓绝，如斯而已。孟子曰，人皆可以为尧舜，尧舜信否尽人皆可学焉而至，吾不敢言；若曾文正之尽人皆可学焉而至，吾所敢言也。①

梁启超的分析告诉我们，曾国藩之所以能在历史上立德、立功、立言，成就一番震古烁今的事业，不是因为他个人天分高，不是由于他所处环境顺或者有什么大的背景，而是得力于“立志”二字，自拔于流俗，困而知，勉而行，历百千艰阻而不挫屈。曾国藩的影响之所以历久不衰，是因为他的立身行事“尽人皆可学焉而至”。一部一百五十万言的《曾国藩日记》，详尽记录了这位从农家走出的大人物每日的工作、学习和生活，生动地展示了记主从青壮年到老年的成长轨迹和心路历程。翻检日记，满目都是关于读书、治学、修身、养性、教子、治家、为官之道、处事之方的思考、践行和体会。很难想象，这是一位指挥千军万马与敌人做殊死搏斗的前线统帅的日记。更难想象，这是一位位高权重、日理万机的总督、大学士的日记。在看似琐碎的日常生活记载的字里行间，流淌着传统文化的血脉和精气，正是这些哺育和成就了曾国藩。同样，后人研读《曾国藩日记》，试图从记主的成长轨迹中寻求其成功的秘密，收获的亦多是民族文化的滋润和启迪。

① 梁启超.饮冰室合集·文集之三十四［M］.北京：中华书局，1989：1.

一、读书：贵在立志，重在“深造自得”

明清时代的读书人，在获得功名之前，读的几乎都是八股试帖等闱墨文字，与真正的学问并无多大关系。曾国藩在道光十八年（1838 年）考取进士之前，读书生活也大抵如此。在道光二十三年（1843 年）正月十七日的一封《致诸弟》信中，他谈到自己读书求学生涯中的重大转折：

兄少时天分不甚低，厥后日与庸鄙者处，全无所闻，窍被茅塞久矣。及乙未到京后，始有志学诗古文并作字之法，亦洎无良友。近年得一二良友，知有所谓经学者、经济者，有所谓躬行实践者，……慨然思尽涤前日之污，以为更生之人。[①]

信中提到的乙未年是道光十五年（1835 年），其时曾国藩二十五岁。这一年，曾国藩赴京第二次参加会试不售，“留京师读书，研穷经史尤好昌黎、韩氏之文，慨然思蹑而从之”。[②] 此时的曾国藩虽然知道在时文帖括之外别有广阔的学术天地，但是仍苦于没有良师益友，进步不大。直到翰林院散馆，他授职检讨兼任国史馆协修，读书生涯才发生根本性变化，这时他已整整三十岁。在朋友的引见下，在京城他拜见的第一位老师是著名理学大师唐鉴（字镜海）。《曾国藩日记》中对此有详细记载：

① 曾国藩.曾国藩家书［M］.北京：线装书局，2008：166.

② 曾国藩.足本曾文正公全集（第一部）［M］.李翰章，编纂.李鸿章，校勘.宁波，等，校注.长春：吉林人民出版社，2006：59.

又至唐镜海先生处，问检身之要、读书之法。先生言当以《朱子全书》为宗。时余新买此书，问及，因道此书最宜熟读，即以为课程，身体力行，不宜视为浏览之书。又言治经宜专一经，一经果能通，则诸经可旁及。若遽求兼精，则万不能通一经。……又言为学只有三门：曰义理，曰考核，曰文章。考核之学，多求粗而遗精，管窥而蠡测。文章之学，非精于义理者不能至。经济之学，即在义理内。又问：经济宜何如审端致力？答曰：经济不外看史，古人已然之迹，法戒昭然；历代典章，不外乎此。……又言检摄于外，只有“整齐严肃”四字，持守于内，只有“主一无适”四字。又言诗、文、词、曲，皆可不必用功，诚能用力于义理之学，彼小技亦非所难。又言第一要戒欺，万不可掩著云云。听之，昭然若发蒙也。[①]

这里不厌其详地把这段日记摘录出来，是因为这次拜访对曾国藩一生的影响实在太大，不仅是对其读书生活，而且影响到其一生的行事做人。唐鉴的谈话内容概括起来主要有三点。一是如何读书，即要专精一经，一经通则诸经通。要熟读《朱子全书》，对其内容不能仅仅浏览，而要“身体力行”。二是天下学问俱包括在文章、义理、考核三门之中，义理为首，义理精则文章精，经济之学亦在义理之中。三是做人要检摄于外，持守于内，最重要的是要“戒欺”，不掩饰，不自欺欺人。同时，唐鉴还向曾国藩介绍了另一位著名的理学大师倭艮峰（仁），盛赞他“用功最笃实，每日自朝至寝，一言一动，坐作

① 曾国藩.曾国藩日记［M］.贾泓杰，王诚伟，整理.北京：九州出版社，2014：30—31.

饮食，皆有札记。或心有私欲不克，外有不及检者皆记出”。[1]年届三十、已经是翰林院检讨的曾国藩听了唐鉴的一番议论之后，在日记中记下了当时的感受：“昭然若发蒙也。”“若发蒙也”四字道出了他的震撼、醒悟与决心。翻检这一时期曾国藩的日记，多处留下了他拜访唐鉴、倭仁的记载：

又至镜海丈处久谈，哺时始归。[2]

旋走杨朴安、穆中堂、唐镜翁处，申正归。[3]

拜倭艮峰前辈，先生言“研几”功夫最要紧，……失此不察，则心放而难收矣。又云：人心善恶之几，与国家治乱之几相通。又教予写日课，当即写，不宜再因循。[4]

倭仁告诉曾国藩的所谓“研几”功夫，即是理学家所强调的“内省”功夫，读书人要时刻对照书中所讲的义理，检查和衡量自己瞬间产生的念头、日常生活中发生的细微小事，将它们与修齐治平的大事联系起来，并通过写日记的形式时时解剖自己、批判自己。正如前面唐鉴向曾国藩介绍时所讲的那样，这位先生就是这样做的，他“用功最笃实，每日自朝至寝，一言一动，坐作饮食，皆有札记。或心有私欲不克，外有不及检者皆记出”。唐鉴（1778—1861），湖南善化人，嘉庆进士，1818 年授浙江道监察御史，累迁至太常寺卿，晚年主讲金陵书院。倭

① 曾国藩.曾国藩日记［M］.贾泓杰，王诚伟，整理.北京：九州出版社，2014：31.
② 同上：34—35.
③ 同上：44.
④ 同上：48.

仁（1804—1871），清蒙古正红旗人，1844年任大理寺卿，1862年升任工部尚书，旋充帝傅，授文渊阁大学士，后管理国子监。唐、倭二人均是清代著名理学大师，倭仁更以反对京师同文馆增设天文算学馆的保守派代表而著称。平心而论，理学在十九世纪中期以后的中国，随着西方文化的侵蚀浸润，已逐渐失去思想界的主宰地位。但是，它在长期发展过程中形成的在培育人的心志、道德、情操等方面的一整套理论和实践仍然有着难以否定的作用。就读书求学而言，这些影响体现在曾国藩身上，主要表现有两个方面。

（一）读书贵在立志

翻阅《曾国藩日记》，随处可见“读书立志，须以困勉立功，志大人之学”[①] 的字样，这既是他用以自勉，时时提醒自己的话，也是他在教育子弟、勉励友朋的书信中经常用的一句话。读书立志，就是不把读书求学仅仅看作个人荣辱得失的事情，而是要志存高远，有内圣外王的抱负。道光二十二年（1842年）十月二十六日，身在北京翰林院的曾国藩给远在家乡的四位弟弟写了一封三千多字的长信，主要是谈读书为学之道。信中针对其六弟国华参加县试失利而牢骚满腹的状况，他写道：

屈于小试辄发牢骚，吾窃笑其志之小，而所忧之不大也。君子之立志也，有民胞吾与之量，有内圣外王之业，而后不忝

① 曾国藩.曾国藩日记［M］.贾泓杰，王诚伟，整理.北京：九州出版社，2014：16.

于父母之生，不愧为天地之完人。故其为忧也，以不如舜不如周公为忧也，以德不修学不讲为忧也。……此君子之所忧也。若夫一身之屈伸，一家之饥饱，世俗之荣辱得失、贵贱毁誉，君子固不暇忧及此也。六弟屈于小试，自称数奇，余窃笑其所忧之不大也。[①]

曾国藩训诫六弟，小试不售便发牢骚，实为胸襟不宽、志量太小的缘故。读书人应该思考的，是自己哪些方面“不如舜不如周公”，离“天地之完人”的差距还有多少；应该忧虑的，是老百姓有没有教化过来，外族在欺侮我们，小人在位，贤者未能使用，匹夫匹妇没有受到自己的恩泽等。紧接着，曾国藩在信中对四位弟弟谈了自己对“读书人”三字的理解：

盖人不读书则已，亦即自名曰读书人，则必从事于《大学》。《大学》之纲领有三：明德、新民、止至善，皆我分内事也。若读书不能体贴到身上去，谓此三项与我身了不相涉，则读书何用？虽使能文能诗，博雅自诩，亦只算得识字之牧猪奴耳！岂得谓之明理有用之人也乎？[②]

在信中，曾国藩把那些读书只是为了吟诗作文，以博雅自诩而与国家兴衰、百姓疾苦和个人修养无涉的人，斥之为只是识得几个字的“牧猪奴”，表现了他对这种人的极大愤慨。

①② 唐浩明.唐浩明评点曾国藩家书［M］.北京：华夏出版社，2011：15.

（二）读书重在“深造自得”

“深造自得”一语出自《孟子·离娄章句下》：

孟子曰：“君子深造之以道，欲其自得之也。自得之，则居之安；居之安，则资之深；资之深，则取之左右逢其原，故君子欲其自得之也。”[①]

意思是说，君子通过正确的方法来获得高深的造诣，在这里强调的是自觉地获得即“自得”。自觉地有所得，就能牢固地掌握它而不动摇；牢固地掌握它而不动摇，就能积蓄很深；积蓄很深，便能取之不尽，左右逢源。所以，君子要自觉地有所得。曾国藩终身服膺并努力践行孟子的“深造自得”四字。在他看来，读书求学既当志存高远，又应脚踏实地、修身务本，即用来指导言行、陶冶情操、提升境界，而不应掺杂“好名好胜之见”。日记中随处可见这样的内容：

早起，高诵养气章，似有所会，愿终身私淑孟子。虽造次颠沛，皆有孟夫子在前，须臾不离，或到死之日可以仰希万一。[②]

翻阅《四书》一遍。用白绫写《论语》《孟子》中最足警吾身者，约二十余章。[③]

阅《白香山集》。因近日胸襟郁结不开，故思以陶、白、

① 杨伯峻.孟子译注（上册）[M].北京：中华书局，1960：189.

② 曾国藩.曾国藩日记[M].贾泓杰，王诚伟，整理.北京：九州出版社，2014：49.

③ 同上：248.

苏、陆之诗及张文端之言解之也。[①]

因思古来圣哲，胸怀极广，而可达天德者约有数端，如笃恭修己而生睿智，程子之说也；至诚感神而致前知，子思之训也；安贫乐道而润身睟面，孔、颜、曾、孟之旨也；观物闲吟而意适神恬，陶、白、苏、陆之趣也。自恨少壮不知努力，老年常多悔惧，于古人心境不能领取一二，反复寻思，叹喟无已！[②]

念余生平虽颇好看书，总不免好名好胜之见参预其间。是以无孟子"深造自得"一章之味，……故到老而无一书可恃，无一事有成。今虽暮齿衰迈，当从"敬静纯淡"四字上痛加功夫，纵不能如孟子、元凯之所云，但养得胸中一种恬静书味，亦稍足自适矣。[③]

写下前引最后一则日记的曾国藩，已经是年近六旬的老人，且早已名满天下，身居一等侯爵、两江总督的高位了。

读书贵在立志，重在"深造自得"，前者强调读书要胸怀远大抱负，不为一己的私欲；后者突出读书要修身务本，"学以为己"，注重道德实践和精神修炼。二者看似相悖，却相辅相成。应该说，这两条读书原则都不是曾国藩提出来的，它们早已积淀于中国的优秀文化传统之中。曾国藩的可贵之处在于，在十九世纪中国社会面临"三千年未有之变局"的大环境下，他能自觉地继承并将之奉行终身。无论是身为一介书生还是位极人

① 曾国藩.曾国藩日记［M］.贾泓杰，王诚伟，整理.北京：九州出版社，2014：1206—1207.

② 同上：1359.

③ 同上：1213—1214.

臣，无论是处于逆境还是顺境，无论是在精力充沛的青壮年时代还是暮齿衰迈的晚年，即使在右眼完全失明，左眼视物昏花，而且医生警告其左眼亦将失明的情况下，他都读书不倦，思考、反省不懈。日记中留下的许多文字，今天读了仍让人动容：

念老年读书，如旱苗叶已枯槁而汲井以灌溉，虽勤无益，古人所以戒时过而后学也；然果能灌溉不休，则禾稼虽枯而菜蔬或不无小补耳。[①]

在轿中温《易》“乾”“坤”“屯”“蒙”“需”五卦。眼蒙日甚，轿中日光穿入，尤不相宜。[②]

在舟中温《左传》宣公、成公至襄公九年止，共百七十叶，涉猎一过，不能深求。屡次小睡，以息目力。[③]

年近六旬的老翁，在摇晃的行船上，在颠簸的轿子里看书本来就很吃力，更何况眼睛不好，只能选择一些早已读过的书，主要凭记忆温习。有时眼睛实在“昏蒙无法视物”，则“静坐一时许，默诵《论语》二十篇一遍”。[④] 直到逝世前一天，仍“早起，……早饭后清理文件，阅《理学宗传》。……傍夕久睡。又有手颤心摇之象，起吃点心后，又在洋床久睡。阅《理学宗传》中张子一卷。二更四点睡。”[⑤] 这是记于同治十一年（1872 年）二月初三的最后一则日记。第二天，二月初四戌时，曾国藩即

① 曾国藩.曾国藩日记［M］.贾泓杰，王诚伟，整理.北京：九州出版社，2014：1220.
② 同上：1322.
③ 同上：1325.
④ 同上：1273.
⑤ 同上：1438.

辞世。可以说，读书、思考、精神修炼、道德实践贯穿了曾国藩的一生。

二、修身：慎独、主敬、求仁、习劳

同治九年（1870年）九月二十二日晚，刚刚处理完棘手的“天津教案”，第二天一早即将由儿子曾纪泽陪同进京陛见的曾国藩，在天津寓所写下如下一段日记：

是日细思古人功夫，其效之尤著者，约有四端：曰慎独则心泰，曰主敬则身强，曰求仁则人悦，曰思诚则神钦。……四者之功夫果至，则四者之效验自臻。余老矣，亦尚思少致吾功，以求万一之效耳。[①]

他后将这则日记的内容通过诠释文字拓展为一封家信，寄给了两个儿子纪泽、纪鸿。此时的曾国藩已是百病缠身，自知将不久于人世。他将自己多年的人生思考和追求凝聚为四条，八个字，作为最后的家训传给二子，希望他们牢记于心，传之于后。信的结尾写道：

余衰年多病，目疾日深，万难挽回，汝及诸侄辈身体强壮者少，古之君子修己治家，必能心安身强而后有振兴之象，必使人悦神钦而后有骈集之祥。今书此四条，老年用自儆惕，以

① 曾国藩.曾国藩日记［M］.贾泓杰，王诚伟，整理.北京：九州出版社，2014：1314.

补昔岁之愆；并令二子各自勖勉，每夜以此四条相课，每月终以此四条相稽，仍寄诸侄共守，以期有成焉。[①]

与日记相比，信中四条的内容改动了三个字。一是第一条的“慎独则心泰”，将“泰”字换作“安”字，意思没有变。二是第四条“思诚则神钦”，“思诚”改为“习劳”，这两字改得贴切。其实，这四条，八个字，既是曾国藩对子侄做人的要求，更是他在个人修养方面一生的追求。

“修身”是中国传统士人成长过程中贯穿一生的重要环节。《大学》里甚至有这样的论述：

物格而后知至，知至而后意诚，意诚而后心正，心正而后身修，身修而后家齐，家齐而后国治，国治而后天下平。自天子以至于庶人，壹是皆以修身为本。其本乱而末治者否矣。[②]

在这里，把“修身”作为实现儒家“修齐治平”理想人格的基础，即一切事业的成功“皆以修身为本”。曾国藩提出的“慎独、主敬、求仁、习劳”四条修身要则，既有对前贤观点的继承和吸收，更有自己独到的体验和省悟。

“慎独”，即一个人在独处的时候要能够严格要求自己，不妄取，不苟为，不放纵。在儒家学说中，“慎独”乃是修身的最高境界。前面提到的倭仁告诫曾国藩“‘研几’功夫最要

① 唐浩明.唐浩明评点曾国藩家书［M］.北京：华夏出版社，2011：763.
② 朱熹.四书章句集注［M］.北京：中华书局，1983：4.

紧”，指的就是“慎独”功夫。宋明理学家最重视的也就是人独处时的态度。日记中随处可以看到曾国藩在不同时期、不同环境下，针对内心深处一闪而过的某种错误想法或某种不为人所觉察的不道德行为，对自己进行的反省、自责、鞭笞甚至辱骂：

母亲五十八寿辰。……是日不能预备寿面，意在省费也。而晡时内人言欲添衣，已心诺焉，何不知轻重耶？颠倒悖谬，谨记大过。[1]

这则日记需稍加说明。此时曾国藩在北京翰林院供职，妻子随他在京居住，而父母双亲则远在湖南乡下老家。这一天是道光二十二年（1842 年）十一月初三日，恰逢母亲生日，因为母亲远在家乡，所以尽管曾国藩这天在日记里写的第一句话即是“母亲五十八寿辰”，但并没有预备寿面，他考虑的是母亲不在身边，“意在省费也”。下午妻子向他讲起，想添置一件衣服，曾虽然口头没有说什么，但心里已答应了。就这么一件他若不在日记里写，谁也不知内情的事，让他自责不已。他在日记里大骂自己把妻子看得比母亲重，真可谓不知轻重、颠倒悖谬，还给自己记了大过一次，以接受教训。

同年十月初十的一则日记更有意思：

昨夜，梦人得利，甚觉艳羡，醒后痛自惩责，谓好利之心

① 曾国藩.曾国藩日记［M］.贾泓杰，王诚伟，整理.北京：九州出版社，2014：57.

至形诸梦寐，何以卑鄙若此！①

梦中的事更是除本人以外无人知晓，即便对于这种情况下流露出来的一丝贪欲，曾国藩也不放过，在日记中责备自己：看看你已经卑鄙到什么程度，连做梦都羡慕别人发财！“慎独则心安”，说的是一个人在独处时尚且能为善去恶，心中自然无一愧疚之事，“可以对天地质鬼神”，与俗话所讲的“为人不做亏心事，半夜敲门心不惊”是一样的道理，这样就能保持心情的愉悦。

养生首在养心，从这个意义上讲，“慎独”就是最好的养心，可以使人得到最大的快乐。

“主敬”，亦是儒家修身的一项重要内容。曾国藩认为：

敬之一字，孔门持以教人，春秋士大夫亦常言之，至程朱则千言万语不离此旨。内而专静纯一，外而整齐严肃，敬之工夫也；出门如见大宾，使民如承大祭，敬之气象也；修己以安百姓，笃恭而天下平，敬之效验也。②

曾国藩强调“主敬”，实际上突出的是一个人的精神状态：“庄敬日强，安肆日偷。”人要自强、自信、自立，对待生活、对待工作庄敬严肃。持这种态度的人，必定会事业有成，生活充实；反之，精神萎靡、缺乏自信、处处傍人，必定会事业无

① 曾国藩.曾国藩日记［M］.贾泓杰，王诚伟，整理.北京：九州出版社，2014：51.
② 唐浩明.唐浩明评点曾国藩家书［M］.北京：华夏出版社，2011：762.

成，生活空虚，身体也不会好。“主敬则身强”说的就是这层意思。曾国藩一生“历百千艰阻而不挫屈”，在很大程度上得力于“主敬”二字，即一种积极进取的精神状态。

“求仁”，用今天的话来讲就是对人要有仁爱之心。“孔门教人，莫大于求仁，而其最切者，莫要于欲立立人、欲达达人数语。”[①] 曾国藩十分推崇宋儒张载在《西铭》中对人与人、人与万物关系的概括：“民吾同胞，物吾与也。”人与万物同为天地父母所生，同出一源，因此应该互相关爱。曾国藩把这种关系上升至“必如此，乃可谓之人，不如此，则曰悖德，曰贼”[②] 的高度。在咸丰九年（1859 年）五月初八的日记中，曾国藩记下了他和九弟国荃关于“为人之道”的一段讨论：

夜与沅弟论为人之道有四知，……四知之目，即《论语》末章之“知命、知礼、知言”，而吾更加以“知仁”。仁者，恕也。己欲立而立人，己欲达而达人，恕道也。立者足以自立也，达者四达不悖，远近信之，人心归之。……我欲足以自立，则不可使人无以自立；我欲四达不悖，则不可使人一步不行，此立人达人之义也。孔子所云“己所不欲，勿施诸人”，孟子所云“取人为善，与人为善”，皆恕也、仁也。知此，则识大量大；不知此，则识小量小。故吾于三知之外，更加“知仁”，愿与沅弟共勉之。沅弟亦深领此言。[③]

---

① 曾国藩.曾国藩全集（修订版）[M].唐浩明，修订.长沙：岳麓书社，2012：547.
② 唐浩明.唐浩明评点曾国藩家书 [M].北京：华夏出版社，2011：762.
③ 曾国藩.曾国藩日记 [M].贾泓杰，王诚伟，整理.北京：九州出版社，2014：256—257.

“求仁则人悦”，就是说，只要你时时处处与人为善，设身处地替人着想，别人也就欢迎你、信服你、跟你走。可以说，“求仁则人悦”是曾国藩一生在处理官场、友朋、家庭等人际关系时遵守的一条基本原则。

“习劳”二字，意思清楚明白。“习劳则神钦”，说的是人应该用自己的辛勤劳作来换取生存和社会地位。圣君贤相等在上位者，以自己的智慧和才能给天下百姓带来福祉；升斗小民，则凭一己之才技和努力为家庭谋温饱。无论是智慧和才能，还是才技和努力，皆来自勤劳艰苦，都来自个人的付出。当一个人的付出和他所得的酬劳相一致的时候，就不会招来忌妒和怨恨，否则就会惹得天怒人怨。在本节开始时我们提到的那封给两个儿子纪泽、纪鸿的信中，曾国藩写道：

若农夫织妇终岁勤动，以成数石之粟数尺之布，而富贵之家终岁逸乐，不营一业，而食必珍馐，衣必锦绣，酣豢高眠，一呼百诺，此天下最不平之事，鬼神所不许也，其能久乎？[①]

这是一位父亲在将近一个半世纪前写给儿子们的一封信，此时的曾国藩是清政府的侯爵、大学士、两江总督，信中能够如此清醒地看到当时社会上存在的这种最不平等的现象，能够如此真诚地对农夫织妇这些处于社会最底层的人予以同情，对于不事生产却坐享奢华生活的富贵之家给予严厉的谴责，应该说是非常不容易的。更不容易的是，这种同情和谴责不是仅仅

① 唐浩明.唐浩明评点曾国藩家书［M].北京：华夏出版社，2011：762—763.

停留在文字和口头上，而是付诸实践，用来律己，用来教育和约束自家的子弟。翻阅日记，随处可以看到类似的记载：

细思修己治人之道，果能常守“勤、俭、谨、信”四字，而又能取人为善，与人为善，以礼自治，以礼治人，自然寡尤寡悔，鬼伏神钦，特恐信道不笃，间或客气用事耳。[①]

细思古人修身、治人之道，不外乎前此所见之“勤、大、谦”。……而“勤、谦”二字，尤为彻始彻终，须臾不可离之道。勤所以儆惰也，谦所以儆傲也。勤能且谦，则大字在其中矣。……吾将守此二字以终身，倘所谓“朝闻道，夕死可矣”者乎！[②]

在咸丰四年（1854年）八月十一日给远在家乡的四位弟弟的家信中，曾国藩写道：

凡一家之中，勤敬二字能守得几分，未有不兴；若全无一分，未有不败。……子侄除读书外，教之扫屋、抹桌凳、收粪、锄草，是极好之事，切不可以为有损架子而不为也。[③]

曾国藩要求家中的子侄辈从小和农家子弟一样，养成劳动的习惯。把“习劳”二字作为自己修身的重要内容且用以严格约束子弟，固然与曾国藩出身农家，从小受到祖父和父母的影

① 曾国藩.曾国藩日记［M］.贾泓杰，王诚伟，整理.北京：九州出版社，2014：661.
② 同上：393.
③ 唐浩明.唐浩明评点曾国藩家书［M］.北京：华夏出版社，2011：183.

响有关，但更主要的可能是出于他对儒家理想人格的信念和个人阅历的智慧。

“慎独则心安，主敬则身强，求仁则人悦，习劳则神钦。”这是曾国藩一生用以儆惕的修己之道，是他被誉为“千古完人”的魅力所在，更是他一生学问、事业成功的基础。

三、治家:“书、蔬、鱼、猪，考、早、扫、宝”八字诀

在中国传统社会中，家的观念特别重要。在儒家“修齐治平”的理想人格中，“齐家”是介于“修身”和“治国”之间的津梁。正如《大学》所云：“古之欲明明德于天下者，先治其国；欲治其国者，先齐其家；欲齐其家者，先修其身。”[①] 君子欲实现自己的抱负，成就一番治国平天下的事业，必须有一个和睦、勤俭、向善、好学的家庭作为依托。因此，重视子弟的教育，形成良好的家风，便成为中国传统文化的一个重要特征。历代以来，关于家庭教育的种种格言、教本、典型人物和事件，可以说不胜枚举，而曾国藩的日记、家书之所以在清末民初几乎成为士大夫人手一编的必读之书，其中一个重要原因就是人们将之当作治家圭臬，在社会动荡不安的大变革时期，试图从中寻求治家教子的智慧和启迪。

同治五年（1866 年）十二月初六，两江总督任上的曾国藩给远在湖南家乡的四弟国潢写信，讨论家庭教育问题，主要是

① 朱熹.四书章句集注［M］.北京：中华书局，1983：4.

将他近来整理好的祖父留下的家规告诉家里。曾氏兄弟五人，国藩为长，四个弟弟中有三个早年亦投笔从戎，长年在外，且其中两个分别在与太平军作战时阵亡和染时疫而死。只有四弟国潢留在老家，主持家务，照顾家庭。在信中，曾国藩写道：

家中要得兴旺，全靠出贤子弟。若子弟不贤不才，虽多积银积钱积谷积产积衣积书，总是枉然。子弟之贤否，六分本于天生，四分由于家教。吾家代代皆有世德明训，惟星冈公之教尤应谨守牢记。吾近将星冈公之家规编成八句，云："书、蔬、鱼、猪，考、早、扫、宝，常说常行，八者都好；地、命、医理、僧巫、祈祷、留客久住，六者俱恼。"盖星冈公于地、命、医、僧、巫五项人，进门便恼，即亲友远客久住亦恼。此八好六恼者，我家世世守之，永为家训。子孙虽愚，亦必略有范围也。[①]

信中提到的"星冈公"是曾国藩的祖父，名玉屏，号星冈。此人一生在乡村种田，虽未见过大世面，却有见识，对子孙课读甚严，影响极大。祖父说过的一句话让曾国藩终生难忘：当年他刚中进士进入翰林院的时候，"星冈公训竹亭公曰：'宽一虽点翰林，我家仍靠作田为业，不可靠他吃饭'"。[②] 竹亭公是曾国藩的父亲，宽一是曾国藩的乳名。孙子中了进士、点了翰林，祖父教训儿子，我们家仍靠种田为生，不可靠他吃饭。这句体现了乡间农人远见卓识的话，让曾国藩一辈子牢记不忘。曾国

① 唐浩明.唐浩明评点曾国藩家书［M］.北京：华夏出版社，2011：678.

② 同上：650.

藩的治家理念和许多具体实践都深受其影响。

信中所讲的“六恼”，“恼”就是不高兴、不愿意或者说不准许家人和子孙后代做的事情。“六恼”包括不与地（即地仙，原指神话故事中住在人间的仙人，乡村中多指游手好闲而没有正当职业的人）、命（算命的人）、医生、僧人、巫婆等交往，不在家里做求神拜佛的事，也讨厌家中留客人久住。以今天的眼光来看，这“六恼”之中有合理的内容，比如说不与地仙、算命先生、巫婆神汉打交道，不准此类人进家门，不在家中做法事，等等。但是，其中显然也有不科学或不近人情的地方，如不与医生交往就实在令人想不通，当然也难以做到；而不在家中久留客人似乎也有点一概而论，缺乏具体分析。也许正是由于上述原因，对于祖父家规中的“六恼”，曾国藩在日记或家书中很少再提到。事实上，他本人也未能遵守。他一生体弱多病，数十年中经常与医生打交道。因此，在一定意义上可以说，曾国藩虽然在信中写道“此八好六恼者，我家世世守之，永为家训”，但实际上他更多关注的是“八好”，并结合自己的亲身体验和对世道人心的观察、思考，大大拓展和提升了“八好”的内容。

先从字面上解释一下所谓“八好”，即“书、蔬、鱼、猪，考、早、扫、宝”。“书”是读书，意义自然明白，要求子弟读书明理；“蔬”“鱼”“猪”是指乡间农人种菜、养鱼、养猪等日常劳作，即不要丢掉农家的生活方式和习惯；“早”“扫”，分别指的是起早而不睡懒觉，自己动手清扫庭院、收拾房屋，强调的是“勤、俭”二字；“考”，指的是祭祀祖先虔诚恭敬，凡器皿第一等好者留作祭祀之用，饮食第一等好者亦备祭祀之需，贵孝道，贵和睦；“宝”是指善待邻里，凡亲戚邻里来家，无不恭敬接待，有急必周济之，有讼必排解之，有喜必庆贺之，有疾必问，有丧必吊。

在中国的家庭伦理中，作为家中的长子，曾国藩在教育自己的子女之外，亦承担着教育诸位弟、妹、子侄辈的责任，更肩负着继承发扬家风的重任。其实，“八好”的内容，曾国藩早已在践行之中。

（一）“愿其为耕读孝友之家，不愿其为仕宦之家”

道光二十九年（1849 年）四月十六日，曾国藩在接到祖父病重的家信后，给四位弟弟的信中重点谈了自己对家庭长远发展的一些想法。他说：

吾细思凡天下官宦之家，多只一代享用便尽。其子孙始而骄佚，继而流荡，终而沟壑，能庆延一二代者鲜矣。商贾之家，勤俭者能延三四代；耕读之家，谨朴者能延五六代；孝友之家，则可以绵延十代八代。我今赖祖宗之积累，少年早达，深恐其以一身享用殆尽，故教诸弟及儿辈，但愿其为耕读孝友之家，不愿其为仕宦之家。诸弟读书不可不多，用功不可不勤，切不可时时为科第仕宦起见。若不能看透此层道理，则虽巍科显宦，终算不得祖父之贤肖，我家之功臣。①

① 唐浩明.唐浩明评点曾国藩家书［M］.北京：华夏出版社，2011：106—107.

信中明确提出曾氏家族发展的定位，希望成为耕读孝友之家，而不愿成为仕宦之家，而且明确指出这样的定位是符合祖父的意愿的，否则就是曾家的不肖子孙。按照一般人的观念，官宦之家有权有钱，是人们趋之若鹜的一等家庭；商贾之家有钱无权，至少也是二等家庭；耕读之家既无权又无钱，最多属于三等家庭。但在曾国藩眼里，排序恰好相反。为什么会这样？这是因为，在曾国藩看来，权和钱都对子孙的成长不利，若两者俱全，则更不好。耕读之家虽然无权无钱，但知书识礼，有利于子弟成长。孝友，即孝顺父母、友爱兄弟，是一种良好的家风。这种家风既可存在于耕读之家，亦可存在于商贾之家、官宦之家。有了这种好家风，家运更可长久维持。在以后的多种场合，他都反复讲述自己的这一观点。下面是咸丰六年（1856 年）九月二十九日曾国藩写给小儿子纪鸿信中的一段话：

家中人来营者，多称尔举止大方，余为少慰。凡人多望子孙为大官，余不愿为大官，但愿为读书明理之君子。勤俭自持，习劳习苦，可以处乐，可以处约。此君子也。余服官二十年，不敢稍染官宦气习，饮食起居，尚守寒素家风，极俭也可，略丰也可，太丰则吾不敢也。凡仕宦之家，由俭入奢易，由奢返俭难。尔年尚幼，切不可贪爱奢华，不可惯习懒惰。无论大家小家、士农工商，勤苦俭约，未有不兴，骄奢倦怠，未有不败。尔读书写字不可间断，早晨要早起，莫坠高曾祖考以来相传之家风。吾父吾叔，皆黎明即起，尔之所知也。[1]

① 唐浩明.唐浩明评点曾国藩家书［M］.北京：华夏出版社，2011：214.

此时的曾纪鸿年仅九岁，他是曾家在连续生了四个女儿之后，曾国藩三十八岁时才得的儿子，在家中受到父母的疼爱自然是人之常情。就是面对这样一个九岁的孩子，曾国藩写下了如此情意真挚而又袒露心胸的一番话。九年后，当十六岁的侄儿曾纪瑞（曾国荃长子）考中秀才的喜讯传来，曾国藩立刻给在家乡的四弟（国潢）、九弟（国荃）写信，在表示祝贺的同时，再次表达了这样的意思：

纪瑞侄得取县案首，喜慰无已。吾不望代代得富贵，但愿代代有秀才。秀才者，读书之种子也，世家之招牌也，礼义之旗帜也。谆嘱瑞侄从此奋勉加功，为人与为学并进，切戒骄奢二字，则家中风气日厚，而诸子侄争相濯磨矣。[①]

不愿子孙为大官，不望代代得富贵，但愿为读书明理的君子，曾国藩的这几句话百余年来在士人之间广为传诵。自己身为政府高官，却不愿子侄们做大官、发大财，此话怎讲？读读曾国藩的下面一段言论，我们就会明白他的内心世界：

予自三十岁以来，即以做官发财为可耻，以宦囊积金遗子孙为可羞可恨，故私心立誓，总不靠做官发财以遗后人。神明鉴临，予不食言。……盖儿子若贤，则不靠宦囊，亦能自觅衣饭；儿子若不肖，则多积一钱，渠将多造一孽，后来淫佚作恶，必且大玷家声。故立定此志，决不肯以做官发财，决不肯留银

① 唐浩明.唐浩明评点曾国藩家书［M］.北京：华夏出版社，2011：615.

钱与后人。[1]

曾国藩的逻辑是，做官和发财是两码事情。他认定靠做官发财积金遗子孙为可耻。但是，在现实的官场上，能够有这种清醒的认识并坚持操守是难之又难的。与其让子侄走做官的路而毁掉他们并造孽子孙、玷污家声，不如鼓励他们做读书明理的君子，勤俭自持，习劳习苦，可以处乐，可以处约。曾国藩的这种教子逻辑，即使在百年后的今天仍发人深思。

（二）“家勤则兴，人勤则健；能勤能俭，永不贫贱”[2]

这是同治七年（1868 年）五月二十五日，在南京两江总督府上，曾国藩为家中妇幼辈拟定功课单后特意在后面添上的一句话。随着曾家兄弟事业的发达和官越做越大，曾国藩非常担心家里人会忘记先世之艰难而变得骄奢淫逸。他针对家中不同对象，或当面训谕，或书信劝诫，动之以情，晓之以理，要求家中大小不忘“勤、俭”二字。他首先对四位弟弟提出严格的要求，因为在家中他们的言行不仅影响着子侄们，而且关系到曾氏家族在村里、县里乃至湖南和全国的名誉与家声。咸丰四年（1854 年）八月十一日，曾国藩在给家中四位弟弟的信中特别讲到这个问题：

诸弟不好收拾洁净，比我尤甚。此是败家气象。嗣后务宜

① 唐浩明.唐浩明评点曾国藩家书［M］.北京：华夏出版社，2011：103.
② 曾国藩.曾国藩日记［M］.贾泓杰，王诚伟，整理.北京：九州出版社，2014：1108.

细心收拾，即一纸一缕、竹头木屑，皆宜捡拾伶俐，以为儿侄之榜样。一代疏懒，二代淫泆，则必有昼睡夜坐、吸食鸦片之渐矣。四弟、九弟较勤，六弟、季弟较懒。以后勤者愈勤，懒者痛改，莫使子侄学得怠惰样子。至要至要。[①]

曾国藩在信中批评诸弟不喜欢“收拾洁净”，就是没有恪守祖父“八好”中的“扫”字，并把这种懒惰行为上升到“败家气象”的高度来认识；还指名道姓地批评了六弟、季弟的懒惰，告诫他们，若不作出好榜样，子侄辈就会一代不如一代。对于常年在家主持家务的四弟，他专门写信，特别叮嘱：

以后望弟于俭字加一番功夫，用一番苦心，不特家常用度宜俭，即修造公费，周济人情，亦须有一俭字的意思。总之，爱惜物力，不失寒士之家风而已。莫怕寒村二字，莫怕悭吝二字，莫贪大方二字，莫贪豪爽二字。弟以为然否？[②]

曾国藩非常担心这位主持家务而又特爱面子的阿弟在家乡讲排场、摆阔气，大手大脚，丢失“寒士之家风”。

曾国藩常年在外做官，单身赴任或带兵打仗住在营中，夫妻之间离多聚少，深知妻子在教育儿女上的责任重大，写信勉励夫人：

① 唐浩明.唐浩明评点曾国藩家书［M].北京：华夏出版社，2011：183.

② 同上：550.

夫人率儿妇辈在家，须事事立个一定章程。居官不过偶然之事，居家乃是长久之计，能从勤俭耕读上做出好规模，虽一旦罢官，尚不失为兴旺气象。若贪图衙门之热闹，不立家乡之基业，则罢官之后，便觉气象萧索。凡有盛必有衰，不可不预为之计。望夫人教训儿孙妇女，常常作家中无官之想，时时有谦恭省俭之意，则福泽悠久，余心大慰矣。[①]

事实上，这位欧阳夫人和曾国藩一样，律己极严，教育子女有方。有一年，她带领子媳到安庆两江总督府上住了一段时间，每天与儿媳、女儿等在府中纺棉纱，约定以四两为率，常常至二更才歇息。[②] 堂堂的总督府后院，七架纺车从早响到晚，“每日纺声甚热闹”。[③]

对于子侄辈这方面的教育，曾国藩更是重视。翻阅其日记，可以看到，只要子女在身边，他总是向他们灌输这一道理：

傍夕至内室与诸女论节俭、习劳之道。[④]

傍夕训两儿，言作人之道以知艰苦为最要。[⑤]

子侄们不在身边，则通过书信谆谆教诲：

今家中境地虽渐宽裕，侄与诸昆弟切不可忘却先世之艰难，

---

① 唐浩明.唐浩明评点曾国藩家书［M］.北京：华夏出版社，2011：714.

② 欧阳兆熊，金安清.水窗春呓［M］.北京：中华书局，1984：16.

③ 唐浩明.唐浩明评点曾国藩家书［M］.北京：华夏出版社，2011：554.

④ 曾国藩.曾国藩日记［M］.贾泓杰，王诚伟，整理.北京：九州出版社，2014：683.

⑤ 同上：789.

有福不可享尽，有势不可使尽。勤字功夫，第一贵早起，第二贵有恒；俭字功夫，第一莫着华丽衣服，第二莫多用仆婢雇工。[1]

这是他写给侄子纪瑞信中的一段话。

吾家妇女须讲究做小菜，如腐乳、酱油、酱菜、好醋、倒笋之类，常做些寄与我吃。……若外间买者，则不寄可也。[2]

这是他写给两个儿子纪泽、纪鸿信中的一段话。难道是总督大人真的没有可口的腐乳、酱油、酱菜过饭而等着家里人寄来吗？当然不是，醉翁之意不在酒，他是借此事让儿子们转告家中，“吾家妇女须讲究做小菜”，以不忘记农家本分。读着这些在戎马倥偬、政事繁重的间隙抽空写下的“教子书”，字里行间充溢着的良苦用心，实在令人感慨万分。

（三）“世家子弟，门第过盛，万目所瞩，骄怠者败”

同治七年（1868年）正月十七日晚，处理完一天公务，再一次细读《课子随笔》一书后，曾国藩在日记中写了如下一段感想：

大约兴家之道，不外内外勤俭、兄弟和睦、子弟谦谨等事。败家则反是。……盖达官之子弟，听惯高议论，见惯大排场，

① 唐浩明.唐浩明评点曾国藩家书［M].北京：华夏出版社，2011：555.

② 同上：655.

往往轻慢师长，讥弹人短，所谓骄也。由骄字而奢、而淫、而佚，以至于无恶不作，皆从骄字生出之弊。而子弟之骄，又多由于父兄为达官者，得运乘时，幸致显宦，遂自忘其本领之低，学识之陋，自骄自满，以致子弟效其骄而不觉。吾家子侄辈亦多轻慢师长，讥谈人短之恶习。欲求稍有成立，必先力除此习，力戒其骄；欲禁子侄之骄，先戒吾心之自骄自满，愿终身自勉之。[①]

在曾国藩看来，良好家风的承传，一个家族的兴旺，不仅要对子弟从正面引导、教育，还应该从反面提出要求，禁戒恶习萌发、滋生。对于早已跻身官宦人家之列的曾氏家族而言，家庭衰败最可能的诱发点是一个“骄”字。子弟们身上有了“骄”字，初则傲慢师长，讥谈人短，疏远亲戚邻里，丢弃祖先留下的“宝”字家规，继则由骄而奢、而淫、而佚，以至于无恶不作。其实，上述感想不仅仅是从别人的经验教训中获得的，曾国藩早已对自家兄弟子侄们身上发生的变化有所警惕，并多方规劝、训诫，构成了他治家思想的重要一环。

吾家子侄半耕半读，以守先人之旧，慎无存半点官气。不许坐轿，不许唤人取水添茶等事。其拾柴收粪等事，须一一为之；插田莳禾等事，亦时时学之。庶渐渐务本而不习于淫泆矣。至要至要，千嘱万嘱。[②]

---

① 曾国藩.曾国藩日记［M］.贾泓杰，王诚伟，整理.北京：九州出版社，2014：1069.

② 唐浩明.唐浩明评点曾国藩家书［M］.北京：华夏出版社，2011：171.

这是曾国藩早年写给老家四位弟弟信中的一段话，要求家人不要有“半点官气”，不准子侄们出门坐轿子，不准在家呼奴唤婢取水添茶，各项要求针对性强、具体而又可行。日记中有这样一段记载：曾国藩在军营中得到信息，“言沅甫起新屋，规模壮丽，有似公馆。所伐人家坟山大木，多有未经说明者。又言家中子弟荡佚，习于吹弹歌唱之风云云”。听到这个信息，曾国藩彻夜难眠，“细思余德薄能鲜，忝窃高位，又窃虚名，已干造物之忌，而家中老少习于‘骄、奢、佚’三字，实深悚惧”。[①]沅甫即曾国藩九弟国荃。曾国藩在深深自责的同时，马上给这位九弟以及五弟国葆写信：

良田美宅，来人指摘，弟当三思，不可自是。吾位固高，弟位亦实不卑；吾名固大，弟名亦实不小，而犹沾沾培坟墓以永富贵，谋田庐以贻子孙，岂非过计哉?[②]

对于这位早已是声名显赫的湘军将领的阿弟，曾国藩的批评柔中带刚，婉转而严肃地指出，这种做法违背了“寒士之家风”。一句“岂非过计哉?”包含了批评、教育和期望等多重意思。同治三年（1864 年）七月，虚岁十七岁的小儿子纪鸿告别父母，离开安庆回原籍湖南参加甲子科乡试。临行时，曾国藩再三嘱咐儿子做人行事要“力去骄惰二弊”。纪鸿还未到长沙，曾国藩给儿子的信已经发出，他不是担心儿子参加乡试能否考

① 曾国藩.曾国藩日记［M］.贾泓杰，王诚伟，整理.北京：九州出版社，2014：376.

② 唐浩明.唐浩明评点曾国藩家书［M］.北京：华夏出版社，2011：476.

得好，而是对儿子到省城之后的行事不放心。因为这些日子曾家发生了一件惊天动地的大事：湘军因攻下太平天国首都天京（南京）立下大功，曾国藩被清廷赐封一等侯爵，赏加太子太保衔，赏戴双眼花翎；曾国荃被赐封一等伯爵，赏太子少保衔，赏戴双眼花翎。兄弟同日封侯伯，这不仅在湖南，即使在全国，古往今来也极为罕见。深知世态人情的曾国藩担心，在这样的时刻，小小年纪的纪鸿，万目所瞩之下，在湖南士绅一派颂扬、捧场，甚至是巴结、讨好的氛围中会举止失措。在信中，曾国藩写道：

尔在外以谦谨二字为主，世家子弟，门第过盛，万目所瞩。临行时，教以三戒之首，末二条及力去傲惰二弊，当已牢记之矣。场前不可与州县来往，不可送条子，进身之始，务知自重，酷热尤须保养身体。①

曾国藩再三强调，要儿子一定谦谨行事，注意影响，特别嘱咐考试前不要去和地方官往来拉扯关系，更不能为考试的事递条子。他告诫纪鸿，参加乡试对你来讲是踏入社会的第一步，要清白做人，自爱自重，不可仗着父辈的功劳而走捷径。纪鸿此次乡试名落孙山，他一生的功名亦从此画上了句号。但是，从另一个角度看，这个结果也为曾国藩的治家和曾氏的家风做了一个很好的注脚。

愿家族世代为耕读孝友之家，不愿为仕宦暴发之家；愿子

① 唐浩明.唐浩明评点曾国藩家书［M］.北京：华夏出版社，2011：590.

孙个个为读书明理之君子、礼义之旗帜，不愿他们做大官、发大财；家勤则兴，人勤则健，能勤能俭，永不贫贱；“勤”“敬”二字能守得几分，未有不兴；“和”字能守得几分，未有不兴；世家子弟，门第过盛，万目所瞩，骄怠者败。曾国藩的治家理念和这些具体的家规、家训，读起来可以说句句“卑之而无甚高论”，是早已融为中华民族优秀传统伦理的一部分，而他的治家实践及成效是百余年来无数家庭争相仿效的楷模。古人讲“君子之泽，五世而斩”，自古及今，家族鼎盛的局面能延续到五代以下者确实极其少见，而曾氏家族则至少五代之内代有英才，是海内外难得一见的长盛之家。其奥秘何在？一部《曾国藩日记》，给我们提供了丰富生动、多姿多彩的答案。

一位省级最高教育行政官员的工作日志

——《严修日记（1894—1898）》阅读札记

1894—1898 年期间，严修奉派提督贵州学政。民族危亡的家国情怀、变法图强的强烈愿望，使他把改革旧教育、培养新人才与拯救国家民族命运的大目标紧紧地联系在一起。对中国传统教育弊端的切身感受和对西学精神的探索体悟，使严修在黔的各项改革举措站在了十九世纪末二十世纪初中国教育早期现代化的潮头。在地瘠民贫、风气闭塞的艰苦环境下，他剔除积弊，转移士风，倡导新学，培植人才，三年学政任期，对改变贵州教育面貌、开启新的社会风尚产生了重要影响；而在这个过程中不断得到修炼提升的严于律己、洁身守德的个人品格和情操，不仅是他事业取得成功的重要保证，也为他今后的发展奠定了坚实的基础。一部《严修日记（1894—1898）》，为我们了解著名教育家严修的成长过程，进而丰富对维新运动时期边陲省份教育改革实际情况的认知，提供了翔实而生动的第一手材料。

严修（1860—1929），号范孙，天津人。出身盐商世家。1883 年中进士，选为翰林院庶吉士。1886 年散馆授编修。1894 年任贵州学政，提倡经世致用之学。1897 年奏开经济特科，被梁启超称为“新政最初之起点”。[1] 1902 年自费赴日考察教育。

① 梁启超.饮冰室合集·专集之一［M］.北京：中华书局，1989：32.

1904年受直隶总督袁世凯之邀，总理直隶学务，推广新式教育，创建包括南开学校在内的一系列新学堂。1905年，学部成立，任侍郎，参与主持“新政”时期教育改革的顶层设计。1912—1914年先后赴日、欧考察。1918年赴美考察，回国后于1919年同张伯苓等创建南开大学，被尊为“南开之父”。后长期从事天津地方文教事业的兴革，1929年逝世。严修是十九世纪六十年代成长起来的中国传统士人中较早对西学有比较清醒认识，并身体力行，主动钻研西学的少数先进分子。在晚清至民初数十年的教育大变动中，他始终追随时代步伐，站在改革旧教育、推动新教育历史潮流的前沿。他一生教育事业的起点，他对中国教育实况的认知和改革信念的确立，却是在西南边陲的贵州。甚至可以说，在贵州做提督学政的三年生活，奠定了严修一生事业的第一块基石。

1894年8月31日，三十五岁的翰林院编修严修奉光绪帝上谕：“今特命尔前往贵州提督各府州县学政，……贵州人文所萃，尤宜加意锐新，多方鼓舞，以称朝廷培植人才至意。”[①] 10月14日，严修离京赴任，至1898年1月7日任满自贵阳启程返津，前后三年有奇。在任期间，严修将自己每日履行职责、读书自省、人际交往以及个人思想活动等逐日记载，留下了九册日记，题名《蟫香馆使黔日记》（蟫香馆为严修书斋之名）。1935年，在严修去世六年之际，这部日记由其后人影印出版。2017年，天津古籍出版社将《蟫香馆使黔日记》全文标点校勘，题名《严修日记（1894—1898）》出版，受到学界广泛关注。可以说，

① 严修.严修年谱［M］.高凌雯，补.严仁曾，增编.济南：齐鲁书社，1990：38.

这部日记是晚清一位省级最高教育行政官员在贵州三年的工作日志，它为人们了解著名教育家严修早年督学贵州时期所思、所做、所为的历练过程，进而丰富对维新运动时期边陲省份教育改革实际情况的认知，提供了翔实而生动的第一手材料。

一、剔除积弊，转变风气

清朝沿袭明制设置学政，三年一届，通过考试，由皇帝从翰林院、内阁和各部司员中钦定，到各省出任学政，地位与总督、巡抚平行。学政的主要职责是考校一省府州县的学校事务，主持岁科两试和院（道）试，选拔生童进入学校成为生员，并录送生员参加乡试；同时，还需处理学额、学籍、学田等事务以及与举、贡、生、监相关的案件。学政的设置是国家抡才大典的重要制度环节，于一省地方教育的发展、学风士风的转移和人才的培养关系至重。所以，康有为称“学政之职有三：移风俗，铸贤才，正学术，其上者也”。[①]

严修就职贵州学政的三年，正是民族灾难空前深重的三年。1894 年 7 月 25 日，中日甲午战争爆发，还在赴任途中的严修焦急地关注着前线的战事消息：“接省报，有初十旅顺失守之说。果尔，则大沽势在危急，京东一带亦将震动，奈何奈何？私心祷祝，惟冀所传之诬耳，否则大局不堪设想。”[②] “自闻荆门州尊之言，嗒然若丧，虽疑信参半，然思此言果信，则全局瓦解，

① 康有为.康有为全集（第一集）［M］.姜义华，张荣华，编校.北京：中国人民大学出版社，2007：190.

② 严修.严修日记（1894—1898）［M］.陈鑫，整理.天津：天津古籍出版社，2017：39.

不止一身一家之私惧也。本日发电至津，……问东事究竟如何，津郡有无警信，令即电复。"[1] 这场战争以割地赔款、丧权辱国的《马关条约》的签订告终，空前的民族灾难激发了民族精神的空前高涨，轰轰烈烈的维新运动由此拉开帷幕。

贵州地处西南边陲，地瘠民贫，交通闭塞。严修到任后，着力改变当地陈陈相因、落后闭塞的状况。如前所述，学政三年任期之内的重要职责是巡历考试生童，分别举行岁试、科试各一次。岁试或科试后，随即举行选拔生童入学的院（道）试等。由于府州县学生员都有固定的名额，而考试成绩的高下对于每位考生的前途而言至关重要，因此防止各类考试的徇私舞弊，就成为学政最为关注的事情之一。有人甚至把"防弊"作为学政三项要务中的首要任务。受甲午战败的刺激，严修意识到积极培养各类人才是挽救国家危难的"急务"。"防弊"是人才培养中的一个环节，必须从培养人才的全局着眼，才能解决这些弊端。他结合自己对贵州一省学风士风的深入调查，在给光绪的奏折中汇报了"防弊"与"育才"并举的治理方针：

臣惟防弊固考政所宜先，而育才尤今日之急务。贵州士子大半心思静细、气质沉潜，于格致之学极为相近。所惜僻居边峤，风气未开。因循者或坐废居诸，拘墟者又专攻帖括，……臣惟有督同各学教官，随时激励，破其固陋之见，启其振奋之机，冀储有用之才，以仰副圣主作人之意。[2]

① 严修.严修日记（1894—1898）［M］.陈鑫，整理.天津：天津古籍出版社，2017：40.

② 严修.严修集［M］.陈鑫，杨传庆，整理.中华书局，2019：5.

在严修看来，所谓的弊端主要有三项：一是在生童和生员参加的各类考试中，大量存在的形形色色的作弊现象；二是参与各类考试组织工作的学官和其他人员趁机对考生实施的盘剥勒索，严重阻碍了寒门士子的上升渠道；三是学校学习内容和各类考试题目的陈腐空虚。第三项弊端的克服是一项长期任务，要经过耐心的引导和各种配套措施的综合治理，严修是把它和“育才”联系在一起考虑的。对于考生考试作弊、考务人员盘剥勒索，严修在下车伊始即大刀阔斧、雷厉风行地进行整顿。据《严修日记》记载，到任后不久，他即针对考试作弊现象“拟《举优报劣通饬》稿”，通报全省学子。[①] 其中规定，不仅要对那些作弊考生和连带人员给予严厉处分，还要对那些揭发作弊的考生和其他人员给予重奖，这是一项过去科场从未有过的大胆举措。奖励的内容既包括物质的，更包括与考生直接利益密切相关的“提升等第”。严修在遵义府考棚主持考试时的日记中，留下一段有趣的记录：“绥阳文童刘仕霖攻出枪手一名，冒李光昌之名入。讯系川人何姓，供出随同作线之柯姓，同居元兴店。当令武巡捕带同差役二名掩拿。……傍午奖刘仕霖五两，当堂给领，再三逊谢，乃拜而受。两舍之跂踵而观，色为动也。”文中的“攻出”二字即是揭发之意，考生刘仕霖（被称作“攻手”）揭发了一名冒名顶替的“枪手”，当场获得五两银子的奖赏。两旁舍房的考生一个个踮起脚尖观看刘仕霖领奖，脸上露出艳羡的神情。事情还远未结束，下面接着写道：“牌示：‘将保枪之廪生简干城斥革，叶瑞春革廪。’……牌示：‘刘

① 严修.严修日记（1894—1898）［M］.陈鑫，整理.天津：天津古籍出版社，2017：96.

仕霖准先作佾生。’牌示绥阳教官：‘凡叶、简所保童生，如有挑覆，逐名换保，方许面试。’牌示提调：‘严拿枪架柯姓，并缉余党。’”① 上述内容包括：一是奖励“攻手”刘仕霖“准先作佾生”的决定。所谓“佾生”，俗称“半个秀才”，指考秀才虽未入闱但成绩尚好者。“攻手”刘仕霖的考卷尚未批阅即获此殊荣，成了“半个秀才”。二是对为被揭发出的“枪手”作保的两位廪生的处理，一名“斥革”，一名“革廪”。三是严拿在逃的另一位参与作弊者即柯姓“枪架”。这样奖、罚当场兑现的场面，几乎在各个考棚都有发生，在士人中引起震动。在兴义考棚，三位“攻手”被宣布获得十两银子的奖励。但是，也许是由于从未见过当场奖励揭发作弊者的做法，过了三天之后，这三位考生仍然不敢去领这笔奖金。② 在整顿考场纪律的同时，严修对参与考试组织工作的各类人员提出严格要求。在平越州考棚，“四学教官分三班见，属以三事：一举优详加考语，一属严诫廪保清查枪替，一考选拔者务设法令寒士得与考”。③ 各学教官对自己推荐的优贡人选要认真出具详细的评语；那些给考生作保的廪生必须严格审查考生身份，防止“枪替”；一定要给参加拔贡考试的贫寒子弟提供条件，不能让他们因贫寒而失去机会。这样的要求，严修几乎是每到一处考棚，均向当地学官再三叮嘱。在遵义考棚，“七学教官分三次见之，告以申戒廪保、早送册卷、拔场卷价勿苛。”④ 作为皇帝钦命的一省教育最

---

① 严修.严修日记（1894—1898）[M].陈鑫，整理.天津：天津古籍出版社，2017：416—417.
② 同上：441.
③ 同上：231.
④ 同上：414.

高行政官员，严修自己天天去考场巡视，有时更是整天待在现场监考：

拔场倩代之风甚盛，防不胜防，虽终日坐堂，竟无益也。然察言省动其可疑之数人，亦微得之。[①]

每遇经古场，余必终日坐堂，与文童正场同例。因明、后两日皆系正场，恐精力不继，转有贻误，今日盖戳后即退堂。[②]

在贵阳，严修通过调查，“闻此间补廪一名，需费十余金，出贡尤多。寒士畏难，往往学详之后，积阁数月尚未批发，甚至有迟之二三年者，此弊政也”。[③] 按照惯例，补廪一名通常只需银子五两左右。严修当即取消了这一“弊政”，要求办事人员痛改批文稽延推诿之陋习。七天之后，负责办理此事的人员联合起来向严修“面求”，严修告诉他们，“只要尔等不苛索，吾亦不尔苛也，……吾第看此后有无积压再为定夺”，[④] 明确拒绝了他们的要求。

当然，科场纪律松懈、徇私舞弊屡禁不止，各类参与组织考试的人员巧立名目敲诈勒索并不是贵州一省的特例，可以说这是在科举取士制度制约下的一种根深蒂固的“顽疾”。严修深知，仅靠严禁或剔除科场积弊并不能从根本上解决士风、学风问题。但是，作为学政，“防弊固考政所宜先”是他的职责所

① 严修.严修日记（1894—1898）［M］.陈鑫，整理.天津：天津古籍出版社，2017：430—431.
② 同上：184.
③ 同上：113.
④ 同上：123.

在。所以，严修在采取上述措施剔除积弊的同时，更加关注的是如何引导士子转变风气。在这方面，他主要采取如下举措。

首先是重视到任后的观风考试和一系列活动。一般而言，学政到任后，例有观风和刊布晓喻士子文的程式。前者是通过让士子撰写策论文字，借以了解当地士风、学风；后者则重在向本省士民阐述自己的教育主张。由于这两项规定由来已久且无硬性的考核指标，因此有的学政本人和大多数士子往往视之为具文，并不认真对待。严修曾批评说，“查历任下车伊始，首举观风，最为法良意美。无如相沿日久，名存实亡，教官既视为具文，士子更嫌其赘设”。[①] 严修非常重视《观风告示》《观风题》以及晓喻士子相关文件的撰写和拟定，他十分珍惜这种与广大士子交流并向全社会表达自己教育主张的机会。日记显示，严修是 1894 年 12 月 22 日抵达贵阳的，在与前任和当地官员进行频繁的交接拜见仪式之后，第五天的日记中即出现了撰写这些文件的记载，并且多次出现“拟《通饬》稿及《观风告示》”“拟观风题”“《观风通饬》《观风告示》、观风题，是日俱发房”“房呈观风三稿”“拟《劝学告示》毕，附条约五则”“再改《劝学告示》”等字样，几乎天天都有讨论修改的记录，直至 1895 年 1 月 6 日正式批发。在《观风告示》里，严修诚恳地告诫士子们：贵州风气向称“敦朴”，你们之中必定有很多人才，如果仅凭我到任之后的两次考试来认定上万士子志趣的高下，时间仓促，肯定会有不少遗漏。这样的结果不仅对“怀玉不售”者极不公正，就是作为一省学政，我也会觉得是一种耻

① 严修.严修集［M］.陈鑫，杨传庆，整理.北京：中华书局，2019：509.

辱。所以，希望通过观风活动能对大家有更多的了解，发现更多的人才。他拟定的“观风题”体现的总体精神即是引导士子立定志向、选择明师、学用一致、关注现实。以考查童生的策论题为例，分“辨志”“明师”“评文”“匡时”四个方向。关于“匡时”，有如下解题说明：

多诵而不知其说，晁错讥之；知古而不知今，王充笑之。读书将以致用也，方今时事急须才矣，诸生有熟于经世之学者，军国富强之策、民物利病之原，各举所知以相讨论。范文正作秀才时便以天下为己任，愿诸生效之。[①]

这个解题导向非常明确，要求士子读书要通古知今，经世致用，为国家富强、民生富足建言献策；鼓励士子向范仲淹学习，立定志向，以天下为己任。严修还声明，改变过去观风卷的交阅办法，限三个月交卷，先由本地教官校阅，然后交其评阅，“本院评定后，概于按试日发还”。[②] 查阅此后的日记，在两年多时间的巡考中，全省十三个考棚，每到一处，严修即于当天把亲自批阅过的本地士子的观风卷发回，一诺千金，没有一次食言。

同时颁发的还有《约束士子条规》和《剀切劝学条规》两份文件。《约束士子条规》与前面论及的《举优报劣通饬》内容相近，主要是针对考场纪律提出的一些更细致严格的条

① 严修.严修集［M］.陈鑫，杨传庆，整理.北京：中华书局，2019：511.
② 同上：510.

规。后一份文件则是严修结合自己成长的体会，教导士子敦品砺学的方法和途径，其中特别强调躬行实践和写日记。他首先批评了当时读书人普遍存在的问题："方今士习之蔽，大要有二。……所用非所习，所习非所用，其蔽一也。……言不能顾行，行不能顾言，其蔽二也。由前之蔽，不过为俗士、为陋儒。由后之蔽，则浮伪日甚、名节日轻，不至行险侥幸、作奸犯科不止。"① 他认为，宋儒以躬行为主，故其言多平实切用，由此入门，先可束身于无过，因此"劝读宋人书"。他说："愿与尔诸生讲求为学之本原，推究读书之实用。为学之要，首在反身，试即诸生已读之书，返己自证。"② 而且，他郑重声明："本院试士之日，凡发论题，不外《钦定性理精义》及朱子《小学》《近思录》三书。此特导以门径耳。"③ 严修还以自己的切身体会劝导士子"行日记法"。他认为，坚持写日记有两大好处：一是读书时"若逐日登记，或以月次，或以年分，事后遗忘，便于检阅，朋友讨论，便于传观"；二是"若能用为省身之助，兼记功过，如倭文端、曾文正之例，尤为切己有用"。他还特意强调，大家写的日记"本院于覆试之日，当索观之也"。④

我们之所以不厌其烦地引用这几份文件的内容，是因为严修在此后近三年的学政生涯中，确实严格地贯彻了他的主张。比如说，他主持的各级考试的策论题目，都出自《钦定性理精义》及朱子《小学》《近思录》三书。他每到一地主持考试，

① 严修.严修集［M］.陈鑫，杨传庆，整理.北京：中华书局，2019：513—514.
② 同上：514.
③ 同上：515.
④ 同上：516.

都要求士子呈上日记册、读书札记并亲自评阅，有时甚至就日记、札记的内容与士子约谈，当面进行交流。所有这些事实在日记中都有详细的记载。在遵义考棚，“牌示诸生呈送札记、日记及纂辑稿本”。[①] 在安顺考棚，“各学文生呈札记、日记、杂作及批点读本者，约十余起，皆略一涉览”。[②] 在贵阳考棚，“收诸生札记：府学廪生杨德懋《春秋集释》一本；贵阳举人王勋《匡时论》一首；贵筑文生陶其淦八月札记二本；贵筑增生杨文清《顾学斋读诗札记二本》……”[③] 日记中详细记下了十几名学生交呈的日记、札记的名称和册数。这些日记、札记的作者，有的已经是举人，有的是廪生，也有增生、附生。严修没有把观风活动和晓喻士子的文告当作一位学政的例行故事，而是凭借权力，克服困难和阻力，坚持不懈地付诸实践，努力推进并兑现承诺。事实上，严修的这些活动对于引导贵州士子读书做人，端正学风、士风发挥了很大的作用。严修离任后，贵州士子在“去思碑”碑文中特意提及此事的影响：

甲午仲冬，津门严范孙太史奉命督学是邦，下车之始，即教弟子以读书之法，分年、月、日课程，使自为札记。……公深疾城阙佻达之风，为挽文人浮华之习，凡所讲贯，必以《朱子学》《近思录》《性理精义》三书为宗鉴。衡文所弃取，则先器识而后文艺；场屋所进退，则轻著述而重躬行。于是士林知

① 严修.严修日记（1894—1898）［M］.陈鑫，整理.天津：天津古籍出版社，2017：415.
② 同上：452.
③ 同上：373—374.

敦实践，而风气又为之一变，此所谓以经师而兼人师也。[①]

其次是倡办官书局，多方设法满足士子读书需要。贵州地处边陲，交通不便。直至十九世纪九十年代，一般读书人不仅极难接触到新学书报，即使是传统中学中的许多典籍，也不是普通士子能随意购置的。对于这些情况，严修早有风闻。所以，他在赴任时，其他物品尽量少带，十四箱书籍成了行李中的大宗。“余所带书箱在京秤验，俱在百斤以外，且有至百二三十斤者，并夹板、竹杠计之，百五十斤不止矣。至此大以为累。”[②]携带这些书籍跋山涉水数千里赴任，当然绝不仅仅是为了自己阅读的方便。赴任途中，在湖北武陵与路过此地的贵州镇远籍新翰林谭启端相见，谭向严修建议：“黔省宜设书局，运各省局本如天津例，由海入江，道常德，常德至镇远，一水可达，到镇远再易驮杠，每驮可载两箱，但使当道肯为，固无患其难致也。”[③] 严修在日记中记下了谭的建议。1894 年 12 月 25 日，严修正式接任。二十天后的 1895 年 1 月 15 日，日记中即有“与仲瀛太守议设局购书，仿津局例”的记载。文仲瀛时任贵阳知府。越一日，日记中又留下“拟《书局章程》草底”的记载。[④]由于职权所限，作为一省学政，虽然在体制上规定其地位与总督、巡抚平行，但是开办官书局事属地方兴革，责权在督抚。严修在与贵州巡抚嵩崑协商后，正式拟就“咨请贵州巡抚设立

① 严修.严修年谱［M］.高凌雯，补.严仁曾，增编.济南：齐鲁书社，1990：110.
② 严修.严修日记（1894—1898）［M］.陈鑫，整理.天津：天津古籍出版社，2017：36.
③ 同上：55.
④ 同上：100.

官书局文”，文中写道：

本学院岁试上游各府，于士习文风留心体察，好古力学之士所在多有，惟见闻太隘、志趣不广。曾经面询各生，佥称黔省地处偏隅，士子以无从购书为憾。证之各学教官，论亦相符。理合咨商可否仿照各省设立官书局，以惠士林而兴文教，相应咨请，为此合咨贵部院，请烦查核办理。[①]

严修的建议得到嵩崑的支持，嵩崑即援照成案向朝廷奏请举办官书局。严修与贵阳知府文仲瀛一起积极为书局选址，并完成了书局章程的制订。在《谨议设立官书局章程》中，严修对书局的地址选择、经费筹措、人员管理、书籍流通、书价确定等各个方面都作出了明确的规定。重点在于体恤寒士，能让他们买得到书、买得起书。在官书局筹办和运营过程中，由于地方风气的闭塞和经济水平的低下，曾经碰到过许多困难。经费一条就很难解决，省里没有预算，严修就设法自筹，开办之初即“捐廉千金，以助成之”。[②] 翻检日记，在很长一段时间内，官书局的各项事务耗费了严修大量的时间和精力：

拟购书局书目，……凡书三十四种，为册九千有奇，价一千串有奇。[③]

① 严修.严修集［M］.陈鑫，杨传庆，整理.北京：中华书局，2019：517.
② 同上：930.
③ 严修.严修日记（1894—1898）［M］.陈鑫，整理.天津：天津古籍出版社，2017：102.

杨子实来，托其到镇远时劝办学田及官书局。[1]

辰初起。杨大令凡四见，与商书局事、棚费事，即以棚费捐入书局。[2]

复威宁学官周少轩、赵仲权信，言收到买书费百一十金与商买书事，并寄《书目》一本。[3]

去年托玉峰购书于沪，上月始见发书之单。是日，复将所托各种重写一单送玉峰处。托其转属该局：新书一到，即检齐送来。[4]

严修曾在致其师尹琅若的信中谈及开展这些工作的阻力及困难："惟黔之为地，既僻且贫。……惟其僻，故求师难，求书亦难，虽有高材，终不免囿于闻见，受业日夜思培养之方，而才识所拘，未能得其要领。又近日当务之急，若学堂、艺院、书楼、译馆诸盛举，朝廷均已允行；虽在边疆，理无歧视。而事势既无凭借，意见亦不能同。是则夙夜焦思，私心不能无郁郁者也。"[5]

主持翻刻实用书籍，减轻学子负担，也是严修努力改变黔省"求书亦难"状况的举措之一。《先正读书诀》是一部介绍读书经验的著作，编者为乾隆年间贵州乡试典试官周永年。早在离京之前，严修从友人处得到此书，阅读后觉得对初学者颇

① 严修.严修日记（1894—1898）［M].陈鑫，整理.天津：天津古籍出版社，2017：199.

② 同上：245.

③ 同上：288.

④ 同上：509.

⑤ 严修.严修年谱［M].高凌雯，补.严仁曾，增编.济南：齐鲁书社，1990：85.

有帮助，就将此书携带赴任。到任了解黔省的实际情况后，即决定刻印此书："商刻《先正读书诀》，照原板略放大而行款仍旧，凡二万九千余字，刻工二十二金，写工五金。"[①] 严修还特意为此书作序，"撰《先正读书诀序》，约百余字"。[②] 不久，"《先正读书诀》印成，送抚、藩、邵前辈、黄廉访、文观察、严绍光、李章武。唐、邵、黄、严、文五处并配书目各十本"。[③] 为了使该书得到广泛传播，以便给更多的学子提供读书门径，严修决定把它作为对各级各类优秀考生的奖品。"晨，题发落书面。选拔、陪拔予《读书诀》，举优生、童古取及岁科文童之前三名予《书院记》，皆题姓名。王化行、刘思明尤所赏也，予《读书诀》。"[④] 严修主持翻刻的另一部书是《算法须知》，该书由华蘅芳编著，系《格致须知》初集本，是一部算术入门类书籍。日记中先后有"《算法须知》刻成"[⑤] 和"到南书院散《算法须知》。答拜山长"[⑥] 的记载。据 1896 年 10 月 10 日日记，严修和幕僚尹澂甫还曾议论过刊印张之洞《书目答问》一事："因就澄兄所闲谈，议刷印《书目答问》事。"[⑦] 《书目答问》一书是张之洞在四川学政任内为指引学生读书门径而编纂，流布甚广。对同《书目答问》号称"姊妹篇"的张之洞的另一部治学门径书《輶轩语》，严修组织生员抄写，以备大家阅读。无论是《先正读书诀》《书目答问》《輶轩语》还是《算法须知》，在十

① 严修.严修日记（1894—1898）[M].陈鑫，整理.天津：天津古籍出版社，2017：112.
② 同上：220.
③ 同上：227.
④ 同上：242.
⑤ 同上：489.
⑥ 同上：492.
⑦ 同上：399.

九世纪九十年代中期的贵州，都是十分难觅的研习中西学问基本的入门书。严修在尽力促成官书局开办的同时，组织翻刻抄写这批书籍，无疑为贵州学子拓展眼界、读书治学带来了便利。

值得特别提及的是严修个人捐赠贵州学界大批书籍一事。如前所述，赴任时，严修带来十四箱书籍；到任后，又经常写信回家，让家人或朋友、门生给他不断地寄书来。据 1896 年 11 月 25 日的日记透露，这天收到的寄书有：《译书事略》一本、《格致书室书目》一本、《广学会书目》一本、《申报》告白书目摘钞一纸。[①] 1897 年 1 月 20 日收到寄来的书籍有：《时务报》六册、《西学书目表》一本、《读西学书法》一本、《玉堂谱》一本、《代数术》六本、《数学理》四本。[②] 家中或友朋寄来的这些书也主要是供学子阅读，如六本《代数术》和四本《数学理》就是为学古书院研习算学的学生购买的。日记中留下了他赠书的记载："邀澄、式二公代检书籍，凡书四箱，将发县学，备诸生借看也。"[③] 这讲的是他请两位助手从自己带来的书籍中帮助整理出四箱书籍，准备送给县学，供学生阅读。年谱中也有类似记载："诸生好学者苦不得书，而余行箧所携，一经出棚，便须束阁，日久丛积，将饱蟫蠹。商诸广文先生，存之学舍，以供多士之讽览。虽不能备，聊胜无也。凡书六十五种，其目如下：……"[④] 六十五种书籍涵盖了经、史、子、集四部，还有部分类书。

① 严修.严修日记（1894—1898）[M].陈鑫，整理.天津：天津古籍出版社，2017：421.
② 同上：443.
③ 同上：220.
④ 严修.严修年谱 [M].高凌雯，补.严仁曾，增编.济南：齐鲁书社，1990：52.

严修在任内克服重重困难，倡办官书局，刻印学子急需的应用书籍，多次捐廉购书相赠，为黔省士子解决购阅书籍困难竭尽心力，对推动黔省士民读书向学，改变闭塞落后状况产生了深远影响。严修离任后，人们在各种场合怀念和赞誉他的这一贡献：

> 捐廉购沪、楚书籍运黔，照原价发售，捐资垫付运费数万金，贵州新学之萌芽自兹始。[①]
>
> 更复捐廉，购各种书籍于资善堂而以贱价售之，士虽贫如黔娄，亦得手置一编。于是士林蒸蒸向风，见闻一变，非复前之固陋矣。[②]

二、倡导新学，培植人才

严修在贵州任内所做的另一件大事，即是大力倡导新学，积极发现人才、培植人才。具体而言，包括两个方面：一是在岁试科考中鼓励报考算学的生童，以此引导人们关注各种新学；二是改造旧式书院，增设住斋名额，兼授经学和算学两个方向的课程，培养专门人才。

鸦片战争后，改革科举取士制度的呼声持续不断。经过近半个世纪的讨论、争议，1887 年 4 月江南道监察御史陈琇莹所呈《奏请将算学归入正途考试疏》经总理衙门会同吏部、礼部

① 严修.严修集［M］.陈鑫，杨传庆，整理.北京：中华书局，2019：935.

② 同上：927.

商议后提出的方案，得到清廷的批准。这个方案的基本内容是，给算学在科举考试中一席之位：各省在岁、科考试时，生监中有报考算学者，在传统科目之外，另出算学题目试之。算学成绩优良者的试卷送总理衙门“复勘注册”。乡试年份，由总理衙门召集上述考生到北京试以格物测算、机器制造、水陆军法、船炮水雷，或公约条法、各国史事诸题。通过这些特别考试的考生获得参加顺天乡试的资格，在乡试中，不再加考算学题目，“文理清通，即为合式”。这是对延续上千年的科举取士制度考试内容的一个重大突破，反映了鸦片战争后随着西学东渐浪潮的浸润，国人对西方学术文化认识的深化和社会需求的日益上升。当时规定，每二十名算学考生给一个举人名额；每届录取算学举人总数，不得超过三名。1888 年戊子年乡试，有三十二名士子通过了总理衙门的特别考试，在参加顺天府乡试后，按照人数比例，取中算学举人一名。[①] 尽管政府出台了明确的改革政令，也有了第一次试行的先例，但是由于千百年来积淀的惯性，更由于研习算学对广大士人而言存在着观念和实际上的诸多困难，因此直到十九世纪九十年代中期，通过科举考试，取得算学举人的消息仍然十分渺然，即使在沿江沿海文化教育相对发达地区，通过这一渠道获取功名的士子仍然寥寥无几。当时的贵州省，正如时人所指出的，“算于黔中绝学也”。[②] 严修早年即对算学有浓厚兴趣，据自订年谱记载，光绪六年（1880年）“始习算”。后来在翰林院期间，与友人陶仲明、王荣卿共

---

① 田正平.中国教育史研究（近代分卷）[M].上海：华东师范大学出版社，2009：52.

② 严修.严修集［M].陈鑫，杨传庆，整理.北京：中华书局，2019：930.

同研习。赴任黔省后，经过调查，他认为“贵州士子大半心思静细、气质沉潜，于格致之学极为相近”，[①] 而算学是一切格致之学的基础。于是，他决心通过岁、科两试，引起士子的重视，以发现和培养这方面的人才。

严修在贵州主持岁试的第一站是安顺府，到达的第二天即“发牌示二：招考算学及童生十五岁以下默经”。[②] 虽然此次安顺府考生中未有报考算学者，但是新学政下马伊始即将招考算学生的意向明确地向社会宣布。在贵阳府，参加生员、童生经古场考试者，生员五十六人，童生七十八人，其中考算学者有修文县生员二人，贵筑县童生一人。次日发榜，取三十人，其中报考算学的三名考生全部录取，占录取总数之10%。如此之高的录取比例，完全可能是根据学生成绩而定，当然也很难排除其中有严修鼓励学子研习算学的良苦用心。在遵义府，“考算学者，惟邓耀先一人，邓骏崧之堂侄也，初学殊不精”，[③] 决定不录取。在兴义府，有两位算学考生，严修亲自面试，留下一段有趣的记录：

普安厅有报考算学者两生。进而诘之，其一谦言未能，愿试经古。又进其一，诘曰：“汝习何术？”曰：“九章、四元。”“筹算乎？笔算乎？”初曰笔，又曰筹。“能演草乎？”曰：“不能。”曰：“汝曾阅何书？”曰：“策学。”余大疑，问以梅氏、屈氏

① 严修.严修集［M］.陈鑫，杨传庆，整理.北京：中华书局，2019：5.
② 严修.严修日记（1894—1898）［M］.陈鑫，整理.天津：天津古籍出版社，2017：146.
③ 同上：414.

书，举未见也。问以开方术，亦未习也。乃亦请试经古云。①

也许是由于新学政招考算学生的牌示在士子中产生了影响所致，从上述谈话记录中可知，普安厅的两位考生连最基本的算学知识也没有，居然敢报考算学。这既说明一般士子对所谓算学的懵然无知，也从另一个侧面说明严修鼓励报考算学的举措确实在士子中产生了效果，以至于有人急于滥竽充数。1897年2月，严修再次来到安顺，这次是主持安顺府的科考。一年前在此主持岁试时无一人报考算学，而这次居然有八人报考。严修在日记里写道，首场生、童经古并补考，“辰初二刻点名，生到百二十八人，童百人。……考算者生、童各四人，俱有门径”。② 这八份算学考卷，均由严修自己批阅。三天后发榜：“发经古案，府取七人、镇宁四、永宁无、清镇三、安平四、普定四、郎岱三。算学生，普定二。童，府、镇、清各一。”③ 这两则日记告诉我们，此次安顺生、童经古并补考取得参加乡试资格者二十五名，录取比例大致是10%；而在这二十五名取得乡试资格者中，竟有五名是算学考生，占到20%，应该说是一个很高的比例。我们无法通过日记准确地认定严修在任三年一共录取了多少算学考生，仅就日记中查证到的八名而言，对于一个毫无算学基础的边陲省份来说，已属不易。更重要的是，严修的这些举措开启了一种新的治学风尚。

---

① 严修.严修日记（1894—1898）[M].陈鑫，整理.天津：天津古籍出版社，2017：438—439.

② 同上：452.

③ 同上：453.

在通过岁、科考试鼓励学子报考算学以导引风尚的同时，严修还十分注意发现这方面的专门人才，予以多方肯定、表彰和重用，在社会上树立标杆。在都匀考棚，经过与监考学官郭竹居聊天，严修发现这是一位难得的人才。“荔波郭竹居广文，贵筑举人。……先是，竹居从其乙亥座师毕东屏于苏州郡斋，颇习洋学，通算法。既之粤益进，于中外情形、泰西学术大略能言之。黔中有此人，庶几一开风气乎！竹居自撰有《勾股细草》，又拟改订《代数术》，删繁就易。”[1] 此后的日记显示，严修与郭交往频繁，自己认真研读并向学古书院学生推荐郭的上述算学著作。据有的学者考证，此后严修推荐郭竹居为学古书院监院。[2] “裕福田，年二十四，丁父忧，奉母居省，父在时为捐通判。……颇好算学，兼习推步。”[3] 裕福田是严修发现的另一位青年学子，数学造诣颇深。“福田为余说《少广缒凿》《开方古义》两书之法，并各演算以证之。数年蓄疑，今稍豁然。甚矣，口授之贤于冥索也！”[4] “福田昨日演泛倍数，视之颇有所会。甚矣，师友之益人也！”[5] 严修在上述两则日记中都用了“甚矣”一词，盛赞裕福田的教学效果。他把这位年轻学者奉为自己的算学老师：“余所从习算学者也。”[6] 为了随时请教，严修还请他搬进学政衙门，住在自己的隔壁，约定每天见一次面。

---

① 严修.严修日记（1894—1898）［M］.陈鑫，整理.天津：天津古籍出版社，2017：356—357.

② 冯尔康.严范孙贵州学政的教育业绩与撰写经济特科奏折的思想学识准备［M］//严修.严修日记（1894—1898）.陈鑫，整理.天津：天津古籍出版社，2017：15.

③ 严修.严修日记（1894—1898）［M］.陈鑫，整理.天津：天津古籍出版社，2017：387.

④ 同上：389.

⑤ 同上：410.

⑥ 同上：564.

"福田自昨日安砚于西偏之左室，日一至，后不复书。"[1] 同时，严修推荐裕福田担任学古书院算学教习，与自己共同负责算学课程。"祁祖彝字听轩，太原人而生于上海。甲戌奏派出洋学生百二十人，祁与焉，则之美，前后居洋十年。通制造，辛卯来黔帮办青溪矿务。去年为嵩中丞奏劾归案，追官亏，现在省城待质，年三十四，候补通判。"[2] 祁听轩是严修通过朋友介绍而认识的中国最早派赴美国留学的一百二十名幼童之一，他的专业是"制造"，英文当然更是他的特长。严修不仅自己在很长一段时期内每天坚持跟随祁听轩学习英文，"余所从受洋文者也"，[3] 而且推荐祁听轩负责学古书院的英文教学工作。在黎平考棚，"因温兆麟观风卷特佳，召与语。询以：'何以知洋事？'盖伊久居广东之嘉应，故闻见颇多，然非留心者亦不能也。摘卷中数条问之，应对无滞，且申请言之"。[4] 这是一则通过观风卷的评阅而发现一位对洋务颇有心得的青年学子的例子。严修在与温兆麟谈话之后，当即圈定他获得参加乡试资格。在 1897 年 9 月 19 日的日记中，严修列举了近二十位他在各地发现的各类人才的简况，他们各有所长，其中不乏熟悉和掌握"新学"者：

黔居三年，所接人士不为不多矣，日来私窃比方而评骘之，姑记于左：

陈劭吾太守维彦：博洽能古文，通时务，尤留心义理之学，

① 严修.严修日记（1894—1898）［M］.陈鑫，整理.天津：天津古籍出版社，2017：467.
② 同上：459.
③ 同上：564.
④ 同上：344.

庶乎有体有用者矣。

熊劲侯副戎时敏：儒雅敦朴，所居民乐，大定一郡，知有协镇而不知有太守。

陈佑之之子伯完：文才绝奇，然不脱名士习气。

福田之于洋文、算学俱有妙语，且他无嗜好，用志不纷，将来必以著述鸣世。

兴义刘生显治（字希陶）：好古文，笔下颇有奇气，可望有成。

婺川申生云藩：敏悟绝伦，治“四元”二年，尽发其蕴，其八股文冰释理顺，尤为澄兄所赏，若资以书籍而与良师益友俱，所造不可限量。

八寨欧阳生朝相：以孝行闻，其文长于箴、铭、颂、赞之体，庶几雅驯者矣。治算能究其理而达于词，将来终有成就。

铜仁唐桂馨、孙士杰，贵阳熊继先，平越刘思明：皆少年而聪颖者也。唐长于赋，孙长于散文，其于算则与刘生相伯仲也，熊尤敏锐，然乏沉毅之气。

普定黄生禄贞：气平静，与人无争，心思栗密，尝以己意造正弦表，绘自行车图，又以纸为地毯，界画如法，其于格致之学性尤近也，惜无名师为之前导，又无仪器书图以资其用，使久于津沪楚鄂之区，所造远矣。

镇远张生希文、黄平李生琳、麻哈周生恭寿皆有志之士。

贵阳严生俨、贵筑张生寿龄、修文王怀彝皆好学而修行检。[①]

这份名单里，有太守、协镇等地方中下级官员，有熟人的

① 严修.严修日记（1894—1898）［M］.陈鑫，整理.天津：天津古籍出版社，2017：530—531.

子弟，而更多的是严修在各地主持考试或评阅观风卷时发现的青年才俊；有长于传统学术、通晓时务的儒雅敦朴之士，而更多的是在格致、算学和洋文等方面造诣颇深的新式人才。一位全省教育最高行政官员，在紧张繁忙的工作中，留心各类人才，并把他们的特长一一记录在案，说明严修对发现人才、培养人才的高度重视。事实上，上面名单中提及的那些散居在各地的年轻学子，在学古书院增设"经算兼课"的新斋之后，都被严修或者招考，或者选调，通过多种方式招回书院进一步培养提高。

如前所述，学政的职责主要是考校一省府州县的学校事务，主持岁、科两试和院（道）试而不专司书院事务。但是，由于清朝在雍正、乾隆以后，书院逐渐成为各地教士与课士的重要场所，因此学政和督抚均对书院比较重视。大致而言，书院的兴办及经费由督抚等掌握，而书院的教风、学风则是学政考察的重点。严修到任后，即主动了解当地书院情况，而省垣贵阳的学古、贵山、正本三所书院更是他关注的重点。到任不久，日记中就有与上述三书院院长相互拜访的记载："午后，回拜王游戎，兼拜三书院院长"；"院长熊露陔、徐凤阶同来，延见。言经学以遵义为盛，贵阳则讲求宋学者尚多"。[①] 同时，严修也主动与贵州布政使邵实孚、贵阳知府李祖章、知府衔主管善后局事务的严绍光等地方官员沟通联系，了解情况。因为他深知，书院的兴革必须得到地方政府的支持。

严修在贵州期间改造传统书院最典型且对后世影响最大者

① 严修.严修日记（1894—1898）[M].陈鑫，整理.天津：天津古籍出版社，2017：90.

即是对贵阳学古书院的改造，而这一举措是与他倡导新学、培养人才的全盘计划紧密结合在一起的。通过岁、科两试鼓励学子报考算学和随时发现、举荐算学人才等重大举措的实施，黔省学子对算学的态度有较大的改变，研习者日益增多。为了使他们得到进一步深造，成为学有专长的人才，严修决定在学古书院的基础上，改设住斋课额，“经算兼课”，以适应这种社会需求。学古书院在贵阳城南隅，嘉庆五年（1800 年）由巡抚常明创建，初名正习书院，俗称南书院，《严修日记》中多以俗称记之。光绪初年，改名为学古书院。[①] 日记中显示，严修大致是从 1896 年 9 月开始谋划此事的，该月 26 日的日记有“到学古书院，登敬业楼周览斋房，与熊山长谈许久”的记载。日记中没有透露严修与书院熊山长的谈话内容。但严修在第二天的日记中即留下“拟书院章程”的记录。[②] 可以推想，他是在与熊山长详细商讨之后动手草拟书院章程的，于是在接下来的日记中，连续有“拟书院章程”的记录，直至 10 月 6 日“钞书院章程草稿，至此凡五易稿矣”。[③] 书院章程的正式刊本后又经过了多方征求意见，进一步修改。三个多月后的 1897 年 2 月 25 日：“绍光送来书院章程刊本又序文。”[④] 与此同时，严修还花费很大精力为书院拟定了《学古书院肄业条例》和《山长学规》两份重要文件。关于书院山长的人选，早在一年半之前的 1895 年 8 月，严修即认识了贵州绥阳的年轻学者雷玉峰，并留下非常好的印

① 刘显世，谷正伦，修.任可澄，杨恩元，纂.贵州通志［M］.贵阳：贵阳书局，1948：552.
② 严修.严修日记（1894—1898）［M］.陈鑫，整理.天津：天津古籍出版社，2017：393.
③ 同上：397.
④ 同上：458.

象。“雷玉峰孝廉（廷珍）来谒。雷以乙酉选拔，中戊子乡榜，治经学颇有心得。正月间，曾以所拟《经义疏证略例》介贵筑县学教官送览。……知所诣甚深。”① 在此后的日记中，有大约三十多处留下了严修与雷廷珍交往的记录。经过多方考察，严修决定推荐志向、学问和人品均堪胜任的雷廷珍为学古书院山长。考虑到雷虽然精于中学且关心时务，但对西学确实“茫乎未知”的实际情况，严修推荐前面提及的精于算学的郭竹居为监院，协助雷的工作。算学教习的聘请颇费周折，严修曾致函贵阳知府李祖章，亦曾给湖广总督张之洞写信。请他们推荐算学人才，都没有成功。严修遂决定自己担任书院算学课的教学工作，并请前面提及的年轻学者裕福田协助。关于书院学生的招考，严修向各府州县学发文，通过行政命令调取优秀学生到书院学习：

为札饬遵照事。照得省城学古书院现经本院商同抚、藩两辕重订章程。自光绪二十三年为始，设住斋高材生课额四十名。另延院长，分经义、治事课士，每名月给膏火银肆两，仍准兼贵山、正本两书院月课。查该学〇生〇〇〇堪以调院肄业，为此札仰该学官遵照，文到即行传谕该生，限明年二月初一以前到省，听候示期入院。如该生不愿遵调，亦将情节声叙，禀由该学具文申覆，以凭另调他生。切切，毋延！此札。右札各学准此。②

---

① 严修.严修日记（1894—1898）［M］.陈鑫，整理.天津：天津古籍出版社，2017：200.

② 严修.严修集［M］.陈鑫，杨传庆，整理.北京：中华书局，2019：519.

通过上述途径，书院先后录取高材生四十名。1897 年 3 月 30 日，书院举行开学典礼："巳初至南书院，山长至，行交拜礼，余东向，山长西向，又行酬酢礼。礼各四拜，起止以揖。既毕，诸生叩见山长，又谢余，俱四拜再揖。"①

经过半年多的紧张筹备，改造后的学古书院终于正式开学，充满郁郁生机，使地瘠民贫、交通不便、风气闭塞的边陲省份终于有了第一个具有近代意义的"经算兼课"的新式教育机构。黄炎培《清季各省兴学史》一文对此作了忠实记载："光绪二十二年，天津严范孙先生（修）督学黔中，悯士风之弇陋，创办经世学堂于贵阳，聘绥阳雷玉峰先生廷珍为堂长，调取各县生员之优秀者，得四十人，号高材生，肄业其中，月给膏火银四两。寒素之士，实利赖之。以经史、算学、物理为主课，兼及时务、政要。"② 黄炎培在文中提到的经世学堂的前身即学古书院。严修离任不久，新任贵州巡抚王毓藻上奏，将学古书院改为经世学堂："查贵州省城向设三书院：曰'贵山'，曰'正本'，曰'学古'。素习制艺，未便一概更张。惟学古书院臣严修，时与住院生于词章帖括之外，讲贯西学，孜孜不倦，士意翕然。臣因势利导，即改为经世学堂。"③ 新任巡抚在奏折中充分肯定了严修的开创之功，交代了经世学堂由学古书院改名而来。王毓藻此折的上呈，正值轰轰烈烈的百日维新进入高潮时期。由此可见，严修改造学古书院的各种举措，即使从全国范围来看，也走在了变法维新潮流的前列。

---

① 严修.严修日记（1894—1898）[M].陈鑫，整理.天津：天津古籍出版社，2017：470.

② 田正平，李笑贤，编.黄炎培教育论著选 [M].北京：人民教育出版社，2018：371.

③ 陈谷嘉，邓洪波，编.中国书院史资料（下册）[M].杭州：浙江教育出版社，1998：2469.

学古书院改办后，日常工作当然由山长和监院管理，而作为全省最高教育行政官员的严修，继续对书院各项工作给予高度关注。他的日记中多有这样的记载：

到南书院，晤玉峰、竹居，皆久谈。①

到书院，晤玉峰。……诸生不满于竹居，大相岨峿，传而申饬之，并规竹居。②

到南书院，山长新立课程，诸生病其繁，竟无演算之暇，是日与之商改。③

日记中既有与书院管理者的深入交流，又有对书院师生矛盾处理的直接介入，还有对教学计划的关心、过问。书院运作中，严修付出最多并最为时人和后人赞许的，是他对算学生培养花费的心血。几乎在书院开学的同时，即公布了由严修亲自起草的《学古书院加课算学告示》："本院自三月起至十一月止，每月初一日加课算学一次。凡举、贡、生、监、文童，无论本城外府，均准与课，其通晓几何、代数诸术者，除从优给奖外，如系举、贡、生、监，仍分别备补住院高材生，或不愿住院，亦听其便。凡愿与课者，着于本月三十日赴学古书院报名一次，嗣后每月按期进院应课。毋违。特示。"④ 具有这样内容的告示，在十九世纪中后期各省的书院中是极其少见的。第一，在原来

---

① 严修.严修日记（1894—1898）[M].陈鑫，整理.天津：天津古籍出版社，2017：500.
② 同上：508.
③ 同上：539.
④ 严修.严修集[M].陈鑫，杨传庆，整理.北京：中华书局，2019：520.

每月一次月课的基础上，增加一次算学考试。第二，扩大参加考课者的范围，无论本城外府，均准参加。第三，鼓励通晓几何、代数诸术者，除从优给奖外，还给其备补住院高材生的资格，亦可入院学习。这些规定无疑对促进书院内外士子重视算学的研习、推动社会风气的转变产生积极影响。查阅 1897 年 3 月以后的日记，告示中规定的每月一次算学课考全部如期举行，而且从出题目、批阅考卷、公布成绩，一直到为获奖者颁发奖品，严修每次都全程参与。“拟算题五道”，① 这是在为书院的第一次算学课考出题目。“月课算学，是为第一次。生、监、文童共三十人。辰至午、未至酉，俱在堂上监视之。”② 严修亲临考场全程监考。“阅算课卷，夕至三鼓，兼看《数理精蕴》，因课卷有互准差分法者，余未习其术也。实则不如代数远甚。”③ 他批阅考卷至深夜，阅卷中发现自己知识上的不足，马上找来相关书籍阅读。“到书院。为熊、欧、张、周、罗诸生讲算。发算课奖，并散四、五两月卷。”④ 他到书院为成绩优秀者颁奖，并散发考卷。阅读日记，最让人感动的是在整整十个月里，严修坚持为学生上算学课以及课堂上师生教学相长的情景：

到书院。“互和折半之理”与“通分用公倍乘分子法”，向俱未曾留心，本日周恭寿、罗椿以算草就商，因为讲解，己亦了然，足知相长之益。⑤

---

① 严修.严修日记（1894—1898）［M］.陈鑫，整理.天津：天津古籍出版社，2017：470.
② 同上：471.
③ 同上：533.
④ 同上：505.
⑤ 同上：504.

到书院。演代数开方草，示欧阳、黄、熊诸生。[①]

到书院。张希白、刘思明问算。[②]

严修离职后，学古书院师生在《誓学碑缘起》中深情地追忆：

丙申秋，复建议变通书院，捐廉购置中西学书八十余种，创立科条，学兼中西，调四十人肄其中，无间风雨寒暑，日亲督课，十越月如一日焉。黔士于中学西学，遂有日进之机。[③]

严修在任三年，倡导新学、培养专门人才的努力很快初见成效。以算学人才的培养为例，他上任后不久，在安顺的岁试中，无一人报考算学；而两年后，每次参加贵阳学古书院算学月课的考生都有几十人。学古书院前后举行九次算学月课，共有三百五十八名考生参加，试卷绝大部分由严修自己批阅，有将近三分之二的考生获一等、特等或超等的成绩。当年为了聘请合格的算学教师，严修曾写信去外省请求支援；而在离任前，他已经能满怀信心地把在学古书院两次算学月课皆获第一名的申云藩推荐去邻省云南应聘算学教师。时人曾高度评价严修在黔省算学人才培养中的重大贡献："创设算课，捐廉重奖，以开风气，黔士通代数微积者，至今遂彬彬焉。"[④]

---

① 严修.严修日记（1894—1898）［M］.陈鑫，整理.天津：天津古籍出版社，2017：508.

② 同上：510.

③④ 严修.严修集［M］.陈鑫，杨传庆，整理.北京：中华书局，2019：930.

三、“二百年无此文宗”

1935年《蟫香馆使黔日记》影印出版时，严修至交、曾做过民国大总统的徐世昌写下了一篇简短而情真意切的序文：

余兄弟与范孙同乡里，同膺乡举，又与余同官京朝，以道义相切劘数十年，交谊至笃。昔年视学贵州，事事必与余商榷前后，又时有书牍往还。其之官也，不携眷属，……振兴文教，培植人才，竭尽心力。清俸所余，皆出以济其用。清风两袖，飘然而归。濒行，黔人颂其联语有“二百年无此文宗”之句。其德泽入人之深，可想见矣！[①]

几百字的一篇序文，徐世昌除了谈严修视学贵州时与自己的交往及自我感受外，特别引了黔省人士在严修离任后颂其功德联语中的一句“二百年无此文宗”，说明严修影响和贡献的深入人心！“文宗”一词，有清一代专门用以誉称省级学官即提督学政。这句话的意思是，严修是黔省二百年才遇到的一位最好的提督学政！应该说，这是一种恰如其分而又非常高的评价！与学古书院师生们在“去思碑”碑文中把严修称颂为“以经师而兼人师”的评价相比，联语中的这句话更突出了严修的身份，即是从一省最高教育行政官员的角度来考察评价，而不是仅仅把他作为一位学者或教师看待。那么，三十几岁的严修在三年

① 严修.严修日记（1894—1898）[M].陈鑫，整理.天津：天津古籍出版社，2017：787.

的短短任期内，何以成就如此值得人们称颂的事业？何以收获如此之高的人望？这是十分值得探讨的问题。

严修提督黔省学政的三年，正值中日甲午战争爆发、《马关条约》签订、民族危机日益严重而维新运动汹涌澎湃之际。如前所述，还在赴任的路上，严修就为不断传来的战事消息忧心忡忡，曾作《驿马歌》一首，借不畏艰辛的驿马形象，抒发自己“死革犹裹忠臣驱”的爱国之心、报国之志：“……侧闻王师下辽海，千乘万骑收东隅，愿涉边城啮边草，一饱便足供驰驱。纵令白肉葬流矢，死革犹裹忠臣驱。”① 到任之后，身在边陲的严修时刻关注着战局和国内政局的变化。“阅仲明信，知时事日棘，为之气短”，② 战事失败的消息让他久久难以平静。由于黔省远在西南一隅，音信阻隔，交通不便，在紧张繁忙的日常工作中，他总是千方百计地搜寻阅读来自京城和上海的《京报》《申报》《时务报》等报刊，以获取最新的信息。他也与远在京津地区的师友频繁通信，交流对于时局和改革的看法。他在与朋友的信中多次谈到当时朝野热议的修建铁路问题，并与自己的工作相联系，明确表示：“惟亟望京津、芦汉铁路之速成，各省相继而兴办，强弱之几，在此一举。……至设书局，创书院，立学会，人材为异日所必需，即目前急务；树木十稔，收效犹迟，求艾三年，后时便悔；此又与铁路之举，并为切要者矣。”③ 他把修建铁路与培养人才都作为国家最急之务。在与一位师长的通信中，他更明确地表示了对阻碍革新的守旧势力的痛恨，

① 严修.严修年谱［M].高凌雯，补.严仁曾，增编.济南：齐鲁书社，1990：40.
② 严修.严修日记（1894—1898）［M].陈鑫，整理.天津：天津古籍出版社，2017：201.
③ 严修.严修年谱［M].高凌雯，补，严仁曾，增编.济南：齐鲁书社，1990：69.

展现了作为一名学臣的强烈的担当意识："又近来时局月异日新，泰西诸学俱为当务之急，而夜郎旧习，仍持用夏空谈。朝廷当旁求俊乂之时，学臣有教育人才之责，一筹莫展，负疚滋深。"[①] 对于活跃在维新变法第一线的康有为等志士，他则表示由衷的敬佩与欣赏。他在给朋友的信中称："寻读康户部万八千言书，忠肝义胆，一掬而出，五洲利弊，了了纸上。循讽一通，便如事已施行于吾身亲见之者，顿忘其为未上之疏草也。……横天地，亘古今，开辟以来无是作也。"[②] 严修把康有为主张"拒和""迁都""练兵""变法"的《上清帝第二书》赞誉为"横天地，亘古今，开辟以来无是作也"。日记中多处出现"看《公车上书记》"的记录。可以说，视学黔省的三年，民族危亡的家国情怀、变法图强的强烈愿望，时刻萦绕在他的脑际，成为他创榛辟莽、前驱先路，在地瘠民贫、交通闭塞的艰苦环境下，革除弊政、扭转士风、倡导新学、培养人才的力量源泉。

对中国传统教育弊端的切身感受和对西学精神的探索体悟，使严修在黔省的各项改革举措都有正确的方向。严修十四岁补郡庠生，二十三岁中乡举，二十四岁成进士、选庶吉士，二十七岁庶常散馆、授编修，在传统士子成长道路上可谓一帆风顺。但是，从另一个角度看，这种经历也使严修有更多的机会洞悉传统教育根深蒂固的弊病。早在赴京会试，成进士、选庶吉士后的第二年，他就写下《冬至日之三河留别陈奉周先生》一诗，抒发自己的抱负和胸襟："世事艰难少不更，悔从纨绔度生平。

---

① 严修.严修年谱［M］.高凌雯，补，严仁曾，增编.济南：齐鲁书社，1990：82.
② 同上：83.

晏安况味真无赖，剽窃工夫浪得名。知耻方能成大器，有才便不畏虚声。男儿胆气须磨炼，要向风波险处行。”① 他并不以进士、庶吉士头衔自诩，反而觉得这种“剽窃工夫浪得名”是一种“虚声”。他激励自己要“知耻”，去艰苦的地方磨炼胆气，不畏风险，成为国之大器。前文提及，严修到任后不久向全省士子发出的《剀切劝学条规》即明确指出，“所用非所习，所习非所用”和“言不能顾行，行不能顾言”是传统教育下士子的通病。他非常赞同前贤沈葆桢关于“格致为入圣之门径，即报国之经纶。读有用之书，试以有用之地，以成其有用之材”的主张，认为这是“至当不易之论”。② 强调学以致用，突出学以经世，是严修教育思想的核心；而要经世，要致用，就要研习西学，“泰西诸学俱为当务之急”，格致之学即“报国之经纶”。1880 年，二十一岁的严修即追随陈奉周学习算学，此后几十年从未间断。“公习天文算学得陈奉周之益为多。第一次在光绪庚辰，公尚未领乡荐也。第二次在庚寅、辛卯在京寓五老胡同，每夕与陶仲明、王荣卿同习，毕辄笔记之。第三次则丙申在贵州学政任内，同学者为李苐田。……第四次在己亥、庚子家居时，与张伯苓互相探讨。公平日于代数、几何致力最深，至是乃益贯通。”③ 正是这种对中西学术、教育的比较体验，使严修在黔省的诸多教育改革举措有着明确的方向，与时代脉搏同频共振，体现了十九世纪末处理世纪初中国教育变革的总体趋势。1897 年，在处理繁忙的公事间隙，严修给远在天津的长子智崇

① 严修.严修集［M].陈鑫，杨传庆，整理.北京：中华书局，2019：191.
② 严修.严修年谱［M].高凌雯，补.严仁曾，增编.济南：齐鲁书社，1990：100.
③ 严修.严修集［M].陈鑫，杨传庆，整理.北京：中华书局，2019：947.

写了一封长信，详细指示其读书治学门径：

总而计之，有当熟读者，有当常看者，有当备检者，有当精习者。《九经·语·孟》《近思录》《史》《汉》《韩文选读》，当熟读者也。《通鉴》《明史》《十朝圣训》《经世文编》、西洋格致诸书及近事汇编、岁计政要之类，当常看者也。《通礼》《皇朝三通》《五礼通考》，西洋各式之图、各类之表，当备检者也。古文、算学、化学、洋文，当精习者也。准此为之，十年之后，规模亦略具矣。训诂之学、金石之学、校勘之学，虽不学可也。骈文、古近体诗，不学可也。极而言之，时文、试帖、律赋，不学亦可也。字则小楷最切用，求速求匀，而能事毕矣。篆隶不学亦可也。[①]

这是一位在传统旧学中苦苦修炼了几十年的父亲对爱子的肺腑之言，更是一位在任的全省最高教育行政官员心目中教育教学图景的自然呈现。在对中学、西学的研习取舍中，严修态度鲜明，没有半点含糊和遮掩。什么当熟读、什么需常看、什么存备检、什么要精习，一清二楚。在列出的四种所谓“当精习者”中，传统旧学仅存古文一项，其余三项即算学、化学、洋文均可归为西学；而训诂、金石、校勘、骈文、古近体诗，乃至时文、试帖、律赋、篆隶，统统被视为“不学可也”。传统中学与西学在这位学政心目中的地位与价值，由此可见一斑，而这正是严修在黔三年想努力造就的一种教育、读书、治学的

① 严修.严修年谱［M].高凌雯，补.严仁曾，增编.济南：齐鲁书社，1990：89.

新局面。

在探讨严修强烈的家国情怀和教育学术思想对其督学黔省的重要影响的同时，为了更全面地理解他在黔三年取得重大成功的深层次原因，我们有必要从其道德情操、个人人格方面作进一步考察。严修在年轻时就养成写日记的习惯。他从十七岁开始记日记，一直记至七十岁去世前一个月，前后跨越五十四年。他坚持写日记的一个重要原因，即是用以砥砺学行。早年的日记，几乎满篇都是自省、自谴、自励的内容。督学黔省之后，虽然公务缠身，有时甚至忙得连睡觉、吃饭的时间都被挤掉，但是仍然把自我修炼放在重要的位置。“自初八日始，每晨起写日记毕，诵《近思》一卷。是日诵一周讫。”[①] 这是严修上任不久在一篇日记中给自己规定的晨读内容。检阅以后近三年的日记，他确实说到做到，《近思录》几乎成了每天必定温习的功课。《近思录》是南宋朱熹、吕祖谦二人合辑的一部全面阐述理学思想的著述，作为理学入德之门、进学之阶，备受后世儒者的推崇和重视。严修规定自己每天早上诵读《近思录》一卷，就是提醒自己要按照儒家的理想做人、治学、处事。在另一则日记中，他根据入黔后的工作性质和个人体验，明确了这一时期修养的重心：“有轻心，有躁气，有矜心，有惰气。日间之过不出于此四者，总而论之，止是不敬耳。拟以此四字为功过格。”[②] 所谓“拟以此四字为功过格”，即是每天都以“轻、躁、矜、惰”四字提醒自己，衡量自己的言行，克服轻率、毛躁、

① 严修.严修日记（1894—1898）[M].陈鑫，整理.天津：天津古籍出版社，2017：96.
② 同上：202.

矜持、懒惰的缺陷，心怀一个“敬”字，兢兢业业、恪尽职守地完成自己应该承担的职责。事实上，严修事业上取得的成绩和人望上的巨大收获，与他在任期内个人品德和操守方面表现出来的务实、勤勉、廉洁等私德是完全分不开的。

首先是务实的作风。翻检日记，随处可以看到严修记下的关于贵州一省教育、士风、学风，甚至经济、民情方面的调查研究材料。“正月中旬接次珊前辈覆函，论黔省士习甚详。大略谓黔之民最苦，黔之士甚杂，岁进千余人，而详革之案无月无之，欲清其源，当自任缺无滥始。其意盖主用威也。本日与瞿侯谈及，侯谓，在黔八年从未详革一生，宜养其廉耻，不可轻革，革则不可轻复，轻革、轻复则玩法而不知愧。余深佩其言。”① 同样是关于士风的问题，两位前辈的意见一主“威”一主“宽”，完全相左，他都一一记下。“安平赵侯文伟号才石，广西永宁人，……旋来见，谈极久。询以地方利弊，对甚悉。与商赟仪田。初以为难，寻谓，近因某庙（因）田产屡讼不休，乃断拨其三分之一，禀经锡帅批准，作为修县志之费。刻下始议举办也，俟修志毕，即移此项作学谷，虽不足亦可敷衍。其田岁可得二百大石，约二百斤之谱。”② 这是为解决学田问题而调查研究。“遵义米价腾贵，每石至七两有奇。太守、大令来谈，佥谓先考童生为便，童自府考时来城，候已月余，生则临时始到也。”③ 这是在大定府考棚发生的一件事。按照既往的做法，岁试应该是先考生员，再试童生。当年遵义地区久旱少雨，

①② 严修.严修日记（1894—1898）[M].陈鑫，整理.天津：天津古籍出版社，2017：144.
③ 同上：183.

米价暴涨。根据这种情况，严修与地方官员商量，决定改变程序，先考童生。因为童生不仅应考人数多，而且他们必须先参加府考，已经在大定府等了一个多月。看似一件小事，却极大地方便了考生。“是日于发题时，以纸书数语示诸生，叩以‘家藏何书？所常读者何书？所最熟者何书？所最好者何书？平日所作诗文何体最多?’各令用片纸行书开写，随盖戳时呈阅。旋次第开送，各与叙谈甚久。”① 这是通过问卷的形式了解士子们的读书情况，并与他们当面交流。正是由于有这种事无巨细，注重调查研究的务实作风，才使得严修在黔省推行的各项改革举措的针对性强，较少遇到很大的阻力。这种务实作风的形成当然不是一朝一夕的事情，与前面所讲的严修把克服自己轻率、毛躁的性格缺陷作为“功过格”的重要内容而时时警惕有着必然的联系。

其次是工作勤奋、不断进取的精神。翻阅日记，作为一省教育的最高行政官员，严修工作勤奋、不断进取的精神给人留下深刻的印象。前文提及，学政的主要任务是在任期内完成对一省府州县学的考校，主持岁、科两试和院（道）试等。对于“天无三日晴，地无三尺平”，交通极其不便的贵州而言，将全省十三个考棚巡查一遍就是件非常艰难的事情，旅途的颠沛流离、期限的紧迫姑且不论，至各考棚后拟定试题，批阅考卷，讲评士子呈阅的“观风卷”，找地方学官了解情况，与发现的优秀人才谈话，处理学务方面的诉讼案件等，他都要亲力亲为。日记中多有这样的记载：“终日或批牍、或判稿、或酬对、或校

① 严修.严修日记（1894—1898）[M].陈鑫，整理.天津：天津古籍出版社，2017：176—177.

阅，神为之扰，是日适患咳。"[①] "就枕数次，因事屡起，遂不能成寐，坐以待点名。"[②] 在镇远考棚，由于过度疲劳，严修熟睡不觉，差点酿成火灾："昨夜就枕手书一卷，移烛枕旁，未终叶而睡已熟。烛花落褥，烧其三袭，而床亦炙透，将曙乍醒，烟腾遍室，惊而起，呼僮炬视，无所见，久之乃知其之重茵下也。盖昨夜之疲甚矣。提调遣人送褥两重，而督工治其已烧者。"[③] 繁重的工作严重地影响了他的健康："伤风鼻塞，头微昏闷，神气索然，来此三年，体气羸弱，迥异旧观。"[④]

更令人难忘的是，即使在如此紧张、繁重的工作压力之下，严修仍然坚持学习算学、英文等新知识，完善自己的知识结构以适应工作的需要。前文提及，他拜两位新发现的人才裕福田和祁听轩为师，分别向他们学习算学和英文。日记中留下了这方面的大量材料："裕福田傍夕来，夜深始去，谈算极详。伊去后，余又演算，寅初后睡"；[⑤] "晚，陪福田演算"。[⑥] 正是在黔省任内，三十八岁的严修开始学习英文："始学洋文。延听轩每日来署口授，兼译算书，月酬八金。福田为介绍，听轩慨允，而逊谢束脩之议，定以明日始"；[⑦] "卯正起，学洋文二十六字母大楷"。[⑧] 以后的日记几乎每天都记下了当日的功课。大约三个月后，严修在一则日记中反省自己学习英文的情况：

---

① 严修.严修日记（1894—1898）［M］.陈鑫，整理.天津：天津古籍出版社，2017：517.
② 同上：267.
③ 同上：248.
④ 同上：530.
⑤ 同上：394.
⑥ 同上：459.
⑦ 同上：484.
⑧ 同上：485.

卯初起。习洋文，自四月十五日始，从祁听轩通守受洋文。每日祁以辰正来，午初散。至今将周三月，祁未尝一日不至也。澄兄、荣弟俱肯着力，福田尤敏锐，余则虚应故事，虽已受八九百字，而开卷茫然，与不识一字者无以异。因念时日不居，事会再难，失余不学，后益何望？数日以来，发愤早起，签判之后，便治洋文，且读且钞，手口并用，其能有万一之效与否，盖不可知，少尽人事，以免他日之悔耳。拟自明日起选洋译《聊斋》，手钞读之。①

他在日记中反省了自己学习不够专心，致使三个月下来收获甚微，发愤以后早起，改变学习方法，手口并用，坚持下去，以免他日后悔。读着这则日记，很难想象它出自一位年近不惑的提督学政之手。下面的一则日记，读过之后更令人肃然起敬："久不濯足，殆几半年，今午梳剃后辄一濯之，轻快异常，若将心垢照此濯涤，其快又当何如耶？吁！其难矣！"② 这位学政几乎半年没有洗脚，午后剃头梳洗之后，顺便把脚洗了，觉得浑身轻快异常！半年洗一次脚当然不能全归咎于工作繁忙，更可能是生活习惯所致，正常的思路似乎应该是告诫自己今后要经常洗脚，以保持身心愉悦。可是，他笔锋一转，发出一句如果能把"心垢"痛痛快快洗涤一番，那该有多么舒畅，保持一种高尚的德性不是一件容易的事情的感慨！其实，仔细翻阅日记可以看出，他对"濯涤心垢"一事看得远比洗脚更重要、更自

① 严修.严修日记（1894—1898）[M].陈鑫，整理.天津：天津古籍出版社，2017：510.
② 同上：509.

觉，克服懒惰懈怠，勤奋工作，不断进取，正是他长期以来严于律己、志存高远的修炼结果。

严修是在1898年3月25日回到天津的。1898年4月21日的日记中有如下记载："是日书券二纸，假八千缗又两千金于益厚堂。使黔一行用财亡度，致成债帅……"[①] 讲的是当天他向天津益厚堂借债"八千缗又两千金"，为此写下两张借据一事。晚清官场有"得一学差，俭约者终身用之不尽"[②] 的说法，反映了学政在正俸和养廉银之外的优厚所得，三年学差所得可以享用一生！严修作为钦差大臣、一省学政，独身一人而未带家眷赴任。但是，三年任满，他回到家里却大举借债，终致成了"债帅"。他的解释是在贵州任内三年花钱没有计划所致。那么，钱用到哪里去了呢？严修的日记中很少留下这方面的记录，倒是从其他文献中可以获得一些零星的信息。严修离任后黔省士子撰写的"去思碑"的碑文有如下记载："甲午仲冬，津门严范孙太史奉命督学是邦，下车之始，即教弟子以读书之法，……考其勤惰，课其殿最，奖以书资，给以膏火。更复捐廉，购各种书籍于资善堂而以贱价售之，士虽贫如黔娄，亦得手置一编。"[③] 这应该是当事人的言说。严修的学生兼同事陈宝泉的解释是："（先生）首改南书院为经世学堂，聘黔儒雷玉峰主讲席，并捐廉购沪、楚书籍运黔，照原价发售，捐资垫付运费数万金，贵州新学之萌芽自兹始。"[④] 讲得比较详细，连具体的数目都有。

---

① 严修.严修日记（1894—1898）［M].陈鑫，整理.天津：天津古籍出版社，2017：682.

② 胡思敬.国闻备乘［M].北京：中华书局，2007：14.

③ 严修.严修集［M].陈鑫，杨传庆，整理.北京：中华书局，2019：927.

④ 同上：935.

徐世昌的说法是“振兴文教，培植人才，竭尽心力。清俸所余，皆出以济其用。清风满袖，飘然而归”，虽然比较宏观，却是一种高度的概括，指出了严修收入中的相当一部分用在了振兴文教、培植人才、推动黔省教育发展方面。这样一种看重事业而不爱钱财的操守，与他注重调查研究的务实作风，与他勤奋工作、努力接纳新知、自强不息的精神一起，成为他事业成功、收获人望的重要保证。

西南边陲艰苦的自然环境和人文条件对年轻的提督学政严修而言，既是一种严酷的考验，也为他的成长提供了广阔的舞台。民族危亡的家国情怀、变法图强的强烈愿望，使他把改革旧教育、培养新人才与拯救国家民族命运的大目标紧紧地联系在一起。对中国传统教育弊端的切身感受和对西学精神的探索体悟，使严修在黔省的各项改革举措站在了十九世纪末二十世纪初中国教育早期现代化的潮头。在地瘠民贫、风气闭塞的艰苦环境下，他剔除积弊，转移士风，倡导新学，培植人才，三年学政任期，对改变黔省教育面貌、开启新的社会风尚产生了重要影响；而在这个过程中不断得到修炼提升的严于律己、洁身守德的个人品格和情操，不仅是他事业取得成功的重要保证，也为他今后的发展奠定了坚实的基础。一部《严修日记（1894—1898）》为我们了解著名教育家严修的成长过程，进而丰富对维新运动时期边陲省份教育改革实际情况的认知，提供了翔实而生动的第一手材料。

侍讲学士的困境与出路

——《恽毓鼎澄斋日记》阅读札记*

二十世纪的第一个十年，是中国传统教育发生重大变革的十年，科举取士制度的废止，近代学制的颁布实施，大量新式学堂的创办，震撼着千百万在旧教育体制下穷年累月孜孜以求的士人的心灵，关系到他们的前途与命运。面对二十世纪初的教育大变革，作为一名深受科举制度之惠的传统士人，恽毓鼎的认知和行动一方面明显地受到个人成长、文化传承的深刻影响，对封建社会主流价值体系的崩溃感到痛心、无奈和愤懑；另一方面，出于对家族和个人切身利益的考量，又自觉或不自觉地跻身于这场变革之中。他的言论、行动所表现出来的种种矛盾和悖论，是二十世纪初中国知识分子复杂面相的一个缩影，反映了剧变时代知识分子普遍面临的一种文化困境。

二十世纪的第一个十年，对于有着数千年悠久历史的中国传统教育而言，实在是一个大变革的时期：1901 年，清政府颁布“变法”上谕，改革教育成为“新政”的重要内容，受到朝野的极大关注；1902 年，“壬寅学制”颁布；1904 年，“癸卯学制”在全国颁行；1905 年，清政府明令废止实行了一千三百年之久的科举取士制度；1907 年，中国有了第一部女子学堂章程……一系列旷古未有的重大变革，震撼着千百万在旧教育体

* 此文系与陈胜合作撰写。

制下穷年累月孜孜以求的士人的心灵，关系到他们的前途与命运。面对这些巨变，士人们作何感想？他们的心态如何？这些问题在官方档案文献中很难发现，我们的教育史研究也很少予以注意。这是因为人们的真实思想和感情的流露带有私密性，往往受主客观条件的制约而无法见之于公开的文字。事实上，当时有不少人通过日记这种传统士人惯用的形式，记下了彼时彼地的真实感受，“对晚清政治风云与思想变迁颇多反映，时发议论，折射出当时知识分子的思想状况”，“常常能透露其他文献资料中见不到的历史真相”。[①] 解读这些日记，将日记中的记载与有关史料文献进行对比互证，有助于我们全面理解和把握一个世纪前那场大变革中知识分子的复杂心态，加深对历史全貌的认识。

《恽毓鼎澄斋日记》就是一部“具有很高的史料价值和可读性”[②] 的日记。日记的主人恽毓鼎（1862—1918），原籍江苏常州，河北大兴人，翰林院侍讲学士、侍读学士，历任国史馆协修、纂修、总纂、提调和咸安宫总裁等职，特别是担任起居注官十余年，成为宫廷事件的旁观者和记述者，可以说见证了从戊戌变法到辛亥革命期间的诸多重大历史事件。他业余从医，在京、津一带颇有名气。1901 年，清政府设立宪政研究所，恽被任命为总办，是晚清“新政”的参与者与见证人。1903 年 2 月，恽“奉旨派充辛丑、壬寅恩正并科会试同考官”，[③] 与孙家鼐、荣庆等一起主持了中国科举史上倒数第二次会试阅卷工作。

---

① 戴逸.序言［M］//恽毓鼎.恽毓鼎澄斋日记.史晓风，整理.杭州：浙江古籍出版社，2004：1.
② 同上：2.
③ 同上：209.

1904 年后，恽在京师创办和参与创办多所各类新式学堂，并亲自为学生授课。辛亥革命前的 1911 年 4 月，恽辞去清政府一切任职，虽一再声称"顿觉无官一身轻，天空海阔，任我游翔，可为人生至乐"，[①] 但始终不忘情于文化教育事业。进入民国后，作为清朝遗老，恽一直活跃于文化教育界直至去世。那么，这位二十岁中举，二十七岁中进士、点翰林，曾随侍光绪皇帝，熟悉晚清中央政情的士人，对二十世纪初的教育大变革持什么态度？有着怎样的心路历程和实际行动？一部百万余言的《恽毓鼎澄斋日记》，为我们留下了生动的记录和鲜活的材料。

一、王朝利益的考量：对改革科举与停废科举的矛盾心态

1905 年科举制度的废止是清末"新政"时期的一项重大举措，它不仅推动了新式教育的发展，而且深刻地影响着政府用人制度和仕进渠道。严复曾断言："此事乃吾国数千年中莫大之举动，言其重要，直无异古者之废封建、开阡陌。"[②] 把科举停废与秦始皇废除封建制、实行郡县制相比，实在是一种深刻的见解。无独有偶，作为旁观者，时任天津北洋大学堂总教习的美国传教士丁家立亦把此举称为"一项革命性的法令"。[③] 众所

① 恽毓鼎.恽毓鼎澄斋日记［M］.史晓风，整理.杭州：浙江古籍出版社，2004：531.

② 严复.论教育与国家之关系［M］//严复.严复集（第 1 册）.王栻，主编.北京：中华书局，1986：166.

③ 骆惠敏.清末民初政情内幕（上）［M］.刘桂梁，等，译.北京：知识出版社，1986：311.

周知，晚清科举取士制度的改革，实际上在维新变法时期即已拉开帷幕。进入二十世纪，在国内外形势的逼迫下，改革步伐加快。整个过程大致可以分为戊戌与“新政”两个阶段：前一阶段的主角是以康有为、梁启超等为代表的维新志士，改革以“废八股，改试策论”为目标；后一阶段的主角则是袁世凯、张之洞、陶模等清朝封疆大吏，旨在全面停废科举。① 科举取士制度的改革与存废作为二十世纪初中国社会的一件大事，影响着从身居庙堂到躬耕于穷乡僻壤的每一位士人。早在 1898 年初严修上奏《请设经济专科折》后不久，恽毓鼎即上《经济特科敬陈管见折》，在赞同严修主张的同时，提出两条建议：一是建议在保荐和试以策论的基础上，将录用人员根据其专长分配至中央各部门，在实际工作中考察一年，“言行相符而后大用”；二是建议被推荐人员要有“才”，更要有“德”，“不得以有才无行之人滥登荐牍，斯人品正而才皆有用之才矣”。② 折上，光绪帝在上谕中对恽提出的第二点给予充分肯定。很显然，这一时期的恽毓鼎支持对科举取士做局部改革。1898 年 6 月 23 日，光绪皇帝发布上谕“废八股，改试策论”。在这一天的日记里，恽有如下记载：

本日奉上谕，废八股，改试策论，令部臣详议章程。臣谨按：时文之弊，至今已极。……若改为论体，……诚善制也。惟愚意义理之学断不宜废。③

---

① 关晓红.科举停废与清末政情［J］.中国社会科学，2004（3）.

② 恽毓鼎.恽毓鼎澄斋日记［M］.史晓风，整理.杭州：浙江古籍出版社，2004：794.

③ 同上：160.

这段日记表达了恽毓鼎的两层意思：一是积极拥护“废八股，改试策论”的举措，称之为“善制”；二是对“义理之学”的前途心存忧虑，担心科举考试内容与方法的改革会影响到“义理之学”在人才培养中的核心地位。

综上所述，可以说，在晚清科举改革的第一阶段，恽毓鼎的态度是比较积极的，他支持开设经济特科，不拘一格选拔人才；完全赞成“废八股，改试策论”的主张。但是，无论是人才选拔方法的改革还是科举考试内容的改革，他都认为不能动摇“义理之学”的地位，因为在他看来“人品正”“趋向端”是最重要的。

进入二十世纪，改革科举的步伐加快，陶模、张之洞、刘坤一、袁世凯等清廷重臣多次奏请停废科举取士制度。恽毓鼎的态度也随之发生转变，导致其态度转变的根本原因即在于随着改革的深入，他最关注的“义理之学”和“学术人心”日益受到冲击。1903 年二月初一至三月初一整整一个月，恽毓鼎作为同考官，与孙家鼐、荣庆等一起主持了中国科举史上倒数第二次会试的阅卷工作。他工作认真，经常“日上而起，更深而寝，目不停览，手不停挥，无一刻可以暇逸，心力真交瘁矣”。[①]他心情却很郁闷，为什么？因为许多考卷让他看了感到痛心和愤懑。他在 1903 年 4 月 21 日的日记中写道：

各房二场卷，往往颂扬东西国为尧舜汤武，鄙夷中国则无

① 恽毓鼎.恽毓鼎澄斋日记［M］.史晓风，整理.杭州：浙江古籍出版社，2004：219.

一而可，至有称中朝为支那者。……枕上思之，不胜愤懑。[①]

同月 27 日的日记中有如下记载：

近来新学盛行，四书五经几至束之高阁。……久而久之，圣贤义理不难弃若弁髦矣。学术人心，可忧方大。张袁二制军立意欲废科举，其弊害至于是，更有不可胜言者，袁世凯（慰庭）不足道，张香老举动乃亦如此，岂不可痛哉！[②]

恽毓鼎虽是皇帝近臣，但毕竟只是一个侍读学士，一介词臣，并无实权，当然无法与张之洞、袁世凯等封疆大吏抗衡，但在日记里可以宣泄情绪。在这里，他担心的是科举的停废将导致圣贤义理之学的“弃若弁髦”。在 1904 年 8 月 19 日的日记中，他再次表达了这样的心情：

近来中外学堂皆注重日本之学，弃四书五经若弁髦，即有编入课程者亦不过小作周旋，特不便昌言废之而已。不及十年，周孔道绝，犯上作乱，必致无所不为。其害终中于国家，其流毒且甚于祖龙焚坑之祸。南皮总督真吾道罪人也。[③]

在这里，他把义理之学的沦丧与清王朝的存亡联系在一起，

---

① 恽毓鼎.恽毓鼎澄斋日记［M］.史晓风，整理.杭州：浙江古籍出版社，2004：220.
② 同上：221.
③ 同上：250.

直指主张停废科举的张之洞为名教罪人。

1905 年 9 月 2 日，清政府发布上谕：

着即自丙午科为始，所有乡会试一律停止，各省岁科考试亦即停止。[①]

恽在当天的日记里写道：

有诏废科举，专以学堂取士。科举在今日诚可罢，惟各省学堂未能全立，从前奏定章程尤未妥善，必须重加订定，方可培植人才。若即持此课士，恐十年之后圣经贤传束之高阁，中国文教息灭，天下无一通品矣。[②]

科举的废止是由皇帝谕旨宣布的，在这种情况下，即使在日记中也不便说三道四，流露真实的感受，只好无可奈何地写下“科举在今日诚可罢”一句。但笔锋一转，在学堂章程上大做文章，仍是抓住圣贤经传、义理之学这一主题，担心十年之后“中国文教息灭，天下无一通品矣”。

查阅恽毓鼎的日记，直至其去世，再没有对晚清停废科举一事说过好话。在以后十几年的日记中，每一提及此事，总是痛心疾首：

① 朱寿朋，编.光绪朝东华录［M］.张静庐，等，校点.北京：中华书局，1958：5392.

② 恽毓鼎.恽毓鼎澄斋日记［M］.史晓风，整理.杭州：浙江古籍出版社，2004：276.

1906年8月19日：科举既废，科甲出身人不堪用，而学堂学生则又知其不足恃而不敢用（学部右丞创为学生毕业不给奖励，惟予文凭之议），然则将以何取士乎？所用者惟捐纳耳，贵游子弟耳，善走门路以求速化飞行之人耳。……毓鼎一腔哀愤，万行血泪，无日不盼中国强，大清永，万民安。往往从梦中痛哭而醒，泪痕犹渍枕函也。①

1910年4月27日：访陈松山前辈，畅论时局，共痛心于南皮故相之误人家国，为名教罪人（故相生平行事无一足取，而废科举以绝寒畯登进之途，崇东学以亡圣贤文学之绪，铸铜元以乱国计而朘民生，致今日上下交困，不可收拾，尤其罪之大者，而一般无行无识之徒，乃奉以山斗之名，言之齿冷）。②

1910年10月30日：余与李石府痛论今日学术人心之害，石府愤激不欲生。噫！谁生厉阶，不能不归咎于南北二张也。③

1911年7月22日：悲哉，悲哉！废科举，立学堂，不能不叹息痛恨于南皮、长沙二张矣。④

1911年8月23日：评阅医学堂毕业国文课卷，吾以见中国文字之将亡矣，不能不太息痛恨于创议废科举、立学堂之大老也。⑤

辛亥革命后，其言词之激烈，直欲追削张之洞、张百熙官谥不可：

---

① 恽毓鼎.恽毓鼎澄斋日记［M].史晓风，整理.杭州：浙江古籍出版社，2004：321.
② 同上：482.
③ 同上：507.
④ 同上：541.
⑤ 同上：545.

1911年11月27日：今日大局之坏，根于人心，而人心之坏，根于学术。若夫学术之坏，则张之洞、张百熙其罪魁也。二张之昧良心，何尝醉心新政，直热中耳。因热中而甘心得罪圣贤，得罪宗社，他日公道犹存，非追削官谥不可。[1]

从戊戌变法时期的改革科举，到“新政”时期的停废科举，前后十余年间，作为亲身经历者，恽毓鼎对这一重大事件的态度经历了从积极拥护到激烈反对的重大转变。其源盖出于他把科举取士制度的改革停废与清王朝的兴衰存亡自觉地联系在一起。前期拥护改革，是因为在他看来，设置经济特科，不拘一格选拔人才，有利于巩固封建王朝；而后期反对废止科举，则是担心科举制度的废止将导致这一制度承载的圣贤经传、义理之学会随之消亡。科举取士制度废止后的第六个年头，清王朝在武昌起义的隆隆炮声中崩溃。导致清王朝灭亡的原因是多方面的，当然不仅仅是由于科举制度的停废。但是，作为一名信守传统文化理念的知识分子，恽毓鼎却把“科举—学术—人心—大局”紧紧地联系在一起，用他的话来讲就是“大局之坏，根于人心，而人心之坏，根于学术”。在科举制度废止一个多世纪后的今天，回过头来研读这段历史，不能不说当事者的这段刻骨铭心的体认自有其道理。但是，他真的愿意把自己的命运与即将倾覆的封建王朝大厦死死地捆绑在一起吗？其实未必。随着形势的发展，恽毓鼎将面临新的矛盾和困境，他必须作出新的选择。

---

① 恽毓鼎.恽毓鼎澄斋日记［M］.史晓风，整理.杭州：浙江古籍出版社，2004：562.

二、家族利益的考量：对新式学堂的矛盾心态

进入二十世纪，清政府在改革科举的同时，始终把发展新式教育作为改革整个教育体制的重要一环，迭令各地兴办学堂。1901 年 9 月 14 日的“兴学诏”明确要求：

着各省所有书院，于省城均改设大学堂，各府及直隶州均改设中学堂，各州县均改设小学堂。……着各该督抚学政，切实通饬，认真兴办。[①]

1901 年 11 月 25 日，清政府谕政务处将袁世凯所奏山东学堂事宜及试办章程通行各省，仿照办理。三个月后，再次谕令各省督抚奏报兴学情况，语词严峻：

该督抚等身膺重寄，目击时艰，当知变法求才，实为当今急务。……如再观望迁延，敷衍塞责，咎有攸归，不能为该督抚等宽也。[②]

以后，在颁布《钦定学堂章程》《奏定学堂章程》，以及宣布递减科举中额和立停科举的历次谕旨中，清政府软硬兼施，恩威并用，反复强调“时事多艰，兴学育才实为当务之急”，责

---

① 朱寿朋，编.光绪朝东华录［M］.张静庐，等，校点.北京：中华书局，1958：4719.

② 同上：4833.

成各督抚“赶紧督饬各府、厅、州、县建设学堂，并善为劝导地方，逐渐推广”。①

那么，作为皇帝近臣的恽毓鼎，对清廷的这一重大举措抱什么态度，采取了什么行动呢？

翻阅这一时期的日记，随处可以看到恽毓鼎对各地新式学堂的不满与批评：

1904年8月19日：近来中外学堂皆注重日本之学，弃四书五经若弁髦。……官定学堂课程，有所谓修身学、伦理学。夫四书五经，何者非修身，何者非伦理？吾不知此外更以何者为修身、伦理也。其背戾不通，一至于此！②

1906年8月2日：阅报纸，载湖南学生滋事情节颇详，麇聚全班，无理混闹，逼死监督（俞姓，伯钧，太史鸿庆之弟）（［眉］后知监督未死），詈辱官长。……从前科举之法固不善，然行之三百年，曾有此等暴动乎？在此中求人才，恐牛毛而麟角耳。孟子所谓“非徒无益，而又害之”。③

1908年5月21日：若目下学堂之法，将二十一行省之少年俱教成不通中文、不能写中国字而后止。祖龙焚坑，其祸不如此之烈也。④

其中，有对课程设置的批评，有对学堂管理的不满，更有

① 张百熙，荣庆，张之洞.重订学堂章程折［M］//璩鑫圭，唐良炎，编.中国近代教育史资料汇编·学制演变.上海：上海教育出版社，1991：289.

② 恽毓鼎.恽毓鼎澄斋日记［M］.史晓风，整理.杭州：浙江古籍出版社，2004：250.

③ 同上：318.

④ 同上：382.

对教学内容的愤懑。然而，批评归批评，愤懑归愤懑，出于家族利益和个人前程的考量，恽毓鼎不仅适时地让子女接受新教育，而且自己主动投身新式学堂的创办活动。

就在清廷宣布立停科举的第二天，1905 年 9 月 3 日，恽毓鼎在日记里写下如下一段话：

> 科举虽罢，子弟不能不读书。命宝惠（恽之长子——引者）专一研究政法学，为他日致用之道。……专就经济上着意，如法律、食货之类，皆宜贯穿本末，穷究利弊，一切琐琐异同可置之。[①]

恽毓鼎的反应如此迅速，停废科举的谕旨才颁布了一天，他就果断地决定，让长子改弦更张，“一切琐琐异同可置之”，研习政法学，以“为他日致用之道”。我们知道，恽毓鼎出身科举世家。其祖父恽光宸为道光戊戌进士，历官至江西巡抚。父恽彦琯为同治丁卯举人，内阁候补侍读。恽毓鼎二十岁中举，二十七岁中进士、点翰林。可以说，恽毓鼎一家，从祖父到他本人，都是科举取士制度的受惠者。1898 年，长子恽宝惠十四岁时，恽毓鼎就让他回原籍大兴参加县学考试，并在日记里郑重其事记下一笔：“成儿取入大兴县学第二十五名（先生入第二十四名）。”[②] 查这一年的日记，共有近二十处提及此事，可见恽毓鼎对儿子的期许和厚望。现在，儿子已从十四岁的少年变成二十一岁的青年，而科举制度却无可奈何地废止了，路断桥横，

① 恽毓鼎.恽毓鼎澄斋日记［M］.史晓风，整理.杭州：浙江古籍出版社，2004：276—277.

② 同上：175.

要想在仕途上发展，延续家族的地位和荣耀，必须另辟蹊径。进学堂、学法政，正是二十世纪初从旧学转向新学的传统士人最愿意选择的捷径之一。日记中关于送子侄入法政学堂读书的记载还有多条，如：

1908年5月19日：宝铭（恽之侄子——引者）在法律学堂肄业，夜坐询考课程，验其勤惰。以屠雨航自日本寄来新译出《政法述义》十余种授之，督其逐次研究。[①]

1909年10月15日：发常州电，命隽侄来京，考贵胄法政学堂。[②]

1910年1月7日：贵胄法政学堂出榜，椽侄取三十七名，骏侄取四十名，铭侄不录。[③]

年龄大些的子侄都被送入学堂，年龄小的则在家设塾：

1904年2月23日：未刻为儿女开学，赞儿仍从程先生，丙女、柔儿、酉儿改请袁锡三先生（承恩。大兴廪生）。率儿辈在至圣先师前行礼，又拜先生，送入塾。[④]

1907年2月28日：未刻以车迓袁先生，命儿女开学。[⑤]

1909年2月16日：延江西鲁夫人督课九女、一侄女、一孙女。晚，设席请师。[⑥]

① 恽毓鼎.恽毓鼎澄斋日记［M］.史晓风，整理.杭州：浙江古籍出版社，2004：381.
② 同上：455.
③ 同上：468.
④ 同上：229.
⑤ 同上：342.
⑥ 同上：424.

从1910年春节过后的日记中可以看出，这时恽家设有两塾，一塾用来教育第三代，一塾用来教育第二代：

1910年2月28日：午后陈鹤年先生先到，衣冠率汀、振、闰、樱四孩拜圣行开学礼。未刻，范俊丞先生到，复率赞、柔、酉三儿拜圣行开学礼。①

直至去世前一年，恽毓鼎在1916年2月19日的日记中还留下为三个儿子请塾师的记载：

为汀、振、闰别延同邑陈隐隆先生（栋）授读，下关书请柬，择二十日开学。②

恽毓鼎共有八个儿子，九个女儿，十个孙子，两个孙女。儿女辈绝大多数都是在二十世纪初新旧学制交替之际到了读书年龄，这让他大费周折。他在日记中也时时流露出这方面的苦恼：

1910年4月4日：因宝襄（恽之第二个儿子——引者）不率教，愤恨终日，中气固而下坠，腹胀不能偃仰。甚矣，为父者期望儿子之心如是其切也。③

1911年1月18日：因宝襄不率教，大动气恼。吾家累代清

---

① 恽毓鼎.恽毓鼎澄斋日记［M］.史晓风，整理.杭州：浙江古籍出版社，2004：474.
② 同上：759.
③ 同上：479.

门，子弟皆恪守规矩。……今乃生此不肖子，岂余行止多亏，天以此示罚耶？若终不就范，毓鼎何面目以见祖先？[①]

究竟这个恽宝襄是如何“不率教”的，我们不得而知，但把一位饱读诗书、温文尔雅的侍讲学士气得中气下坠、腹胀不能偃仰，甚至感到无颜面去见祖先，大概是相当出格了。当然，更多的是成功的喜悦。他一心培养的长子恽宝惠确也为恽家争得荣耀。据日记记载，恽宝惠二十二岁“以主事分兵部学习行走”；[②] 二十三岁“调（陆军部——引者）承政厅行走，充秘书科一等科员”；[③] 二十五岁“派充禁卫军一等书记官”，“奖四品衔”；[④] 二十六岁“升一等执事官，月薪百金”；[⑤] 二十七岁“升补郎中”，“奉旨以道员记名简放，并赏加三品衔”，[⑥] 一年之内再次擢升，“以副都统记名简放”。[⑦] 二十七岁做到镶黄旗汉军副都统，作为一个汉人，这样快速的升迁，连恽毓鼎也深感不安：

汉人任旗缺，乃近十年之破格，吾家科第虽盛，而此官则创为之。宝惠由任子纳赀为主事，甫六年，历补郎官，遽跻二品，不可谓非乘时之侥幸也。[⑧]

大儿子乘了什么“时”，恽毓鼎没有接着讲，但是在日记的

① 恽毓鼎.恽毓鼎澄斋日记［M］.史晓风，整理.杭州：浙江古籍出版社，2004：518.
② 同上：298.
③ 同上：352.
④ 同上：420，455.
⑤ 同上：510.
⑥ 同上：566.
⑦⑧ 同上：569.

其他地方却透露了有关信息。1904 年 6 月 6 日的日记中有如下记载：

吏部具奏：翰林院侍读学士恽毓鼎之子宝惠，请给予荫生。奉旨：知道了。钦此。①

此时科举取士制度尚未废止，宝惠赶上了末班车，靠着父亲的身份赚了个“荫生”头衔。在恽毓鼎看来，“荫生”头衔的获得为宝惠日后快速升迁奠定了第一块基石。换言之，恽宝惠既有科举体制下的功名身份，又有新学知识，在其父的指导下“专一研究政法学”，这是他短期内仕途畅达的重要条件。

就个人而言，恽毓鼎在清廷宣布废止科举制度之前，就已经开始投身新式学堂的创办了。1904 年 3 月 23 日日记载：

午刻至畿辅小学堂，陪中西五教习开学酒席。②

畿辅学堂是恽毓鼎创办的第一所新式小学堂，前后经营十数年，直至他于 1917 年去世。日记中有关畿辅学堂的记载有近百条，有的一个月内就记下多条，如 1906 年 2 月记有四条，3 月记有五条；在创办之初的 1904 年 5 月的最后一周内，居然有三天的日记中记有关于该学堂的事情。检阅这些日记可以看出，大至学堂教师聘任、经费筹措、课程设置、规章制度的拟

① 恽毓鼎.恽毓鼎澄斋日记［M］.史晓风，整理.杭州：浙江古籍出版社，2004：245.
② 同上：235.

定、教员的考核、教学方法的研讨、开除学生的决定，小至随堂听课、课后观操、批改作业、检查学生缺席情况等等，他无不一一亲自过问。在 1906 年 4 月 14 日以后的很长一段时间内，日记中留下了恽每周一次给学生上课的记录：

1906 年 3 月 16 日：午后至畿辅学堂，听教习讲论，看学生体操。①

1906 年 4 月 14 日：未刻至畿辅学堂登讲台，为学生演说《论语》第一章。此后，每值休沐前一日则登台讲四书或经书一章，使学生有所启悟。②

1906 年 5 月 10 日：至畿辅学堂……与郑、宋、侯、王、白五教习面论，请其每日散学后在揭石馆中会谈一小时，彼此研究讲授之学，互换知识，精益求精，以收教学相长之益。③

1910 年 9 月 3 日，畿辅学堂举行首届高等小学毕业生毕业典礼：

辰刻至畿辅学堂，率高等小学诸生行毕业礼，发文凭，共二十一人，学部考取十八人，奏充廪增附生，余三人给佾生留习。④

辛亥革命后，畿辅学堂继续开办，直至恽毓鼎去世前不久

① 恽毓鼎.恽毓鼎澄斋日记［M］.史晓风，整理.杭州：浙江古籍出版社，2004：301.
② 同上：305.
③ 同上：308—309.
④ 同上：498.

的日记中还有关于该学堂的记载。恽毓鼎致力较多的另一所学堂是顺直学堂。顺直学堂从1905年底开始筹备，一年后在金台书院原址开办，至1913年9月因筹款无着而解散。前后七年，用恽毓鼎自己的话来讲，“顺直学校以无款停办。……余掌校事七年，备历艰苦，成就甲、乙、丙三班学生八十余人”。[①] 七年间，他不仅“以校长而兼尽教员之义务，……每星期二、星期五上历史两堂”，[②] 而且为筹款、教员聘请、学生管理等事付出了大量心血。第三所学堂是1908年创办的医学学堂，1912年也因经费不济而停办，前后四年。此外，民国前恽毓鼎在京参与创办或参与主持的新式教育机构还有（旅京）江苏学堂（1905年）、龙泉寺小学（1906年）、顺天二十四属中学堂（1908年）、辅仁改良私塾（1909年），民国初年参与创办或参与主持的新式教育机构尚有利仁义塾（1912年）、农业学校（1913年）、甲种农业学校（1916年）等，总数达十余所，日记中都留下了相关记载。

恽毓鼎以起居注官、翰林院侍讲学士、国史馆总纂、咸安宫总裁等身份从事的上述办学活动，使他在体制外获得了一定的社会声誉和新的身份认同。晚清至民初的十几年间，涌现了各种民间的、官方或半官方的学术团体、政治团体，如雨后春笋。由于上述活动带来的社会声誉，恽毓鼎先后被推举担任了多个会社团体的会长、副会长。日记记载：

1908年10月4日：未刻至湖广馆，赴教育会特别会，投

① 恽毓鼎.恽毓鼎澄斋日记［M］.史晓风，整理.杭州：浙江古籍出版社，2004：662.
② 同上：633.

票公举会长。余及李嗣香前辈得票最多，且数目相同，遂同充正会长。①

1909年7月29日：酉初一刻往良氏愚园赴世界教育会，各国学界有名者皆充会员，中国唯余及江伉甫二人。②

1910年10月2日：申初刻至蜀学堂旅京教育会，……余充会长一年，轮应更换，由会员投票公举。余得票仍在多数，连任一年，与闽人张知庵太史（琴）同充会长。③

1912年4月15日：未刻赴社政进行会公举会长，……全会一致推（余）为会长。④

1912年6月29日：午刻赴湖南馆教育统一大会，会员一百十一人。余登台演说教育原理，众多拍掌。旋投票公举理事四人（即会长），余得一百零三票当选。⑤

1912年10月20日：西珠市口医学研究会全体会员开会，……余登台演说，……语次众屡拍掌，其声如雷。会中议公推余为评议总长，处宾师之位，余未应也。⑥

1912年10月21日：昨日顺天二十四属联合会开会，……投票，余得次多数，为副会长。⑦

1913年4月27日：未刻至湖广馆赴孔社成立大会，入社者一千三百余人。……嗣投票选举，余以四百十四票得副社长。社长为徐花农前辈。⑧

---

① 恽毓鼎.恽毓鼎澄斋日记［M］.史晓风，整理.杭州：浙江古籍出版社，2004：399.
② 同上：449—450.
③ 同上：502.
④ 同上：586.
⑤ 同上：597.
⑥⑦ 同上：613.
⑧ 同上：641.

1914年3月31日：孔道会送敦请书来，公推余任名誉会长。[①]

1914年7月19日：饭后赴社政会改选正副会长。会员到四十五人，全体起立，坚请余及李文连任，毋庸写票改举。余力辞不获，拍掌之声如雷，只可就职。[②]

从上述日记摘录中可以看出，对于林林总总的"会长""副会长"之类的新身份，不管其倾向是"趋新"还是"守旧"，恽毓鼎都是非常认同且颇为得意的，日记中有意无意记下的"众屡拍掌""其声如雷""力辞不获"等词汇，表达的正是这种心情。特别在教育统一大会的选举会上，恽与汤化龙、王金绶、章炳麟等叱咤民初政坛的风云人物共同当选，真有点让他感到受宠若惊。他在当天的日记中写道：

汤君（指汤化龙——引者）为当代闻人，余则旧人也，乃票数几与相埒，亦奇事也。[③]（恽以一百零三票当选，汤以一百零五票当选——引者）

"奇事"二字，包含了恽毓鼎难以言说的感受和遐想。

在二十世纪初的教育大变革中，如果说恽毓鼎对科举改革与废止的态度是前后矛盾的话，那么他对新式学堂的态度，至少从表面上看，给人的一个突出印象是言行的错位。日记中处

① 恽毓鼎.恽毓鼎澄斋日记［M］.史晓风，整理.杭州：浙江古籍出版社，2004：684.
② 同上：697.
③ 同上：597.

处流露出对新式学堂的不满和批评，但实际行动中不仅送子侄进学堂，读法政，给他们指示学习新学的门径和方法，而且投身学堂的创办，亲手经营的各类新式学堂不下十余所。上述言行的错位何以产生？一个合理的解释是，出于家族利益和自身利益的考量。揆之常理，恽毓鼎作为一个传统封建教育体制下的士子，少年得志，举人、进士、翰林，一路顺风，获得了那么多在常人看来求之不得的荣衔，应该是心满意足了。但是，他的感受是，所有头衔说到底仅是一名封建王朝的“词臣”“史官”而已，而且一做就是二十几年，不仅没有什么实权，难以实现自己的抱负，而且在经济上也带不来更多的利益。这在日记中多有流露。如 1907 年 3 月 10 日：“通籍几廿载，仍埋头龟于故纸堆中，冷局生涯固可笑，亦殊有味耳。”[①]

“殊有味耳”只是一种自我解嘲，“冷局生涯可笑”才是真实心情的表白。在参加了 1903 年的会试阅卷之后，恽毓鼎企盼着 1904 年的阅卷工作也会有自己的份，因为试学的差事会带来可观的额外收入。但是，人算不如天算，阅卷大臣名单公布后，他榜上无名。在这天的日记中，他写道：

分房揭晓。一日闷闷不出门。……予为家事所累，不能无望于试学差，乃并会房而亦失之，郁郁殊甚。[②]

倒是他的妻子较为通达，劝他说：

① 恽毓鼎.恽毓鼎澄斋日记［M］.史晓风，整理.杭州：浙江古籍出版社，2004：343.
② 同上：235.

年甫四十，官至九卿，不为贱；家计虽不丰，然日用幸可支柱，不为贫；儿孙绕膝，大小安适，不为无聊。春秋佳日，饮酒看花，一门雍容，尽可寻乐，何怏怏于一差得失为！①

恽听了之后，“愧其意，念其诚，为之一笑”。一段夫妻间的对话，恽居然如实地记入日记，是用以自我安慰还是一种凄凉心情的宣泄？抑或二者兼而有之？我们不得而知。也许正是出于这种切身利益的考虑，恽毓鼎在清廷还未被推翻之前即决意辞去一切政府职务，另谋出路。投身新式学堂的创办在当时不仅是一种符合潮流的时髦之举，作为一名传统士子，也更符合他的身份。

一部一百二十万字的《恽毓鼎澄斋日记》，为我们留下了认识、理解一个世纪前那场教育大变革中士人心态的生动记录和鲜活材料。恽毓鼎只是身处变革大潮中的千百万士人中的一个。他的认知和行动，一方面明显地受到个人成长、文化传承的深刻影响，对封建社会主流价值体系的崩溃感到痛心、无奈和愤懑；另一方面，出于家族和个人切身利益的考量，他又自觉或不自觉地跻身于这场变革之中。他的言论、行动所表现出来的种种矛盾和悖论，是二十世纪初中国知识分子复杂面相的一个缩影，反映了剧变时代知识分子普遍面对的一种文化困境。这是我们重新认识这段教育大变革，评骘历史人物时应该充分考虑的。

---

① 恽毓鼎.恽毓鼎澄斋日记［M］.史晓风，整理.杭州：浙江古籍出版社，2004：235.

教育大变革中的一位乡村塾师

——《刘绍宽日记》阅读札记

浙南乡村塾师刘绍宽在十九世纪末二十世纪初的教育大变革时期，努力阅读各类报刊，主动与维新派人士交往，了解国内外大势，这激发了他的国族意识，改变了传统塾师“升斗馆谷以糊口”的观念，自觉地把培养人才与救亡图存的家国情怀联系在一起。在繁重的坐馆课读之余，他广泛阅读各类新学书籍，改变知识结构，走出封闭的乡村，开阔视野，实现了从塾师向教师的华丽转身。从服务一乡一邑到服务一县一区，在改革传统教育、推进新式教育的过程中，刘绍宽完成了从普通教师到教育家的地位提升。辛亥革命后，历经新文化运动和五四运动，中国传统文化、传统伦理道德、孔孟学说受到前所未有的冲击、批判并面临着被消解的危险。此时的教育家刘绍宽，其关注重心从国家存亡的层面转为中国文化、传统伦理道德存废的层面。他怀着深深的不安与无奈，远离教育改革的现场，回归故里，甚至试图通过恢复私塾式教学，“为后进造就几人”。乡村塾师刘绍宽三十年间的教学生涯，在十九世纪末至二十世纪二十年代的教育大变革时期，具有普遍的社会意义。

在十九世纪末二十世纪初的教育大变革中，有着存在漫长历史而又人数众多的城乡塾师，他们是一个十分值得关注的群体。随着清政府《癸卯学制》和停废科举取士谕旨的次第颁布施行，这个群体的生存环境发生很大变化。科举制度的停废，使得他们中的相当一部分人失去了人生追求，正如太原举人刘大鹏听到这则消息后在日记中所流露的："甫晓起来心若死灰，看得眼前一切，均属空虚……"① "刘大鹏们"的寄身城乡私塾，只是在一次次地参加不同层级的科举考试的间歇，从事的一种临时性职业。但是，对于绝大部分为"升斗馆谷以糊口"而一年到头舌耕不息的塾师而言，学堂章程的颁布、现代新式学堂向广大城乡的推进，直接挤压着他们的生存空间，关系到衣食住行等基本问题。路断桥横、前途无望、生计无着的形势，使得这个群体迅速分化，而二十世纪初在政府推动下各地出现的办学热潮则为接纳他们提供了广阔舞台。据统计，在 1909 年的初等小学、高等小学和中学的教师队伍中，平均有 39% 的人未进过新式学堂；这种情况在初等小学更为严重，比例高达 48%。② 所谓未进过新式学堂者，绝大部分即是原来的塾师。那么，由塾师转换为教员的过程是如何实现的？投身新式教育之后，塾师这个群体的表现如何？辛亥革命之后，他们仍然能够继续前行吗？在考察清末民初传统教育向新式教育嬗变的过程中，这是一个绕不过去的话题。在已有的研究成果中，我们更多看到的是一些负面的信息，混迹于新式学堂里的塾师往往是一副手持烟袋、身着长衫、捧着一本《三字经》的冬烘先生形象，这在很大程度上是资料匮乏造成的结果。进入二十一世纪以来，清末民初一大批士人日记的陆续问世，为我们深入考察这一问题提供了大量第一手资料。2018 年 2 月由中华书局出版的《刘绍宽日记》就是其中的一种。

---

① 刘大鹏.退想斋日记［M].乔志强，标注.太原：山西人民出版社，1990：146.

② 陈学恂，主编.中国近代教育史教学参考资料（下册）［M].北京：人民教育出版社，1987：342—343.

《刘绍宽日记》起自1888年，止于1942年，跨度五十四年有奇。一百八十万字的篇幅生动地记录了一位从二十岁开始教读生涯，先后做过私塾先生、书院山长、高等小学校长、中学校长、县教育会会长、县政府教育科科长、温处学务处编检，为浙南地区文化教育事业作出过重要贡献的教育家，在辛亥革命、新文化运动和五四运动的影响和冲击之下，与热火朝天的教育改革现场渐行渐远的人生轨迹。阅读这部日记，使我们清晰地看到十九世纪末二十世纪初，部分乡村塾师受时代感召，以“育才吾党事，岂为稻粱谋”[①] 自勉，吸纳新知、转变观念、与时俱进、超越自我的另外一种形象，以及这种形象在更广泛更深刻的社会文化变革到来之际的再次蜕变，终至回归，从而有利于丰富我们对十九世纪末二十世纪初那场教育大变革中一个重要群体的认知。

一、新知改变观念：刘绍宽的阅读世界

刘绍宽（1867—1942），字次饶，号厚庄。浙江平阳白沙刘店（今属苍南）人。刘绍宽两岁丧母，伯母杨氏寡居，抚为嗣子。少时从母舅读书，家贫，“故岁入每不敷出。先妣日以针黹佐家需，夜则织纴组钏虽深宵严寒，戛戛不少休”。[②] 刘绍宽十七岁获县试第一，取得生员资格。复从吴承志治考据，从金晦治颜李之学。颜元、李塨均为清初著名思想家、教育家，他们

① 刘绍宽.厚庄诗钞卷之一［M］.平阳：内部资料，1919：4.

② 陈镇波.刘厚庄年谱［M］//浙江省苍南县政协委员会文史资料委员会，编.苍南县文史资料第十六辑（刘绍宽专辑）.平阳：内部资料，2001：376.

倡导注重实学，重视实际知识，反对读死书，反对空谈“心性命理”，世称“颜李学派”。刘绍宽自述，跟随金晦治颜李之学，从此思想发生变化，无意致力应举，“自志学以来，至此始一转乎”。[①] 1888 年，二十岁的刘绍宽开始教读生涯。在此后的十多年里，他既是一位教学认真、律己甚严的私塾先生，大部分精力用于教学工作；又是一位勤奋刻苦、好学不倦的新知探求者，课读之余，关心国事，阅读大量书报，寻师访友，努力扩充自己的知识见闻。同时，作为县学生员，还需按时参加县学月考，为的是获得一些奖励以补贴家用。

在私塾，刘绍宽的弟子最初只有两三名。无论是受聘外出坐馆，还是在家设塾，他在教学中都十分认真。“理孚文不入格，想必以所授文境太高，无从学步耳。今改授《小题正鹄》，令挨次选读，俟一月后，看所作如何。毓芝亦改读《正鹄》。毓芝温四书，二月十四日毕。……生书《礼记·曾子问》《左传·成公十八年》。理孚温四书，二月初四毕。……生书，《左传·襄廿八年》。”[②] 这是 1892 年 1 月 26 日[③]的日记中关于教学工作的一段记载。日记中的理孚、毓芝都是当时的学生，刘绍宽因人施教，根据他们的写作情况及时调整教学计划，为两人安排了不同的读书进度。在教读过程中，刘绍宽时时注意观察儿童，日记中多处留下这方面的心得体会，例如：“教小儿，终日渎诲

① 陈镇波.刘厚庄年谱［M］//浙江省苍南县政协委员会文史资料委员会，编.苍南县文史资料第十六辑（刘绍宽专辑）.平阳：内部资料，2001：380.

② 刘绍宽.刘绍宽日记［M］.温州市图书馆，编.方浦仁，陈盛奖，整理.北京：中华书局，2018：55.

③ 为便于检索日记原文，同时保持全书数字用法的局部统一，本篇中的月、日虽用阿拉伯数字表示，但实为农历。如此处的 1 月 26 日，即正月廿六日。

于其侧，师苦而小儿亦不快，且小儿拘束习惯，一旦稍弛防闲，彼即放恣，不肯受教，使后人难乎为继，此必不可。惟总揽一日功课之大纲，勿使拖欠，讽诵章句，时时听察而提撕之，使之心有所警，体无所拘，则乐诵读而服吾教，与夫终日束缚，驰骤使若牛马者，似有间也。”① 随着教学经验的积累，他进一步把这些体会上升到“训蒙之法”的高度。1895 年 10 月 17 日的日记中记载：

馆中诸生皆功课勤勉，惟学书、福弟在馆甚宽，因自立日课表，并教福弟云上、下午书课读熟，不拘早晚，即听憩息，福弟欣然如教。因思小儿读书，断不可令生机苦窘。小时从项雨农师，终日嗃嗃，颇为所苦。……窃谓训蒙之法，但须少立功课，严加程限，一日六七个时，幼童有二三个时，稍长有四五个时，读书功课已足，余均可令出馆憩息。此三四五个时辰中，书当背诵者，当熟温者，一点不令放过。缘功课既少，小儿既易应课，且有憩息时在后，小儿亦快乐奋勉为之，断断不至拘苦。②

文中的学书、福弟是学塾中两位年龄最小的学生，其他学生都很用功，唯有这两位贪玩，刘绍宽根据他们的情况特意制定了相应的上课时间和学习计划，并由此引出一段议论。此时的刘绍宽已有七年的私塾经历，可以说这是他多年教学之感悟。

① 刘绍宽.刘绍宽日记［M］.温州市图书馆，编.方浦仁，陈盛奖，整理.北京：中华书局，2018：16—17.

② 同上：130.

正是由于教学认真，对学生负责，刘绍宽在家乡的影响日渐扩大，不仅从学的学生增至十多人，而且他也受聘从乡下到平阳县城坐馆。

作为十九世纪八九十年代的一位浙东乡间塾师，刘绍宽能在平凡而琐碎的塾师生活中有所追求、不断进取，有着多方面的原因。前面提及的跟随乡贤金晦研习颜李之学是一个方面。金晦（1849—1913），浙江瑞安人，原名鸣昌，字志曾，号稚莲。少有志操，学务世用。《刘绍宽日记》中多次记载刘绍宽与金晦的交往：

金稚莲师谓宽："学问不患不实，惟患不阔大。须多读有用之书，境地自然宽阔。"①

金先生谓国初三大儒顾亭林、黄梨洲、颜习斋，而推习斋之学最切实有用，余于是始知有习斋之学。②

谒金稚莲师。师言课读时文，戕贼子弟，不为无过，可辍斯业。③

刘绍宽终其一生，奉金晦为师，金晦的这些教诲自然对其有着重要的影响。但是，真正让刘绍宽改变乡村塾师千百年来奉行的"升斗馆谷以糊口"观念，以"育才吾党事，岂为稻粱谋"自勉，应该说是时代的感召。具体而言，通过阅读大量新

① 刘绍宽.刘绍宽日记［M］.温州市图书馆，编.方浦仁，陈盛奖，整理.北京：中华书局，2018：84.

② 同上：7.

③ 同上：244.

式书刊，这位乡村塾师的知识结构、家国图像、思想观念发生改变，从而使他赋予所从事的教育工作以培养人才、救亡图存的神圣意义，也成为他自我超越的内在动力。

据《刘厚庄年谱》记载，光绪十六年（1890年）："从鳌江定购《申报》以冀通晓时事。时阅报风气未开，订阅者仅先生一人。"[①] 创办于1872年的《申报》是国内十九世纪最有影响的综合性报刊之一，二十四岁的乡间塾师每月以微薄的收入长期自费订阅，即使在远比内陆地区开放的浙江平阳仍极为难得，他成为该县自费订阅《申报》的第一人。从此，在刘绍宽的日记里，留下了他阅读《申报》的大量记载：

连日阅《申报》，报资每月三角九分。[②]

阅《申报》，两江总督刘岘庄帅开局自铸银圆。去年浙闱舞弊案周福清定谳，斩监候。瑞安周伯龙（珑）茂才随龚仰蘧星使（照瑗）出使义、比。[③]

《申报》论市务，谓中国用银，以银为数。外洋用金镑，以先令为数。……自印度、锡兰各处种茶以来，中茶出口年少一年。印、锡皆英属地……[④]

也许是由于邮递不便，在日记里经常可以看到他一次性集

① 陈镇波.刘厚庄年谱［G］//浙江省苍南县政协委员会文史资料委员会，编.苍南县文史资料第十六辑（刘绍宽专辑）.平阳：内部资料，2001：382—383.

② 刘绍宽.刘绍宽日记［M］.温州市图书馆，编.方浦仁，陈盛奖，整理.北京：中华书局，2018：76.

③ 同上：86.

④ 同上：87.

中阅读十几天甚至一个月《申报》的记录，有报纸内容的大量摘录，有自己阅读后的感受，还有对时局的评论。可以说，正是通过大量报刊的阅读，他知道了平阳、温州甚至浙江之外的国内外大势，对中国之外的世界有了一定的了解。除《申报》外，他经常阅读的报刊还有《湘学报》《新学报》《时务报》《时报》《万国公报》《清议报》《新闻报》《俄事警闻》《外交报》《新民丛报》《国风报》《国粹学报》《国民日日报》等。可以说，十九世纪末二十世纪初国内带有趋新、激进倾向的报刊都是他关注、阅读、浏览的对象。甲午战败的惨烈、维新运动的悲壮、庚子年的大难、立宪新政的幻想……都在他的日记里得到反映。据《刘厚庄年谱》记载："是年（指 1895 年——引者），先生特别关注时事，痛心于列强侵侮，政治腐败，人民苦难。……批评李鸿章之流的洋务，……热烈赞扬变法，说'商君、李斯变更法制，其才力殊不可及，而华盛顿、明治真不世出之主也'。"① 正是甲午战败的刺激，使刘绍宽"始富于国家思想"，实现了思想上的第二次转变。

如果说阅读各类报刊是刘绍宽了解国内外大势，激发其国族意识的主要途径的话，那么阅读各类新书是他扩充新知、改变知识结构以完成从塾师向新式学堂教师转换的主要途径。

《刘绍宽日记》中最早出现阅读新书的记录是在 1890 年 7 月 9 日："阅《身理启蒙》，知人身之所以生者，吐故纳新而已。"②

① 陈镇波.刘厚庄年谱［G］//浙江省苍南县政协委员会文史资料委员会，编.苍南县文史资料第十六辑（刘绍宽专辑）.平阳：内部资料，2001：388—389.

② 刘绍宽.刘绍宽日记［M］.温州市图书馆，编.方浦仁，陈盛奖，整理.北京：中华书局，2018：31.

《身理启蒙》是一部关于人体生理学的翻译著作。据介绍，该书为“英艾约瑟译。略于全体模状而详言骨肉、血脉运动之由，故谓之‘身理’，其末章兼涉心灵学”。① 对于一位乡村塾师而言，知道了吐故纳新是人体生生不已的原因，这应该是很大的收获。据初步统计，十九世纪九十年代以后，刘绍宽陆续阅读的新书有几十种。这些书籍，有的是国人撰写的，如《康长素学记》。此书写作并刻印于 1891 年，是年康有为应陈千秋、梁启超等请求，开学堂于广州长兴里，即著名的万木草堂，讲学并著《长兴学记》以为学规。此书刊刻后多次翻印，适应了这一时期维新志士在各地办学的需要，影响颇大。刘绍宽从报上得知该书刊行的消息：“阅报，有《康长素学记》一书，俟购阅。”② 《东游日记》作者黄庆澄，字源初，浙江平阳人，刘绍宽挚友。1893 年夏，黄庆澄受皖抚沈秉成资助赴日本考察，回国后写成《东游日记》一书，介绍游历日本的观感，由著名学者、维新派人士孙诒让作序。刘绍宽读后，在日记中写下：“阅黄源初《东游日记》。源初谓东人学会甚多，甚为有益，鄙意亦如此云。”③ 《日本国志》作者黄遵宪，著名维新派志士，曾任清政府驻日参赞。有感于日本明治维新后国力之强盛和中国士大夫之眼界狭隘而不悉外情，他以八年之功撰写了这部条例精详、纲目备举、寄意深远的著作。甲午战败后，日本成为中国举国上下关注的焦点，《日本国志》一书广受欢迎。刘绍宽大约

① 熊月之.晚清新学书目提要［M].上海：上海书店出版社，2007：123.
② 刘绍宽.刘绍宽日记［M].温州市图书馆，编.方浦仁，陈盛奖，整理.北京：中华书局，2018：69.
③ 同上：83.

用了半个月的时间认真研读此书，日记中留下他阅读时的长篇摘录。当然，上列书目中，更多的是时人翻译的所谓西书。这些书籍有的是介绍世界各国特别是东邻日本和北方俄国的历史、地理、经济、文化、社会状况的；有的是与他的教学生涯关系密切的专业书籍，如《教授学》《学校管理法》《算学公式及原理》《初等代数学讲义》；更有一些是相当高深的专门知识，如《几何原本》《理学钩玄》《原富》《名学》《群学肄言》《文学兴国策》等。从日记里可以看出，他反复阅读这些书籍，做了大量摘录并随时写下自己的感受。1902 年 6 月 15 日：

阅《教授学》，摘其至要者一二，记于此：教师当有道义的品性。重秩序，有威严，知亲爱，能忍耐。当察知儿童之偏性。不可怠自己之补修。教授时刻之准备。教授时刻必当遵守。教授与教育之别。陶冶品性，是教育的教授，分为直接、间接二端。于间接，则构成被教育者之思想界，以为陶冶品性之准备，何则？思想界即意志所由基也。于直接，则附兴味于观念，以使其影响及于意志及品性上，何则？兴味者自为心与感动结合之勉力也，又品性之发端也。经验学科，地理、算术、几何、动物、植物、矿物、物理、化学等。交际学科，修身、历史、习字、图画、体操、裁缝、手工、读书、作文等。两学科中更重者，首修身科，次历史科也。[①]

① 刘绍宽.刘绍宽日记［M］.温州市图书馆，编.方浦仁，陈盛奖，整理.北京：中华书局，2018：330.

日本学者汤本武比古的《教授学》一书最早连载于王国维主编的《教育世界》，是当时影响广泛的一部以赫尔巴特教学形式阶段理论为基础的教学理论著作。刘绍宽阅读的当是《教育世界》社出版的合订本。全书凡十四章，包括小学教师、教授通义、兴味、类化、教授材料之选择及参互等，第九至第十三章详细介绍了五段教授法。所以，《增版东西学书录》在介绍这本著作时，颇为自负地声称，教师读之足以知教授之门径。但是，上述摘录的内容却显示，刘绍宽更多关心的是该书关于教师本身应有的道德操守的论述，关于教师应了解儿童、不断提高自身的要求，教授与教育的区别及联系，以及对学校各科课程功能的划分。也许，作为一位有着比较丰富教学经验的塾师，刘绍宽认为这些方面才是至为重要的内容。对《几何原本》的阅读，刘绍宽花费了很多时间和精力。据日记记载，他是从1898年11月4日开始阅读的："阅《几何原本》二则。（《几何》于初一日阅起，以后每日不再录。）"[①] 虽然他在日记中说以后阅读此书不再做记录了，但是以后的日记中还是留下了大量阅读的痕迹：1899年1月2日"阅《几何原本》卷四"，1月3日"阅《几何原本》卷五《界说》"，1月4日"阅《几何原本》卷五《界说》"。[②] 这些日子正逢春节馆中放假，刘绍宽利用假期连续阅读。2月2日："阅《几何》一则、《笔谈》数则。"[③] 从日记中看到，一直到两年之后，还有阅读

① 刘绍宽.刘绍宽日记［M］.温州市图书馆，编.方浦仁，陈盛奖，整理.北京：中华书局，2018：229.
② 同上：232.
③ 同上：237.

该书的记录，1900年1月25日："连日阅《几何原本》及《明儒学案》。"[1] 也许是考虑到自己知识结构的欠缺和深造的需要，刘绍宽特别注意到数学知识的学习和提高，他在自修计划中突出强调了这一点：

拟定馆课外自用课程：温理旧算，（乘法一则、除法一则、公度一则、公倍一则、约分一则、通分一则、开方一则。此等功课随日所得，随日增课，兹先举数条。）温理《几何》前六卷，日三则。阅《笔谈》数则，札记《易象》二条，札记《通鉴》十页，天崇时文阅五篇，学篆一纸。[2]

这是他在三十三岁时给自己拟定的自修计划。相对于传统典籍的学习而言，这个计划中研习数学知识所占的比重要大得多。值得注意的是，刘绍宽在自学这些西方数学经典的同时，还自觉地与中国学者的相关著述对照："近日阅方以智《物理小识》，极可喜。明万历后，泰西物质诸学已传入中国，宰相徐光启信奉天主教，尊崇利玛窦，为译《几何原本》六卷。至天启、崇祯时，揭暄、方以智等受其影响，故有《物理小识》等之著作……"[3] 像《理学钩玄》《原富》《名学》《群学肄言》等东西方哲学、经济学、逻辑学、社会学的经典名著，对于一位乡村塾师而言，阅读起来肯定不是一件轻松的事情。以《理学钩

① 刘绍宽.刘绍宽日记［M］.温州市图书馆，编.方浦仁，陈盛奖，整理.北京：中华书局，2018：276.
② 同上：236.
③ 同上：49—50.

玄》一书为例，该书作者是日本明治时期哲学家、思想家中江兆明（1847—1901）。沈兆祎在其编著的《新学书目提要》中，对《理学钩玄》一书做了近千字的“提要”，而基本的评价是此书难读、难懂，认为“其去经世之学则已远矣”。[①] 就是这样一本远离现实、深奥难读的哲学伦理学著作，刘绍宽读得津津有味。据日记披露，他大约是从 1904 年 3 月 3 日开始阅读，先后持续了两个月。日记中留下了五千多字的摘录。[②] “理学宗旨在穷究万事之本原。无所知，不得有所为。理学于事物透彻一层，高深一层。研究，或主考验（归纳），或专推测（演绎）。”[③] “道德为各人良智所生。行为之宗旨，由利己而生，由感激而生，由责任而生。”[④] “康德意象说，谓智识由三者而成，一感觉之能，二推理之能，三良智。”[⑤] 苏格拉底、柏拉图、亚里士多德、伊壁鸠鲁、斯宾塞、洛克、黑格尔、休谟、笛卡儿、康德……一大批西方哲学家、思想家的名字和他们的学说出现在他的日记里。1902 年 5 月 27 日的日记里的一段话，清楚地说明刘绍宽对这些经典之作的把握应该是相当准确的：“法国笛卡儿谓：凡学当以怀疑为主，于疑中求信，其信乃真。……学中精神者何？即常有一种自由独立、不傍门户、不拾唾余之气概而已。”[⑥]

从上面的简略梳理中我们不难看出，至二十世纪初，作为

① 熊月之，主编.晚清新学书目提要［M］.上海：上海书店出版社，2007：544.

② 刘绍宽.刘绍宽日记［M］.温州市图书馆，编.方浦仁，陈盛奖，整理.北京：中华书局，2018：364—372.

③ 同上：364.

④ 同上：366.

⑤ 同上：372.

⑥ 同上：329—330.

乡村塾师的刘绍宽，在繁重的坐馆课读生活之余，通过努力自修了教育学、管理学、数学、历史、地理（特别是世界史地）、哲学、伦理学、经济学、逻辑学等学科的相关知识。可以说，他对外部世界的认知，他的知识结构，他的自我期许，已经远远超出了一般塾师。那么，他对新式教育的实践是否有所接触呢？事实上，刘绍宽在努力接受新知的同时，一直在通过各种途径加深自己对新式教育的理解与感受。

二、交游开阔视野：刘绍宽的交游踪迹

从日记中看出，刘绍宽与新式教育的接触大致是在 1896 年，这一年他三十岁。五月初七日："同陈子蕃谒陈介石先生，因同往利济学堂一游。学堂为陈志三先生所办，课以中医书，章程井井有条。"① 日记中提及的陈介石（1859—1917），名黻宸，浙江瑞安人。陈志三（1851—1904），名虬，浙江乐清人。1885 年，陈志三与陈介石等在瑞安创办瑞安利济医学堂，采用西方的办学制度与方法，编辑出版《利济元经》《利济卫生经》等医学讲义。这是浙江最早仿照西方学校制度改革传统教育的一个尝试。上述两人与宋恕（1862—1910，字燕生，浙江平阳人）一起，被时人称为"东瓯三先生"，在十九世纪末二十世纪初的浙江乃至于全国的思想界，以批判现实、主张变革而颇负盛名。刘绍宽与这三位温州地区的维新人士多有交往。1891 年，

① 刘绍宽.刘绍宽日记［M］.温州市图书馆，编.方浦仁，陈盛奖，整理.北京：中华书局，2018：143.

他初识陈志三，日记中即有“晚陪陈志三先生饮，夜闻志三先生谈论，颇足开拓胸怀也”[①] 的记录。前面提到的他阅读的新书中，就有陈志三的《治平通议》和宋恕的《卑议》。而且，这种交往长期保持，是刘绍宽获取新教育理论和实践经验的重要渠道。

1898 年 4 月，刘绍宽赴京参加朝考，路过上海，专程拜访时在上海的陈志三：“昨谒陈志三丈，因问候宋燕生。”[②] 到了北京后，他又专程拜访时在翰林院任职的温州士人黄仲弢和徐班侯：“到台、处、湖三州会馆拜谒。夜晤黄仲弢、徐班侯两先生，得聆雅教。仲弢先生推尊西学，以为暗合三代之治，且言时文改为策论，仅可以为过峡文字，必须整顿学堂为要。”[③] “申牌，黄仲弢先生来，言昨江建霞编修（标）、李木斋侍御（盛铎）、张季直殿撰（謇）、梁卓如孝廉（启超）同商新政。梁出学堂章程一册，已粗阅过，呈军机处覆旨。”[④] 黄仲弢（1854—1908），名绍第，字仲弢，浙江瑞安人。为上海强学会发起人之一，时任翰林院侍读学士。徐班侯（1845—1918），名定超，字班侯，浙江永嘉人。光绪九年（1883 年）进士，曾任监察御史，赞同维新改革。刘绍宽此次千里迢迢赴京的目的是参加朝考。根据清制，朝考是对获得拔贡、优贡等资格的士人在北京保和殿进行的一次考试，对于应试者而言至关重要，因为朝廷将根据考试成绩分任职官。日记中没有留下刘绍宽赴京后潜心

---

① 刘绍宽.刘绍宽日记［M］.温州市图书馆，编.方浦仁，陈盛奖，整理.北京：中华书局，2018：41.

② 同上：195.

③④ 同上：197.

备考的痕迹，却多有拜访在京同乡前辈的记载。这些交往不是为了朝考的事疏通关系，而是为了获得国内改革特别是教育改革的第一手信息。他在京的一个多月，恰逢百日维新进入高潮时期，光绪帝颁布了多道谕旨，而教育改革是其重点。翻检刘绍宽的日记，关于朝考的具体内容没有留下多少，而与同乡前辈晤谈和摘录关于教育改革的谕旨倒是连篇累牍：

前日上谕：……着自下科为始，乡会试及生童岁科各试向用四书文者，一律改试策论。①

上谕宋伯鲁奏改废时文，即以本年生童岁试为始。②

上谕，京师大学堂之章程即着照所议办理，派孙家鼐管理事务……③

上谕大意：各直省、州、县书院尽改并为学堂，凡庙祀不在祀典者亦废为学堂，祀产充作经费。④

刘绍宽把这些重大教育改革举措一一录入日记。返回平阳的途中，他在上海再次拜访宋恕。短短几天里，他与宋恕先后三次会面，日记中留下了四千多字的谈话记录，如："燕生盛称日本学校、政治之善。言彼国车夫马夫亦胜于中国之王公大臣，缘皆能阅报也。……日本学问几括中西之全，……学校专以西学论，当以美国学校为最。若统中西之学而论，自当以日本学

① 刘绍宽.刘绍宽日记［M］.温州市图书馆，编.方浦仁，陈盛奖，整理.北京：中华书局，2018：196—197.

② 同上：198.

③④ 同上：199.

校为五大洲之冠。……中国如欲整顿，必先改官制，清吏治，然后议及一切工艺诸学。……又论君主国、民主国、君民共主之国并列地球。君主之国必弱。……又云今人门面语‘中学为体，西学为用’，不知其体如何、用如何。如日本便无此种见解，其学一以修身为体，工艺为用，融中西而一之。中国之言中西，既以诬中，又以诬西，彼此比较，相去亿万。”[①] 交谈中，宋恕还向刘绍宽讲述了自己对维新派人士康有为、梁启超、章炳麟、汪康年、汤蛰仙等人思想主张的看法。刘绍宽在日记中写道：“右所录皆一时谈次所得，随手忆记，无复伦次，遗漏尚多，中亦未尽公允之论。然学有本原，识解超卓，诚非易得，可别择观之。”[②]在离沪回平阳前，宋恕特赠自己的著作《卑议》一册给刘：“与逸仲、志谦、郁周诸同年共六人上普济轮船，过虹口，与宋燕生揖别。燕生赠《卑议》一册……”[③] 对于第一次从乡间来到上海、北京的乡村塾师刘绍宽而言，两个多月的交游实在是大开眼界、大拓胸襟。虽然他也通过各种书报了解许多事情，但真的来到皇城根、大上海，聆听这些维新人士的激烈言论，还是感到十分震撼。“学有本原，识解超卓，诚非易得”，这是他对与前辈乡贤交往感受的最好概括。

1903 年 9 月，刘绍宽赴杭州应癸卯乡试，旋因病废。返回平阳时途经上海，应同乡殷铸夫的邀请，进入震旦学院学习，这一年他已三十七岁。震旦学院成立于 1903 年，由著名天主教学者马相伯率领南洋公学退学师生创办于上海徐家汇天文台。

①② 刘绍宽.刘绍宽日记［M］.温州市图书馆，编.方浦仁，陈盛奖，整理.北京：中华书局，2018：204—210.

③ 同上：211.

刘绍宽对这所学校早有耳闻，特别是对总教习马相伯十分仰慕。“殷君铸夫邀留共学于震旦学院。震旦者，南洋公学学生散后自办之学堂也。瑞安项君渭臣总理其事，教习马相伯先生（建常），为眉叔先生（建忠）伯兄，学贯中西，为今硕儒，仰慕久矣。遂于十九日进院，廿一日上班，学习拉丁文，继复学习英文于项君渭臣。马齿加增，脑力日减，未知能否成就耳。……上午十时，从徐教士受拉丁形容词廿四句，……下午四时半，从骆教士受算学代数百分法。夜从项君渭臣学英文文法语。”这是他在校时一天的功课，从早到晚，拉丁文、英文、算学，功课排得满满的。接下来，他继续写道：“来此未得家信，不知同乡诸君允许留学与否。家计繁重，在此又须学费，平日假贷既多，不能曲望诸同乡勉力佽助。笔砚生涯，苟求自给，惟于功课之暇，编纂蒙学文法书，约计有百余课，将颜曰‘蒙学新文典’，现未脱稿。”① 从日记中可知，他这次到震旦学院读书，事先既没有征得家乡同事们的同意，家里人也不知晓，完全是一个偶然的机会。但是，入学后要交学费，却是个现实问题，家里平时多有借贷，更不能指望同事的资助。唯一的办法是利用课余时间编书，抓紧把已有基础的《蒙学新文典》编好，不无小补。翻检以后的日记，大多是紧张学习和编书的记载：

上午学拉丁文，下午学算，夜学英文。②

---

①② 刘绍宽.刘绍宽日记［M].温州市图书馆，编.方浦仁，陈盛奖，整理.北京：中华书局，2018：338—339.

上午读拉丁文，夜英文。[1]

早起，屋瓦皆霜。读拉丁文。连日以余功编蒙学课本，既成，颇嫌不佳，欲改又恐费力，姑存其稿，归为课儿计尚可耳。入院以来，心绪忽忽，时复中夜篝灯从事编纂，院中灯用煤油，甚觉损眼，目遂为赤。[2]

连日目赤，不复上课，暇即编改《蒙学课本》……[3]

为目疾，废业静坐，治以西人药水。[4]

这样的状况在坚持了一段时间之后，终于无法继续。“在院郁郁，颇有不愿留学之意。晚得陈史小垞促归之信，遂决意辞退。”[5] 10 月 16 日：“午前谒马夫子，辞行，夫子嘱编蒙学书，甚丁宁。”[6] 从 9 月 19 日进院，至 10 月 16 日离校，刘绍宽在震旦学院学习的时间总共二十几天。也许是由于学习紧张的缘故，这段时间的日记极其简略，只留下一位年近四十的塾师拼命苦读的身影。然而，其中提及的三件事值得重视。第一件事是在震旦学院，他得以阅读李之藻所译《名理探》一书，这是他长久以来“渴思一见而未得者”。[7]《名理探》是明末科学家李之藻与葡萄牙耶稣会士傅汎际共同翻译的一部西方逻辑学经典著作。第二件事是在繁忙的学习中，他专门抽出一天时间参观了当时颇负盛名的南洋公学。第三件事是为了编《蒙学课本》，他曾专门拜访马相伯：“与志凯往谒马相伯夫子，谈训蒙

①⑦ 刘绍宽.刘绍宽日记［M］.温州市图书馆，编.方浦仁，陈盛奖，整理.北京：中华书局，2018：339.

②③④⑤ 同上：340.

⑥ 同上：341.

之法甚详。”[①] 虽然在震旦学院学习时间短暂，日记中也未留下他作为学生第一次亲身体验新式教育的种种观感，但是这段经历给他留下了深刻印象。晚年的刘绍宽在整理自己的日记时，特意在本年日记的最后一页批注了如下一段话：

> 闱后入震旦学院，虽仅十余日，学问全无所得，而颇知外间学校之规模。自是以后悲悯之念日深，国、身之系日切，较之十年前则大异矣。然从前所为义理、训诂之学，从此遂疏。盖余平生之学问，自六岁入学，至廿二岁而一转变，至三十五六岁而又一转变也。[②]

刘绍宽晚年对自己日记的这段批注，作为后见之明，大约包含两层意思：一是说，在震旦学院的学习虽然短暂，没有学到具体的知识，但这段经历使他对新式学校、新式教育有了真正的体验，从此之后，更以国家前途为念，家国情怀日益殷切；二是说，这段经历使他的学术思想再次发生转变，从此告别了义理、训诂之学，而致力于新式教育。

从 1896 年到 1903 年的七八年间，正是晚清政局从维新走向“新政”，酝酿和发生重大变革的动荡时期。改革传统教育，催生新式教育，是这一时期全国上下关注的重大主题。乡村塾师刘绍宽在继续坐馆授徒的同时，利用各种机会走出平阳一隅，在本地、在上海、在北京多次走访一批思想趋新求变、关注和

---

① 刘绍宽.刘绍宽日记［M］.温州市图书馆，编.方浦仁，陈盛奖，整理.北京：中华书局，2018：340.

② 同上：355.

参与教育改革的前辈乡贤；有机会接触新式教育机构，并到新式学堂中亲身体验。这样一种交游踪迹与我们前面展现的阅读新书报、接纳新知的行动一起，改变了他的精神世界。从1888年开始教读生涯，至此时已有十五个年头。十五年的日记告诉我们，刘绍宽的精神世界在两个大的方向上发生了重大转变。一个是他的学术志向、学术追求，在这个方向上发生过两次转折。如前所述，第一次是二十二岁左右，他边教读边当学生，跟随金晦学习，受其影响，“无意致力应举”，放弃了时人视为身家性命的八股帖括之学。第二次是在震旦学院度过了一段新式学堂生活之后，“义理、训诂之学，从此遂疏”。另一个大方向的转变是国族意识的萌发、家国观念的增强。1894年中日甲午战争的失败后，大量新式书刊的阅读唤起了刘绍宽的国族意识，而十年之后的震旦之行，使其“悲悯之念日深，国、身之系日切”。伴随着精神生活两大方向上的转变，在现实生活中，刘绍宽从一名乡村塾师迅速走进了新式学堂教师的行列。

三、新角色、新作为：投身新式教育

1901年9月14日，清廷发布上谕：“除京师已设大学堂应行切实整顿外，着各省所有书院，于省城均改设大学堂；各府及直隶州均改设中学堂；各州、县均改设小学堂，并多设蒙养学堂。”[①] 这一年年初，刘绍宽“开塾杨君雅家，绳孙、志朗、

① 朱寿朋，编.光绪朝东华录［M].张静庐，等，校点.北京：中华书局，1958：4719.

志凯、郑体承来学”,[①] 仍以坐馆教读为事。由于学识、人望日高，平阳县成立不久的最高学府龙湖书院聘请他评阅书院课卷，实际上享受着书院山长的“待遇”。但是，“悲悯之念日深，国、身之系日切”的刘绍宽更关心的是如何在家乡创办新式学堂，培养更多的新式人才。此时清政府的学堂章程尚未颁布，对于州县乡间的学堂如何办理，他心中无数。为此，他给孙诒让去信，询问邻县瑞安的办学情形。因为瑞安在温州地区最早举办新式教育机构，刘绍宽特别希望能看到他们的《蒙学规程》。孙诒让回信说：

承询敝里蒙学程规，前陈少文兄来瑞曾钞一通携归，请就近函询。大致以教里中子弟识字并以浅近算学、西艺、体质诸学导之途径，无甚高论也。……

章程二十余条，文繁不及钞奉，容续图之。鄙意贵邑迩来风气大开，似当急办县学堂。以公言之，则开智自强，保种保教之大计；以私言之，则学堂既有出身并校年，毕业则与科举等。倘迟办一二年，则升府学、省学必迟一科，是犹无故停科，且阻登进之路，亦殊不合算。[②]

孙诒让在信中劝说刘绍宽，无论从公、私哪个方面考虑，对于尚没有一所新式学堂的平阳县而言，都应该先办县学堂。

① 刘绍宽.刘绍宽日记［M］.温州市图书馆，编.方浦仁，陈盛奖，整理.北京：中华书局，2018：314.

② 张宪文，辑.孙诒让遗文辑存（温州文史资料第五辑）［M］.杭州：浙江人民出版社，1990：181—182.

孙诒让（1848—1908），字仲容，号籀庼，浙江瑞安人，晚清著名国学大师。受《马关条约》签订的强烈刺激，1896 年与黄绍第等人发起创办主授算学的瑞安算学书院，后改名瑞安计学馆，这是维新时期温州地区乃至全国最早筹设的算学专门学校。孙诒让自述："自甲午款议成后，深识之士，始知兴学为自强之基。"[①] 至 1899 年前后，孙诒让在瑞安、温州地区先后创办了瑞安方言馆、温州蚕学馆、瑞平化学学堂等各类新式教育机构多所。作为乡村塾师的刘绍宽，无论是家族背景，还是个人功名、经济地位、社会声望、人脉资源等，都完全无法与孙诒让相比。但是，刘绍宽对这位以经学大师身份投身新式教育的前辈乡贤，一向怀着崇敬之情。1899 年 2 月 7 日的日记中有"夜谒孙仲容先生，袖奉仲愚母舅一函"[②] 的记载，此次拜谒孙诒让主要是请教《周礼》方面的学术问题。也许是由于刘绍宽长期致力于家乡教读事业，且学问、人品口碑皆好的缘故，孙诒让对这位同乡后学关照有加，给予多方面的提携与支持。在 1901—1907 年期间，孙诒让与刘绍宽讨论办学问题的信函即有二十六封。1902 年，刘绍宽正式受聘为龙湖书院山长。不久，平阳知县胡为和与刘绍宽商量书院改办学堂的事情，并聘请刘为学堂监督。刘绍宽建议由他的朋友陈筱垞任监督，自己愿意做教习，主持教务。经过紧张的筹备，平阳县第一所新式学堂——平阳县学堂于是年 5 月 25 日正式开学。学生正取四十名，备取二十名。课程有国文、西文、算学、格致、西史、地理、心理、体操、

① 孙诒让.孙诒让全集·籀庼述林［M].北京：中华书局，2010：361.
② 刘绍宽.刘绍宽日记［M].温州市图书馆，编.方浦仁，陈盛奖，整理.北京：中华书局，2018：239.

音乐等。刘绍宽教授国文、西史、算学三门课程。原来跟他学习的私塾学生全部转入学堂。平阳县学堂的创办，是刘绍宽从事新式教育的起点，而此时距清政府《壬寅学制》的颁布尚有两个多月。

前面曾提及，1903 年 10 月，刘绍宽从上海震旦学院退学，其中部分原因亦是开办不久的学堂同事们去信请他尽早返校。回到平阳后，他立即把在震旦学院的种种感受、体会付诸创办不久的平阳县学堂。10 月 30 日记：

来学堂，途晤陈生筠轩，遂与同行。午后，诸生来谒，与谈甚久。……

…………

瓜分之说，诸生谅已有闻，向时不学西文，不通西语，当无大碍。今则处处将与外人交涉，如不通西语，将大有妨害。本地风气不开，视东、西文无甚紧要。外间于东文几于人人能读，而西文则懵然不知者，亦少矣。震旦学院最重演说，每间一礼拜，演说一次。预日出题，命学生预备，初拟临时签掣一人，令其演说。恐诸生程度未齐，因于每月开议之日，……公举数人为议员，令其届期演说。所议皆国家政要，令诸生知有国事，以动其爱国之心。又公举议员外，复公举司法员以监察诸学生。此二法，本堂中皆须采之。[①]

① 刘绍宽.刘绍宽日记［M］.温州市图书馆，编.方浦仁，陈盛奖，整理.北京：中华书局，2018：344—345.

刘绍宽在此则日记之后，特意加了“以上与诸生所言”一行字。很显然，刘绍宽回来后与学生首次见面所谈的这些内容正是他对震旦学院办学宗旨的体悟：唤醒学生的爱国精神，培养学生的社会动员能力，鼓励学生关心国家大事、参与公共生活。这次谈话后不久，11 月 2 日的日记中就有如下记载：“开演说会，余极言演说之利益有十。继而陈君仲龙（鹤年）、陈君子琳（箴）、陈君筠轩（寿筠）接演。即时观风题《西人公德致富强之由与兼筹效法之策》。继而陈君子蕃接演。并令诸生公举斋长四人：陈子琳、陈筠轩、陈玉峰与舍弟仲琳。”① 心情急迫的刘绍宽回校三四天之后，就把震旦学院的一套做法搬用于开办不久的平阳县学堂。演说会上，他自己首先带头讲演讲的十大好处，然后是三位姓陈的同学依序讲演，题目就用新任县令出的观风题，最后由陈子蕃讲演作结。两位教师、三位学生讲演后，还让学生推选出四位斋长。整个过程与他的心理预期完全一致。其实，重视学生讲演能力的培养是蔡元培在主持南洋公学特班时的一个创举。受二十世纪初强邻四逼、国家危亡日急这一大局势的影响，课堂内外的演讲训练在国内出现的第一批新式普通学堂中几乎成了“标配”。据曾经的南洋公学特班生黄炎培回忆：“吾辈之悦服吾师，尤在正课以外，……师又言：今后学人领导社会，开发群众，须长于语言。因设小组会习为演说、辩论，而师自导之，并示以日文演说学数种，令参阅。又以方言非一般人通晓，令习国语。犹忆第一次辩论题为‘世界进化，

① 刘绍宽.刘绍宽日记［M］.温州市图书馆，编.方浦仁，陈盛奖，整理.北京：中华书局，2018：345.

道德随而增进乎？抑否乎？’某次课题‘试列举春秋战国时爱国事实而加以评论’。”① 黄炎培受其师的影响，1903 年在上海创办川沙公立小学后，也经常在学校采用这种方法训练学生。“当时吾们办学堂，确是兴高采烈。……正课以外，常常举行各种游戏及演说故事，学生倒高兴得了不得。……至于演说故事，吾记得担任过顾亭林、西乡隆盛等一生事迹的讲述。”② 据《刘绍宽日记》记载，继 1903 年冬的全校演讲会之后，翌年开春，平阳县学堂又举行了一次演讲会，题目是“日俄开战如何结局？于中国将来大局当何如？”。1904 年 1 月，日本不宣而战，对驻在旅顺的俄国舰队发动突然袭击，日俄战争爆发。两个帝国主义国家在中国东北展开厮杀，而清政府居然声称“中立”。一所远在东海之滨的偏僻的县办学堂，主持者出了这样一个题目让学生演讲辩论，实在是“所议皆国家政要，令诸生知有国事，以动其爱国之心”。日记披露，会上发言的四位同学都认为此次日俄之战，俄国必败。至于中国大局将如何？三位同学主张今后要实行地方自治，另外一位同学主张采取“联日、分镇两策”。两位教师发言，各谈了自己的看法。其中一位王姓教师总结了十二个问题，让大家会后思考。刘绍宽最后发言：“余谓俄日结局后，中国当有大可虑，不在乎战争之危也。”③ 会上全体学生公举出四位同学担任新学期的学长。

平阳县学堂学生人数不多，但年龄参差不齐，学习基础差

① 田正平，李笑贤，编.黄炎培教育论著选［M］.北京：人民教育出版社，2018：491—492.

② 同上：471.

③ 刘绍宽.刘绍宽日记［M］.温州市图书馆，编.方浦仁，陈盛奖，整理.北京：中华书局，2018：363.

别悬殊，主要体现在算学和英文两门功课上，这件事最让主持教务的刘绍宽伤脑筋。日记中多次出现他与同事讨论解决办法的记载。最后，他们决定以学生课业水平的高下，分为甲、乙、丙三个班，五六十个学生分成十二个班级。学生的流动性非常大，带来教学和管理的困难，大大增加了教师的工作量。学校限于经费，无法聘请更多合格教师。刘绍宽和同事们商量，从学生中推选西文、算学水平突出的学生做助教，帮助教师辅导学生。他自己在原来的国文、西史、算学课程之外，又增加教授经学和心理两门课程，通过多年勤奋阅读吸收新知，使他在新式学堂里大显身手。三十年后，刘绍宽检阅当年的这则日记时，加了这样一段批语："今按，当时班次如此参差，几令人失笑，而实则齐不齐者，而使之齐，初步不得不如此。此时如有道尔顿制教育，必有以善施之也。"① 这段晚年略带解嘲口吻的批语，说出了二十世纪初新式学堂里教师的无奈、艰辛与执着。

值得注意的是，在这一时期的日记中，经常会看到这样的矛盾现象：刘绍宽一方面因工作繁忙无暇写日记而痛责自己；另一方面，日记中又有以"研究教育杂话"为名的个人研究心得，如：

中国教育之坏久矣！利禄之途开，士为仕而学，其不为士者，举为无教之民矣。即其为士者，亦只以学弋利禄而已，而无所为教育。……欲讲真实有用之学，而定教育之方针，决自

① 刘绍宽.刘绍宽日记［M］.温州市图书馆，编.方浦仁，陈盛奖，整理.北京：中华书局，2018：362.

废弃科举始。

今府州县竞开学堂矣，而科举不废，邑人士之来学者，仍志科举而来，不知科举与学堂之教育相去远矣。即有不为科举者，为将来由此进身之计，依然与教育为间接也。热心学问之士，专自造就其国民资格，万不可有希冀利禄之心，以致荒废正业。任教育者，须于此准定方针，指示来学，使从者量而后入，苟非同志，不必相溷。

凡任教育，总须立定唯一宗旨，如流水焉，万折必东，始能达所就之目的。今之教者，吾唏焉，于教术之何以培材，实学之何以致用，茫然不得其端倪，而惟趋向时风，依附末响。政治也，伦理也，舆地也，历史也，算术也，格致也，体操也，刺取学堂章程而杂就之，随购各书坊课本而措施之，东涂西抹，自谓竭尽能事。问诸生智识发达乎？无有也。官能增长乎？无有也。培公德，结团体，有高尚志趣与资格者乎？无有也。心口营营，所讲求者糟粕，而曰精华在是，吾未见精华之益人者何在也。无他，教育不立宗旨，无全神以赴其目的之所在，则寻枝求叶，而本原未澈焉，乌睹其所造就也？[①]

诸如此类的关于教育问题的个人思考，在刘绍宽 1903 年以后的日记中可以说随处可见。仅就上述问题涉及的内容而言，刘绍宽作为一名生活在基层，由乡间塾师成长起来的新式学堂教师，在政府尚未明令废止科举取士制度，学堂章程颁布不久，

① 刘绍宽.刘绍宽日记［M］.温州市图书馆，编.方浦仁，陈盛奖，整理.北京：中华书局，2018：367—368.

新式学堂尚属刚刚起步的阶段，就能有针对性地提出并思考这些事关全局的重大教育问题，应该说是非常不容易的。这既得益于他长期从事教育的实践感悟，得益于他走出封闭、扩充新知、广泛交游、超越自我的努力；同时也说明，他应该有更大的发展空间，可以在更广阔的舞台上，为新式教育的发展作出贡献。

平阳县学堂在刘绍宽与同事们的苦心经营下，很快走上正轨。孙诒让多次来信鼓励："前晤调甫，盛述贵乡诸君办事之专一与诸生之肯俯心相从，均不易得，将来进步，必在敝里之上，可预券也。"[①]《癸卯学制》颁布后，学堂于1908年遵制改为平阳县高等小学堂。经过几年努力，课程逐渐完备，学生皆由乡村小学遴选升入，程度已趋于一致。优秀毕业生或考入温州中学，或考入浙江高等学堂，亦有高材生被直接选送出洋留学。

这里必须提及的是，刘绍宽根据孙诒让的建议，在致力于创办平阳县学堂的同时，与友人鲍竹君一起在家乡平阳白沙乡刘店村创办了一所小学。"是年（1903年——引者）余与竹君创办白沙小学于刘店，款由豆麦牙郎捐，及谷捐每亩一斤，为之不敷，由余与竹君等赔垫。"[②] 学校于次年开学，首次招生三十名。从日记中看出，这是一所民间集资的私立学校。因为刘绍宽县学堂课程繁忙，所以白沙小学的日常管理与教学由鲍竹君负责。日记中显示，每年他多次到学校与鲍一起商定课程、聘请

① 张宪文，辑.孙诒让遗文辑存（温州文史资料第五辑）[M].杭州：浙江人民出版社，1990：183.

② 刘绍宽.刘绍宽日记[M].温州市图书馆，编.方浦仁，陈盛奖，整理.北京：中华书局，2018：343—344.

教师、筹措学校经费，有时甚至亲自到学校上课：

往刘店蒙学堂观察功课一日。[①]

夜吴运卿（允文）来，商抽豆麦捐助充蒙学经费事。[②]

赶写族谱，……课蒙学甲、乙班全课，兼丙、丁算术。（每日如此。）[③]

至辛亥革命前后，白沙小学“造就诸生为江南诸小学最”。[④]

四、超越一乡一邑，服务温州地区

1904年8月初，刘绍宽在孙诒让的大力推荐与时任温处道道台童兆蓉的支持下，与同事陈子蕃一起赴日本考察学务。日本一行，刘绍宽谋划已久。平阳县学堂办起来后，虽然声誉日隆，但是受师资水平限制，很难有大的发展。学堂里除一位英文教员毕业于上海圣约翰大学，受过现代教育，眼界较开阔之外，其余的同事均是乡村塾师，大家更多是凭着一股热情在实践中摸索。“先后来任教务数君，皆自辍家塾移并入校者也。在校二年，余与子蕃皆以闭门造车为嫌，欲远有所取法，乃相与联袂东渡考察学务。”[⑤] 刘绍宽在《五十述怀百韵》一诗中也谈到当时的想法：“乡校初开讲，师资忝备员。索涂嗟杳渺，擿埴

①② 刘绍宽.刘绍宽日记［M］.温州市图书馆，编.方浦仁，陈盛奖，整理.北京：中华书局，2018：366.

③ 同上：403—404.

④ 刘绍宽.厚庄诗文续集文五［M］.平阳：内部资料，1937：17.

⑤ 同上：11.

恐瞑蹎。征路扶桑指，遗芳若木搴。”[①] 怎样办好家乡的这所新式学堂，刘绍宽觉得自己缺乏经验，好像盲人一样，以杖点地，一步步地摸索前行，总是担心会在黑暗中跌跤摔倒。这种心情促成了他与陈子蕃的日本之行。

1904 年 8 月 16 日，刘绍宽与陈子蕃从上海登船启程。刘绍宽在行前专程拜访了马相伯，“先生款留以香蕉、苹果，谈甚畅”。[②] 他初次出国，时已入秋，同行的留学生劝他不妨改穿西装，引发了他内心的小小波澜，成《东游杂句》三首：

窄襟短袖气飘扬，年少翩翩说改装。我已蹉跎成老大，不妨初服到扶桑。

少不如人壮志虚，名场困我廿年余。此行聊补蹉跎憾，敢贩新闻当著书。

东学新开法政科，卅年欧化竟如何？东江英俊来如鲫，此去终南捷径多。[③]

年近四十的刘绍宽与一群赴日留学的小青年们同船东渡，《东游杂句》三首包含了太多的复杂感受。8 月 21 日从横滨上岸，至 10 月 25 日回到上海，七十多天时间里，刘绍宽一行马不停蹄地先后参观考察了帝国大学、早稻田大学、东京师范学校、津久户小学校、东京府师范学校、女子师范学校、附属女子高

① 刘绍宽.厚庄诗钞卷之二［M］.平阳：内部资料，1919：7—8.
② 刘绍宽.刘绍宽日记［M］.温州市图书馆，编.方浦仁，陈盛奖，整理.北京：中华书局，2018：383.
③ 同上：382.

等学校、小学校、幼稚园、本乡区教育博物馆、万年小学，职工学校、上野区动物园、高等工业学校及附属职工徒弟学校、工艺教员养成所、下谷区美术学校、西原村农事试验场蚕业讲习所、小石川盲哑学校、华族女学校、高等商业学校、千叶师范学校、千叶女子师范学校等近四十所教育及文化机构，拜访了多位日本中小学教育界人士并交流办学体会，与温州地区的留日学生广泛接触并建立联系。在紧张的参观考察之余，刘绍宽还特意在东京逛了著名的书店神田三省堂，为学校购置课本，阅读之后，感慨系之：

午后，偕铁夫、同庄至神田三省堂，购中小学课本书，得二十余种。凡课本编纂之法，须按儿童之年龄与其心理，并审教授之时间以为编制，非老于教授，深于专门学者不能从事。日课本教授与参考书分而为二，而课本又分教师用、儿童用为二。教师所用者详，儿童所用者约，说详则易解，词约则易记也。教师之书，每课必标揭目的与教材教法，所以详著提示之术，非仅照书直说而已，且所授每课寥寥短章，皆分数时间，非深于教授者竟不能用。观此，益知办学之难，而编纂教科与学习师范之不可缓也。①

在日本朋友的陪同下，刘绍宽还购置了一批幼稚园教具：“购幼稚园恩物二十事：一、六球，二、三体法，三、四、五、

① 刘绍宽.刘绍宽日记［M］.温州市图书馆，编.方浦仁，陈盛奖，整理.北京：中华书局，2018：395.

六，木之积立，……此二十事皆保姆以课儿童，使为练习手眼，浚发心灵之用，且为入小学时教导手工之基础也。”① 日记中提及的“幼稚园恩物”是德国教育家福禄贝尔（Friedrich Wilhelm Froebel，1782—1852）设计的一套幼儿园教具。儿童用这些教具做游戏，可以帮助他们认识各种几何形体、数目、颜色，比较大小、整体和部分等，为以后的观察和认识活动打下基础。购置这些教具应是在日本参观幼稚园引发的兴趣，因为在二十世纪初，福禄贝尔的理论和学说远未被国人认识和了解，而国人创办的第一所官办幼稚园湖北幼稚园 1903 年 9 月才成立。从上述刘绍宽一行参观考察的学校种类，特别是他购置教科书和幼稚园恩物等事来看，此时刘绍宽的所思所想已经远远超出一位普通新式学堂教师甚至一位学校管理者的思考层面。事实上，正是日本考察学务之行，使他进一步开阔了眼界，获得了新的学术资源、人脉资源。归国前浙江温处两府留日学生为他们举行的送别会，成了他重新进行自我定位的一个重要契机。日记记载，10 月 7 日：

铁夫、宗素两君以余与子蕃将归，集同乡温处诸君于神田锦辉馆，商内地教育事，拟开温处两处师范学堂。许君之意，以今日学务，固不能不取法东西各国，为改良之地。然派遣留学，经费既巨，又不能得多数，且非七八年或十年之久，不能学成归国。而内地学界万不能待十年后少数之学生为之振作，

① 刘绍宽.刘绍宽日记［M］.温州市图书馆，编.方浦仁，陈盛奖，整理.北京：中华书局，2018：396—397.

势非于内地广开师范学堂，培植中小学普通教员不可。顾开设师范，万不可因陋就简，随场敷衍，如近年故事。必须宽筹经费，聘请上等教员，以广为造就。温处两府十六县厅，如能会办，则经费易筹，气魄较大。其造就能遍及十六县厅，学成散入各县，改良各校，规则必能齐一，且有总设机关为之提倡，非惟于学务上易于调察，将来地方一切举动，两郡皆有密切关系，实至要之举也。一时听者咸拍掌，愿为赞成，将联名作公信，致诸乡先生。余以此议甚关切要，不得视为空谈，故具录之。[1]

送别会成了刘绍宽与温处两府的留日学生商量如何发展家乡教育事业的讨论会，大家商定的事项主要有两项：一是开设师范学堂，培养合格的中小学普通教员；二是温处两府联合成立一学务机构，协调十六县厅教育上的一切举动。事隔二十六年之后，刘绍宽回顾日本之行，在当年的日记后有如下一段批注："余此后从事教育，皆基于此行。温州学务之创始，皆发源于神田锦辉馆饯别之一席话。盖此行亦一生事业之转捩关也。（庚午秋月记）"[2] 强调去日本考察学务是自己"一生事业之转捩关"。那么，"一生事业之转捩关"的内涵是什么呢？概括地说，就是在主持、办好一两所学堂，教好所任课程的同时，走出一乡一邑，以更多的精力从事浙南地方教育的发展，实现他"自

① 刘绍宽.刘绍宽日记［M］.温州市图书馆，编.方浦仁，陈盛奖，整理.北京：中华书局，2018：395.

② 同上：398.

分于教育一途稍竭智虑，庶于国民分子略有补救”[①] 的愿望。

考察日本结束，回到家乡后，刘绍宽在继续任职平阳县学堂的同时，致力于推动全县新式学堂的创办。他与同事和学生们一起，先后创办、改办了县城蒙学、鳌江公学、梧乔小学、务本学堂等，在刘店白沙小学添设女塾。平阳县学务蓬勃发展的势头，让邻县的孙诒让十分高兴，他在为刘绍宽《东瀛观学记》所作的序言中充分肯定了在刘绍宽的推动下，平阳新式教育的快速发展：“次饶既为此记，又以其考察所得者，遍语其乡人，不数月而江南一乡，蒙学堂创成十有四区，平邑学务将从此大兴，瑞安瞠乎其后矣。”[②] 在刘绍宽和同事们的努力下，平阳县普通新式学堂数和在堂学生人数迅速成为温州五县一厅之冠。[③]

参与创办温处两府学务分处，“为教育服务于温州全郡之始”。[④] 1905 年 10 月 22 日，酝酿筹备近半年的温处两府学务分处在府城内沙氏宗祠宣告成立。该机构即刘绍宽一行离开日本前的欢送会上留日学生提议设立的两府学务的“总设机关”。温处学务分处由孙诒让任总理，下置编检、文牍、庶务、调查各一至三人，刘绍宽任编检。其实，早在 9 月 26 日由道台程恩培主持的学务会上，孙诒让就明确提出请刘绍宽任副总理，协助其工作。刘绍宽坚辞，后又去信说明其中的原委。孙诒让回函：

---

① 黄庆澄，等.东游日记・湖上答问・东瀛观学记・方国珍寇温始末［M］.陈念庆，点校.上海：上海古籍社，2005：121.

② 同上：70.

③ 徐佳贵.乡国之际：晚清温州府士人与地方知识转型［M］.上海：复旦大学出版社，2018：280.

④ 刘绍宽.刘绍宽日记［M］.温州市图书馆，编.方浦仁，陈盛奖，整理.北京：中华书局，2018：417.

前日奉诵尊谕，敬审虚怀若谷，力任学务而不欲居其名，钦佩无似。弟前日到郡与同人相议，均备悉吾兄苦衷，惟此局为两郡教育总会，非得品学如阁下，不足以副众望。且现当议办之时，需请指教之事甚多，同人盼望甚切，非徒弟伫闻闳论也。兹特专足敦请，务祈早日惠临，妥商一切，万勿吝玉为感。至前议副总理一节，当敬体谦德，为易一位置，无庸固辞也。手此奉恳，即盼足音。①

孙诒让在信中一再赞扬刘绍宽的学问人品，称无人能够代替，“务祈早日惠临”。鉴于刘绍宽坚决不肯就副总理一职，孙诒让提出“易一位置”。就这样，刘绍宽改任编检。其实，刘绍宽从一开始就参与了温处学务分处的筹备事务。他曾为此事谒见道台程恩培，汇报学务分处筹款问题。《温处学务分处章程》亦是由他在孙诒让拟定的初稿基础上加以修改订定的。“午后，缮定学务处简章，大段全取孙仲丈十二条为之，但分总纲、办法、规则三目而已。”②

分处章程规定，该机构“对于省学务处有赞助之责，对于各该县学堂有督察整顿及筹划推广之权，并接受处理关于各该县学务之争议涉讼一切案件”。③ 开办后不久，学务分处即“派员分赴各属调查已办之中小学堂，一面劝导广设初级小学，所

① 张宪文，辑.孙诒让遗文辑存（温州文史资料第五辑）［M］.杭州：浙江人民出版社，1990：187.

② 刘绍宽.刘绍宽日记［M］.温州市图书馆，编.方浦仁，陈盛奖，整理.北京：中华书局，2018：411.

③ 徐佳贵.乡国之际：晚清温州府士人与地方知识转型［M］.上海：复旦大学出版社，2018：276.

至会集绅民，谆谆演说，或劝其阖族合办，或令其划段筹办，其商务繁盛之区，复劝其按业分办”；又出告示“广劝开设学堂”，复恐“教科未能齐一，参酌《奏定章程》，拟就《中小学堂章程》及管理法、教授法、书目表等书，颁给各学堂照办”。①作为学务分处的编检，刘绍宽的职责主要是：“刷印传播”京师及省学务处的各类章程；检阅新出版的各种教科书及教育管理诸书，编目并发放各学堂；负责接待学界中人的咨询访问；等等。实际上，刘绍宽承担了更多的工作。日记中留下了大量刘绍宽协助孙诒让处理两府学务事宜和自己职责内工作的记录：

夜检日新书局教科书百十七种。②

拟本处经纪、编检两部章程。③

乐清、瑞安两县学生出外游学，由学务分处办文申送者，计六十余人。……致陈仲芸笺，为催赴杭学习师范事。致陈雨亭、汤献廷笺，为青田托请教员事。④

中学堂学生崔陈鸿、潘云路等四人来，诉学堂中学生在外滋事，请总理斥革，不得，乞为干涉。余仍令商之总理，或可和平了结也。⑤

有时候，刘绍宽一天要处理多项事务：

---

① 徐佳贵.乡国之际：晚清温州府士人与地方知识转型［M］.上海：复旦大学出版社，2018：276.

② 刘绍宽.刘绍宽日记［M］.温州市图书馆，编.方浦仁，陈盛奖，整理.北京：中华书局，2018：413.

③ 同上：414.

④ 同上：420.

⑤ 同上：423.

拟劝设小学示稿一件。王澄如为东河学堂事招往，因过缪聚兴栈，为商一切，但嘱勿与务本学堂争碍为要。午后，过东阳春栈孙仲文寓，晤陈式卿、郭漱霞，豫算师范学堂开支，大约常年六千经费，连学务处约一万，便可办。①

申刻，晤黄旭初于学务分处，商聘教员，拟请宁波慈溪洪某为正教员。又商招考之法，黄君之意，主理想国文一边，不以英文为偏重也。……又言教授历史，以研究因果为妙。如论政治学术，尽不必多，以别有科学也。国文，须课组织，组织首重字法……②

学务分处大量的日常工作，有的需要专业知识、阅历和经验的支撑，有的则要凭借个人声望和人脉的推动。刘绍宽有多年的积累，使他能应付裕如，忙而有序。温处学务分处先后改名为“温处劝学公所”（1906 年）和“温处学务总汇处”（1907 年）。1908 年 5 月 22 日，孙诒让因病逝世，温处学务总汇处不久即接到浙抚冯汝骙、提学使支恒荣的批示：“学务总汇处往年权宜准设，并无奏案。自学部新章颁定，每省止准一教育总会，每县设分会及劝学所各一，并无一府或两府集合之教育会，而学务总汇处之名，更为部章所无。今孙绅已故，着即裁撤，毋庸再举总理。”③ 学务总汇处旋被裁撤。从 1905 年成立，至 1908 年被裁撤，三年间，温处学务分处在孙诒让的主持下，“通过协

① 刘绍宽.刘绍宽日记［M］.温州市图书馆，编.方浦仁，陈盛奖，整理.北京：中华书局，2018：414.

② 同上：446.

③ 同上：464.

调地方上的各种意见与利益，在两州兴办各类学堂二百四十三所，为所有地方学堂筹得常年经费近五十万元”。[①] 温处学务分处还推荐和派遣大批人员出国留学，为二十世纪初浙南地区新式教育的发展作出了重大贡献。作为孙诒让的得力助手，这三年既是刘绍宽走出平阳一县，以教育“服务于温州全郡之始”，也是他在处理各种利益、协调各种关系中进一步对新式教育加深理解的三年。

刘绍宽在协助孙诒让，为温处学务分处的各项工作忙碌奔波的同时，被推举挑起了另外一副重担，即从 1906 年 4 月起，被委任为温州地区最高学府温州府中学堂的监督。温州府中学堂创办于 1902 年秋，初称温州府学堂，由温郡的大书院——中山书院改设，至 1906 年 2 月始改称中学堂。创办之初，府城官员有意聘请孙诒让为总理，鉴于各种矛盾和复杂的人际关系，孙诒让坚辞未就。此后，学堂虽几经更换主持人，但由于管理不善，始终遭到社会诟病，其“规范”程度甚或不如县学堂。1905 年 9 月，刘绍宽曾至该校了解情况：“二时，至中学堂晤陈式卿，问算术课法，则以学生程度不齐，不立班次，因材施教也。钱伯吹上堂，听讲《周礼》，但依书直说而已。晤陈墨农先生，问学中班次如何，答云：班次依英文为定。盖中文各科均不能自定班次也。”[②] 学校管理混乱，没有章法，给他留下很深印象。1906 年初，孙诒让与府县官员以及长年在外为官的温籍士

① 徐佳贵.乡国之际：晚清温州府士人与地方知识转型［M］.上海：复旦大学出版社，2018：278.

② 刘绍宽.刘绍宽日记［M］.温州市图书馆，编.方浦仁，陈盛奖，整理.北京：中华书局，2018：408.

人黄绍箕、陈黻宸等人往返电商、频繁接洽，商议学堂的整顿方案与主持人人选。刘绍宽在日记中对此事也多有记载，如："午后，寿民来，以仲琳及升闻信见示。……又云郡城中学堂，黄仲弢侍读、徐班侯部郎、陈介石主政来电，举孙仲丈为正监督，余为副监督。"① 最后，在孙诒让的力荐之下，刘绍宽被委任为温州府中学堂新一任监督。

温州府中学堂存在的问题主要是学堂管理不善，历任主事者皆因循守旧，不思改革。其背后的原因是，前任知府王琛过度干预，时任知府锡纶"喜故厌新"："于新学未能深究，又素疑新进少年之多事，故力持仍旧不必更张之论。"② 堂中供师生阅览的图书极少，硬件设施不敷。"堂中书籍甚少，除童道宪（即前温处道童兆蓉——引者）购置及商务印书局暨官绅送赠外，所自购者寥寥。地图尤缺乏，五洲地图仅有欧亚二页。厨房污秽不洁，水皆停积阶前，……洋房英文讲堂不合体制，……洋房工料极廉，而亦甚窳，……恐两年后，此楼必定坍坏。"③ 各科教学人员不齐全，缺乏称职的教员，难以满足学生的要求。学生程度参差不齐，无心向学，学风腐败。接手整顿这样一所口碑不佳却又众目所瞩的最高府学，对刘绍宽的能力、学识、声望确实是一次大的考验。

在孙诒让和地方士绅的支持下，刘绍宽就任伊始即大刀阔

---

① 刘绍宽.刘绍宽日记［M］.温州市图书馆，编.方浦仁，陈盛奖，整理.北京：中华书局，2018：428—429.

② 张宪文，辑.孙诒让遗文辑存（温州文史资料第五辑）［M］.杭州：浙江人民出版社，1990：190.

③ 刘绍宽.刘绍宽日记［M］.温州市图书馆，编.方浦仁，陈盛奖，整理.北京：中华书局，2018：434.

斧地进行改革。首先是主动争取地方官员特别是时任知府锡纶的支持，化消极为积极。从日记中可以看到，他多次请锡纶参与、关心和支持学堂事务：

同吴郁周往谒锡太尊，随到中学，……少顷，太尊来，各监督暨各教员随班谒圣，学生继谒圣毕，太尊演说。[①]

上锡太尊函，一为筹捐事，一为各州县学堂经费应拨充中学事。[②]

上午，谒锡太守，得悉本堂常年经费只有三千六百元，已连婴堂、涂租一千六百元在内。又云特别款可筹至四千五百元云。[③]

呈报锡太尊以近日大考情形，并请暑假到堂谒圣。[④]

谒锡太尊，面陈招考与此次裁汰之情形。[⑤]

三时谒锡太尊，商筹建筑捐事，杨、宋估须五千金，因禀请筹办。[⑥]

以上与锡纶的频繁接触发生在刘绍宽就任学堂监督之后的两个月之内，这样的一种主动姿态，自然有利于改善与锡纶的关系，获得支持，减少阻力。1908 年 1 月的一则日记称：“锡太尊赠联语一对，云：‘品概自高卓；文章有本原。’又《宝贤堂

① 刘绍宽.刘绍宽日记［M］.温州市图书馆，编.方浦仁，陈盛奖，整理.北京：中华书局，2018：433.

②③ 同上：439—440

④ 同上：443.

⑤ 同上：445.

⑥ 同上：436.

法帖》全帙、《圣谕功过格》一副、洋磁瓶一对。余曾赠送太尊序文一篇，以白绢书之。”[1] 两人关系融洽到知府都给他送礼物了，说明刘绍宽的工作大有成效。

其次是动员各方力量，聘请称职教员，充实学堂师资力量。如通过温籍留日学生的介绍聘请慈溪人洪允祥（为南洋公学特班生，曾就读于日本明治大学）为总教习，也曾商议聘请在杭州求学时与陈黻宸有师生之谊的马叙伦为国文教习（似未果），聘平阳留日学生姜铭生为音乐教员，聘留日学生黄万里为英文教员，聘留日学生鲁志男为体操教员，聘顾荩臣为国文教员，聘施仲周为历史教员，聘吴逵卿为经学教员，聘林默君为算学教员，等等。另外，从本地各校聘请了一批积学而教学效果好的教师到校任教，如蔡念萱、蒋作藩、金恒照、陈范、张㭎等。刘绍宽还专程赴上海聘请圣约翰大学毕业的陈守庸为英文教员，去杭州考察办学情况。他自己担任修身、经学、国文等课程的教学。

刘绍宽提出，学生上课不遵守纪律，教员亦有一定责任：

总在教员能精神贯彻全堂，使学生咸注意于教习之一身，听其口讲指画，兼之监学者从旁检摄，斯能齐整矣。若教员安坐，俯身于案，低首看书一句，讲解一句，总不瞻顾学生，又所言不能动听否。或仅偏顾一二人，与之详说讲解，其余学生之坐位，或欹或背，或交头接耳，虽监学在旁频频呼唤，而亦无效力矣。余所不满于堂中旧教员者，以此。[2]

---

① 刘绍宽.刘绍宽日记［M］.温州市图书馆，编.方浦仁，陈盛奖，整理.北京：中华书局，2018：458.

② 同上：438.

他既积极引进称职的新教员，又对原有教员提出重视教学、改进教学方法、提高教学质量的要求。这些举措很快提升了学堂教员的整体质量。

在筹集办学经费方面，刘绍宽投入了大量精力和时间。因为他深知，教员的聘请、校舍的改善、图书和仪器的购置，没有一项离得开经费的支撑。前面提及的与知府锡纶的联系中多有涉及经费问题。此外，他还通过动员社会捐助、私家捐助以及从包括茶捐和渔捐在内的其他地方款项中找补经费来源，[①] 使学堂财务状况大有改善。在 1910 年 2 月 2 日的日记中，刘绍宽记下了 1906 年接手学堂以来学堂的支出详情：

丙午（1906 年——引者）：实支三千四百八十四元五角三分二厘，伙食三百十八元五角二分五厘，杂活支一千五百八十三元五角七分一厘，总五千三百八十六元六角二分八厘。

丁未（1907 年——引者）：实支七〇三二.一二八，伙食四八〇.四，杂支四一五.五六五，书、仪器五八〇.五〇九，建筑一三二八.八七三，总九千八百三十七元四角七分五厘。上年建筑四千四百〇七元六角六分三厘。

戊申（1908 年——引者）：实支七六九三，伙食六三七，杂活一八四五.八二九，书、仪二〇三.一四三，建筑六四八八.一九一，总一六八六七.一六三。

元年己酉（1909 年——引者）：实支七五五〇，伙食七六

① 徐佳贵.乡国之际：晚清温州府士人与地方知识转型［M].上海：复旦大学出版社，2018：302.

六.五，杂活一一三七.七〇四，书、仪四四二.九一七，建筑一九一七.三七六，总一一八一四.四九七。[1]

这是一份很有意思的只记支出而不记收入的个人账单，详细记录了他从 1906 年 4 月接手学堂至 1909 年近四年的支出账目。我们目前无法找到这期间学堂历年收入的具体情况。但是，这份支出账单告诉我们，这期间学堂的支出大幅度增加，最高的 1908 年度的总支出是 1906 年度的 3.13 倍。支出的翻倍增加，一般意味着收入的同步增加。特别是从账单中可以看到，从 1906 年起，学堂几乎每年都投入大笔经费用于扩充校园建筑和购置图书、仪器。这期间用于建筑的费用计一万四千余元，而用于图书、仪器者达一千二百二十六元。日记中也留下刘绍宽亲力亲为与相关人员商议翻修、扩建校舍和购置图书的多处记录，如："瑞安杨小村（世环）、平阳宋仲铭同来，商议建筑事。仲铭谓推广不如整顿，缘推广非二千金所能，惟整顿各室，使无用化为有用，则二千金尚可有为。此堂修改，尚可寄宿百余人也。大约辟一新讲堂，移改三旧讲堂，分设自修室、寝室，增置两操场、会议所，改良厕所、浴室，至于门窗几案，一切不如式者皆改之，其小屋无用者撤之。胡叔玉（维垣）来，为堂中庶务员兼掌书。午后，经理书籍，缺者甚多，当另开单与旧总理声明。"[2] 他掌校四个月后，"自八月十一日至此，右偏

---

① 刘绍宽.刘绍宽日记［M］.温州市图书馆，编.方浦仁，陈盛奖，整理.北京：中华书局，2018：500.

② 同上：435.

两讲堂、一饭厅成，自修室、左偏三讲堂已平地基”，[1] 工程进展很快。

对于刘绍宽而言，整顿温州府中学堂最困难的问题，恐怕是堂中的学风。早在陪同温州府知府锡纶等一行地方官员、士绅到校视事的第一天晚上，他就在日记里留下了“堂中学生腐败之名，为五县最”[2] 的感慨。概括起来，学生腐败的表现主要是：蔑视堂规，不听教员训导，甚至辱骂教员；上课喧哗，不认真上课，无故随意旷课，集体滋事；等等。针对上述情形，刘绍宽采取多种措施扭转学风、树立正气。首先是制定各项规章制度并严格执行。学堂规定，学生必须上体操、图画等课。但许多学生并不在意，往往在此类课程的堂上“仅二三人或四五人，余皆出外嬉游”。[3] 一位名叫朱煌的学生，他的父亲是温州府学教谕朱寿保，他不愿意上体操课，于是找老师请假，说自己身体弱，不能上体操课。他的后面跟着一群学生起哄看热闹，也准备请假。任课教员不准。朱煌凭借父亲的地位，多次找任课教员。刘绍宽得知后亲自给朱寿保写信，说明情况。这位府学教谕居然到学堂找刘绍宽，要求学堂同意让他的次子即朱煌的弟弟来代替朱煌上体操课。刘绍宽当场拒绝，遂使此风煞住。[4] 对于一些故意闹事、破坏学堂规矩的学生，学堂坚决除名，并及时上报知府备案。同时，对于那些遵守堂规、学习勤奋、成绩优异的学生，学堂给予各种表扬、奖励，还推荐有的学生到省城、上海等地学堂进一步深造，甚至出国留

---

① 刘绍宽.刘绍宽日记［M］.温州市图书馆，编.方浦仁，陈盛奖，整理.北京：中华书局，2018：449.

② 同上：433.

③④ 同上：436—437.

学。当然，刘绍宽把更多的精力用在改进教学，提高学生学习兴趣，开阔学生视野，营造良好的学习氛围方面。当时学生的实际状况是，年龄多在二十岁以上，中学缺乏根底，英文、算术又初入门。学生程度严重不齐，同堂上课既引不起兴趣，更难收到预期的效果，这也是造成课堂秩序混乱的因素之一。根据这种情况，刘绍宽将学生分成四类：第一类是中文、英文、算术程度均低，没有培养前途者，“听去，不必留堂可也”；第二类是“中文稍善，年已长成者，补习英、算”；第三类是“年长成而中文虽低，而英、算尚佳者，专修国文、英、算”；第四类是“年少而中文、英、算均可学者，为中学正班”。[①] 学堂根据学生程度，分类、分班教学。与此同时，学堂积极为那些年长学生筹划出路。这样按程度分类、分班进行教学，虽然给学堂大大增加了工作量，但却使学生能有针对性地补足自己的短缺，学习兴趣自然得到提升。此外，刘绍宽把在上海震旦学院学到的一些管理方法应用到实践中，经常组织课堂内外的讲演，开阔学生视野；组织音乐会，丰富学生业余生活。他了解到学生对伙食意见很大，是由于“积弊甚重在账房，于厨房伙食每八分扣四厘，又作九五扣，树行、纸坊及洋货店，皆有折扣”，[②] 便立即撤换账房人员，同时提高学生伙食标准。考虑到夏天炎热，学生穿长衫上课多有不便，便“牌示：暑天上班，可去长衫，惟不去里衣”。[③] 经过一段时间的努力，学生学习风气和学堂风貌发生很大变化。

---

① 刘绍宽.刘绍宽日记［M］.温州市图书馆，编.方浦仁，陈盛奖，整理.北京：中华书局，2018：438.

② 同上：443.

③ 同上：437.

1909年2月21日，温州府中学堂举行第一次毕业典礼，新任知府吴学庄及地方名流应邀参加。毕业典礼上，学堂奖励最优等学生三名、优等学生三名。刘绍宽在本年日记的最后写了如下按语："是年于中学事，办理尚能认真。此后年年有班毕业，年级整齐，且成绩于浙府诸校尚占特色。"① 看得出来，刘绍宽对自己的工作还是满意的。此时是他接手该校的第四个年头，一所原先名不副实、基础很差的学堂，在他和同事们的努力之下，仅仅四年之后，就成为全省有特色、有影响的名校。学校规模持续扩大，办学质量也日益提高。温州府中学堂（后改称浙江省第十中学）从此成为清末民国时期浙江省的著名中学。刘绍宽从一名乡村塾师，经过多年的磨炼、努力，紧随时代步伐，转而成为新式学堂的教师，成为新式教育的推动者、组织者、管理者，从服务于一乡一邑，到服务于整个地区。可以说，改造温州府中学堂的成功，全面展现了他的理想、追求、学识和能力，把他的事业推向了顶峰，使他成为平阳县乃至温州地区教育界的著名人物。那么，在两千余年的传统社会轰然瓦解，中国社会进入一个新的历史时期的大变革年代，作为享誉一方的教育家，刘绍宽有着怎样的作为呢？

五、回归：不愿与闻新学务

1911年，辛亥革命爆发，温州地区并未发生大的动荡。但

---

① 刘绍宽.刘绍宽日记［M］.温州市图书馆，编.方浦仁，陈盛奖，整理.北京：中华书局，2018：496.

是，省里局势的变动，很快就影响到下面的学校。刘绍宽后来回忆："时省局已变，中学经费不能照常发给，余请于班侯先生，设法支给，维持至甲班毕业，乃散学。是时，学生膳费等，为会计员狄霖荪透支动用，学生散归者，领还膳费，无所出，余为挪移还之。迨余归，不名一钱，乃向陈守庸及乐清吴郁周各支来一百元，携归度岁。"[①] 后来的日记显示，这两百元一直到三年后才还清。尽管政局动荡，学校还是为这届毕业生如期举行了毕业典礼。刘绍宽在《壬子中校训毕业诸生文》中表达了自己复杂的心情和对学子们的殷切期望：

汉宇再造，军事方殷，吾校是时尚优游行毕业之礼，是岂故为迂阔哉！学者，国家命脉之所系，不可一日废也。……今我中校以光复之故，为省款所掣至于停课三月，惟甲级诸生得相从毕业，其余风流云散，不复能从容所学。余每思之，未尝不为拊心陨涕也。今诸生行辞此校矣。国家多事之秋，或能进求有用之学，深潜蕴蓄以俟他日之展布；或辄自信有为之才，慷慨奋发以求一时之效用。要各视其志之所趋。而余所殷殷为诸生诏者，尤亟在于道德之扶植。盖用世不可无才，尤不可无德。有德且才，譬之参术苓桂为药剂珍品；若才而无德，则乌附石砒，虽有一时取胜之用，而其害有不可胜言者。[②]

此文解释了在"军事方殷"的多事之秋仍坚持举行毕业典

① 刘绍宽.刘绍宽日记［M］.温州市图书馆，编.方浦仁，陈盛奖，整理.北京：中华书局，2018：535.

② 刘厚庄.厚庄诗文钞文钞卷三［M］.平阳：内部资料，1919：28.

礼的原因，勉励同学们以所学报效国家，特别论述了德与才的关系，强调青年学子要把道德修养放在第一位。

1912 年春季开学后，刘绍宽写信给杭州、嘉兴、宁波、绍兴、金华、处州的各中学校长同行，与大家“询商办法”。但是，“开学后，有新辈私议学校亦须革命者，余力请辞职。都督蒋尊簋、教育司沈钧儒电留不得，乃电委曹志丹先生（文昇）接办”。[①] 刘绍宽律己极严，在几十年的办学生涯中，历尽艰难险阻而不为所动。现在，听到学校新辈议论，自己似乎成了“革命对象”，这让他无论如何都不能接受，于是年 5 月正式卸任。辞别前有《壬子四月辞中学校长之职留别六首》，对学校，对与他朝夕相处的同事、同学表达了自己的心迹：

瓯骆弦歌地，骎骎六载留。冥行嗟擿埴，涉险赖同舟。绝学开新径，颓波挽倒流。育才吾党事，岂为稻粱谋？（《别同事》）

荏苒驹光过，频年共起居。晨钟推枕候，夜漏息灯初。不尽相依感，何堪一别余。大难来日事，后望莫辜予。（《别全校学生》）[②]

其实，此时的刘绍宽才四十六岁，正是年富力强、有所作为的年华。

刘绍宽辞职后回到家乡，不久即被推举为平阳县教育会会长。1912 年 8 月 20 日，他被委任为县教育科科长，随即辞去教

① 刘绍宽.刘绍宽日记［M］.温州市图书馆，编.方浦仁，陈盛奖，整理.北京：中华书局，2018：537.

② 刘绍宽.厚庄诗钞卷之一［M］.平阳：内部资料，1919：4.

育会会长一职。从 11 月 1 日起，他下乡调查各校情况：“是时未设劝学所，由县公署教育科下乡调查各校。自十一月一日起，余亲自下乡查编全县各校，当时另有《视学录检记》存县，而日记遂失去不作。”① 《视学录检记》详细记载了他调查平阳全县各校所得的情况，指出各校通病或特殊的问题。后来，他又陆续作《改良小学计划书》和《改良小学通告》，发往全县各地。从 1913 年 5 月至 1914 年 12 月，刘绍宽先后调任永嘉县教育科科长（曾两任此职）、省署民政科科员、乐清县教育科科长。在乐清任上，他又用了四十余天的时间，对全县学校进行了一次普遍调查，完成《视学录》，将各地小学根据调查所得材料重新分等第，为进一步改良提供了基础性资料。但是，近两年周旋于官场，让他觉得自己实在不适合做此类工作。他把做教育科科长比作“游幕依人”：“大抵游幕依人，所与游者多沾不良习气，自治日疏，悔尤交织。虽在永两次，在乐一次，宾东两得，事无掣肘，而人格堕落，较之在学校时有良友相与辅善者，相去绝远也。余自此回里，遂不复入政界矣。”②

从永嘉任上辞职回乡后，面对民初风云变幻的政治形势，刘绍宽作“自警”诗自勉：“杨子泣歧路，墨子悲素丝。路歧犹可复，丝染无净时。……一息偶不慎，毕生无赎期。思此常懔懔，中夜起自危。……于人不求谅，但求责备施。责备行愈奋，求谅志乃隳。青蝇玷白壁，后世徒嘲嗤。”③ 告诫自己不要“一

① 刘绍宽.刘绍宽日记［M］.温州市图书馆，编.方浦仁，陈盛奖，整理.北京：中华书局，2018：549.
② 同上：574.
③ 刘绍宽.厚庄诗钞卷之二［M］.平阳：内部资料，1919：1.

息偶不慎，毕生无赎期”。1915年4月，刘绍宽被推举为《平阳县志》副纂，实际主持县志的编纂工作。历经十年的艰辛，九十九卷的《平阳县志》于1925年完成，被誉为“近代浙江方志之佳作”。[①] 这期间，他于1917年11月2日“接省公件及洪岷初诸君函，委任中学校长”，[②] 被任命为浙江省立第十中学校长（即原温州中学），10日进校视事。刘绍宽担任省立第十中学校长前后大约一年时间。1918年秋，学生在个别教员鼓动下罢课闹事，刘绍宽态度坚决：“余坚持严办鼓动罢学者，革去教员崔陈鸿、李篇、林智民三人，开除学生八十名，重行改组，风潮始靖。事后，余连函电辞职，省长及教育厅乃派青田孙如诒来接办。”[③] 一所中学因学潮一次性开除三名教员、八十名学生，在当时是一个轰动的事件。其实，在主持省立第十中学的一年间，刘绍宽由于仍在县志编纂局任上，对学校工作投入较少，主要是委托过去的两名学生处理校务。事后，他曾自我反省：“是年风潮固由崔、郑之不和，而崔之腐败不早去，实为余寡断之失，然郑亦非可深任者。用人未当，不能辞其咎，……此次即无风潮，而学务之不见成绩，亦殊远逊于前次之任校长时，况乎其酿成风潮，实有种种原因也。”[④] 第二次任校长时的办学成绩甚小，且酿成大的风潮，究竟是什么原因造成的呢？刘绍宽没有接着写下去，但是在另一处也透露了一些信息：“余前次在中学，酒食酬应事甚少，此次来校，职教员无不以此为事，

① 洪焕椿.浙江方志考［M］.杭州：浙江人民出版社，1984：428.
② 刘绍宽.刘绍宽日记［M］.温州市图书馆，编.方浦仁，陈盛奖，整理.北京：中华书局，2018：641.
③④ 同上：659.

外间酬应亦无虚日，亦可见世风之变矣。”① “世风之变”，刘绍宽在事后十二年的这段追忆，给我们提供了一个分析他进入民国后思想言行发生变化的很好视角。在他的眼里，世风确实变了！

《平阳县志》编纂工作结束后，刘绍宽受聘担任旧温属籀园图书馆馆长，任内广泛征集古籍，精心整理编辑书目。后又受乡贤黄溯初之邀，参加《敬乡楼丛书》第三辑的整理。1935 年受聘担任《征集乡先哲遗著委员会》副主任，为整理乡邦文献作出了贡献。从 1915 年起，直至 1927 年，刘绍宽长期担任平阳县教育会会长或副会长之职。他虽仍然关心着平阳县的中小学教育，但是热情和作为远不如从前。除参加一些必须出面的活动之外，他在家乡与一批早年的朋友、同事和学生，先后组织无闻社、求是社、同善社、达社等同人组织，经常在一起吟诗、作文、诵佛、静坐。日记中多处流露出刘绍宽消极、悲观的情绪，再也看不到早年那种积极向上、努力作为的精神状态。他在 1916 年日记的最后一页写道：“是年日记止此。阅书史，稽寺庙，访碑碣，无非为修志搜辑材料。闲阅儒、释诸书籍，摄身心，大致如此。”② 1919 年春节：“诵《弥陀经》《普贤行愿品》各一遍，阅《大乘起信论》。”多年后，他为上述日记加了按语：“是年后，每晨持诵经卷，嗣后增加《金刚经》一卷、《心经》三卷，即有旷课，亦补足之，以后每日不复记。”③ 这

① 刘绍宽.刘绍宽日记［M］.温州市图书馆，编.方浦仁，陈盛奖，整理.北京：中华书局，2018：660.

② 同上：611.

③ 同上：661.

说明，晨起即诵经的习惯后来坚持多年。1923年5月16日，刘绍宽应邀参加一位朋友祖母的葬礼，去了以后发现“仪仗皆用教会中物，诸教友沿途唱赞美天主诗，余深悔多此一行”，接着大发议论：“中国现时礼教尽失，士大夫言‘礼教’二字，即为人所嗤。丧婚一切随用俗礼，全失礼意，诸异教起而掊之。……而中礼遂不可问矣，呜呼！”[①] 刘绍宽曾经在日记里慨叹：“老来脑力退减，只能商量旧学，不能输入新知……”[②] 其实，这恐怕不仅仅是“脑力退减”的问题，更可能是兴趣转移所致。1912—1927年刘绍宽读过的书籍大致如下（按阅读时间为序）：《两浙輶轩语》《西厢记》《百法明论》《观所缘缘论》《缘论识》《左传》《金刚经》《史记》《全唐诗》《水心集》《宋诗钞》《府志》《温州经籍志》《瓯海轶闻》《经义考》《四库书目提要》《金史》《五代》《元史》《五阴经》《心经》《文献通考》《宋史》《明史》《明儒学案》《文史通义》《传习录》《四溟诗话》《诗镜总论》《越缦堂日记》《曼荼罗通解》《佛学撮要》《翻译名义集》《性命圭旨》《玉皇心印》等。这些书可分为两类：一类是出于编纂《平阳县志》的需要，是与县志写作有关的参考用书；另一类反映了其个人兴趣的转移，后来钻研佛学，五十岁后对写诗的兴味大增。值得注意的是，这份书单中看不到一种当时新出版的图书，更不要说译介的国外书籍，清一色是他称为“旧学”的中国传统文献典籍。辛亥革命后，特别是新文化运动、五四运动时期出版的大量介绍宣传新思潮、新文

---

① 刘绍宽.刘绍宽日记［M］.温州市图书馆，编.方浦仁，陈盛奖，整理.北京：中华书局，2018：743.

② 同上：561.

化、新教育的刊物，在这一时期刘绍宽的日记中很少留下阅读的痕迹，甚至连著名的《新青年》和在教育界影响广泛的《教育杂志》《中华教育界》《新教育》等刊物的踪影也看不见，只有《时事新报》《国粹学报》《改造杂志》《东方杂志》《申报》《学衡》《甲寅杂志》和《国民日报》等数种。他在阅读之后真正写下感受的只有《学衡》一种。1925 年 5 月 1 日："阅《学衡》第三十八册，评进化论，皆予数年前所欲言而不敢出者。盖欧战之后，欧洲学说变迁，始敢昌言而排挤之。自达尔文等说出，酝酿数百年，而成欧战，创深痛巨，始觉其谬。而我孔孟之说幸未澌灭，或可因此而流入欧洲，普遍世界，此亦天不丧斯文之一征也。"① 这实在是道出了刘绍宽多年来的压抑心情。检阅刘绍宽辛亥革命后十余年的日记，他对清廷的覆灭、专制政体的推翻没有表现出多少留恋、惋惜之情，但是对于随之而来的传统文化、传统道德、孔孟之说日益受到各种形式的抨击、鞭笞、消解，他忧心如焚；而对于各种新思潮、新观点、新风尚，则视之如洪水猛兽。1926 年初，一个偶然的机会，他听说同乡且是多年熟人的姜琦和夫人离婚的信息，大发议论："闻姜伯韩（琦）有离婚事，皆可骇。伯韩夫妇皆四十余，而有是举，新毒之害如是。"② 姜琦是一位早年留学日本的大学教授，他与夫人离婚，在二十世纪二十年代应该是一件平常的事情，却引发了刘绍宽的愤懑，直斥之为"新毒之害"。《学衡》是东南大学梅光迪、吴宓等人于二十世纪二十年代创办的一份学术刊物，

① 刘绍宽.刘绍宽日记［M］.温州市图书馆，编.方浦仁，陈盛奖，整理.北京：中华书局，2018：782.

② 同上：815.

是现代文化保守主义的一个重要阵地，把这样一份刊物视为知己，认为该刊说出了自己多年来想说而未敢说出的话，正好说明此时刘绍宽思想感情的倾向。在这样一种心理背景之下，辛亥革命后十几年间持续不断发生的改革传统教育，推进现代新式教育的各种举措，各地风起云涌的教育思潮，各种教育实验、教育统计、心理测量活动的开展，白话文运动的激浪，男女共学的呼声，在刘绍宽的眼里都被打上了消解中国文化，澌灭孔孟之说的“新毒”的印记。1923 年 6 月 19 日的日记记载的是一个很典型的例子：“夜黄梅生、姜啸樵来，商教育事，盖以县署非余主任，则搁不办也。余于新学务颇不惬，不愿与闻矣。”①黄、姜二人都是刘绍宽共事多年的同事，他们找刘商量什么事呢？1922 年 11 月 1 日，北京政府以大总统令的形式公布了《学校系统改革案》，俗称“六三三学制”或“新学制”，这是当时国内教育界的头等大事。这部学制的形成，前后经过了七年的反复讨论和修改。所以，学制颁布后，中央政府教育行政部门和全国教育会联合会均三令五申，要求各地组织讨论、贯彻“新学制”。刘绍宽在 1923 年的日记里也多次提到，县教育会开会“议新学制案”“续议新学制案”。黄、姜二人找刘，正是要与他商量在平阳县教育界如何贯彻此案，因为此时的刘仍担任着平阳教育会会长一职。但是，刘绍宽一口回绝。

刘绍宽明确表示不愿与闻新学事务，但对于那些想跟随他学习中国传统典籍的人却是无论长幼都不回绝，甚至在家中设

① 刘绍宽.刘绍宽日记［M］.温州市图书馆，编.方浦仁，陈盛奖，整理.北京：中华书局，2018：747.

馆授徒。“月来施明、吴立三均于上午来听讲《左传》，而施明以体弱不能常来，今惟吴立三来。李超等送来关约，从学十人，自本年七月始，至明年七月，计束金百六十元。”[①] 他一次收了十名学生在家学习，而且有束脩协议，有“关约”文本，遵循非常正规的学塾规矩。阅读这则1925年7月30日的日记，给人的感觉好像是一下子穿越了三十多年，历史又回到了十九世纪九十年代初。对这些学生的教学断断续续持续了三四年，效果令刘绍宽大失所望。1926年末的日记中，留下了他多年后对此事所作的批注：“是年前后皆课徒，颇欲为后进造就几人，而竟无专心向学者。习俗移人，实由新说之烈于洪猛，余亦愧无真实学问，足以收吸才智而造就之，可叹也！”[②] 十名学生中竟然没有一人专心向学且坚持下去！刘绍宽一方面检讨自己，为自己的无真实学问感到惭愧；另一方面更多是把一腔怨气洒向“烈于洪猛”的新说，言“习俗移人”！在二十世纪二十年代一切以趋新为时尚的社会变革潮流面前，刘绍宽深深地感到自己的无助与无奈！

一位乡村塾师，在十九世纪末大时代的感召下，顺应潮流，拓展新知，超越自我，转变身份，自觉地把培养人才与救亡图存的家国情怀联系在一起，为传统教育的转型和新式教育在一县、一邑以至于一个地区的创办、发展作出了重要贡献，成为名盛一方的教育家。辛亥革命后，历经新文化运动和五四运动，

① 刘绍宽.刘绍宽日记［M］.温州市图书馆，编.方浦仁，陈盛奖，整理.北京：中华书局，2018：788—789.

② 同上：845.

中国传统文化、传统伦理道德、孔孟学说受到前所未有的冲击、批判，并面临着被消解的危险。此时的教育家刘绍宽，关注的重心从国家存亡的层面转而上升到中国文化的消亡、传统伦理道德的废弃、孔孟之学将被澌灭的层面。他怀着深深的不安与无奈远离教育改革的现场，回归故里，整理乡邦文献，处理乡里琐事，甚至试图通过私塾式教学“为后进造就几人”。1927年9月，刘绍宽六十初度，作《六十书怀七律》四首，总结自己的一生，其中的第二首正好反映了上述心情：

辩生未学竟如何，旧说新知轩大波。纵使欧风趋倍笛，不应国粹轹丘轲。音殊宫征休相笑，味别酸咸要待和。惭愧卅年叨讲席，未能何郑泯操戈。[①]

多年来，刘绍宽认为自己致力于旧学新知、欧风国粹的融合，主张宫徵和谐、酸咸平和，这也是他三十年教学生涯追求的目标。但是，事与愿违，如今欧风日炽，烈于洪猛，习俗移人！他只能选择以传统中学的修身养性作为安身立命的根本，回归故里，回归传统，怀抱愿景，学诗诵佛，涵养心性了。

乡村塾师刘绍宽三十年间的教学生涯，在十九世纪末至二十世纪二十年代的教育大变革时期，具有普遍的社会意义。

① 刘厚庄.厚庄诗文续集诗二［M］.平阳：内部资料，1937：14.

清末“废科举，兴学堂”的另一类解读

——《朱峙三日记（1893—1919）》阅读札记

在维新运动的改革浪潮中入塾读书，在辛亥革命的隆隆炮声中走出学堂，朱峙三的求学经历与清末“废科举，兴学堂”的教育大变革相始终。作为一名普通的读书人，朱峙三对19世纪末20世纪初私塾生活悄然变化的亲身经历，对废科举后科举制度在世人心目中地位沉沦的切身感受，对近代学校制度建立之初新旧杂糅、中西并陈现状的独特体验，都具有广泛的代表性。19世纪末20世纪初在中国发生的教育大变革，深深地牵动着每个读书人的切身利益，对绝大多数普通读书人而言，对待这场变革的态度归根到底是受个人的利害得失制约的。这段历史留给后人回味的，既有先知先觉者的呐喊和壮烈行动，也有王朝没落前的种种自救举措，更有千百万士子的心态变化和社会风尚的转移变迁。对于最后一项，我们的研究和认识还远远不够。

在纪念辛亥革命一百周年前夕，华中师范大学出版社出版了辛亥老人朱峙三的日记，对于从事中国近代教育史、近代社会史研究的学者而言，这实在是一件非常有意义的事情。正如章开沅先生在“代序”中所言：

作者自幼读书，成年后又长期从事教育工作。日记的选编，有意识地较多保留了这方面的记载。……这些对于研究清末废科举、兴学堂的教育体制改革，特别是对于研究具有深远影响的“癸卯学制”，无疑很有裨益。……我相信，这方面的内容将会引起中国近代教育史研究者的注意。①

朱峙三（1886—1967），湖北鄂城（今鄂州市）人。1904年考中秀才，1905年考入一年制江夏区师范学堂，毕业后经历了近一年的小学教师生涯，1906年秋考入两湖总师范学堂，直至1911年10月毕业。入民国后，朱峙三长期活跃于教育界与政界。他一生留下六十三年的日记，计一百零四册。《朱峙三日记（1893—1919）》选录的正是在传统教育发生重大变革的历史时期，一位生活在小县城里的青年学子的所见所闻、亲身感受，从底层人民的视角折射出这些重大教育变革在民间、在基层激起的波澜，从一个侧面展示了大变革时代青年学子从传统士人向现代知识分子转变的心路历程。

一、悄然变化的私塾生活

1886年，朱峙三出生于湖北鄂城的一个贫苦家庭。父亲是一位民间医生，一生以行医为业，无恒产。鄂城位于长江中游南岸，湖北省东部，与武汉毗邻。1893年新春伊始，朱峙三入塾读书，像当时的绝大多数家庭一样，入学仪式隆重而充满戏剧性：

① 朱峙三.朱峙三日记（1893—1919）［M］.胡香生，辑录.严昌洪，编.武汉：华中师范大学出版社，2011：代序·2.

父亲准备香烛，午初带予至古楼王福堂世伯家上学。予穿马褂，父亲着公服。予先行三跪九叩礼无误，程师松年大喜，含笑曰："昨夕在家所教耶？"向师行礼毕，父亲又向程师行拜跪礼。隆师重道，读书人家应该如此。①

第一年的私塾生活对于不满七岁的朱峙三而言是新鲜而有趣的，用折叠的硬方块纸片学习认字，背诵《三字经》《论语》《唐诗三百首》《阴骘文》，练习做对子，与塾中同学一起每月朔望向孔子牌位行三跪九叩礼，按月给塾师送茶水钱……特别让他记忆深刻的是入塾不久，父亲送他一柄新折扇作为奖励，并在扇面上抄录了两首诗，第一首是：

香骢红雨上林街，墙内枝从墙外开。
惟有杏花真得意，三年又见状元来。

第二首是：

玉殿金门次第开，马前报道状元来。
三千宫女遥相望，笑是当年小秀才。

对于朱峙三来说，新折扇是好玩的，而诗的内容实在是太艰深了些。但是，"父亲教予熟记之"。②

① 朱峙三.朱峙三日记（1893—1919）[M].胡香生，辑录.严昌洪，编.武汉：华中师范大学出版社，2011：3.

② 同上：8.

从1893年正月入塾，至1905年考入江夏区师范学堂，朱峙三在私塾读书前后十二年。十二年的私塾生活又大致可分为两段：第一段是1902年以前的八年，在私塾接受完全的教育，除节假日外，天天去上学；第二段从1902年至1905年，是在私塾附读，即不必天天去上学，只是把自己在家完成的文章拿去请塾师修改批阅。从日记里可以看出，前八年的私塾生活，对于一个不满十五岁的儿童来说，虽然有受到先生、邻里表扬的喜悦，有师生一起背诵唐诗、阅读《水浒传》的欢愉，也有从同学和塾师口中获得各种信息的满足，但更多的是枯燥单调生活的无聊与无奈、背书的辛苦、作八股文的艰难。

王师一切教书例与程师、邱师同。上学时抽签，先后背书。中午写字、读诗、出对联，……学生难受益。①

师授诗，从未讲过，令学生熟读背诵，无益也。②

予以八比文为苦，思极窘。③

1900年末，朱峙三总结自己八年读书的收获时写道：

予今年十五岁未满，记此八年中读书甚少。所作八股文止于半篇，……至现在惟《礼记》未读三分之一，其余四书五经、《幼学琼林》、《龙文鞭影》俱已读毕。中最熟者为《左传》，不熟者为《书经》。八股文熟而能背诵者约四十篇，七家诗熟者约

①② 朱峙三.朱峙三日记（1893—1919）[M].胡香生，辑录.严昌洪，编.武汉：华中师范大学出版社，2011：22.

③ 同上：79.

五十余首，唐诗三百首能诵者约二百余首，一字不遗，《古文观止》熟诵者二十余篇，因师所授亦不多。师工篆、隶、行、草、钟鼎文，有名于时。予亦能书，则受师之益也。①

八年的私塾生活单调而平静。

朱峙三在鄂城的私塾里苦苦背书的1893年至1900年间，中国传统教育正经历着维新运动浪潮的猛烈冲击。1898年6月以后，光绪帝多次发布谕旨改革科举取士制度，其重要者，如诏自下科为始，乡、会试及生童岁、科各试，向用四书文者，一律改试策论；嗣后一切考试，毋庸用五言八韵诗，均以讲求实学、实政为主；不得凭楷法之优劣取士；等等。在张之洞的主持下，省垣武汉三镇已在全国率先创办了两湖书院、武备学堂、自强学堂等新式教育机构，“严立学规，改定课程，一洗帖括词章之学，……皆以中学为体，西学为用”。②鄂城虽然不时有京城变法的消息传来，③ 但学塾的生活依旧刻板而沉闷，没有丝毫生气。父亲的鞭策是朱峙三刻苦读书的最大动力：

我家两代住城，上无片瓦，下无立锥，只有靠汝读书寻出路耳。城内之张、涂均非世家，皆奋起之寒士，汝当细思之，

① 朱峙三.朱峙三日记（1893—1919）[M].胡香生，辑录.严昌洪，编.武汉：华中师范大学出版社，2011：71.

② 张之洞.两湖、经心两书院改照学堂办法片［M］//朱有瓛.中国近代学制史料（第一辑下册）.上海：华东师范大学出版社，1986：397.

③ 如“今日在塾闻学友云，……中国与日本海战失败”；“今日在塾中，闻北京七月因维新所杀六大臣为：康广仁系有为之胞弟”。朱峙三.朱峙三日记（1893—1919）［M］.胡香生，辑录.严昌洪，编.武汉：华中师范大学出版社，2011：17，45.

并效法焉。[1]

他自己也意识到：

寒士求出路在科举，予家夙贫，非如此求学不能弋取功名，为时人所轻视，不得谓科举害人也。[2]

全国性和地区性的许多重大教育变革举措，在进入二十世纪之前，并未能在紧邻省垣武汉的鄂城私塾里引起任何实质性的变化。朱峙三的日记告诉我们，除了从北京传来的甲午战败、康梁变法和义和团红灯照的消息使平静的学塾泛起阵阵不安外，师生们仍旧沉浸在“四书五经”的背诵和八股文的钻研之中。

进入二十世纪后的第一年，1901 年 8 月 29 日，清政府下令此后“一切考试，凡‘四书’‘五经’义均不准用八股文程式，策论均应切实敷陈，不得仍前空衍剽窃”。[3] 在 10 月 4 日的日记里，朱峙三有如下记载：

朝廷近日已下诏改科举制度，不用八股诗赋取士，师命以后每夕读《古文观止》。[4]

---

① 朱峙三.朱峙三日记（1893—1919）[M].胡香生，辑录.严昌洪，编.武汉：华中师范大学出版社，2011：47—48.

② 同上：83.

③ 璩鑫圭，唐良炎.中国近代教育史资料汇编·学制演变［M］.上海：上海教育出版社，2007：6.

④ 朱峙三.朱峙三日记（1893—1919）[M].胡香生，辑录.严昌洪，编.武汉：华中师范大学出版社，2011：90—91.

上述记载说明，朱峙三和他的塾友们在上谕发布后近四十天才得到确切的消息。尽管消息姗姗来迟，但是行动非常迅速。就在获得确切消息后的第二天，“今日正课，师教予作论，出题曰：‘中国易于富强论’”。[①] 几天后，塾师再次在课堂上宣布以后不做八股文：

今日正课，师云以后俱做义论，不做八股文，讲求时务，须知吾国大势也。出题：“练兵论”。以后所作俱为整篇，非如八股分半篇、中股、完篇也。[②]

有关二十世纪初清政府废止八股，以策论试士的改革举措对基层教育的影响，过去学界未能给予足够的关注。事实上，这种影响远比维新运动深入而具体，它不仅使在私塾求学的数百万儿童挣脱了紧紧束缚他们灵性的枷锁，而且引发了私塾教学内容的变革。朱峙三在日记中给我们提供了大量的例证：

然八股理法太密，纤巧百出，搭题无情，搭题尤为无用，真汩没人之性灵也。[③]

自改策论后，予作文如脱羁之马，笔势开展奔放，已不受八比文之种种法制束缚，思想所在，运笔自如。[④]

①② 朱峙三.朱峙三日记（1893—1919）［M］.胡香生，辑录.严昌洪，编.武汉：华中师范大学出版社，2011：91.

③ 同上：94.

④ 同上：73.

科举考试内容和形式的改变使朱峙三个人的学习兴趣和学习方法发生了很大变化。此后，朱峙三开始广泛阅读时务类书籍，大量吸收新的知识。在获得废止八股，以策论试士的消息后不久，他即请父亲订购了一份《申报》，因为“该报论说系论世界大势及中国应兴革之事”。① 他还四处借阅国内外出版发行的各种报纸杂志：

下午由袁夏生借到郑赤帆所购时务新书，如《中国魂》《新民丛报》之类，精神为快，可以开文派又一格矣。②

予拜托袁夏生再借数种，如《政艺通报》之类，心思顿开。③

当然，塾师态度的改变关系更大，这种改变更多地体现在对学生作文的命题上，通过命题来引导学生的学习。朱峙三在日记中为我们留下了许多有趣的记载：

今日正课题：“中西互市，利源外溢，将何法整顿商务，挽回利权议”。④

今日正课题：“铁路一举，于中国大局有何关碍，试确切论之”。⑤

今日作文：“神宗变法而国乱，日本变法以自强合论”。⑥

今日课题为“泰西何为君主之国，何为民主之国，何为君

---

① 朱峙三.朱峙三日记（1893—1919）[M].胡香生，辑录.严昌洪，编.武汉：华中师范大学出版社，2011：91.

②③ 同上：102.

④⑤ 同上：92.

⑥ 同上：99.

民共主之国，试举各国之所在”。[1]

…………

内容是如此之庞杂，有中外贸易问题，有修筑铁路问题，还有中外古今变法成败的比较和世界各国政体的诠释。可以想象，私塾里的学童们仅凭背熟“四书五经”是无法完成这些策论题目的。题目内容关注现实，涉猎广泛，从一个侧面说明塾师们的知识结构也在迅速地发生变化。私塾教学活动的上述变化，说明中国传统教育最基层、最普遍的教学组织，在二十世纪初正悄然进行着前所未有的自我转型。

对于传统封建教育的变革而言，无论是由维新志士们推动的十九世纪末的维新变法，还是由清政府启动的二十世纪初的“新政”改革，两种力量的方向是一致的。但是，这种力量的显现和发生作用需要时间的积累和一定的客观条件。“百日维新”期间废除八股取士的谕旨没有在鄂城的私塾里激起微澜，而三年后同样内容的一纸诏令却让延续千年的私塾教学内容发生了改变。一百多年后的今天，阅读前人留下的日记，会让我们对历史辩证法有更深刻的体会。

二、考取秀才的喜与悲

1902 年正月，父亲让朱峙三跟着他学医，不必再去私塾

① 朱峙三.朱峙三日记（1893—1919）［M］.胡香生，辑录.严昌洪，编.武汉：华中师范大学出版社，2011：101.

读书：

今日父亲向予云，今年不读书，须学医。予不甚愿。[①]

早，父亲命予在药王位前进香毕，检出《医方集解》《医学心悟》《王叔和脉诀》[交] 予读阅。予烦乱，看亦不入也。[②]

父亲的心情是可以理解的，朱峙三已经上了整整八年私塾，本来就拮据的家庭经济状况难以支撑下去，故父亲希望他能子承父业，行医以补家用。朱峙三却另有想法：

科举在清代为寒士求出路第一门径，以故无恒产者舍此不能救贫，至于作官则在第二步。[③]

更何况，八股试士的取消大大增强了朱峙三获取功名的自信心。他与父亲软磨硬抗三个多月，父亲最终同意他采取附读的办法：不必天天去塾读书，但每月需送文章请塾师批改，每季束脩二串文。朱峙三继续在私塾附读，一直延续到1905年。

如前所述，二十世纪初，清政府废止八股诗赋取士的诏令使私塾的学童们摆脱了八股文的桎梏，但科举取士制度依然存在。朱峙三和他的塾友们贪婪地吸收新知，大量阅读各种新出

① 朱峙三.朱峙三日记（1893—1919）[M].胡香生，辑录.严昌洪，编.武汉：华中师范大学出版社，2011：96.

② 同上：97.

③ 同上：104.

版的书报刊物，而所有这一切的原始动机都是获取各种新的信息，以便使策论做起来得心应手。

午后将郑宅借来之《新民丛报》《中国魂》二种，一一阅读之，习其文体，是为科举利器。今科各省中举卷，多仿此文体者。[①]

武汉又有贩各省闱墨到县来卖者，策论格式体裁如此。予初离八股，学论义，现知取法矣。[②]

把阅读《新民丛报》《中国魂》作为揣摩策论如何写作的“科举利器”，对于早在维新运动时期就大声疾呼废八股、改科举的启蒙思想家们来说，实在是具有极大的讽刺意味，但这确是二十世纪初不少仍在科举路上蹒跚而行的青年学子的共同心态。1902—1903 年间的日记中留下了朱峙三购买阅读直隶、浙江、福建、江西、山东等省闱墨的大量记载，凡是认为写得好的策论，他都一篇一篇细心琢磨、背诵。一方面，朱峙三用心备考，夜以继日，“此数日在家准备县考，温旧课艺，每至夜半方息”。[③] 另一方面，不断有新的消息传来。“报载，派张之洞、荣庆，会同张百熙厘定学堂章程。观其意似欲废科举，办学堂。”[④] “省师范，道、府师范，三簡易科，一年毕业。毕业后即派充小学教员，月可得三十元之薪水，必须秀才可考。”[⑤] 这些

① 朱峙三.朱峙三日记（1893—1919）［M］.胡香生，辑录.严昌洪，编.武汉：华中师范大学出版社，2011：103.
② 同上：101.
③ 同上：108.
④ 同上：117.
⑤ 同上：120.

消息强化了朱峙三参加科举考试，赶上末班车“早青一衿”的决心，因为取得一定的科举功名，便有望改变家庭的经济状况。“科举本非善政，然贫贱之士，小而言之，进学后开贺，可获贺礼者三百余串。中举则倍之矣。”[①] 而且，各地学堂招生限定“必须秀才可考”。这些消息使朱峙三感到，即使科举废止了，个人要想发展，要进新式学堂，也必须有秀才的头衔。日记中的记载告诉我们，曾经对千百年来读书士子有过那么强烈的吸引力，为他们展示过无比辉煌前程的科举取士制度，在二十世纪初一个县城士子的心目中，已经失去了昔日神圣的光环。此时的朱峙三之所以仍对科考有兴趣，仅仅是为了获得三百余串贺礼和进入学堂读书的资格。

1903 年，十七岁的朱峙三第一次参加童子试，二月县试，五月府试，六月院试，结果名落孙山。考试落榜的结果让他立刻尝到世态的炎凉：“科举为误人之政策。已入学者为乡人敬重，未入学者，乡人冷眼或非笑之。”[②]

1904 年再次参加科考，终于取得生员资格，成为一名秀才。获得确切消息的当天夜里，朱峙三辗转反侧，喜极而泣：“转钟三时醒后，思索枕上。偶忆予祖辈为辛苦农家，田少而住宅陋。……伤哉！”[③] 十二年的寒窗苦读终于熬出了头！那么，秀才的头衔改变了他的家庭经济状况吗？答案是否定的。接踵而至的各种应酬花销不仅远远超过了他预期的“可获贺礼者三

---

① 朱峙三.朱峙三日记（1893—1919）[M].胡香生，辑录.严昌洪，编.武汉：华中师范大学出版社，2011：115.

② 同上：121.

③ 同上：147.

百余串”，而且从此使家庭背上了新的债务：

今日结清一切欠账，尚差四十串文之数。盖用款之处过多。予入学时，先借王亨甫姻丈一百两，辗转负利过重也。秋后无他出息，只落得好听之言而已。父亲医道所入亦尽贴用。①

“只落得好听之言而已”，这是朱峙三总结自己取得秀才头衔后的真实感受。

其实，朱峙三考取秀才后的命运，折射出的是延续一千三百年之久的科举取士制度的命运，是绵延数千年的封建教育的命运。进入二十世纪，“废科举，兴学堂”成为内忧外患之下清政府实行“新政”的重要内容。就在朱峙三获得秀才头衔的同一年，1904 年 1 月 13 日，清廷颁布了中国近代第一部得以施行的学制“癸卯学制”。越一年，1905 年 9 月 2 日，清廷下令“着即自丙午科为始，所有乡、会试一律停止，各省岁、科考试亦即停止”。② 在近代学制颁布的当年，在科举制度宣布废除的前一年，经过十数载苦读的朱峙三终于获得了秀才的头衔，赶上了“末班车”，十二年的私塾苦读博得了一件青衿。但是，这件青衿只为他赢得一些恭贺之词，经济上没有带来任何实惠。“今年入学佥称为幸事、喜事，予则视为受累不少之事也。”③ 在这种心境下，当清廷废止科举取士制度的消息传到鄂城的时候，

①③ 朱峙三.朱峙三日记（1893—1919）［M］.胡香生，辑录.严昌洪，编.武汉：华中师范大学出版社，2011：153.

② 璩鑫圭，唐良炎.中国近代教育史资料汇编・学制演变［M］.上海：上海教育出版社，2007：541.

这位年轻士子表现得异常平静：

前日报载有上谕，立即停止科举，……今日科举已成历史上陈迹矣。许多醉心科举之人，有痛哭者矣。[①]

完全是一副旁观者的态度！他不是“醉心科举之人”，不会为科举制度的废止洒一掬同情之泪，应试只是为了“救贫”，为了获得进新式学堂读书的资格。第一项目标没有实现，他要争取实现第二项目标。事实上，早在政府宣布废止科举之前，朱峙三就另有打算：“吾邑城内人一入学便自大，不读书。予料科举不久即废，欲求时务之学，自以住学堂为有出路。”[②] 这些话出自刚刚获得秀才头衔的十八岁的朱峙三之口，既体现了时代的变革，也是他亲身经历的感悟，这种感悟从一个侧面说明了二十世纪初科举制度废止的历史必然性。

三、学堂教育的新与旧

二十世纪初，张之洞治下的湖北省垣武汉三镇成为全国兴学的模范区域，两湖书院、经心书院、江汉书院、自强学堂、农务学堂、工艺学堂、武备学堂等星罗棋布；而毗邻武汉的鄂城，1904 年冬季才筹办第一所新式教育机构——寒溪学堂（后改称江夏区师范学堂）。为了节省用度，朱峙三决定投考本县的

① 朱峙三.朱峙三日记（1893—1919）［M］.胡香生，辑录.严昌洪，编.武汉：华中师范大学出版社，2011：169.
② 同上：154.

这所学堂。根据规定，取得秀才头衔是报考的必要条件，同时考生年龄需满二十岁。为了取得资格，朱峙三只得虚报年龄。全县一千多名考生，朱峙三以第二名的成绩被录取。学堂开学时，“师范学生七十三人。鲁香斋年最长，年六十三。予年最少，年十九”。[①] 由于开学延迟，一年制的速成师范学堂实际上只授课七个月，虽然开设了算术、教育学、图画、体操等新课程，但更多的课程仍然是早已熟悉的传统中学内容。再加上师资水平参差，学生程度不齐，课程开设不全，对于朱峙三而言，半年多的新式学堂生活实在让他大失所望：

> 师范班期短，今夏又耽延多日。教习缺乏日本文，仅识得片假名、平假名而已。因阮堂长在东京所学仅半年，其空洞之教育学实无用也。日本文化贩自欧美，中国则转而贩买之，所得几何耶？[②]

1905年底，朱峙三以最优等第一名的成绩毕业，取得了做小学正教员的资格。1906年初，朱峙三开始了他人生中的第一次执教。他以极大的热情投入这份工作，除负责学堂的日常管理之外，还担任文学、地理等课程的教学工作，忙碌异常。让他感到欣慰的是，“诸生读书均有进步，较胜于私塾读旧书也”，“予与何先生殷勤教授。诸生进益者多”。[③] 但是，毕竟只接受过

---

① 朱峙三.朱峙三日记（1893—1919）［M］.胡香生，辑录.严昌洪，编.武汉：华中师范大学出版社，2011：165.

② 同上：171.

③ 同上：180.

一年的新式教育，他在教学中深感知识的不足：

予在县师范毕业第一名，然所学甚少，盖教予者均出洋短期学生，彼所得亦无几也。非求高深学问，以后难于立足新时代矣。

…………

科举停止以后，举贡生员已定考职出路。朝廷变法图强，逆料将来读书人，除求高深学问无上进。[①]

教学实践的体会，使朱峙三进一步认识到必须继续接受新式教育，求得高深学问，才能在“新时代”立足。另外，改变日渐窘迫的家庭经济状况始终是他继续求学的一大动力。他考取秀才以来，家中已负债二百余串，仅靠做小学教员的收入几乎无望还清。求高深学问的追求与还清家庭债务的压力，使朱峙三决定辞去教职。1906 年 7 月，他考取两湖地区的最高学府——两湖总师范学堂。

两湖总师范学堂的前身是创办于 1890 年的两湖书院。“癸卯学制”颁布后，1904 年 7 月，为了适应大规模兴学的师资需求，张之洞将之扩建为两湖总师范学堂：

查旧日之两湖书院，规模宏壮，修改较易，应即将原设两湖高等学堂改作两湖师范学堂，以能容师范生一千人为度。其间

① 朱峙三.朱峙三日记（1893—1919）［M］.胡香生，辑录.严昌洪，编.武汉：华中师范大学出版社，2011：180.

暂行分别优级师范、初级师范两等……①

两湖总师范学堂“以能容师范生一千人为度”，其设计规模当时在国内是空前的。据1911年的统计，学堂有教职员六十名，其中进士出身者两人，举人出身者十二人，贡生、监生、增生、附生出身者三十七人，日本教员三人，六名没有科举功名者多为监学或医员等管理人员。② 这样的师资队伍在国内各新式学堂中也是很强的阵容。

1906年10月，学校开学，首届招生四百八十人，朱峙三以第二名的成绩被录取。那么，在这所两湖地区的最高学府，六年的学堂生活对朱峙三来说意味着什么？他的求得高深学问和还清家庭债务的预期目标能够实现吗？

两湖总师范学堂首任监督由湖北按察使梁鼎芬兼任，长期主持学堂事务的是继任监督刘鸿烈。据朱峙三回忆，时任湖广总督张之洞亲自参加了学堂开学典礼并发表讲话，大意是：

尔等都是好青年，国家选拔尔等加以培养成为有用之人材。我朝廷深恩厚泽，对尔等读书费用等一切均出以公费；尔等要体谅朝廷培育人材之旨意，到堂后好好研习经史及各种科学，力图自强以保国家富强。千万不可相信海外（指日本）传来的邪说（指康梁学说及孙中山革命学说），忘本朝厚

① 张之洞.札学务处改修两湖师范学堂［M］//璩鑫圭，童富勇，张守智，编.中国近代教育史资料汇编·实业教育　师范教育.上海：上海教育出版社，2007：707.

② 两湖总师范学堂调查总表（节录）［M］//璩鑫圭，童富勇，张守智，编.中国近代教育史资料汇编·实业教育　师范教育.上海：上海教育出版社，2007：712—717.

恩云云。[①]

两湖总师范学堂开设的课程中，必修科有修身、教育学、讲经读经、文学、历史、地理、算学、物理、化学、博物、图画、习字、体操，计十三门；随意科（即选修课——引者）有音乐、手工、英文，计三门。[②] 每周三十六节课，修身课每周一点钟，教育学五点钟，讲经读经七点钟，算学四点钟，文学、历史、地理、物理、化学、博物、图画、体操各两点钟，习字一点钟。其中，课时最多的是讲经读经课，占周总学时数的五分之一。对于朱峙三和大多数取得秀才资格的学生而言，算学、物理、化学、博物、地理以及教育学、体操、图画、音乐等课程都是所谓“新学”。从日记中可以看出，朱峙三对于此类课程有的兴趣很高：

下午第一、二堂物理学，……教习三泽力太郎，日本博士也，……因予为初听物理学之人，甚快意，笔记特详……[③]

予前住速成师范，无理化二科，今日初看试验，颇感兴味。[④]

予喜音乐课，余时觅风琴练习之……[⑤]

---

① 朱峙三.张之洞与两湖总师范学堂［M］//中国人民政治协商会议全国委员会文史资料研究委员会.文史资料选辑（第99辑）.北京：文史资料出版社，1984：106—107.

② 两湖总师范学堂调查总表（节录）［M］//璩鑫圭，童富勇，张守智，编.中国近代教育史资料汇编·实业教育　师范教育.上海：上海教育出版社，2007：708.

③ 朱峙三.朱峙三日记（1893—1919）［M］.胡香生，辑录.严昌洪，编.武汉：华中师范大学出版社，2011：193.

④ 同上：195.

⑤ 同上：221.

有的课程学得颇为吃力：

今日上课，堂中授三角。去冬几何已教完，小代数亦快教毕，以后或可教大代数。予每以算学为苦。①

教育学、体操等课程却让学生们大倒胃口。一位从日本学了八个月速成回国的教员金华祝讲教育学，“上堂完全吹牛，拿日本琐碎之事掺入讲词，以欺学生。其实学生中，每堂均有出洋留学之人也”。② 另一位教育学教员吴贤卿“讲不动人。看讲义人人能懂，何用讲为”。最有趣的是体操课，“体操已教兵制变牌等等，擦枪则余等不愿为，堂中已雇二兵士代为之矣”。③

在兵式体操课上，学生们不愿擦枪，学堂专门雇了两名士兵来做此事。在学业方面，朱峙三收获最大的是图画课，多年后他回忆说：

今年（指1908年——引者）与沈雪庐师过从甚密，予学画得有进步者，皆师指导之力也。二十以前作画不知笔法、水法、皴法，迨亲见师作画，则三法俱得之。沈师爱予甚，谓能传其衣钵。④

对于上述新学课程，无论个人好恶，作为学堂的一门功课，

①③ 朱峙三.朱峙三日记（1893—1919）[M].胡香生，辑录.严昌洪，编.武汉：华中师范大学出版社，2011：279.

② 同上：228.

④ 同上：223.

朱峙三都十分用功，而且取得很好的成绩。这些课程的学习进一步改变了他的知识结构，改变了他对社会和世界的认知。学堂里的修身、讲经读经、文学、历史等课程，虽然作为一门学科是根据不久前颁布的“癸卯学制”的规定新设置的，但其内容对大多数取得秀才头衔的“朱峙三”而言，了无新意。修身课的教材是陈宏谋的《五种遗规》，讲经读经课的教材是《钦定春秋传说汇纂》，文学课的教材是《古文渊鉴》。最让朱峙三头痛的是讲经读经课，而这门课是每周七点钟。在 1911 年 3 月 6 日的日记里，朱峙三写道：“今日上课，经学仍讲《周礼》，真无味之书。且时势变迁，如此世界大势，办学堂者无不知之，此真王莽复井田也。”[①] 两天后，他又在日记中大发牢骚：“连日照单上课，兴趣极少。经学是予最厌恶者。”[②]

写下这些日记的时候，朱峙三已在两江总师范学堂读了五年多，讲经读经课仍未结束。平心而论，朱峙三厌恶讲经读经课，固然是由于课程内容早在读私塾时就熟悉，提供不了任何新的知识和信息；更重要的原因恐怕在于，在这所两湖地区最高学府，朱峙三的思想、观念正在发生着变化。他对讲经读经课的厌恶，表面上看是对一门传统学科的疏离与不满，从更深的层次看，则是对这门学科维护的社会秩序和价值系统的怀疑与批判。其思想、观念发生变化，既得益于新知识的吸纳与熏陶，更得益于远比私塾广阔的学堂空间和学生群体的影响与感染。日记里留下了大量朱峙三与同学私下传阅各种书报杂志的

① 朱峙三.朱峙三日记（1893—1919）[M].胡香生，辑录.严昌洪，编.武汉：华中师范大学出版社，2011：278.

② 同上：279.

记载和同学间关于“时势变迁”“世界大势”的交流、讨论，记录下他从一名传统士子向现代知识分子蜕变的思想轨迹。值得一提的是，朱峙三读书期间参观“南洋劝业会”，留下了毕生难忘的印象。1910 年 7 月，作为两湖总师范学堂的四年级学生，由于成绩优秀，朱峙三获得了参观“南洋劝业会”的机会。“南洋劝业会”是经清政府批准，由政府和民间共同举办的一次规模空前的全国性工商业展览会，以“振兴实业，开通民智”为宗旨，1910 年 6 月 5 日在南京隆重开幕，11 月 29 日闭幕。全国二十二行省和南洋华侨均有各自的会场，展品近百万件。会议期间大约有三十万海内外客商、观众参观，一时间成为举国轰动的一件大事。“南洋劝业会”的成功举办，对中国近代工商业的发展起到了积极作用，更使当时追求现代文明的中国人大开眼界。时任绍兴府中学堂学监兼博物教员的鲁迅就率两百多名师生赴会观摩。对于家境贫寒的朱峙三而言，这是一次非常难得的机会：

每人一切川资伙食归公家统办，另各给三十元零用云云。予闻之甚喜，以此次全国第一次盛大之博览会为破天荒之事，有机会到南京游历，广见闻矣。①

在 7 月 16 日至 7 月 31 日的半个月时间里，朱峙三白天冒着酷暑去各馆参观，晚上回到旅馆记下感受。日记中到处可见这

① 朱峙三.朱峙三日记（1893—1919）[M].胡香生，辑录.严昌洪，编.武汉：华中师范大学出版社，2011：259.

样的记载：

此真集吾国文艺、出产、珍奇怪物之大观也。

此真吾国绝技。有西洋人男女在馆阅后赞叹不置。

生于此时，得见吾国首次博览会，宁非幸福耶！[①]

前后近二十天的参观考察让朱峙三眼界大开，知识大增。多年后，他回忆及此，仍感慨不已："集二十二省之著名产品特色，实为有生以来所见规模扩大之博览会也。"[②]

六年的学堂生活在辛亥首义的枪炮声中结束。事实上，朱峙三在两湖总师范学堂读书期间，武汉三镇暗潮涌动、风云激荡。在新式学堂读书的青年学子中，思想激进、倾向革命的大有人在。从日记中可以看出，与朱峙三同堂的不少同学参加了辛亥首义，而他却因诸多原因，始终是一名对革命充满同情却未能投身这一运动的旁观者。直至 1912 年 2 月，中华民国南京临时政府成立一个多月之后，他才剪去了辫子："今日下午，予剪去发辫。大姊为予做西式便帽一顶，准备往省。"[③]

经过同学引荐与多方奔走，朱峙三谋得湖北省红安县书记官一职，"薪水之半总在一百串文以上，……且可补知事缺"。[④]六年的学堂苦读总算有了结果，不仅薪水相当可观，而且有望"补知事缺"。如前所述，朱峙三读私塾、参加科举考试以及两

① 朱峙三.朱峙三日记（1893—1919）[M].胡香生，辑录.严昌洪，编.武汉：华中师范大学出版社，2011：263，270.

② 同上：256.

③ 同上：310.

④ 同上：313.

进师范学堂的原因是"舍此不能救贫，至于做官则在第二步"。现在，不仅"救贫"就在眼前，而且原来并未奢望的"做官"似乎也伸手可及。赴任前，朱峙三特意去塾师家话别：

下午一时至程师家，……师母闻予近状甚喜，谓汝父从前恨张之洞，今日必感激张公培材，汝得有今日做官位置矣。可贺！可贺！余一笑而已。[①]

朱峙三"一笑而已"，在日记中并没有讲述他的内心感受，而"师母"的一席话却道出了十九世纪末二十世纪初"废科举，兴学堂"的种种矛盾复杂的面相。

在维新运动的改革浪潮中入塾读书，在辛亥革命的隆隆炮声中走出学堂，朱峙三的求学经历与清末"废科举，兴学堂"的教育大变革相始终。作为一个民间医生的子弟，朱峙三先后就读私塾和考取学堂都没有什么远大抱负和理想。即使在考入两湖地区最高学府之后，他的追求似乎也没有发生根本性的变化，通过读书改变自己和家庭的经济状况始终是他的第一目标，其次才是"做官"光耀门庭。可以说，他既不是站在时代前列，搏风击浪的弄潮儿、革命者，也不是抱残守缺，甘心做八股取士制度的殉葬者、牺牲品。他只是那个时代一名普通的读书人，一名正直的知识分子。因此，从一定意义上讲，朱峙三对十九

① 朱峙三.朱峙三日记（1893—1919）[M].胡香生，辑录.严昌洪，编.武汉：华中师范大学出版社，2011：316.

世纪末二十世纪初私塾生活悄然变化的亲身经历，对废科举后科举制度在世人心目中地位沉沦的切身感受，对近代学校制度建立之初新旧杂糅、中西并陈现状的独特体验，都具有广泛的代表性。十九世纪末二十世纪初在中国发生的教育大变革，深深地牵动着每个读书人的切身利益，对绝大多数普通读书人而言，对待这场变革的态度归根到底是由个人的利害得失制约的。这段历史留给后人回味的，既有先知先觉者的呐喊和壮烈行动，也有王朝没落前的种种自救举措，更有千百万士子的心态变化和社会风尚的转移变迁。对于最后一项，我们的研究和认识还远远不够。

横看成岭侧成峰：乡村士子心中的清末教育变革图景

——以《退想斋日记》和《朱峙三日记》为中心的考察*

以“废科举，兴学堂”为中心的清末教育改革严重冲击了那些生活在旧教育体制之下的士子的生活。不同的士子对这场变革有着不同的体验：一些士子认为，这是一条富民强国的正确之路，从而以积极的态度投入其中；另外一些士子则认为，教育改革搅乱了乡村社会思想和价值观，破坏了乡村社会秩序，他们情绪低落，牢骚满腹，对新式教育极力攻击。士子们不同的体验和表现与他们生活的区域等客观环境有关，更与他们的个人经历、心态密切相关。从某种意义上可以说，这些教育体验是他们主观构建的结果。这种建构与乡村士子的个性、知识结构、对挫折的忍耐力等因素密切相关。教育大变革中士子心态的变化及其影响，不仅为中国教育早期现代化研究提供了有益的视角，而且应当成为中国教育早期现代化研究的一个重要组成部分。

吉尔伯特·罗兹曼（Gilbert Rozman）在评价中国 1905 年科举废除一事时说，这是一件与“1861 年沙俄废奴和 1868 年明治维新后不久的废藩”相当的大事，它“代表着中国已与过去一刀两断”，对中国历史有着深远的影响。[①] 可以想见，包括科

---

* 此文系与陈胜合作撰写。

① 吉尔伯特·罗兹曼.中国的现代化［M］.国家社会科学基金“比较现代化”课题组，译.沈宗美，校.南京：江苏人民出版社，1988：634—635.

举废除在内的清末教育变革必然会对生活在那个时代且与传统教育有着千丝万缕联系的乡村士子的心理带来严重冲击。那么，这些士子是如何认识、评价这场变革的呢？他们对这场变革的体验受哪些因素影响？这对他们现实的教育活动又会发生什么作用？以往的教育史研究很少关注此类问题。这在很大程度上是因为人们真实思想和感情的流露往往受主客观条件的制约而无法见之于公开的文字。对于那些长期生活在乡村，很少有机会发出自己声音的中下层士子而言，更是如此。

幸运的是，近年来一些乡村士子日记的问世解决了这一难题。这些日记尽管可能无法提供很多“史实”，但是正如章开沅先生所说：

> 它（们）的史料价值在于比较具体地叙述了历次重大事件在民间的反应，保存了不少普通老百姓当年的原始议论，这些倒是在一般官方文献和显赫人物回忆录中所难以见到的。[①]

解读这些日记，将其中的记载与有关史料文献进行对比互证，有助于我们全面了解和把握一个多世纪前那场大变革中知识分子的复杂心态，从而加深对历史全貌的认识。下面试图通过对《退想斋日记》和《朱峙三日记》这两本近代乡村士子日记的解读和对比，考察乡村士子在清末民初教育变革中的心态以及对教育的影响，进一步拓展和深化中国教育早期现代化的研究。

① 章开沅.关于《朱峙三日记》的说明［M］//中南地区辛亥革命史研究会，武昌辛亥革命研究中心.辛亥革命史丛刊（第10辑）.武汉：湖北人民出版社，1999：224.

一、刘大鹏：科举废除“心若死灰”

《退想斋日记》是近年来颇受关注的一本清末民初士人日记。它的作者刘大鹏（1857—1942），山西太原人。1878 年考取秀才，1894 年中举后四次参加会试而均不售。除因参加会试到过北京和河南外，刘大鹏一生绝大部分时间都生活在相对富庶却又封闭的晋中农村，这使他的思想略显保守。

与同时代的大多数士子一样，刘大鹏自幼从师读“四书五经”，接受传统教育。从他的日记里可以看出，1905 年科举废除之前，准备应试和参加科举考试几乎是他生活的全部内容。科举考试承载着他的理想与抱负，他时时梦想着通过科举考试出人头地、光宗耀祖。他批评那些只知谋生的读书人：

读书之士不能奋志青云，身登仕版，到后来入于教学一途，而以多得几脩金为事，此亦可谓龌龊之极矣。[①]

在他看来，读书人只有应试博取功名，才不枉读书一场。科举考试的任何消息都牵动着他的神经。1896 年 5 月，刘大鹏生活的地区出现这样一则传言：

近有废学校，裁科考之谣，不知是否真切。人心摇动，率皆惶惶。凡为士者竟有欲废读书而就他业之人。盖士子习业已

① 刘大鹏.退想斋日记［M］.乔志强，标注.太原：山西人民出版社，1990：71.

久，一旦置旧法而立新功令，自有不知适从之势，谣之起真耶假耶，不得而知也，真令人二三其心。①

尽管事后证明这只是一条子虚乌有的传言，但这类信息已经足以使刘大鹏这样的旧式士子感到手足无措、惶恐不安。

然而，科举制度还是在 1905 年 9 月被废除了。在得知这一消息后，刘大鹏的情绪低落到了极点。他在日记中写道：

甫晓起来心若死灰，看得眼前一切，均属空虚，无一可以垂之永久……②

昨日在县，同人皆言科考一废，吾辈生路已绝，欲图他业以谋生，则又无业可托，将如之何？③

痛苦之情，溢于言表。在此后的很长一段时间内，刘大鹏都无法从科举废除的阴影中走出来，一直郁郁寡欢，感到生活空虚无味。甚至在科举废除将近十年后的 1914 年，他依然对此耿耿于怀：

予之幼时，即有万里封侯之志，既冠，而读兵书，及至中年被困场屋，屡战屡踬，……光绪季年国家变法维新，吾道将就渐灭，……困厄于乡已数年矣，年垂六十，遭逢世乱，无由恢复中原，不才孰甚焉，俨具七尺之躯，毫无补于时艰，不亦

---

① 刘大鹏.退想斋日记［M］.乔志强，标注.太原：山西人民出版社，1990：57.
② 同上：146.
③ 同上：147.

虚生矣，予惭仄曷极。[1]

可以看出，他认为自己的失意、困厄和一无所成都是科举废除所致。

这种心情自然影响到刘大鹏对新教育的看法。虽然刘大鹏对新教育素无好感，但在1904年初，他还是与地方其他绅士一起参与了该乡某一学堂章程的起草和筹划。[2] 然而，在科举废除后，刘大鹏对新教育由不满和不屑变成激烈批评和攻击。他批评大多数新式学堂只是徒有其表，无法真正担负起为近代中国培养人才的重任：

现在变法，改书院为学堂，而学堂规模只是敷衍门面，务悦庸俗之耳目，并不求实，凡设立学堂，铺张华丽，经费甚巨，意在作育人才而人才终不可得。[3]

刘大鹏认为，这类学校只知道以西方近代自然科学和社会科学知识教育学生，不重视传统思想和价值观的灌输，结果造成学生品质低劣，学校教学质量严重下降。他写道：

今之为师者，以算学教人，以洋人之学为训，其得善人能多焉？

① 刘大鹏.退想斋日记［M］.乔志强，标注.太原：山西人民出版社，1990：198.
② 同上：132.
③ 同上：140.

他的回答是否定的：

否耶！洋人之学专讲利，与吾学大背，趋之若鹜，不知其非，亦良可慨也已。[①]

他认为，更为严重的是，由于缺少圣贤之道的引导，没有传统礼教的束缚，新式学校中各种思潮泛滥，“自由”“平等”“革命”等“异端邪说”竞相兴起，导致人心不正，社会秩序混乱：

学堂之害，良非浅鲜，……凡入学堂肄业者，莫不染乖戾之习气，动辄言平等自由，父子之亲，师长之尊，均置不问……[②]

总之，在他看来，新教育只会搅乱社会思想，破坏乡村社会伦理道德，加重乡民的负担，激化乡村社会矛盾，造成乡村社会动荡不安；它不仅于社会无益，反而会败坏人才，破坏乡村社会秩序。在二十世纪初新教育向广大乡村推进的过程中，由于种种原因，确实存在着很多问题，但像刘大鹏这样把新教育看得一无是处，从根本上予以否定，显然不符合当时新学发展的实际情况。应当说，刘大鹏看到的新教育有很大一部分是其消极、悲观心理投射的结果。

这种心态对刘大鹏的教育活动产生了重要影响。1897 年，

---

① 刘大鹏.退想斋日记［M].乔志强，标注.太原：山西人民出版社，1990：144.

② 同上：162—163.

有人劝刘大鹏教弟子学习洋务，他虽也意识到“是今日所重者莫洋务若也”,[①] 但显然没有接受这种提议。此后几年，刘大鹏在日记中多次提及社会风气的这种转变：

国家取士以通洋务、西学者为超特之科，而孔孟之学不闻郑重焉。凡有通洋务、晓西学之人，即破格擢用，天下之士莫不舍孔孟，而向洋学，士风日下，伊于胡底耶?[②]

自国家变法以来，校士皆以策论考试，所最重者外洋之法，凡能外洋各国语言文字者，即命为学堂教习，束脩极厚，故当时人士俱舍孔孟之学而学西人之学，以求速效。[③]

遗憾的是，尽管已经意识到社会风气和教育上的这些变化，但刘大鹏并没有接受这些建议，主动对个人的发展方向和心理进行调整，从而错失了跟上时代前进步伐的时机。面对清末十年间教育上发生的种种巨变，他只是在日记中一次又一次地对这种变革进行谩骂和攻击，徒劳地发泄自己的不满。

二、朱峙三:“今日科举已成历史上陈迹矣”

相比较而言，同为乡村士子的朱峙三的心态要积极得多。朱峙三是湖北鄂城人，生于 1886 年，比刘大鹏小了二十九岁。1904 年考中秀才，1905 年考入一年制江夏区师范学堂。在经历

---

① 刘大鹏.退想斋日记［M].乔志强，标注.太原：山西人民出版社，1990：74.

② 同上：102.

③ 同上：126.

近一年的小学教师生涯后，1906 年秋，朱峙三又考入两湖总师范学堂，直至 1911 年 10 月毕业。入民国后，朱峙三长期活跃于政界与教育界。

1893 年，朱峙三入私塾接受启蒙教育。私塾的学习生活繁重而枯燥，特别让朱峙三头疼的是在科举考试中至关重要却又空疏无用、烦琐细密的八股文。他在日记中说：

试帖有进步，惟于制艺难，仅至半篇，而犹难清楚，每以三八正课（作八股文日期——引者）为极苦之日。[①]

八比能中股，试帖成六韵，尚不得径窍，恨其枯燥无味也。[②]

他批评八股文“理法太密，纤巧百出，搭题无情，搭题尤为无用，真汩没人之性灵也”。[③]

1901 年，清政府宣布废除科举考试中的八股文内容，使朱峙三感到无比轻松。他以十分愉悦的心情写道：

自改策论后，予作文如脱羁之马，笔势开展奔放，已不受八比文之种种法制束缚。思想所在，运笔自如。[④]

科举考试内容和形式的变化使朱峙三的学习内容和方法发生了变化。此后，朱峙三开始广泛阅读时务类书籍。他不仅订

---

① 朱峙三.朱峙三日记［M］//中南地区辛亥革命史研究会，武昌辛亥革命研究中心.辛亥革命史丛刊（第 10 辑）.武汉：湖北人民出版社，1999：282.

② 同上：288.

③ 同上：328.

④ 同上：306.

阅《申报》，还四处借阅国内外出版、发行的各种报纸杂志：

下午由袁夏生借到郑赤帆所购时务新书，如《中国魂》《新民丛报》之类，精神为快，可以开文派又一格矣。[①]

闻郑赤帆购新书多，自己不看，作为装潢之品而已。予拜托袁夏生再借数种，如《政艺通报》之类，心思顿开。[②]

朱峙三阅读这些新书的直接目的固然是应付科举考试，然而在客观上不能不受这些新书内容的影响。随着阅读面的扩大，朱峙三的思想发生重要转变。特别是那些在日本发行的各种刊物，对他影响很大。他后来回忆道：

是年冬初，得借同邑郑赤帆所购日本印行之各杂志、各禁书，如《扬州十日记》《张苍水集》等书，始了然于满汉种族界限。康乾朝文字诸狱，杀僇之惨，前史所无，慨然有排满革命之念。[③]

由于个性等方面的原因，朱峙三最终没有成为一名坚定的革命者，但思想上仍发生明显变化，这也使他与那些自诩是“传统秩序的守护人”的旧绅士有了质的区别，成为一名具有反清革命倾向的新知识分子。

在脱离八股文束缚后不久，朱峙三意识到科举废除已是指

①② 朱峙三.朱峙三日记［M］//中南地区辛亥革命史研究会，武昌辛亥革命研究中心.辛亥革命史丛刊（第10辑）.武汉：湖北人民出版社，1999：336.

③ 同上：285.

日可待：

朝廷迭有诏令废八股，大约不久当实行兴学堂。[①]

今日借得报纸，见有袁世凯、张之洞二督奏请速减科举办法，重新学堂也。[②]

报载，派张之洞、荣庆，会同张百熙厘定学堂章程。观其意欲废科举、办学堂。[③]

他逐渐认识到，非求高深学问，以后难于立足新时代。他虽没有说明这种高深学问具体指的是什么，但毫无疑问的是，这种高深知识决非传统教育所能传授，要掌握这种知识，必须入新式学堂学习：

吾邑城内人一入学便自大，不读书。预料科举不久即废，欲求时务之学，自以住学堂为有出路。[④]

为了能够到新设立的县师范学堂学习，他甚至虚报年龄。在被师范学堂录取后，由于地方上的教育纷争，新学堂迟迟未能开学，朱峙三非常焦急，多次到学校打探开学日期，殷切向学之心由此可见：

① 朱峙三.朱峙三日记［M］//中南地区辛亥革命史研究会，武昌辛亥革命研究中心.辛亥革命史丛刊（第10辑）.武汉：湖北人民出版社，1999：331.

② 同上：288.

③ 朱峙三.朱峙三日记［M］//中南地区辛亥革命史研究会，武昌辛亥革命研究中心.辛亥革命史丛刊（第11辑）.武汉：湖北人民出版社，2002：299.

④ 同上：399.

寒溪学堂已成功，何以尚不开学？八乡师范生及小学生均欲急于求学，苦于无处得开新知识也。……连日郊行，盼寒溪开学。[1]

然而，清末新式学校的实际与想象有很大差距。新学校中虽然也开设了算术、教育学、图画、体操等课程，但不少学校实际上是新瓶装旧酒，仍以中学为主，无法满足朱峙三旺盛的求知欲。他深悔当日未能听从友人的劝说，“以致在县求学，所得几何？坐井观天，宁非恨事”。[2] 他对自己未能及时得知报考消息而错过进入省城学堂读书的机会感到闷闷不乐，“前者文普通考试，予未知之，深以为恨”。[3] 值得一提的是，这种心态在当时的士子中间非常普遍。每当科举考试举行之时，新式学堂学生固然成群结队去参加科举考试，但那些身处科举场中的士子对新式教育也是“心甚向往”。这从当时一些新式学堂招生的情况中可知。如在湖北武汉：

要考学堂须在省长住乃得悉，然每日非到水陆街学务公所打听不可。盖每一学堂招考，挂牌一二天即收去，马上就考了。虽在省住候者，闻讯稍迟而不及试者，又非学务公所有人照挂，先递名条上去，仍不得取云。[4]

---

① 朱峙三.朱峙三日记［M］//中南地区辛亥革命史研究会，武昌辛亥革命研究中心.辛亥革命史丛刊（第 11 辑）.武汉：湖北人民出版社，2002：347.

② 同上：353.

③ 同上：366.

④ 同上：309.

朱峙三不禁感叹道：“科举不易进学，考学堂亦难之又难矣。”[①]

正是有了这种心理准备，当清政府下诏宣布正式废除科举时，朱峙三表现得非常平静。他仅以旁观者的身份记下了身边一些士子的反应：

前日报载有上谕，立即停止科举，各省学政改为专考察学堂事宜，今日科举已成历史上陈迹矣。许多醉心科举之人，有痛哭者矣。[②]

很显然，朱峙三并不认为自己是“醉心科举之人”。在他看来，科举考试已成为“历史上陈迹”，已无法担负拯救民族危亡的重任，理应退出历史的舞台，这与刘大鹏之类士子听闻废科举时痛不欲生的情形形成了鲜明对比。

1906 年初，朱峙三从师范学堂毕业后，开始了人生中第一次执教。与刘大鹏不同，他看到的是人们对新式学校的认同与期待：

县市教书先生今春学生甚少，盖各生家庭均观望城内新开之三堂小学也，纷纷问讯。[③]

朱峙三以极大的热情投入到新式小学的筹办与教学当中，对自己在新学堂中的工作非常满意，认为学堂“诸生读书均有进

① 朱峙三.朱峙三日记［M］//中南地区辛亥革命史研究会，武昌辛亥革命研究中心.辛亥革命史丛刊（第 11 辑）.武汉：湖北人民出版社，2002：309.

② 同上：355.

③ 同上：361—362.

步，较胜于私塾读旧书也”。[①] 这些成就让他颇为自豪，后来在回顾这一段历史时说，这半年是“予办小学极尽力时期，自信无负天职者也”。[②] 此后他又考入位于武汉的两湖总师范学堂，继续自己的学习生涯。

经过新教育的洗礼，朱峙三在价值观、知识结构、政治倾向等方面都与旧式士子有了明显的区别。如桑兵所言：

他们受教育的形式是新式学堂，而不是私塾书院；所学内容包含有或主要是西方近代社会科学和自然科学知识。……他们虽然受过旧学教育，但在西学的冲击下，没有旧士人观念上的迂腐和政治上的保守。……他们大都不是依附于旧的阶级，而是追随进步势力的旗帜，政治上要求变革专制制度，经济上要求发展工商业，使国家走上近代化的轨道，实现独立、民主、富强的理想。[③]

从某种意义上说，正是由于清末教育变革，才使得朱峙三这类士子从旧式士子中分化出来，成为新型的知识分子。

三、阅历、利益与心态

同是乡村士子的刘大鹏和朱峙三，对清末教育大变革的体验为何会有如此之大的差异？“我们的社会行为并不仅仅取决于

① 朱峙三.朱峙三日记［M］//中南地区辛亥革命史研究会，武昌辛亥革命研究中心.辛亥革命史丛刊（第11辑）.武汉：湖北人民出版社，2002：366.

② 同上：360.

③ 桑兵.晚清学堂学生与社会变迁［M］.桂林：广西师范大学出版社，2007：65.

客观情境，还取决于我们如何对其进行主观建构。”[1] 也就是说，个体的认知和行为选择除了受他的生理及其所处的客观环境因素影响以外，还与其原有的知识结构、认识特征、态度倾向等密切相关。个体在构建某一事物的印象时，总是有意或无意地过滤掉那些与自己意识中不一致甚至冲突的信息，强化与自己认识一致的观点，从而形成自己独特的认知。从某种意义上说，刘大鹏和朱峙三体验到的清末民初教育变革是他们主观建构的结果。兹举一例说明。刘大鹏在日记中多次强调“民间最恶学堂”，乡民强烈抵制新式学堂。他指出：

学堂之害，良非浅鲜，自学堂设立以来，……为父兄者知其悖谬，不愿子弟入学堂，遂使子弟学商贾。[2]

照这种说法，新式教育应该无人问津才对。但在从事新式教育以后，他却说自己的工作异常繁忙，甚至连多年未曾间断的《晋祠志》的写作工作也无暇顾及：

今岁予充晋祠蒙养小学校教员，无暇远游，亦无暇编辑各书，以学生人数众多，功课之繁，有教授不及之势。[3]

这从一个侧面说明，刘大鹏对乡村新式教育的判断更多是

---

① 戴维·迈尔斯.社会心理学（第8版）［M］.侯玉波，乐国安，张智勇，译.北京：人民邮电出版社，2006：2.

② 刘大鹏.退想斋日记［M］.乔志强，标注.太原：山西人民出版社，1990：162—163.

③ 同上：183.

依据自己的主观感受，带有强烈的个人色彩，并不能完全反映清末乡村教育发展的实际情况。

刘大鹏是一个思想较为保守的士人，在长期的儒学浸润之下，儒家思想及其价值观早已渗入到他的血脉之中，无形中支配着他的思想和行为，成为他衡量和判断是非曲直最重要的依据。在日记中，刘大鹏反复强调儒家伦理教化的神圣性，指出：

天地之间只有一个伦理，伦理者，维持天下万世之大纲也。所以圣贤教人，首重明伦。盖伦理明则天下治，否则天下乱……[①]

这个伦理即是儒家圣贤提倡的“三纲五常”一类道德规范。在刘大鹏看来，儒家思想和价值观是不证自明的真理。因此，在清末教育变革之前，他已经形成一种心理定式：儒家思想及其价值观是至高无上的真理，凡是与儒家思想不一致的，都是异端邪说，都应当加以拒斥。清末教育变革尽管从表面上看并不对儒家思想构成威胁，但正如张之洞所言，科举考试对于从事儒学的人来说是一条“利禄之途”。废除了科举考试，也就切断了儒学和权力之间的内在联系，儒学必然会陷入无人问津的困境。而且，传统教育体制建立在科举考试的基础之上，科举考试以儒家思想为内容，传统教育体制实际上就是儒家思想的传播体系，因此以废除科举、建立现代学校制度为中心的教育改革必然会导致原有的儒家传播体系崩溃。[②] 这些都是刘大鹏无法

① 刘大鹏.退想斋日记［M］.乔志强，标注.太原：山西人民出版社，1990：2.

② 干松春.制度化儒家及其解体［M］.北京：中国人民大学出版社，2003：225.

容忍却又无能为力的。因此，他只有在日记中不断哀叹旧礼教的衰落，对清末教育变革大加鞭挞，极力反对。反观朱峙三，他接受传统教育时，正是清末乡村教育变革进行之际。社会上对传统思想和传统教育的批评之声不断，而他生活的武汉地区又是一个信息较为通畅的地区，他的长辈和老师大都非常关注时局，经常谈论时事。这些都会对年幼的朱峙三产生影响。再加上接受儒学教育时间不长，因此他没有刘大鹏那种维护儒学正统地位的使命感和道义感，能够以较为平淡的心态接受晚清教育变革。

年龄也是影响刘大鹏和朱峙三心态的一个重要因素。如前所述，刘比朱大了二十九岁，相当于整整一代人。当乡村教育变革开始时，刘大鹏已过不惑之年，思想早已定型，他不愿意也难以接受外界的新思想、新思潮。朱峙三则恰值青春年少，有很强的求知欲，青春期特有的叛逆心理使得他对“汩没人之性灵”的旧教育非常反感。此时进行的教育变革恰好可以契合朱峙三这种求新求变的心理。随着教育变革的深入进行，这种情绪就转化为对新式教育的期待与欢迎态度。即便是看到新教育中存在一些不尽如人意的地方，他也会在心理上加以自我化解。如他批评县一年制师范学堂时说：

师范班期短，今夏又耽延多日。教习缺乏日本文，仅识得片假名、平假名而已。因阮堂长在东京所学仅半年，其空洞之教育学实无用也。日本文化贩自欧美，中国则转而贩买之，所得几何耶？

新学堂的这种状况并没有使他灰心，反而点燃了他到更高级学堂去求学的欲望："予思省城各学堂教习，或不致如此劣等也。"①

年龄虽然不是个体心态的决定性因素，但在晚清教育大变革时期，中老年士子和青年士子俨然分成两个对立的阵营，确是到处可见的事实。1901 年，清政府决定废除科举考试中的八股文，令朱峙三这样的青年士子倍感轻松，但却引发了中老年士子的强烈抗议："八股已废止，老儒多有感叹者，谓朝廷不应废制艺改策论云云。老儒盖中八股之毒者。"一些老童生甚至以罢试以示抗议。② 持新思想的青年士子对老年士子大多持防范心理：

今日上午，至九曲亭闲坐，遇同学张香亨、严赞卿二人。……与予谈二小时，方下山，并以黄兴、宋教仁所办之《二十世纪之支那》杂志交予阅。谓此中辨满汉之义甚明，请君阅后仍还我，勿使老年秀才知之也。③

大致说来，中老年士子对教育变革持反对、拒斥态度，而青年士子多持赞许、欢迎态度。

年龄差异之所以对个体心态产生影响，除生理、心理原因之外，还因为它承载着不同的阅历。科举废除之前，刘大鹏早已成为举人，距传统功名的顶峰仅有一步之遥。正当他准备在

---

① 朱峙三.朱峙三日记［M］//中南地区辛亥革命史研究会，武昌辛亥革命研究中心.辛亥革命史丛刊（第 11 辑）.武汉：湖北人民出版社，2002：357.

② 同上：331.

③ 同上：351.

这人生阶梯上做最后一搏，攀登顶峰之际，科举制度却轰然倒塌。现代心理学认为，个体对挫折体验的深度、产生挫折心理的强度与其抱负水平密切相关。挫折往往会引起攻击行为。当受挫的个体对引起挫折的原因有很强的攻击倾向而又不能直接报复时，可能把攻击的矛头指向可见的、较软弱的非自己所属团体及成员，把偏见的对象当作个人挫折的对象而加以敌视和攻击。在这些情况下，就会出现无辜者受攻击的现象。[①] 科举废除对刘大鹏来说无疑是一次严重的挫折。随着教育变革的深入，其挫折感不断加深。当挫折得不到合理处置时，刘大鹏就把矛头指向新教育，对其极力攻击。朱峙三生长在一个清贫之家，全家仅靠其父行医支撑，成年后又常常为家庭经济所困。虽然有一段时间他与刘大鹏一样醉心于科举考试，但此时的科举制度已是强弩之末，他完全没有刘大鹏那么高的期待，而仅把获取功名作为改善家庭经济状况的一种手段。他说："科举在清代为寒士求出路第一门径，以故无恒产者舍此不能救贫，至于作官则在第二步。"[②] 事实是，当朱峙三 1904 年考中秀才之时，这一头衔不仅没有使他的家庭摆脱贫困，反而因筹措考费举债过多而受到拖累，陷入了更加贫困的境地：

甲辰虽入学，得亲族货财之助，用度太宽，以致负债开始。自后愈积愈多，反为寒士之累。[③]

---

① 时蓉华.现代社会心理学［M］.上海：华东师范大学出版社，1989：196—197.

② 朱峙三.朱峙三日记［M］//中南地区辛亥革命史研究会，武昌辛亥革命研究中心.辛亥革命史丛刊（第11辑）.武汉：湖北人民出版社，2002：285.

③ 同上：319.

从某种意义上讲，科举考试的废除对他而言反而是一种解脱，这也是他能够以较为平淡的心态面对清末教育变革的一个重要原因。

作为地方上著名的乡绅，科举制度使刘大鹏获得了很多资源。他在乡里之所以有较高的社会声望，之所以能够广泛参与地方公众事务（如修缮晋祠等），之所以能够长期在富商武佑卿家担任塾师，获得一份远比其他塾师优厚的薪水，都与“举人”这一头衔有很大关系。因此，刘大鹏对科举制度有着深厚的感情。朱峙三却不然。他1903年第一次参加科举考试未中，就深刻感受到了世态的炎凉和人情的淡薄，因而愤愤不平：“科举为误人之政策。已入学者为乡人敬重，未入学者，乡人冷眼或非笑之。”① 次年，他虽然顺利考取秀才，但收获的却是到处打“抽丰”的心酸和更加沉重的家庭经济负担，这使他对科举制度非常失望。即便是1910年清政府举行的拔贡和孝廉方正考试，也未激起他的兴趣，他选择在新式学堂继续学业。

应当指出的是，无论是思想较为“守旧”的刘大鹏还是较为“激进”的朱峙三，他们的行为都离不开对个人及家族利益的考量。例如，一贯对新式教育心存反感的刘大鹏对新成立的山西大学堂聘请洋教习的做法十分反感，对那些不与洋人合作的教师由衷地赞许：

今岁省城将一切书院改为大学堂，选才华秀美者入堂肄业，

① 朱峙三.朱峙三日记［M］//中南地区辛亥革命史研究会，武昌辛亥革命研究中心.辛亥革命史丛刊（第11辑）.武汉：湖北人民出版社，2002：304.

每月给薪水，所学以西法为要，有主教，有助教，以通西法者为之，此外又延洋夷为师（刻下尚未延来），在堂助教者，闻洋夷为师而告退之者数人，可谓有志气者矣。[①]

但是，当他得知山西大学堂名额不够，继续招生时，立即命令自己的儿子去报考该校：

省中大学堂业经有一百六十学生，又招二十六人，以满四百之数，于本月初十日前报名，……命瑄儿上省报名应考……[②]

思想与现实行为之间的严重脱节，恰恰可以说明刘大鹏在新旧两种教育制度的双重夹持下进退失据的矛盾心态，这也是清末民初教育变革下乡村士子中一种十分常见的现象。

当然，刘大鹏和朱峙三日记中反映的只是清末教育的一个侧面，仅仅是他们个人体验和认识的反映。实际上，清末的教育变革可能既非刘大鹏所说的那样一无是处，也非朱峙三期望的那样美好。刘大鹏、朱峙三的例子提醒我们，只有从多方面、多角度观察，才有可能揭示历史的真相。

清末教育大变革使传统士子阶层发生了重要变化。这种变化不仅表现在经济、政治、职业等方面，也表现在士子的心态上。不同的心态不仅影响着他们对这场变革的认识、体验，而

① 刘大鹏.退想斋日记［M］.乔志强，标注.太原：山西人民出版社，1990：111.
② 同上：115.

且影响到他们实际的教育活动。作为新教育经办主体的士绅和作为"受众"的广大民众对新式教育的认知、态度、情感等，直接影响到中国教育早期现代化的发展。正如亚历克斯·英克尔斯（Alex Inkeles）所言：

如果一个国家的人民缺乏一种能赋予这些制度以真实生命力的广泛的现代心理基础，如果执行和运用着这些现代制度的人，自身还没有从心理、思想、态度和行为方式上都经历一个向现代化的转变，失败和畸形发展的悲剧结局是不可避免的。[①]

中国教育早期现代化进程中出现的很多问题，都可以从士子和民众心态方面找到答案。从这个角度说，士子心态不仅能够为中国近代教育史研究提供一个有益的视角，其自身也应成为中国近代教育史研究的一个重要组成部分。

---

① 殷陆君，编译.人的现代化——心理·思想·态度·行为［M］.成都：四川人民出版社，1985：4.

寻病源与读方书

——《黄炎培考察教育日记》阅读札记

1914—1917年期间，黄炎培进行了两次国内教育考察和两次国外教育考察，先后出版了《黄炎培考察教育日记》四集。黄炎培进行国内外教育考察有着明确的目的："譬之治病，外国考察，读方书也；内国考察，寻病源也。"通过考察，他认定教育与职业的分离、学校与社会的脱节是当时中国教育种种弊端的根源，而提倡、推广职业教育则是救治诸种教育弊端的良方。国内外教育考察使他决心献身职业教育，而考察期间体现出来的"离社会无教育，欲定所施为何种之教育，必察所处为何种之社会"的务实精神和"余之考察教育，所兢兢于心者不敢忘一'我'字。盖考察者我也，非他也。我之所以考察，亦为我也，非为他也"这样的立足国情、明辨择善的态度，不仅贯串于黄炎培一生的教育活动，而且是他留给后人的宝贵的教育财富。

在中国近代教育史上，黄炎培（1878—1965）是一位著名的爱国主义、民主主义教育家，是中国近代职业教育众望所归的倡始人和奠基者。在我国二十世纪前半叶群星璀璨的教育家群体中，很少有人能像黄炎培那样，注意从宏观上研究教育与社会、教育与经济的整体关系；很少有人能像他那样，强调社会调查对举办教育事业的重要性；更少有人能像他那样，一生中做过那么多次社会的和教育的考察。1914—1917年期间，黄炎培考察国内外教育后留下的《黄炎培考察教育日记》四集，不仅生动地记录了他青年时代即立志献身职业教育的心路历程，而且书中的诸多观点和议论，在经历了一个多世纪的积淀之后，读来更让人感到亲切，体验到真知灼见的历史穿透力。

一、“内国考察，寻病源也”

1914 年初，随着袁世凯复辟帝制步伐的加快，教育上封建主义的沉渣大肆泛滥，尊孔读经的呼声此起彼伏，恢复科举的传言也时有所闻，民初教育改革欣欣向荣的景象日渐黯淡。黄炎培愤而辞去江苏省教育司司长之职，表示对袁世凯倒行逆施的不合作态度。从 2 月 22 日起至 5 月 27 日止的三个多月里，黄炎培以《申报》记者的身份，赴江西、安徽、浙江三省考察教育。同年 9 月 14 日至 10 月 21 日，又以《申报》记者的身份，赴山东、直隶两省考察教育。两次考察所得，不仅在《申报》《教育杂志》《教育研究》等当时国内著名报纸、杂志上刊发，而且于 1914 年底和 1915 年 7 月分别由商务印书馆出版《黄炎培考察教育日记（第一集）》和《黄炎培考察教育日记（第二集）》，逐日详细记录了两次国内考察的实际情况。

进行国内教育考察，是黄炎培多年的夙愿：

余之本国旅行，积梦想者有年矣。此念之发生，盖亦有自。方庚戌辛亥间（指 1910—1911 年——引者），余尝调查江苏地方教育状况，全省六十县，足迹及三分之二。斯时便私自发愿，遍游各省。未几而武汉义旗起，余则承乏江苏教育行政机关二年。此二年间，未尝一日置此念也。以谓吾辈业教育，教育此国民，譬之治病，外国考察，读方书也；内国考察，寻病源也。方书诚不可不读，而病之所由来与其现象，不一研究，执古方治今病，执彼方治此病，病曷能已。[①]

很明显，黄炎培决心“遍游各省”，为的是在更广阔的范围内摸清中国教育弊病的表征及根源。在他看来，教育是社会生活的一部分，一个国家、一个民族的教育能否健康发展，与整个社会状况的关系至为重要，“离社会无教育。欲定所施为何种之教育，必察所处为何种之社会”。因此，在考察中，“凡夫一切现象，苟足以表示其一社会之特性、惯习、能力者，皆在所宜考。例如，宗教之盛衰，政治之得失，民业种类之差别，物价、工价之消长，以及风俗习尚之异同”，[②]他都予以特别关注。在日记中，景德镇之瓷业，铜陵之矿业，安徽、山东、江西各省的教育财政，小学教员的薪俸，博物院之展品，图书馆之藏书，等等，都是他的关注内容。特别是一些地方学务统计，经黄炎培调查整理发表后，直至今天仍然是研究这一时期教育实况的第一手资料。半年间，黄炎培先后考察了南京、芜湖、大通、铜陵、安庆、九江、南昌、饶州、景德镇、屯溪、徽州、严州、桐庐、富阳、杭州、济南、青州、博山、泰安、曲阜、天津等近三十个城市及周边一百五十所左右的各类学校和教育机构。每至一地，即参观学校，深入课堂，访问各级教育行政官员，举行教员、家长、学生座谈会，有所收获则“昼日所接，

①② 黄炎培.黄炎培日记（第1卷）[M].北京：华文出版社，2001：37.

夜必录之”。[1] 考察途中，耳目所接：

私塾改良之结果，可以使校数骤增，而不能使教育改进。且不惟不改进而已，紫可乱朱，则为紫者众矣。[2]

教育普及，谈何容易？苟抹去教育二字，但求学校普及，则国家苟借得数千万款，顷刻间黉舍遍中国矣。一言教育则谁为教育者，此一问题。谁教育此教育者，又为一问题。层层推想，正如一副大机器，非全部运动，不能丝毫有所成就。今之谋国者，盛唱普及教育，强迫考试，其意甚盛。虽然，苟一究教育实际，而深思种种关键之所在，必恍然于此问题非可简单解决，而同时有急需提倡者在矣。[3]

学生毕业无出路，为方今教育上亟待研究之一问题。初等小学毕业，舍升高小无他路。高小毕业，舍升中学无他路。等而上之，莫不如此。而以中学为最盛。[4]

黄炎培在考察中发现，许多中、小学校课程表上所列各门课程开设齐全，但事实上，所有科目都围绕着训练学生的文字能力：

方今教育，弊在偏重文字。试思小学科目，除国文外，若

① 黄炎培.黄炎培教育文集（第1卷）［M］.中华职业教育社，编.北京：中国文史出版社，1994：33.
② 同上：41.
③ 同上：45—46.
④ 同上：49.

算术、理科、历史、地理，所以授予人生必需之知识者，其目的岂仅仅在文字间。……而今之教育，任何学科，任何目的，一切归纳之于文字，甚至课修身，亦以读几本教科书了之。加设农科、商科，亦以读几种教科书了之。偏向文字之弊积重至此。……其结果必使儿童益轻视物质方面，终使学校教育，适成为一种科举教育之变相。[①]

黄炎培考察了当时仍属安徽的婺源县赋春村的公立高等小学。一位“脑后尚累累垂辫”的彭姓教员告诉他，学校去年开办时有学生四十人，受战乱影响，现在仅剩下二十人。翻阅学生的作文簿，命题多为《扬善论》《管仲相桓公论》《莲花比君子说》等。更让他感到吃惊的是，此间盛传的一首《皖南谣》里竟然有这样的词句：

东邻大男年十六，担柴要担百斤足，读书要读五经熟。西邻纷纷走相告，快辞公学拜私塾，中华科举制且复，不然倪都督，何为下令办团停教育。

中华民国已经建立三年多，科举取士制度已废除近十年，在袁世凯复辟帝制的高潮中，安徽军阀倪嗣冲下令全省中小学停办一学期而将其经费用以办“团练”的倒行逆施，居然在穷乡僻壤间酿成“中华科举制且复”的恶劣影响。这是黄炎培始料不及的，他在日记中写道：“皖南一带盛传将废学堂、复科

① 黄炎培.黄炎培日记（第1卷）[M].北京：华文出版社，2001：142.

举，……信乎？为之反复解释之。”①

辛亥革命后，以蔡元培为首的资产阶级革命派对传统封建教育进行了大刀阔斧的改革，取得了可喜的成绩。黄炎培就是这场改革的积极参与者和推动者。事实上，从民初教育发展的实际情况看，普通教育的发展最为迅猛。但是，普通教育短期内的迅猛发展，非常突出地把如下一些问题推到了教育界有识之士的面前：与普通教育在数量上的快速增长相联系，其质的情况如何？大批受过普通教育的学生涌向社会，社会是如何消化他们的？普通教育的一枝独秀会产生何种社会后果？……正是出于对这些问题的深入思考，黄炎培于1913年10月发表了著名的《学校教育采用实用主义之商榷》一文，提出“打破平面的教育，而为立体的教育”与“渐改文字的教育而为实物的教育”的主张，并冠之以“实用主义教育”而号召于全国教育界。时人赞誉黄炎培此举说：“实用主义的提出不能不谓我国教育上的一大革命。”② 实际上，黄炎培此次国内教育考察的目的之一就是实地了解一下他提出的“实用主义教育”的主张究竟在多大程度上在教育界产生了影响。平心而论，在考察途中，黄炎培也确实遇到一些志同道合的“同志”，致力于“实用主义教育”在中小学的实践，也看到一些学校在这方面作出令人高兴的成绩。但就所考察的大部分地区而言，下面的情况更为普遍：学校数量增多而质量堪忧；无一技之长的中小学生毕业后被抛向社

① 黄炎培.黄炎培日记（第1卷）[M].北京：华文出版社，2001：78.

② 陈青之.中国教育史 [M].上海：商务印书馆，1936：644.

会即等于失业；科举考试过分重视文字的弊端在学校中改头换面、阴魂不散；新教育搞了近二十年，然皆是纸片的、书本的，而非实际的……黄炎培认为，造成这一切弊病的根源在于教育与职业的分离，学校与社会的脱节。实际考察的所见所闻，使他意识到，面对旧教育根深蒂固的影响和大批中小学毕业生的失学、失业，“语以抽象的实用教育，不若语以具体的职业教育之警心动目”。[①] 仅从改革普通教育入手，难以从根本上奏效，必须另辟新径。黄炎培通过两次国内教育考察，提倡一种融普通教育与职业教育为一体的新教育形式的念头已经萌发。《黄炎培日记》告诉我们，以 1914 年的国内教育考察为转折，黄炎培开始从宣传鼓吹实用主义教育而逐渐转为提倡职业教育，从致力于普通教育（主要是小学教育）的改革转为更多地关心如何沟通教育与职业的关系了。当然，这时黄炎培的职业教育思想仅仅处于萌发阶段，它的正式提出尚有待于大量感性认识的积累，有待于探索新的形式，特别是有待于客观现实提供适宜的土壤。

二、“外国考察，读方书也”

机会很快就来了。1915 年 4 月，北洋政府农商部应美国有关方面邀请，组织游美实业团参观巴拿马太平洋万国博览会，同时考察美国实业。黄炎培应农商部之邀以随团记者身份前往，“任笔墨之役”，而私下的打算则是“余必尽为谋所以

① 黄炎培.实用主义产出之第三年［J］.教育杂志，1917（1）.

观教育”。①从4月9日离沪至8月25日归国，黄炎培在美期间考察了二十五座城市的五十二个各级各类教育机关，并走访了各地的教育行政部门和教育专家。与国内考察一样，其间除将收获、体会、感想以通信的形式刊布于国内各大教育刊物外，他还将逐日所记冠以《新大陆之教育》（《黄炎培考察教育日记（第三集）》）之名，交由商务印书馆于1917年4月出版。

如前所述，黄炎培之所以在国内考察之后紧接着就出国进行教育考察，有着明确的目的，那就是急迫地为革除中国教育弊端寻求“方书”。他之所以选择美国作为考察的第一站，是因为此时美国的职业教育正处于快速发展时期。职业教育是伴随着近代大工业生产而在西方各国首先发展起来的，它的出现反映了大规模机器生产对劳动力在质量上、数量上的新需求。职业教育最初在英国兴起，继而盛行于法国、德国。十九世纪末二十世纪初，美国职业教育有很大发展。1906年，美国成立了全国职业教育促进会。“六年之后，该会正式赞成在普通中学外，另设公立职业学校。为应时势之需，纽约州于1909年，康涅狄格州于1909年，新泽西州于1906—1911年，先后制定了职业教育法。……在美国参加第一次世界大战前夕，国会通过了著名的《斯密士-列威尔法案》和《斯密士-休士法案》，使美国职业教育跨上新台阶。”②黄炎培这次考察恰逢其时，正值美国职业教育大发展时期。

在费城，黄炎培访问了宾夕法尼亚大学文学院院长葛来和

① 黄炎培.黄炎培日记（第1卷）[M].北京：华文出版社，2001：153.
② 滕大春.美国教育史[M].北京：人民教育出版社，1994：434—435.

氏，葛来和氏曾任中学校长二十多年，是一位经验丰富的教育家。黄炎培在日记中写道：

余问：此间中学制度如何？

答：美国东方尚有沿用旧法不分科者，即工业多特设专校，不与中学合，然余意殊主张分科不分校。盖分科则其所修业，可适如其性质境遇之所宜，而不分校，可铲除旧时重文轻实等阶级思想。

问：教育与生计之关系，为吾国亟待解决之一大问题，美国对此如何？

答：美国亦正注重此问题，可云一切研究，皆以此为根据。……①

在参观孟费思市市立中学时，黄炎培发现，该校作为一所普通中学却分为四科，分别是大学预备科、商科、理科和职业科：

二、三、四种皆为职业预备，然仍得升大学。此分科制行之二十五年矣，以前固与吾国普通中学制相仿佛也。现毕业后不升学而就职业者，占百分之五十。女生操缝衣、制帽等业为多，男生无定，盖皆学校所授与之技能也。亦有入各种办事机关为书记者。②

---

① 黄炎培.黄炎培日记（第 1 卷）［M］.北京：华文出版社，2001：187.

② 同上：170.

在了解圣路易市中学的分科情况并参观了学生的种种制作之后，黄炎培感叹道：

以是等方法教青年，将来毕业，犹不能活动于社会，效用于乡里，吾不信矣。……吾不羡其财力之雄厚，但惊其方法之精良，精神之充满耳。①

在芝加哥，黄炎培一行参观了一所八年制公立小学，从低年级到高年级，听了游戏、算术、唱歌、历史等多节课程，但见教师们个个“演态极灵动”，“群儿争先高举（手）”。他在日记中记下如是感想：

综观是校精神上有特点三：一、教师极慈爱和悦；二、教〔师〕〈室〉布置，纯取美感，不尚严整；三、教师均极活泼，游其间者，但觉如坐春风，如饮醇醪。②

波士顿是美国著名的文化教育中心，在考察了波士顿的教育状况后，黄炎培在日记中写道：

波士顿为美国最古之城市，于教育制度，号称守旧。然以全市一十八中学校，而分科者占其十九，除拉丁文、英文、男女三中学外，无一不含职业性质，则夫全国之倾向实用教育，

① 黄炎培.黄炎培日记（第1卷）［M］.北京：华文出版社，2001：173.

② 同上：175.

已可概见。乃当局者犹谓中学毕业生就事问题，虽注意研究，而未有解决善法。则凡墨守旧说，执定中学为普通教育，而欲俾受其教育者适应于今后争存剧烈之世界，不其难乎。[①]

在美期间，黄炎培先后拜访过多位著名职业教育专家。在纽约，黄炎培造访了全美职业教育联合会书记盖鲁威，日记中记下了盖鲁威的话："教育政策，往往与社会需要歧异。……欲沟二者而通之，非提倡职业教育不可。"[②] 在进一步深入交换意见后，黄炎培告诉对方：贵国现在所重点考虑的是"为已就职者求进步耳，求快乐耳。若吾国者，失业游民，遍地皆是，农工苦力，不识一丁，惟冀普通教育与职业教育同时并进，渐以教育救生计之穷"。黄炎培深深感到，由于美、中两国政治制度和经济发展水平的差异，"同此问题，其程度之高下，有不可同年语者矣"。[③] 在波士顿，黄炎培访问了美国职业教育研究社的创办人蒲鲁非儿教授：

余问职业教育社发起之宗旨及方法。答工商业甚杂，今据调查所得，已有八九十种，其知识技能，家庭所无从教练，非由学校专教不可，此一因也。父母但知教子女习业，而不知何业之为社会所需要，故非专设机关调查指导不可，此又一因也。……本社宗旨，又在鼓吹此意，使人人获有相当职业。[④]

---

① 黄炎培.黄炎培日记（第 1 卷）[M].北京：华文出版社，2001：200.
② 同上：272.
③ 同上：194.
④ 同上：201.

听了蒲鲁非儿教授的回答，黄炎培说，美国教育家关注的是如何使年轻人获得“相当职业”，而中国目前更迫切的问题是“如何而使无业者有业，与君所研究，不无有间，虽然其事相通耳”。①

短短的三个月时间，黄炎培在完成游美实业团的文字工作之外，就自己认为国内教育最迫切的一些问题在美国各地进行了广泛的调查，并全面了解了美国职业教育从职业陶冶、职业学校、职业补习到职业指导、普通中学的选科和分科等一套完整的实施方法。赴美考察使黄炎培深受教益，面对生机勃勃的美国职业教育，许久以来郁积心头的一个问题找到了明确的答案：“回念吾国，……不能不认职业教育为方今之急务。”②

黄炎培是1915年8月25日回到上海的，归国后立即为在国内推广职业教育进行了舆论上和组织上的准备。他投书报章，应邀演说，大多以宣传职业教育为题，总结阐发了国内外考察的心得体会。与此同时，黄炎培做了大量的组织工作，联络同志，募集资金，调查研究，积极筹备。1916年9月，在黄炎培主持下，江苏省教育会附设职业教育研究会成立，会员一百四十八人，这是我国近代教育史上最早成立的省一级的职业教育研究机构。

1917年1月，黄炎培与北京高等师范学校校长陈宝泉、武昌高等师范学校校长张渲、南京高等师范学校教务主任郭秉文、北京高等师范学校附属中学主事韩振华及蒋维乔一行六人，组

① 黄炎培.黄炎培日记（第1卷）[M].北京：华文出版社，2001：201.
② 黄炎培.黄炎培教育文集（第2卷）[M].中华职业教育社，编.北京：中国文史出版社，1994：108.

团赴日本、菲律宾作第二次国外教育考察。“同行诸子考察之目的多重在师范教育，而余重在职业教育，二者实互有关系也。”[①] 1月8日出发，3月9日返回上海，两个月间，黄炎培考察了两国数十所各级各类学校，并拜访了数十位教育界、实业界人士。考察日记汇集为《东南洋之新教育》（《黄炎培考察教育日记（第四集）》）一书，由商务印书馆于1918年6月出版。

在黄炎培心目中，日本与中国一衣带水，民风相同，习俗相近，几十年间由一落后的封建国家崛起为资本主义列强之一，在“日本职业教育之名词，虽未见十分煊烂，而于实际则厉行弗懈。……今后富国政策，将取决于职业教育”。[②] 黄炎培把菲律宾作为考察对象至少基于两层考虑。第一，在美国参观巴拿马太平洋万国博览会期间，他看到菲律宾“教育出品之富且美，社会之所需几无一非学校所课。又观其教育报告，大注重职业教育与体育。所订学校制度，简单而适切”。[③] 他要亲自到菲律宾考察验证。第二，更深层次的原因是，在黄炎培看来，菲律宾在很长一段历史时期内是西班牙的殖民地，独立后不久又被美国占领，有这样一种经历的国家开展职业教育成绩显著，对中国可能更有借鉴意义。一个多月的深入考察，使黄炎培对菲律宾的职业教育留下深刻印象。2月20日，黄炎培应邀到当地一所华侨学校演讲，题目是《提倡爱国之根本在职业教育》。在演说结束时，他语重心长地向五百多名听众诉说自己的考察心得：

① 黄炎培.黄炎培教育文集（第1卷）［M］.中华职业教育社，编.北京：中国文史出版社，1994：332.
② 同上：326.
③ 同上：327.

诸君须知一国教育，能注重生活能力，则其国能富且强。……望将来肩教育责任者，当教学生读有用之书，为父兄者，当知子弟读书，即为谋生之捷径。能发达自己事业，方能发达国家事业。盖欲得有爱国之热诚，必先有爱国之能力。[①]

三、“自尊自立，择善而从”

1917 年 5 月 6 日，中国近代教育史上第一个以研究、提倡、试验、推广职业教育为职志的全国性民间机构——中华职业教育社在上海宣告成立，黄炎培被推举为办事部主任。7 月，《东方杂志》《教育杂志》同时刊载了由蔡元培、马良、伍廷芳、张元济、黄炎培等全国教育界、文化界、实业界、政界四十八位著名人士署名的《中华职业教育社宣言书》。该宣言书列举了“兴学二十余年，全国学校亦既有十万八千余所，何以教育较盛之区，饿殍载途如故，匪盗充斥如故?”，“学生之毕业于学校而失业于社会者比比”，“所用非其所学，滔滔皆是”的现实状况；介绍了欧美各国实施职业教育的蓬勃景象；论述了沟通教育与职业对于个人生计、实业发达、国家强盛的莫大关系；具体地提出了实施职业教育的方法、内容、设施。《中华职业教育社宣言书》声称：

吾侪所深知、确信而敢断言者，曰今吾中国至重要、至困

① 黄炎培.黄炎培教育文集（第 1 卷）［M].中华职业教育社，编.北京：中国文史出版社，1994：484.

难问题，厥惟生计；曰求根本上解决生计问题，厥惟教育；曰吾中国现时之教育，决无解决生计问题之希望；曰吾中国现时之教育，不惟不能解决生计问题，且将重予关于解决生计问题之莫大障碍。……救济之道奈何？……同人于此，……研究复研究，假立救济之主旨三端：曰推广职业教育；曰改良职业教育；曰改良普通教育，为适于职业之准备。[1]

《中华职业教育社宣言书》的发表在中国近代职业教育史上具有里程碑式的意义，而它的形成，可以说，正是黄炎培多次国内外教育考察的结晶。从此，黄炎培的一生与中华职业教育社的事业紧紧地联系在一起，提倡、研究、试验、推广职业教育成了他终生为之奋斗的理想。

近代以来，出于改革教育、培养人才、振兴祖国的强烈愿望，无数志士仁人前仆后继、忍辱负重、不避艰辛地走出国门，向教育先进国家学习，借鉴它们的教育理论、教育制度、教育经验，以改造传统教育、发展现代教育。从一定意义上讲，中国教育的早期现代化，正是通过这种借鉴、吸收、融合、创新才一步步得以推进。但是，像黄炎培这样，国内外的教育考察成为他提倡职业教育并为之奋斗几十年而坚持不懈的直接动因，却是不多见的。说到底，这与黄炎培对待国外先进理论、制度、经验的态度有极大的关系。如前所述，黄炎培的国内外教育考察有着明确的目的："外国考察，读方书也；内国考察，寻病源

① 黄炎培.黄炎培教育文集（第2卷）［M］.中华职业教育社，编.北京：中国文史出版社，1994：179—180.

也。”但是，紧接着，他还有另外一句话：“执古方治今病，执彼方治此病，病曷能已。”即是说，不能简单地将老方子拿来治当下的病，也不能把治好别人病的方子原封不动地拿来治自己的病。黄炎培曾在一篇文章中对二十世纪以来我国教育界学习外国的历史状况作过一个简略的回顾。他说：

十五年以前，当欧洲大战的中期，有一群留美学生回国，大谈其国防，何以故？为美国提倡国防故。二十五年以前，一群留日学生，大谈军国民教育，何以故？为日本正提倡军国民教育故。可是不久，便什么都没有了。……蜂的眼前是花，采到了，酿出来，却不是花而是蜜；蚕的口中是桑，吞下去，吐出来，却不是桑而是丝。因为蜂和蚕都有他的特性，会充分表现他的能力，绝不胡乱模仿人家。[1]

在差不多同时写下的另一部著作中，他更明确地把这种态度概括为“精神上须不失自尊自立，方法上还须择善而存”。[2]可以说，这是黄炎培在几十年的教育活动中，对待国外教育经验始终坚持的一条原则，其源头正可以从两部考察教育日记中窥见。1915 年赴美考察归来，黄炎培曾就东西方教育观之比较研究，发表过一个很精彩的讲演。谈到自己的考察态度时，他说：

余之考察教育，所兢兢于心者不敢忘一“我”字。盖考察

---

① 黄炎培.笼统：充其量可以杀人亡国［J］.中华教育界，1935，22（9）：91—93.

② 黄炎培.黄炎培教育文集（第 3 卷）［M］.中华职业教育社，编.北京：中国文史出版社，1994：5.

者我也，非他也。我之所以考察，亦为我也，非为他也。以故足迹所至，苟有咫闻尺见，其所发第一念即“于我之比较如何”，其第二念即“我之对此当如何”。[①]

日记中留下的大量材料说明，他确实坚持了这一基本态度。而且，在以后的职业教育活动中，无论是理论上的研究宣传，还是实际工作中重大措施的采取，黄炎培都力求结合我国具体情况，对任何外国的先进经验，不生搬、不硬套，总是“明辨择善”，在所开展的职业教育活动中形成自己鲜明的特色。

第一，密切注意国外职业教育发展的最新动态，及时地把国外新的理论、制度、措施介绍给国人，并首先在自己的事业中进行试验，使中华职业教育社各项活动始终能与欧美各国保持大致的同步状态。

中华职业教育社成立不到半年，黄炎培就积极筹办了《教育与职业》杂志。介绍美国、日本、欧洲等国和地区的职业教育动态，是该刊的重要内容之一。据统计，在前七十期中，登载的介绍国外职业教育的文章达一百一十六篇，包括了美国、英国、德国、法国、日本、苏联等几乎所有当时职业教育发达的国家，甚至对瑞士、意大利、加拿大、奥地利等国的情况也时有介绍。在实践方面，中华职业教育社于 1918 年创办中华职业学校作为试验基地，以后陆续设立了职业指导委员会、职业指导所，开展职业指导活动，举办多种类型的职业补习学校，自制职业心理测试仪器等。其中的有些活动，在国外也刚刚起

① 黄炎培.东西两大陆教育不同之根本谈［J］.教育杂志，1916（1）.

步，带有试验的性质。此外，他们还通过派人赴美国、日本、欧洲等国和地区实地考察，组织人力编译出版国外有关职业教育的专著，与各国专家学者和我国留学生保持经常联系等多种途径，始终瞄准国外职业教育发展的最新方向。

第二，强调职业教育要面向中下层人民，注意职业道德训练，致力于科学技术知识的传播，使中华职业教育社的各项职业教育活动具有中国特色。

与欧美各国的职业教育把解决择业问题作为重点不同，中华职业教育社的职业教育活动从一开始就把解决就业问题放在首位，这在前面所引日记中黄炎培与美国教育家的谈话中已多次流露。由黄炎培提出、被中华职业教育社奉为圭臬的“使无业者有业，使有业者乐业”，充分体现了这种思想。黄炎培多次讲过：

办职业教育，须下决心为大多数平民谋幸福。

……如果办职业教育而不知着眼在大多数平民身上，……即办职业教育，亦无有是处。①

在中华职业教育社举办的为数众多的职教事业中，从校址的确定、科目的设置，到课程的增删、生源的选择，都力求使中下层人民及失学失业青年有机会获得一技之长，借以“为个人谋生之预备”。中华职业教育社成立不久，有人以“子殆欲欧

① 黄炎培.黄炎培教育文集（第2卷）［M］.中华职业教育社，编.北京：中国文史出版社，1994：446.

美我中国教育者矣”相责，黄炎培义正词严地予以驳斥：

恶是何言！余之倡职业教育，诚悯夫今日之国家社会，不忍不揭橥斯义为万一之补救，岂震惊于世界新潮而乘兴推荡之者耶？孰为欧美，孰为非欧美，吾乌乎知。即以欧美论，彼于职业教育论之重点在如何而使获相当之职业，吾之重点在如何而使无业者有业，各有因时因地之作用，非可苟袭为也。[①]

二十年代以后，虽然从理论上讲，黄炎培不再把解决就业与“饭碗”问题放在突出地位，而是强调“为社会服务”，但在实际工作中，所谓“平民化”始终是他关注的中心。

注重职业道德训练是黄炎培的一贯主张，他主张推行的职业道德训练的具体内容有别于欧美各国。黄炎培比较自觉地意识到我国在社会心理、文化背景诸方面与欧美各国的差异，自己又对以科举制度为核心的封建教育的流毒有切身感受。他认为，在我国发展职业教育，近代工商业的不发达、资金的匮乏、师资难以寻觅等当然都是巨大的困难。但广泛地存在于人们头脑中的一些陈腐观念，如“鄙视劳动”“读书做官”“重道轻艺”等，是严重得多的看不见、摸不着的无形“礁石”。因此，在职业道德训练的内容上，他有强烈的针对性，坚持把“尊重劳动”“职业平等”“为群服务”“手脑并用”等作为基本信条，反复强调，反复灌输，力图用新的职业观、价值观、道德观为职业教育的开展扫除心理、文化上的障碍。

---

① 黄炎培.职业教育析疑［J］.教育杂志，1917（11）.

如果我们把中华职业教育社开展的职业教育活动从内容上与当时欧美各国的情况作一比较，更可以发现其中的不同。姑且不论职业学校、职业补习学校门类齐全，设科灵活多样，中华职业教育社还举办了许多表面看来似与职业教育相去甚远的活动，例如建立农业教育研究会、农村改进试验区、业余图书馆、讲演会等，甚至还有国货指导所、新农具推广所、玩具展览会，几乎涵盖了一切社会教育领域。中华职业教育社的这些事业曾经引起非议，一些教育家认为这样做导致了职业教育的“空泛化”。如果以欧美的职业教育作为比较对象，这些批评不无道理。但是，在这些看来似乎不着边际的活动后面，却包含着黄炎培的良苦用心。不拘泥于形式上的模仿，而致力于广大农村科学技术知识的普及，这种所谓的“空泛化”，可以说是黄炎培努力使职业教育结合中国实际情况的一种可贵尝试。

综上所述，我们可以看出，始终瞄准欧美各国职业教育发展的最新趋势，而又力求在职业教育的侧重点、职业道德训练的具体内容、职业教育实践活动的范围上反映中国的国情，体现中国的特点，这就是黄炎培几十年间在提倡职业教育中一贯追求的目标。

平心而论，在旧中国，职业教育的发展是缓慢的，充满了艰难曲折。这当然受制约于整个社会生产力的发展，而不是通过几位教育家或几个教育团体的努力所能根本奏效的。但黄炎培在提倡职业教育中注重国内外社会调查，秉持“自尊自立、择善而从”的态度，对后人是颇富启迪意义的。这就是我们在百余年之后重读他的几部教育考察日记的深刻体会。

理念·境界·情操
——《竺可桢日记（1936—1946）》阅读札记

阅读竺可桢在昏暗的煤油灯下写下的数百万言日记，缅怀他在战火纷飞的艰苦岁月里作为一位国立大学校长走过的不平凡的人生历程，令人对这位著名的教育家充满了由衷的敬意。竺可桢身上体现出一位大学校长的家国情怀，他追求真理、培育英才、转变风气、报效国家的办学理念，他“只问是非，不计利害”的精神境界，他克己奉公、清正廉洁、襟怀广阔、平易近人的道德情操，不仅是中国教育史上一份弥足珍贵的遗产，更是在二十一世纪建设高等教育强国的征途上，我们亟待认真发掘、充分利用的宝贵的本土资源。

竺可桢（1890—1974），字藕舫，浙江绍兴东关镇（今属上虞）人。我国近代著名科学家、教育家。1910 年 9 月，竺可桢作为第二批庚款留学生赴美，先入伊利诺伊大学农学院，选习农学专业。三年后，进入哈佛大学研究院地学系，攻读气象学。1915 年获硕士学位，1918 年以论文《远东台风的新分类》获博士学位。1918 年秋，竺可桢回国，先后在武昌高等师范学校、南京高等师范学校（1921 年改为东南大学）、南开大学等高等院校任教。在东南大学，竺可桢创办了中国高等教育体系中的第一个地学系，为中国现代地理学和气象学的发展培养了最早一批专门人才。竺可桢 1936 年 4 月受命出任浙江大学校长，直至1949年4月，主持校务整整十三年。1927年，竺可桢应蔡元培之邀参与中央研究院的筹备工作。1928年至1946年间，他一直担任中央研究院气象研究所所长，自1935年起任中央研究院评议会评议员，1948年被推举为中央研究院院士。中华人民共和国成立后，竺可桢出任中国科学院副院长。1955年当选为中国科学院学部委员（院士），兼任生物学地学部主任直至逝世。

竺可桢从留学时代起即养成写日记的习惯，[①] 一直坚持到他去世的前一天，六十余年从未间断。不幸的是，由于种种原因，1936年以前的日记未能保存下来。尽管如此，由中国科学院《竺可桢全集》编辑委员会编辑、上海科技教育出版社出版的《竺可桢全集》，收集了竺可桢1936年1月1日至1974年2月6日期间的全部日记（仅缺1941年1月1日至15日部分），近一千三百万字，仍然是目前我们所能见到的时间跨度最大、文字篇幅最长的近代学人日记之一。正如《竺可桢全集》编者所指出的：

> 以竺可桢的社会地位、人脉关系和丰富阅历而论，以其日记的连续性和“系统性”而论，目今可见国人之日记，恐难有与其比肩者。[②]

可以说，《竺可桢日记》的刊行，为我们开启了一个探索和研究二十世纪中国科技史、教育史、文化史、社会史的魅力无

① 竺可桢.竺可桢日记（第一册）[M].北京：人民出版社，1984：1.

② 竺可桢.竺可桢全集（第6卷）[M].上海：上海科技教育出版社，2005：12.

穷的宝库。

作为一位中国近代著名教育家，竺可桢的业绩、思想和境界主要体现在他主持浙江大学校政的十三年中，而其中最令后人景仰、最能给人以无穷启迪和感召的是他在抗日战争期间，率领浙江大学全体师生，跨越五省，四度搬迁，往返行程三千余公里，历尽千辛万苦的“文军长征”。正是在这个过程中，他个人经历了包括丧妻失子之痛在内的精神上、身体上的磨难与修炼，付出了巨大的心血，由年富力强的壮年而两鬓斑白、“老态日甚”。他主持下的浙江大学由西迁前的三个学院、十六个学系，七十名教授、副教授，五百一十二名学生的规模，发展为七个学院、二十七个学系，一个研究院、四个研究所、五个学部、一个研究室、一所分校、一所附属中学，教授、副教授二百零一人，学生二千一百七十一人的规模。[①] 更为重要的是，在战火纷飞、颠沛流离的空前民族灾难中，浙江大学由一所地方性大学跻身于中国著名大学之一，受到国际学界的关注。《竺可桢日记》1944 年 12 月 18 日条记载：

见十二月十六日《贵州日报》载尼德汉［李约瑟］(Needham) 回英国以后在中国大学委员会讲演，赞扬我国科学家，并谓联大、浙大可与牛津、剑桥、哈佛媲美云云。[②]

1945 年 10 月 27 日出版的英国《自然》周刊上发表了李约

---

① 浙江大学校史编写组.浙江大学简史（第一、二卷）［M］.杭州：浙江大学出版社，1996：75.

② 竺可桢.竺可桢全集（第 9 卷）［M］.上海：上海科技教育出版社，2006：245.

瑟的《贵州和广西的科学》一文，再提此事：

浙江大学位于重庆和贵阳间的遵义，是中国四个最好的大学之一。①

浙江大学在抗战中的这段经历，不仅在自身百年发展进程中留下浓墨重彩的一笔，也在中国高等教育发展史上谱写了让人回味无穷的篇章。翻检竺可桢在日寇飞机轰炸的间隙，在昏暗的煤油灯下书写的这些日记，不仅使我们对现代大学在国家、民族生存发展中的使命和担当有了更深刻的理解，而且对现代大学校长应该具备的精神境界和道德情操有了更生动而具体的感悟。

一、大学使命：追求真理、培育英才、转变风气、报效国家

1936 年 4 月 7 日，国民政府行政院政治会议任命竺可桢为浙江大学校长。竺可桢 4 月 16 日接到教育部委任状，4 月 25 日正式到校视事。《竺可桢日记》1936 年 4 月 25 日条记载：

三点至文理学院新教室三楼开茶话会，到教职员八十余人。……四点散。至体育馆，适浙大与〔圣〕约翰比赛篮球，时尚未完，结果为 43：18，浙大负。四点一刻余演讲约四十分

① 浙江大学校史编写组.浙江大学简史（第一、二卷）[M].杭州：浙江大学出版社，1996：76.

钟，述办教育之方针。[①]

竺可桢与浙大师生首次见面的谈话内容可以归纳为三个方面。

第一，明确提出："办中国的大学，……我们应凭借本国的文化基础，吸收世界文化的精华，才能养成有用的专门人才；同时也必根据本国的现势，审察世界的潮流，所养成人才才能合乎今日的需要。"

第二，大学生应"为学问而努力，为民族而奋斗"。在演讲中，竺可桢特别列举黄梨洲、朱舜水等浙江先贤的事迹，勉励同学："梨洲、舜水二位先生留给我们的教训，就是一方为学问而努力，一方为民族而奋斗。"作为一名大学生，必须养成"明辨是非，静观得失，缜密思虑，不肯盲从的习惯"。"惟有能思想才不至于盲从，亦惟有能思想才能作有效的行动，应付我们艰危的环境。"

第三，强调办理大学的三大要素："一个学校实施教育的要素，最重要的不外乎教授的人选，图书仪器等设备和校舍建筑。这三者之中，教授人才的充实，最为重要。"

这是因为："教授是大学的灵魂，一个大学学风的优劣，全视教授人选为转移。假使大学里有许多教授，以研究学问为毕生事业，以作育后进为无上职责，自然会养成良好的学风，不断地培植出来博学敦行的学者。"[②] 竺可桢的这篇讲话先是以

① 竺可桢.竺可桢全集（第6卷）[M].上海：上海科技教育出版社，2005：62.
② 竺可桢.竺可桢全集（第2卷）[M].上海：上海科技教育出版社，2004：332—338.

《竺校长训词》为题刊载于《国立浙江大学校刊》，之后被《国风月刊》全文转载，1941 年 9 月又被在贵州遵义复刊后的《浙大学生》再次刊布。可以看出，这篇讲话在竺可桢主持浙江大学期间发挥了重要作用，事实上，竺可桢本人就把这次演讲看作向世人宣告他的治校方略，所以在讲演的当天，他便在日记中留下了“余演讲约四十分钟，述办教育之方针”的记载。

竺可桢是四十六岁时被任命为浙江大学校长的，虽然此前没有担任大学校长的经历，但如前所述，他回国之后曾先后在多所大学从事教学科研工作，也曾任东南大学、中央大学地学系主任。更为重要的是，八年的美国留学生活，使他有机会对世界著名大学的办学理念有切身的观察和体验。胡适 1915 年 1 月 20 日的日记为我们描绘了这样一幅图景：从康乃尔来到剑桥的胡适，这一天与在哈佛大学留学的几位同学相聚畅谈，“滔滔不休”。“是夜，所谈最重要之问题如下：一、设国立大学以救今日国中学者无求高等学问之地之失……”[①] 二十七年后，《竺可桢日记》1942 年 12 月 13 日条有如下记载：

阅适之《藏晖室札记》（后收入《胡适日记》中——引者）卷八，述及适之于民国四冬过剑桥，一月二十晚余宴之于红龙楼，同席七人。适之与郑莱谈话最多，谈及国立大学等事云。[②]

可见，此次聚会是由竺可桢做东，主要讨论的是创办国立

① 胡适.胡适日记（2）[M].合肥：安徽教育出版社，2001：14.

② 竺可桢.竺可桢全集（第 8 卷）[M].上海：上海科技教育出版社，2006：443.

大学的事。在波士顿寒冷的冬夜，在哈佛大学的留学生公寓，一群二十几岁的青年，兴奋地讨论着一个在常人看来对他们而言遥不可及的大问题——未来中国国立大学的“蓝图”。四十六年之后，1961 年 12 月 30 日，竺可桢在向科学院党组织提交的《思想自传》里，从一个特殊的角度诠释了他们热烈讨论的创办国立大学问题：

> 我认哈佛为我的母校，我回国以后在大学里教书或是办行政，在研究院办研究所，常把哈佛大学做我的标准。哈佛大学便成了我的偶像。……我到浙大后，不但把美国哈佛大学所提倡的学术自由和“为学问而学问”这套资本主义国家文化遗毒加以宣扬，而且把过去东大反动守旧的传统也带到了浙大。[①]

在这份类似检查的《思想自传》中，这位诚实的科学家道出了他主持浙大期间心中追求的目标。

翻检抗战期间竺可桢的日记，随处可以看到哈佛大学的“身影”：

> 哈佛大学的校训〔Veritas〕，拉丁字 Veritas 就是真理。我们对于教育应该采取自由主义或干涉主义，对于科学注重纯粹抑注重应用，尚有争论的余地，而我们大家应该一致研究真理、拥护真理，则是无疑义的。[②]

---

① 竺可桢.竺可桢全集（第 4 卷）[M].上海：上海科技教育出版社，2004：89—93.
② 竺可桢.竺可桢全集（第 2 卷）[M].上海：上海科技教育出版社，2004：370.

浙大从求是书院时代起到现在可以说已经有了四十三年的历史。到如今“求是”已定为我们的校训。何谓求是？英文是 Faith of Truth。美国最老的大学哈佛大学的校训，意亦是“求是”，可谓不约而同。①

在 1916 年，罗威尔开美国各大学风气之先，在哈佛大学实行导师制，又令文科学生对于社会科学须经过一种普通考试。……这种导师制和普通考试的办法，对于提高学生程度有不少功效。……他〔继任校长康诺德（Conant）〕办学的方针，……主要的有两点。第一，主张学校思想之自由，即所谓 Academic Freedom。反对政党和教会的干涉学校行政与教授个人的主张。第二，学校所研究的课目，不能全注重于实用，理论科学应给予以充分发展之机会。②

八点回。阅哈佛大学 Conant 校长报告及 Illinois 之校闻。③

八点至大原书院。阅一个月来寄来之各项报纸与杂志，见哈佛同学会寄来之 *What is a University*《大学是什么》。④

八点半至校。阅《哈佛大学同学会会报》九期中有教务长之报告，知行政方面采取 student council 学生会之意见颇多，查 council 与浙大之〔学生〕自治会相若。据年报所述，则 council 所注意者为学生之选课问题及膳食问题。谓目前哈佛大学之选课办法。不能使学生对于学问有统盘的概观，此在哈佛大学学生已有觉悟，而我校学生则初尚无此等觉悟也。⑤

---

① 竺可桢.竺可桢全集（第 2 卷）［M］.上海：上海科技教育出版社，2004：461.

② 同上：370.

③ 竺可桢.竺可桢全集（第 6 卷）［M］.上海：上海科技教育出版社，2005：280.

④ 同上：560.

⑤ 竺可桢.竺可桢全集（第 8 卷）［M］.上海：上海科技教育出版社，2006：94.

晚阅 Harvard Report on the General Education 哈佛关于通人教育的报告。第二章 p.54，谓所谓通人教育，其目的在使民主国之国民能对于选人、择业知所取舍。①

日记中的这些片段，涉及大学的目标、学生的通才教育、导师制、学生的选课办法等，可以说都是二十世纪三十年代世界高等教育改革中极受关注的问题。尽管由于战争的影响，与国际学术界的联系非常不便，但竺可桢总是千方百计地获取这些最新的信息以为自己办学的借鉴，日记中经常留下他阅读《科学》《自然》《哈佛大学同学会会报》《耶鲁评论》《大西洋月刊》《英国教育》《读者文摘》等报刊所做的读书札记。有时候他出差在外一段时间，回来后的第一任务便是到图书馆集中阅读新到的报刊，使自己能够紧紧把握世界著名大学的最新发展动态并将之贯彻到办学实践中。

同时，竺可桢深知，浙江大学是中国的国立大学，“吸收世界文化的精华”一定要“凭借本国的文化基础”；在中国正处于全民族抵御日本帝国主义侵略的非常时期，大学应该站在全民族抗战的前列，以自己特殊的形式作出贡献。在与浙大学生第一次见面时的讲演中，他就宣布：

大概办理教育事业，第一须明白过去的历史，第二应了解目前的环境。办中国的大学，当然须知道中国的历史，洞明中

① 竺可桢.竺可桢全集（第9卷）[M].上海：上海科技教育出版社，2006：592.

国的现状……①

阅读上千万字的《竺可桢日记》，给我留下的最深刻印象就是，作为一位受过完整的现代教育的科学家，竺可桢的中国传统文化底蕴是那么深厚，他对中国传统典籍是那么熟悉，他对中国传统文化和教育采取的了解的同情和去粗取精的态度是那么具有说服力。在抗战期间的日记中，随处可以看到他阅读传统文化教育典籍的记载。《大学》《论语》《孟子》《诗经》《史记》《后汉书》《论衡》《陶渊明集》《剑南诗篇》《苏东坡集》《朱子全书》《王文成公文集》《颜习斋言行录》《曾文正公家书》《饮冰室文集》等，是他在不同时期、针对不同环境较常阅读的几种典籍。竺可桢重温或者反复阅读这些典籍，有时是为了准备给师生作报告，有时是为了写文章，更多的时候则是为了从中汲取智慧、吸收营养和获得精神力量，并把学习思考所得与他对西方一流大学的观察体验比较鉴别，兼采中西，融汇古今，铸成他的办学理念、人才目标、治校方略。他说：

大学的目标，据我国古代传统的观念是在培养道德，《礼记·大学篇》开宗明义就说："大学之道，在明明德，在亲民，在止于至善。"……到宋明两代的理学家，虽有朱陆之争，朱晦庵一派主张"道问学"，陆子静一派主张"尊德性"。但实际两派教人的目标还是一样，统要学做圣人。所以王阳明就说："道问学即所以

① 竺可桢.竺可桢全集（第2卷）[M].上海：上海科技教育出版社，2004：332.

尊德性。”……可见我国自古为学，是以明德为目标，圣人为模范。此与欧洲传统的看法完全不同。希腊哲学家崇拜理知，推崇真理。亚里士多德的《伦理学》书中说：“至善的生活乃是无所为而为的观玩真理的生活。”柏拉图在他《伦理》一书中亦说：“理知者固当君临一切者也。”罗马哲学家西塞禄（今译西塞罗——引者），以为人生除满足生养之欲望以外，惟以求真理为第一要义。……到十九世纪中叶，纽曼主教写《大学教育之性质与范围》一书，尚说大学教育是培养理智，而非培养道德。[①]

在这里，竺可桢把中国传统大学理念归结为“培养道德”，将西方大学理念归结为“培养理智”。他认为，从根本上讲，中西大学的理念是相通的，“若是一个大学能彻底地培养理知，于道德必大有补益”。[②] 因为那些勇于为真理而献身的贤哲，无论是古希腊的苏格拉底，意大利的布鲁诺，还是中国的文天祥、史可法，他们之所以能具有如此高尚的道德情操，都是因为崇拜理知，推崇真理。他论证说：

凡是有真知灼见的人，无论社会如何腐化，政治如何不良，他必能独行其是。惟有求真心切，才能成为大仁大勇，肯为真理而牺牲身家性命。[③]

因此，“大学之最大目标是求真理。这可以说是理知的，但

① 竺可桢.竺可桢全集（第2卷）［M］.上海：上海科技教育出版社，2004：639.
②③ 同上：640.

亦可以说是道德的，所以道问学，即是尊德性”。[①] 就这样，竺可桢凭借自己深厚的传统文化底蕴和对西方一流大学精髓的理解，把“道问学”与“尊德性”融为一体，确立“求是”二字为浙江大学的校训。他说：

所谓求是，不仅限于埋头读书或是实验室做实验。求是的路径，中庸说得最好，就是“博学之，审问之，慎思之，明辨之，笃行之”。单是博学审问还不够，必须审思熟虑，自出心裁，独著只眼，来研辨是非得失。既能把是非得失了然于心，然后尽吾力以行之，诸葛武侯所谓“鞠躬尽瘁，死而后已”，成败利钝，非所逆睹。[②]

“求是”者，即研究真理、拥护真理、追求真理而无所畏惧者也。

竺可桢明确提出，一所大学最重要的目标是追求真理，那么这种目标是如何实现的呢？他认为，是通过培养一批又一批有独立思想，有精深专业知识，人格高尚，不为习俗所囿，不崇拜偶像，不盲从潮流的领导人才来实现的。他反复强调：

大学之使命有三：其一，希望造就完人。……其二，学有专长，而于大学中植其基。……其三，养成自己能思想之人，而勿蕲教师逐字释义。[③]

---

① 竺可桢.竺可桢全集（第2卷）[M].上海：上海科技教育出版社，2004：640.
② 同上：461.
③ 同上：563.

大学教育之目的，在于养成一国之领导人材，一方提供人格教育，一方研讨专门智识，而尤重于锻炼人之思想，使之正大精确，独立不阿，遇事不为习俗所囿，不崇拜偶像，不盲从潮流。①

如前所述，竺可桢受命主持浙江大学校政的时候，正值日本帝国主义加紧侵华，国家、民族命运到了最危急的时刻。作为一名国立大学的校长，他提出的大学目标，他对人才培养的要求，在继承、吸收古今中外优秀思想的同时，特别融入了对现实的关怀。《竺可桢日记》1937 年 10 月 25 日条记载：

九点至总办公处，……由余作演讲，题为“大学生之责任”，讲约三刻钟。②

演讲的对象是浙大一年级新生，受战争影响，这些新生已经不能在杭州入学，搬迁到天目山禅源寺。竺可桢说：

国家为什么要化费这么多钱来培植大学生？为的是希望诸位将来能做社会上各业的领袖。在这困难严重的时候，我们更希望有百折不挠、坚强刚果的大学生，来领导民众，做社会的砥柱。所以诸君到大学里来，万勿存心只要懂了一点专门技术，以为日后谋生的地步，就算满足。③

① 竺可桢.竺可桢全集（第 2 卷）[M].上海：上海科技教育出版社，2004：244.
② 竺可桢.竺可桢全集（第 6 卷）[M].上海：上海科技教育出版社，2005：389.
③ 竺可桢.竺可桢全集（第 2 卷）[M].上海：上海科技教育出版社，2004：441.

1938年6月26日，辗转迁徙中的浙江大学在江西泰和举行第十一届毕业典礼，竺可桢致辞劝勉毕业生：

诸位同学，今天是本校举行第十一届毕业典礼，正值日寇猖獗万方多难的时候，诸位毕业生初入社会，就遇到国难，因此诸位的责任，就格外的重大。我们晓得范文正公为秀才时，即以天下为己任。现在诸位离校以后，每个人也应该以使中华民族成为一个不能灭亡与不可灭亡之民族为职志。[①]

1939年11月1日，浙江大学在广西宜山举行开学式。江西和广西两省是与明代著名思想家王阳明“关系最多之地”。王阳明是浙江人，竺可桢对这位乡贤怀有崇高的敬意，一部《王文成公文集》在战乱中随身携带，反复阅读。在这次开学式上，竺可桢从“致知力学的精神”“内省力行的功夫”“艰苦卓绝的精神”“公忠报国的精神”四个方面介绍了王阳明一生的事业和学问，告诫同学们：

大学教育的目标，决不仅是造就多少专家如工程师医生之类，而尤在乎养成公忠坚毅，能担当大任，主持风尚，转移国运的领导人才。……综观阳明先生治学、躬行、艰贞负责和公忠报国的精神，莫不足以见其伟大过人的造诣，而尤足为我们今日国难中大学生的典范。学者要自觉觉人，要成己成物，必须取法乎上，而后方能有所成就。当然我们所可取法所应取法

① 竺可桢.竺可桢全集（第2卷）[M].上海：上海科技教育出版社，2004：446.

的先哲很多，不过这里只举王阳明先生一人之居常处变立身报国的精神，已足够使我们感奋，而且受用不尽了。①

最后，竺可桢勉励师生学习王阳明，为西南地区的文化发展作出贡献：

阳明先生在广西贵州各约二年，其流风余韵，至今脍炙人口〔久〕而不衰。现在浙大迁来广西，同时还有许多大学因战事而迁西南各省，……如果各大学师生皆能本先生之志，不以艰难而自懈，且更奋发于自淑淑人之道，协助地方，改良社会，开创风气，那么每个大学将在曾到过的地方，同样的留遗了永久不磨的影响，对于内地之文化发展，定可造成伟大的贡献。②

追求真理，培养以天下为己任、能独立思考的领袖人才，引领风尚，转移国运，做民族危难的中流砥柱，这就是竺可桢心目中的大学使命。抗日战争期间艰苦跋涉、迁徙辗转中的浙江大学弦歌不辍、人才辈出、卓然崛起，就是对竺可桢秉持的大学使命的最好诠释。竺可桢对大学使命的这种感悟，饱含着他对世界先进高等教育理念的体验和吸收，熔铸了他对深厚的中国传统文化资源的汲取和创造，更体现出他个人的精神境界和道德情操。

①② 竺可桢.竺可桢全集（第2卷）[M].上海：上海科技教育出版社，2004：455.

二、精神境界：只问是非，不计利害

作为二十世纪三四十年代的一所国立大学，浙江大学的崛起固然需要主持校政者具有高瞻远瞩的世界眼光和深厚的传统文化积淀，有对大学使命的正确认知和先进的教育理念；但是，仅有这些仍然是不够的，因为它的实现离不开现实的政治生态、社会生态和学术生态。当时中国现实的政治生态是，“一个党、一个主义、一个领袖”的框架已然形成，国民党努力把自己的统治触角延伸到高等教育领域；现实的社会生态是，经济落后，社会动荡，日本帝国主义的侵略步步紧逼，国家形式上的统一之下暗潮涌动；现实的学术生态是，学术成为政治、权势的附庸，学者从政几乎成了普遍的现象。当然，在上述诸多因素之中，对大学发展影响最大的因素是政治生态。在这种环境下，一所大学的主持者要想实现自己的理想和抱负，在我看来，其最困难之处不在于如何与“政治”“政党”“政府”划清界限，千方百计地“摆脱”政治的困扰与干预，保持大学的“独立”“清高”，而在于在坚持自己的理想和原则的前提下，积极而有效地化解政治因素的负面影响，协调好政治与学术的关系，充分调动和利用政治资源，为实现自己的理想和抱负服务。浙江大学在抗战期间得到迅速发展，与竺可桢本人在纷繁复杂的政治生态环境中，坚持“只问是非，不计利害”的处事原则和精神境界有着极大的关系。从一定意义上讲，正是竺可桢的这种精神境界引导着浙江大学一方面坚持自己的理念和使命，另一方面比较好地处理学术与政治、学校与政府的关系，渡过发展进程中的各种难关。

竺可桢曾在多种场合对“只问是非，不计利害”做过解释：

科学精神是什么？科学精神就是“只问是非，不计利害”。这就是说，只求真理，不管个人的利害，有了这种科学的精神，然后才能够有科学的存在。……科学如此，政治亦然，若不以是非之心，而以好恶之心来治国家，也不行的。中国人最爱讲情面，情面就是与科学精神相反的。所以一讲情面，就什么事情最后非失败不可，故“是非与利害”的辨别，是很值得我们注意的一件事。①

十二点与学生讲演，……我校求是精神，即只知是非，不顾利害。诸葛亮之“成败利钝，非所逆睹；鞠躬尽瘁，死而后已”，即此意也。《孟子》“其父攘羊，其子告之”，亦是求是精神。②

预备“近代科学之精神”演讲，……谓科学之精神在于不顾利害以求真理，祛除成见以就理智，及实事求是，知之为知之、不知为不知。③

这就是竺可桢坚守的“只问是非，不计利害”的原则和精神境界。从这一立场出发，处理个人好恶、个人情感、个人利益与学校发展、国家民族利益的关系。

在接任浙江大学校长之前，竺可桢曾有许多顾虑，不愿意

① 竺可桢.竺可桢全集（第2卷）[M].上海：上海科技教育出版社，2004：238—239.
② 竺可桢.竺可桢全集（第8卷）[M].上海：上海科技教育出版社，2006：64.
③ 同上：74.

离开由他一手开创的中国现代气象事业是其一；两地兼职往来奔波影响个人生活和健康是其二；作为一名科学家，个人在性格上“不善侍候部长、委员长等，且亦不屑为之”[①] 是其三；等等。但是，当他认识到浙江“需一大学为中流砥柱”，通过自己的努力可以为浙江的文化教育事业做点贡献，办好浙江大学有助于“使我们国家能建设起来成为世界第一等强国”的大局之后，毅然受命于危难之际。当时有人告诉他，身兼二职（指浙大校长和中央研究院气象研究所所长）可以有更多的机会接近蒋介石本人，非常有利于个人的发展。竺可桢明确表示“此事不能〔从〕利害方面着想”。[②] 接手浙大校政之前，竺可桢曾通过陈布雷之口向最高当局表达了三层意思：

> 余提三要求，三点即：财政须源源接济；用人校长有权，不受政党之干涉；而时间则以半年为限。[③]

任职之后，他深知口头承诺的不足为凭。作为体制内的一名国立大学校长，他必须隐忍甚至改变自己不善于也不屑于与政府官员、部长甚至是委员长本人打交道的个性，才能为学校发展获取必需的资源和空间。从这一时期的日记中可以看出，为了浙大的办学经费问题、用人问题、建校用地问题、师生安全问题等，他曾多次拜访、周旋甚至请托于国民政府教育部、资源委员会、行政委员会、军政部、委员长侍从室的官员，也

① 竺可桢.竺可桢全集（第6卷）［M］.上海：上海科技教育出版社，2005：30.
②③ 同上：35—36.

曾数次直接向蒋介石本人寻求支持。

《竺可桢日记》1936年10月15日条记载：

适接蒋院长寓来电，知其将〔来〕校。……随从来者约七八人，布雷亦陪同而至。先至校长办公室，余即谈及扩充校舍须将火药库即军械局之地〔纳入〕，蒋先生即允可无问题。其次谈及经费，余谓临时费非于一二年中大加扩充，则校舍无从建筑，渠以本年无办法，俟诸下年度。次即出至文理学院教室、图书馆、物理室视察一周，借可知屋宇之零落，渠即谓确非加新建筑不可。[1]

这是竺可桢上任半年后第一次面见蒋介石，他提了三个要求，除第三点拟请蒋给学生作报告未能实现外，至关重大的校舍扩建用地问题和学校临时费问题都得以解决。

《竺可桢日记》1943年5月2日条记载：

中午，委员长约在训练团之专科以上校长十九人及布雷、立夫中膳，……膳后委员长对于大学，主张提倡尊师重道，学生守纪律知卫生。校中应常有卫生讲演，校长应主持伦理一科，至少应相当时期讲一次，纪念周必须按期举行。未提及教员待遇问题或经费。余明知此为逆耳之言，但此为各校最迫切之问题，不得不提。故进言教职员入不敷出，不能维持生活之困难。委座意一般解决甚难，惟有特殊困难，尤其关于家族生活者，

① 竺可桢.竺可桢全集（第6卷）［M］.上海：上海科技教育出版社，2005：163.

可以径向委座请款云。[1]

这是在会议上不计个人利害，不考虑个人影响，代表全国高等教育界，向蒋介石提出其本不愿意涉及的话题。

有时则是通过各种关系向蒋介石为浙大争取经费。1944 年 11 月 3 日条记载：

寄叔谅函，嘱布雷向委员长为浙大请文化讲座奖金，每月卅万元，以为教职员加津贴地步。[2]

叔谅即陈训慈，竺可桢东南大学时的学生，时在委员长侍从室任职，陈布雷之弟。

在整个抗战期间，竺可桢仍然兼任中央研究院气象研究所所长一职，每年需有一至两个月的时间到重庆处理气象研究所的日常工作和参加中央研究院、教育部的各种会议。查阅竺可桢每年这一段时间的日记，就会发现他特别忙碌，总是抓住一切机会走访各部门，并利用熟人、同学、同乡、校友等各种关系为浙大争取发展空间。如《竺可桢日记》1939 年 9 月份记载，他 9 月 1 日从广西桂林至重庆，9 月 2 日：

十点至玉川别业晤杭立武，谈 Marriott 问题。M 已辞职，余提汪胡桢为水利讲座教授，月薪五百元。杭以月薪最高数只四

① 竺可桢.竺可桢全集（第 8 卷）[M].上海：上海科技教育出版社，2006：557.

② 竺可桢.竺可桢全集（第 9 卷）[M].上海：上海科技教育出版社，2006：215.

百元，余一百元，余允由校贴。……关于建筑十二万元。杭以原为永久性质，故如用于广西，只允以三分之一，而其余三分二为设备。余则主张三分二为建筑，因广西可办分校，故亦可作永久性也。①

杭立武此时为中英庚款董事会总干事，汪胡桢为竺可桢拟聘到校任教的水利专家。9月3日：

十一点一刻至教育部，……十一点三刻陈立夫来，与谈浙大建筑事。②

陈立夫时任教育部部长。9月4日：

晨六点半起。只睡三小时，因房朝东南，有太阳，故不能安睡。八点至中央党部晤朱骝先，……余请其于下星期英庚款会议提出将前会中允拨补助费廿六七八三年度合共十二万即作为小龙江建筑之用。③

朱骝先，字家骅，时任中研院代院长、国民党中央组织部部长。9月6日：

九点半车至青木关。……由教部会计郭君（良俊）陪同至

---

① 竺可桢.竺可桢全集（第7卷）［M］.上海：上海科技教育出版社，2005：152.

②③ 同上：153—154.

教育部，晤吴士选、顾一樵等。邵鹤亭部中不能放走，故教育哲学须另觅人。经费问题晤章司长……①

吴士选、顾一樵此时分别任教育部高教司司长和教育部政务次长；邵鹤亭，教育学家，此时在教育部任职，竺可桢本来想把他聘为浙大教育哲学教授，未果。类似的记载，日记中俯拾皆是。同样，在西迁过程中，无论是到江西泰和、广西宜山，还是到贵州遵义，每至一地，竺可桢总是主动和当地政府以及江西、广西、贵州等省的有关部门取得联系，并通过学校为当地解决各种经济问题、社会问题，以取得信任，争取支持。正是在竺可桢的不懈努力下，浙江大学在相当恶劣的政治生态、社会生态和学术生态环境中争取到较多的资源和较好的发展空间。《竺可桢日记》1943 年 1 月 6 日条记载：

自余入川，教部及国库所拨各费至浙大者已达一百六十三万元之巨，故校中不应再患缺款……②

这已经是 1943 年了，距竺可桢就任浙大校长已近七个年头，虽然从长远来看，“不应再患缺款”仍是暂时的，但经过长期努力，经费问题毕竟得到极大缓解。须知一所大学的发展，经费支撑是最重要的因素之一。聘请教师方面，在竺可桢多方罗致和诚意感召下，这一时期先后到校任教的著名学者有胡刚

① 竺可桢.竺可桢全集（第 7 卷）［M］.上海：上海科技教育出版社，2005：155.
② 竺可桢.竺可桢全集（第 8 卷）［M］.上海：上海科技教育出版社，2006：480.

复、王琎、张其昀、王淦昌、梅光迪、钱穆、张荫麟、涂长望、叶良辅、谭其骧、黄秉雄、任美锷、郭斌和、卢守耕、周承佑、王驾吾、谈家桢、钱令希、张肇骞、罗宗洛、吴征铠、冯新德、钱钟韩、苏元复、卢鹤绂、马一浮等。大批学者的引进使浙大在学科建设、科学研究和人才培养方面获得迅速提升。西迁的第二年，即1938年，浙大增设师范学院，下设6个学系。1939年，原文理学院分立，文学院设中文、外文、教育、史地等学系，理学院设数学、物理、化学、生物等学系。同年，设立文科研究所史地部、理科研究所数学部，设立浙东龙泉分校。1940年，工学院机械、电机两系设双班，师范学院设二部，在湄潭设浙大附中。1941年，设工科研究所化工部。1942年，成立浙江大学研究院。同年，增设理科研究所生物学部、农科研究所经济学部。1944年，工学院设航空系。1945年，增设法学院，设法律系。1946年，增设医学院。浙大在学科建设上几乎是年年上一个台阶。

综上所述，为了学校的发展，竺可桢不得不主动或被动地向“政治”靠拢，与“政府”“政党”周旋应付；不得不在必要时采取各种妥协圆通的手段。但是，在上述所有的活动中，竺可桢始终保持着清醒的头脑，他绝不计较个人的利害得失，但在事关青年教育，事关学校发展理念，事关国家民族的大是大非面前，却“计较”得非常清楚。他对于来自“政府”“政党”的重重干扰，有的是以自己认可的方式予以“消化”，有的则态度鲜明、坚决抵制。

竺可桢主持浙江大学后首先碰到的一件非常棘手的事情是

如何对待大学生的军训问题，他的前任郭任远的被迫辞职原因很多，而军训问题是最直接的导火索。国民政府早在1929年即修正公布《高中以上学校军事教育方案》，规定："凡大学、高级中学及专门学校、大学预科并其他高等以上学校，除女生外均应以军事教育为必修科目，其修习期间均定二年。"[①] 九一八事变后，各高中以上学校加强了军事教育。同时，此举与政府强力向高等学校渗透和强化思想控制的诸多举措相配合，致使各校围绕军事教育、训育问题经常发生各种风潮。在1936年3月9日的日记中，竺可桢写道：

办大学者不能不有哲学中心思想，……余以为大学军队化之办法在现时世界形势之下确合乎潮流，但其失在于流入军国主义，事事惟以实用为依归，不特与中国古代四海之内皆兄弟之精神不合，即与英美各国大学精神在于重个人自由，亦完全不同。目前办学之难即在此点。郭之办学完全为物质主义，与余内心颇相冲突也。[②]

在竺可桢看来，大学中实施军事教育，搞军事训练，从办学理念的层次讲，是一种实用主义，且与中国传统精神背道而驰，绝不可能是一种长久方针。但鉴于日本帝国主义对中国的侵略行径，目前对大学生实施军事教育又不失为一种权宜的办法，关键在于慎重地选择军事教官和训育指导员。《竺可桢日

① 宋恩荣，章咸.中华民国教育法规选编［M］.南京：江苏教育出版社，2005：105.

② 竺可桢.竺可桢全集（第6卷）［M］.上海：上海科技教育出版社，2005：36.

记》1936 年 4 月 28 日条记载：

蒋伯谦来，余与谈浙大需一训育指导员，须兼课三数小时。盖郭任远在浙大之失败，军事管理实负其责，而所用三军事管理员皆低薪水阶级，资格甚差，不足引起学生之敬仰心，学生衔之切骨，寻常高压之下，敢怒而不敢言，一旦爆发，乃不复可抑制。故余此次觅训育指导，必须资格极好，于学问、道德、材能为学生所钦仰而能教课者为限也。①

事实上，竺可桢掌校后对军事管理员、训育指导员及训导长的选择十分慎重，他们必须学有专长，能够获得学生的敬仰，能够承担某一门课程的教学工作。但是，他对于政府规定训导员、训导长必须是国民党员的做法大不以为然。最典型的例子是，他聘请不是国民党员且不愿意加入国民党的费巩担任浙江大学训导长一职。1940 年 7 月，浙大原训导长姜琦辞职，竺可桢即动员费巩担任此职。费巩，字香曾，毕业于复旦大学政治学系，1933 年即来浙大工作。由于他学术造诣深厚，教学认真，且十分关心青年学生的成长，故深得学生拥戴。费巩在接受训导长一职时提出两个条件：一是不参加国民党；二是只领取教授薪酬，不拿训导长薪俸，即是说不支领本该领取的那份训导长薪俸。8 月 12 日，费巩就任训导长一职。在竺可桢主持的会上，费巩向全体学生发表了与众不同的就职讲演——《对于训导之意见》，他说：

① 竺可桢.竺可桢全集（第 6 卷）[M].上海：上海科技教育出版社，2005：63.

训导长有人称之谓警察厅长，但吾出来做，决不是来做警察厅长或者侦探长，吾是拿教授和导师的资格出来的，不过拿导师的职务扩而充之。吾愿做你们的顾问，做你们的保姆，以全体同学的幸福为己任。……训导处从今天起改走前门，不走后门，大门洞开。你们有事尽可以进来谈话。……任何人有什么意见，可以当面告知我，或写信给我。吾还要常到宿舍去，男女宿舍都常常要去，但不是来侦察的，是来访问你们，想与你们多接触的。①

就这样一位不支薪俸、愿意为学生的幸福服务的训导长，半年后被迫离职。竺可桢在日记里不无悲愤地写道：

训导主任因香曾非党员，故教部不愿其久居此位，必须另觅人。②

1938 年 4 月国民党临时全国代表大会后，进一步加强了对高等教育的渗透和控制，其中一个重要举措即是要求各大学校长加入国民党。《竺可桢日记》5 月 30 日条记载：

午后二点半至校。六点半回。八点晓峰与叔谅来，以布雷函相示，嘱余入国民党，因上月代表大会后，党中有改组之意，其中有一办法，即拉拢教育界中人入党。余谓国民党之弊在于当

① 浙江大学校史编辑室.费巩烈士纪念文集（卷二）[M].杭州：浙江大学出版社，1980：60.
② 竺可桢.竺可桢全集（第 8 卷）[M].上海：上海科技教育出版社，2006：8.

政以后，党员权利多而义务少，因此趋之者若鹜，近来与人民全不接近，腐化即由于此，拉拢若干人入党，殊不足改此弊。[1]

这是国民党要员第一次动员竺可桢加入国民党，被他以个人加入不足以改变国民党的“腐化”为由拒绝。1939 年 3 月，竺可桢到重庆参加第三届全国教育会议。《竺可桢日记》3 月 8 日条记载：

今晨张子明以国民党入党书嘱填。余告以已经蔡先生函立夫调余回院，至于入党一事容考虑之，但以作大学校长即须入党实非办法也。[2]

这一次，竺可桢的借口是，他已经请蔡元培先生致函教育部长陈立夫，要求调自己回中央研究院专任气象研究所所长，所以告诉来人，加入国民党的事以后再说，特别加了一句“作大学校长即须入党实非办法也”。就这样，备受国民党高层重视的这件事，被竺可桢一拖再拖。1943 年 5 月 12 日的日记中仍有“下午有中央训练团谢光平来，嘱余填入国民党志愿书。现大学校长中只余一人非党员”[3] 的记载。直至 1944 年，此事才算有个了结。该年 7 月 13 日的日记记载：

今日寄陈叔谅入国民党申请书。余对国民党并不反对，但

① 竺可桢.竺可桢全集（第 6 卷）[M].上海：上海科技教育出版社，2005：527.
② 竺可桢.竺可桢全集（第 7 卷）[M].上海：上海科技教育出版社，2005：45.
③ 竺可桢.竺可桢全集（第 8 卷）[M].上海：上海科技教育出版社，2006：563.

对于入党事极不热心，但对于国民党各项行动只有嫌恶憎恨而已。……近来党中人处处效法德国纳粹，尤为余所深恶而痛极。近《大公报》伦敦特派访员萧乾，谓英美朝野称我国三民主义所实行者一民主义而已，对于民生、民权的确未顾到。事事要中央发动，此岂可称民主耶。对于贪污大员如孔某者亦不能批评，此尚何有自由言论耶。[①]

从1938年被陈布雷动员起，到1944年正式填写加入国民党申请书，此事前后拖了整整6年。就在填写申请书的同时，在日记中，竺可桢痛快淋漓地批评了国民党的种种行径，直斥之为“处处效法德国纳粹”。在这里，我们看到的是一位为了学校发展而不得不含垢忍辱、委曲隐忍，但对大是大非保持高度清醒头脑的正直知识分子的凛然形象。事实上，作为一位大学校长，竺可桢从来没有忘记为学校、为教师、为学生争取一个相对宽松自由的学术环境和生活环境。他曾和陈布雷深谈：

余谓目前国家对于大学教育方针须要确定，不能徘徊于统制与自由二者之间。[②]

他在多种场合明确表态：

大学无疑的应具有学术自由的精神。[③]

① 竺可桢.竺可桢全集（第9卷）[M].上海：上海科技教育出版社，2006：145.
② 竺可桢.竺可桢全集（第7卷）[M].上海：上海科技教育出版社，2005：154.
③ 竺可桢.竺可桢全集（第2卷）[M].上海：上海科技教育出版社，2004：641.

余主张大学学术自由，不能用标准化办……①

从一定意义上可以说，竺可桢违背个人意愿，违心地加入国民党，主要是为了利用这种身份保护师生、维护学校利益。在二十世纪四十年代列强入侵、国共两党摩擦不断的动荡局势下，浙大师生政治热情高涨，常常招致与政府当局的激烈冲突。正是在竺可桢多方奔走、积极营救下，师生们的损失才得以减少到最低程度，学校才得以获得较为安定的教学和科研环境。

作为一所国立大学的校长，竺可桢“只问是非，不计利害”的精神境界更时时体现在学校的办学活动和日常的教学工作之中。在1939年3月举行的第三届全国教育会议上，蒋介石提出“各校校训应归一律，应可定为礼义廉耻”。② 国民政府教育部很快落实了此事，并将这一内容定为翌年全国大学招生的国文试题。《竺可桢日记》1940年7月20日条记载：

统一招生考试上午考国文、公民，下午考物理、理化。……国文题。(一) 作文：《全国学校共同校训释义》。按全国校训为“礼、义、廉、耻”，系去年全国教育会议蒋先生出席演讲所定，而经教育部通令各校遵行者。此事中学校行至如何地步，全视其当局而定，与学生之国文程度无关也。犹之昔人之默《圣谕广训》之类，将使阅卷者发生极大困难。余意最好将

① 竺可桢.竺可桢全集（第9卷）[M].上海：上海科技教育出版社，2006：364.
② 竺可桢.竺可桢全集（第7卷）[M].上海：上海科技教育出版社，2005：42.

此题不打分数。①

日记中的这番议论，表面上是对教育部出的国文试题不满意，认为这与考察学生的国文程度毫不相关，实际上是抨击蒋介石的独裁行径，认为此举与清代科举考试让考生默写《圣谕广训》如出一辙。对于国民党训练部要求大学生在纪念周活动时必须朗诵《青年守则》的规定，竺可桢更是极其反对，他在一则日记中写道：

二点半纪念周，今日开始点名及读《青年守则》十二条。余对于朗诵此种十二守则可称十二分不赞同。此等和尚念经之办法，奉行故事，于学生毫无益处，浪费时间而已。②

二十世纪三十年代初，国民政府鉴于高等教育结构方面存在的问题和战争的需要，三令五申地要求加大工、农、医等实科专业的设置，扩大这些专业的招生人数。就当时的情况而言，这些举措在调整高等教育结构方面确实取得了一定的效果，但是也出现了许多弊端：其一是导致数学、物理、化学等基础学科和人文社会科学部分学科的严重削弱；其二是导致一些不具备大学资格的学校趁机"升格"，出现大学"泛滥"的苗头。对于这些现象，竺可桢不计个人利害，不考虑自己的言行与政府政策相左的后果，不仅以国立大学校长的身份在各种场合大声

① 竺可桢.竺可桢全集（第7卷）[M].上海：上海科技教育出版社，2005：398—399.
② 同上：80.

疾呼，反复向政府有关部门陈述自己的看法，而且在浙大进行了针锋相对的改革。据《竺可桢日记》1940 年 10 月 24 日条记载，这一天他找了时任中研院代理院长、国民党中央组织部部长的朱家骅，专门谈了自己对大学基础学科设置的看法：

余甚以基本科学，即物理、化学在大学中之被蔑视为虑。本年同济、四川、中山、重庆、西北五大学竟不能取到一个理科学生，而所取全国大学生至六千之多，工院竟占三千以上，则吾国科学前途大可悲观矣。[①]

他专门撰文陈述自己的观点：

大学教育的内容，应该注重通才教育，还是技术教育。这个问题，在美国目前争执颇为热烈。……目今我国社会，仍然充满了这种功利主义。大学里边的功课，支离破碎，只求传教零星有用的知识，而不注重理知的培养。大学生认定院系，不问其性情之是否适合，而只问毕业后出路之好坏，待遇之厚薄。选择科目，不问其训练之价值如何，而专问其是否可应用到所选定之职业。在大学内通才教育与技术教育，理应并重。但在现行教育制度之下，大学课程实有重新厘订之必要。基本科目必须增加，而各系之必修课目必须减少，庶几能达到培养理知之目的。[②]

① 竺可桢.竺可桢全集（第 7 卷）[M].上海：上海科技教育出版社，2005：465.
② 竺可桢.竺可桢全集（第 2 卷）[M].上海：上海科技教育出版社，2004：640—641.

有时抨击的对象直指最高当局：

接美国顾振军两函，……渠寄来六月间 MIT 校刊一份，中述 Compton 氏战后改变理工课程之计划，将人文及社会科学之课程加重。此乃该校一向政策，经委员会决定。非如我国之由最高当局临时想到，即下手谕，而加某为必修科，加某科钟点若干。如此办理，大学将无从发展，成为训练班而已。[①]

明眼人一看就知道这里指的是什么人。1939 年 5 月，当竺可桢听说浙江的一所学校通过陈立夫的关系，仅设医、农、工三个学院即打出大学的招牌后，十分气愤地在日记里写道：

迪生来电谓教部已准浙江设立战时大学，更名为英士大学。此全系一种投机办法，因教部长陈立夫系陈英士之侄也。许绍棣等之不要脸至此已极，可谓教育界之败类矣。专设医、工、农三学院而无文理，焉望能其办好！[②]

许绍棣，时任浙江省教育厅厅长。一位文质彬彬的大学校长、一位在国内有影响的教育家，如果不是对教育界这些徇私忘公、置民族国家利益于不顾的行径实在无法容忍，竺可桢绝不会如此恶语相加，把部长和厅长都一股脑儿地称作是“不要脸至此已极”和“教育界之败类”。

① 竺可桢.竺可桢全集（第 9 卷）[M].上海：上海科技教育出版社，2006：156.

② 竺可桢.竺可桢全集（第 7 卷）[M].上海：上海科技教育出版社，2005：88.

在向政府和社会充分陈述自己的办学理念的同时，竺可桢把更多的精力放在浙江大学自身的改革上。浙大当时的许多重要举措是在与当时政府的有关政策完全相左的情况下实施的。为了改变轻视文理、过分重视工科的弊端，使浙大真正成为一所综合性大学，竺可桢在主持校政后召开的第一次校务会议上即提出筹备中文系和成立史地系的问题。史地系在当年即宣告成立，集聚了钱穆、张荫麟、陈乐素、叶良辅、涂长望、谭其骧、任美锷等一批著名学者。中文系成立于 1938 年，是年 8 月成立的师范学院亦设国文系，文理学院的中文系和师范学院的国文系同时招收新生。1939 年，为了加强基础研究，浙大将原来的文理学院分设为文学院和理学院，另设文科研究所史地学部和理科研究所数学部及史地教育研究室。物理、化学、生物等学科吸引了一批国内外著名学者，教学和科研水平大大提高。1941 年，设工科研究所化工部。1942 年，成立浙江大学研究院。同年，增设理科研究所生物学部、农科研究所经济学部。这些新设的机构都以基础研究为主旨，以浙大最有特色的学科为依托。竺可桢“十二分不赞同”在每周的纪念会上向学生灌输《青年守则》之类的“奉行故事”，但他却充分利用当时教育部规定的每周一次的纪念周会的宝贵时间，不管刮风下雨，只要不出差，一定亲自参加，不仅自己结合国际、国内和学校内外的大事向学生谈感受、体会，讲自己治学、做人、处事的经验教训，而且利用自己广泛的社会资源为学生请来许多国内外名流学者作演讲，这些演讲者中有英国诗人艾温斯（B. I. Evans）教授，美国哈佛大学陶特（E. D. Dodd）教授，北大化学系主任曾昭抡，乡村教育家梁漱溟，文学家郁达夫，北平研究院物理研究所所长严济慈，钱塘江大桥工程处处长茅以升，美国纽约大学化学专家尼特（T. B. Niederl）博士，世界教育会会长、美国教育家孟禄（P. Monroe）博士以及国际物理学界泰斗玻尔（A. Bohr）教授等。1937 年出版的《浙大学生》杂志刊登了一份该年度公开讲演清单，总数达八十余次（也包括纪念周会之外的一些名人演讲），内容广泛，涉及哲学、政治、法律、文学、历史、物理、化学、生物、地质、医学、农业、机械、土木等各个学科，大大丰富了学生的课外生活，开阔了他们的视野。1940 年，教育部举行全国第一届大学生学业竞试，浙大名列第四。竺可桢在 1941 年 8 月 2 日的日记中特意记下此事：

去年学业竞试得嘉奖之学校近已发表：（一）中大，（二）岭南，（三）武大，（四）浙大，（五）中山，（六）重大，（七）厦大，（八）东吴，（九）西南联大，（十）师范学院，（十一）复旦，（十二）川大。[①]

1941 年，教育部举行全国第二届大学生学业竞试，浙大成绩更好。竺可桢在 1942 年 5 月 16 日的日记中写道：

今日接教育部去年学业竞试得奖名单，计一、二年级得奖者全国九十一人。以浙大为最多（十名），岭南与中央大学各七

① 竺可桢.竺可桢全集（第 8 卷）[M].上海：上海科技教育出版社，2006：123.

名，武汉与厦门各六名，唐山交大、广西与独立师范、西北师范各五名，四川大学四名，湖南大学二名，西南联大未加入考试。[①]

1943 年举行全国第三届大学生学业竞试，浙大第二次夺冠。竺在 1945 年 5 月 3 日的日记中写道：

第三届全国专科以上学校竞试乃前年所举行，迄本年上月底始将结果发表。计全国得奖者 176 人，浙大得 19 名，龙泉分校 5 名，余各校厦大 11 名，国师 14 名，中山 12 名，中央 8 名，联大 4 名，武大 3 名，西大 6 名，交大（唐山）6 名。[②]

从 1940 年开始，国民政府教育部决定在全国国立大学、独立学院和已备案的全国性学术团体中遴选部聘教授，分别于 1942 年和 1943 年各举行一次，两次共聘四十五名，其中中央大学十二名，入选人数居第一；西南联大十名，居第二；浙江大学五名，居第三。在 1948 年 3 月中央研究院选举产生的八十一位第一届院士中，浙江大学有竺可桢、苏步青、贝时璋、罗宗洛（后调入中研院）等人当选，入选人数在当时全国大学中亦名居前列。

可以说，抗日战争期间浙江大学在学科建设、人才培养和科学研究诸方面取得的突破性发展，既是竺可桢充分利用各种政治资源，为学校争取发展空间的结果，也是他独立思考，“只

① 竺可桢.竺可桢全集（第 8 卷）[M].上海：上海科技教育出版社，2006：339.
② 竺可桢.竺可桢全集（第 9 卷）[M].上海：上海科技教育出版社，2006：392.

问是非，不计利害”精神境界的体现。1939 年 7 月 16 日，浙江大学在广西宜山举行第十二届毕业典礼，竺可桢在会上讲话：“勖勉学生以出校后须有正确之人生〔观〕，为名为利均有弊窦，只知为社会服务、不顾名利而自然可得成功。所谓成功亦非名利兼收。古人有不惜牺牲生命而保存其志节、主义，虽身死而志行则亦为成功，如诸葛武侯，中山先生亦即其例也。最后以王文成公答陆文静书所云：‘君子盖有举世非之而不顾，千百世非之而不顾者，亦求其是而已矣，岂以一时之毁誉而动其心哉’，为我校求是精神之精义。”①。竺可桢引用王阳明的这段传世语录，既是对即将走上社会的毕业同学的临别赠言，也是借先贤的话对自己坚守的“只问是非，不计利害”做了一个很好的诠释。

三、道德情操：克己奉公、清正廉洁、襟怀广阔、平易近人

对一位大学校长而言，他的办学理念、他对大学使命的认知决定了他主持的大学的文化关怀、学术抱负和社会担当；他的精神境界影响着他协调、处理大学与政治、政权、政府等外部世界的关系；他的私德、他的情操，是他能否在师生中具有很高的威望和亲和力，能否整合学校内部各种资源，调动一切积极因素的关键。浙江大学在抗战期间艰苦困难的条件下获得较大的发展，与竺可桢的个人品质、人格魅力，与他的道德情

① 竺可桢.竺可桢全集（第 7 卷）[M].上海：上海科技教育出版社，2005：124.

操有极大的关系。

前面提及，竺可桢在接任浙江大学校长一职的同时，就向有关方面明确表态，任职时间以“半年为限”。而且，此后他多次向教育部、中央研究院、国民党中央组织部提出，在浙大校长和气象研究所所长两个职务中只能做一件事情。但是，事实上，他在浙大校长任上一做就是十三年，同时兼任气象研究所所长十年。在长期的兼职过程中，开始是杭州、南京，之后是泰和、武汉，再后是遵义、重庆，浙大和气象研究所始终不在一地，两个单位又分别属于两个部门。他这个校长兼所长只能在战火纷飞、交通不便的两地、三地之间往返奔波。更为困难的是，抗战期间浙大和气象研究所几次内迁，让竺可桢心力交瘁。每次学校搬迁，竺可桢都要做足“功课”，先是去实地考察，学校迁至什么地方合适、当地受战事影响如何、交通是否便利、气候如何、物价是否比较低廉、有无地方性疾病等，都需要反复核实。定下了迁校地址，紧接着是走陆路还是走水路、如何省钱又安全，甚至交通工具的调拨、汽油的筹措等，都需要他亲自出面与有关方面打交道。然后是组织全校上千名师生、家属和大量图书及仪器分批上路。任何一个环节出问题，都会影响到师生和学校财产的安全。在所有这些活动中，作为校长的竺可桢，既是运筹帷幄的总指挥，又经常身先士卒，出现在最危险、最关键的时刻，成为师生们的主心骨。学校一旦安置下来，只要不出差，竺可桢总是早上七点半左右到校，或参加学生纪念周会，或处理各种文件，或找师生谈话，开始一天的工作。由于操劳过度，竺可桢经常感到体力不支，日记中多有这样的记载：

此二三年来，余老态日增，看报纸须去眼镜始清晰，耳中常闻哄哄之音，如一二里外之机器声然。①

午后胡国泰（伯谦）来拜年，说猜我已过了六十岁，可知我是龙钟不堪了。……二三年不相见的人，没有一个不惊怪我老得如此之快。在宜山时我尚不承认自己是老年人。②

1938年6月，战火已蔓延至江西北部，浙大不得不再次寻找迁徙的新地点。6月底，竺可桢离开泰和，先到武汉与教育部部长陈立夫商谈迁校问题，然后经长沙到湖南衡阳、广西桂林等地选择校址，了解交通运输情况。正当他为迁校、招生之事奔走各地之时，7月23日，在桂林接到学校让他速归的电报。他知道自己离家太久，夫人染病急需照料，把手头的事托付同行的胡刚复后即往回赶。7月25日晚，当竺可桢乘坐的车子回到学校所在地上田村时，三个孩子竺梅、竺宁和竺安早已在堤岸上等候多时。

下车即遇宁、彬诸儿，梅儿即谓妈妈病好点。余问衡，谓衡没得了。余闻信之下，几不能辨是真是梦……③

突如其来的噩耗使竺可桢难以自持，无法直接回家，便先到老友郑晓沧处歇息片刻。

---

① 竺可桢.竺可桢全集（第8卷）[M].上海：上海科技教育出版社，2006：29.
② 竺可桢.竺可桢全集（第9卷）[M].上海：上海科技教育出版社，2006：328.
③ 竺可桢.竺可桢全集（第6卷）[M].上海：上海科技教育出版社，2005：554.

即至晓沧处略歇，回家……见侠卧床上，唏嘘不能言，谓恐不能再相见。①

竺可桢的妻子张侠魂和二子竺衡是7月11日晚同时发病的，医生诊断为噤口痢，病势凶险，乡间医疗条件差，发病后仅十天，就夺去了十四岁孩子的生命。竺可桢未及见孩子最后一面。此时的张侠魂仍未脱离危险，虽经竺可桢多方延医治疗，但终因难以控制的并发症，亦于8月3日逝世。接连遭受失子丧妻之痛，竺可桢的精神几近崩溃。国难日深、校务待理，他强忍悲恸，在张侠魂去世第三天即投入工作。1938年8月5日的日记记载：

八点至大原书院。阅一个月来寄来之各项报纸与杂志，见哈佛同学会寄来之 *What is a University*《大学是什么》。按教育部嘱办师范学院，计全国有中央大学、西北联合大学、西南联合大学、广州中山大学与浙大五个师范学院。②

但是，当一天的工作忙碌完毕，夜深人静之时，对亲人的思念再也无法抑制。在此后很长一段时间的日记里，经常有与亲人在梦中相见的记载：

晨四时即醒，不能寐。夜间梦侠来，……忆〈今〉〔去〕年

① 竺可桢.竺可桢全集（第6卷）[M].上海：上海科技教育出版社，2005：554.
② 同上：560.

冬在吉安木匠街时，曾阅《七修类稿》，见载陆放翁忆妻唐氏诗二首。……余在该时曾将此诗指与侠看，侠亦称赏，不图竟成为诗谶也。今晨在枕上得一绝，步放翁原韵。“生别可哀死更哀，何时重上旧城台。西风萧瑟湘江渡，昔日双飞今独来。”盖六月卅日余别侠于泰和，至车站告别，十二日而侠病，再十二日而余回，已奄奄一息，再九日而竟不起矣。九一八在茶陵、衡阳〔间〕渡湘水，遇狂风细雨，大有秋意。今春两次来往湘赣，侠均相偕，今独来，故有感也。①

晨一点半醒，不能成寐，因续成步放翁原韵悼侠魂绝句两首。(一)“生别可哀死更哀，何堪风去只留台。西风萧瑟湘江渡，昔日双飞今独来。”(二)“结发相从二十年，澄江话别意缠绵。岂知一病竟难起，客舍梦回又泫然。”②

是什么力量支撑着竺可桢在艰苦备尝、身心极度痛苦之中仍能百折不回，带领浙大师生进取不息呢？曾经与竺可桢长期共事的陈训慈认为，“其支持力量全是他强烈过人的责任感，是公而忘私、高度爱国家爱作育的精神所致”。③ 陈训慈曾在一篇文章中分析道：

(一) 是竺之以身许国，迎难而进之基本思想与过人毅力；(二) 是抗战越艰苦，竺对当时专家教授忍受艰贫，相随于一学府（甚至不少教授病故）之无限同情与关爱，以至于不忍舍他

①② 竺可桢.竺可桢全集（第6卷）[M].上海：上海科技教育出版社，2005：582—583.

③ 浙江省政协文史资料委员会.一代宗师竺可桢（浙江文史资料选辑第40辑）[M].杭州：浙江人民出版社，1990：28.

们而去，对广大学生也同此心；（三）是他对浙大的感情与责任心愈往后而愈深。越是生活艰苦，越多想到大量教职员工比自己还艰窘，愿共患难而不去。还有更多的学生忍饥寒而力学不懈（有的只靠微少的工读收入或助学金过日子）。这种关爱与怜惜之情，又自然与他尊重事业、热爱国家的心情紧密结合。每为一时的原因而想辞，一经以大义相责望，便又打消去意……[①]

作为这一历史过程的亲历者，作为竺可桢的学生与同事，陈训慈的分析是准确的。尽管在日记中，我们看到竺可桢几乎一有机会就向各方面表示自己辞去校长一职的愿望和决心，但是一回到学校，他就把自己的种种想法和不快深深地埋藏在心里，全力以赴投入工作。在抗战最艰苦的岁月里，作为一位国立大学校长，他的工资收入几乎不能维持一家的生活：

余每月所收入共为四千三百元、一市担米，而上月单买菜已三千元，油盐酱均在外，三者连煤、水至少一千五百元，而梅儿一人在湄须用一千元，贵重之药尚不在内。余尚如此，余人可知。[②]

梅儿是竺可桢的长女竺梅，她身体不好，长期住医院治疗。在这样的拮据情况下，他考虑的是学校的教授、职员，“余尚如此，余人可知”。有时实在周转不过来，他就靠典卖物

① 浙江省政协文史资料委员会.一代宗师竺可桢（浙江文史资料选辑第40辑）［M］.杭州：浙江人民出版社，1990：28.
② 竺可桢.竺可桢全集（第9卷）［M］.上海：上海科技教育出版社，2006：23.

品维持生计。

波若来。将余之麂皮大衣交与，拟以十万元售去，因现在每月所入不敷开支也。[①]

三点至校。朱鹤年来谈。又卢温甫将 E. Masten 购余存所中曾世英地图一幅美金二十元，得一万元，又教部转来委员长年尾酬劳万元。得此二笔，差可还清校中欠账。[②]

此类记载在《竺可桢日记》中随处可见。其实，作为与中央大学、武汉大学同属国立大学且规模相近的浙大之校长，按教育部有关规定，竺可桢的薪俸应与其他两校校长一样。但是，任职以来，他的实际薪俸一直比其他两校校长整整低了两级：

余自到校五年以来均支简任三级薪，即月 600 元，但武大、中大均以简任一级薪。余初未尝以此作计较也，近来公文谓大学四院以上、二十系以上者公费得支 300—400 元，则公费方面昔只支 200 者亦过少矣。[③]

多年来，他为浙大的发展不辞辛苦，四处求告，通过各种渠道争取来的经费何止数百万元，却从未为自己遭受的不公正待遇去找有关部门。同事们为他愤愤不平，他淡淡地说：“余初

① 竺可桢.竺可桢全集（第 9 卷）［M］.上海：上海科技教育出版社，2006：221.
② 同上：242.
③ 竺可桢.竺可桢全集（第 8 卷）［M］.上海：上海科技教育出版社，2006：277.

不因此而介意也。若斤斤争锱铢，则吾亦早为大腹贾矣。”[①]

清正廉洁是竺可桢获得师生衷心拥戴，学校有很强的凝聚力的一个重要原因。身为一校之长，集全校的财务、人事、建设大权于一身，在战火纷飞的特殊历史时期，“天高皇帝远”，一切规章制度都无法正常执行运作，有多少贪官污吏在发国难财。有鉴于此，竺可桢在学校管理上，力主校务公开，举凡学校大政方针、规章制度以及经校务会议讨论的重要决定，均通过《国立浙江大学日刊》《国立浙江大学校刊》等刊物及时向全校师生刊布，便于师生监督；同时，借用每周一举行的由全体学生参加的总理纪念周会向大家报告校务。他坚持教授治校，通过组织各种委员会，吸收师生参与学校的各项管理工作，充分调动师生的积极性。他经常利用各种机会对学生进行教育：

国家政治不清，亦需要纯洁不自私的人出而当国，故吾人正需要青年以治平天下为己任。但切弗做大官之后而发大财，如此之人没有不贪污的。[②]

在遵义举行的第十八届浙大毕业典礼大会的演讲中，竺可桢结合当时社会上的丑恶现象，语重心长地告诫同学们：

近来报上所载我国贪污之案层见迭出，甚至财政部总务司

① 竺可桢.竺可桢全集（第7卷）[M].上海：上海科技教育出版社，2005：395.
② 竺可桢.竺可桢全集（第10卷）[M].上海：上海科技教育出版社，2006：138.

长王绍齐、直接税局局长高秉坊、中央银行业务局长这类人也竟监守自盗，舞弊上千万。诸君看了报自然莫不痛心。但是诸位要晓得，在有一个时期这类作弊的人也是和诸君一样从大学刚毕业、极清白纯粹的大学生。因为贪污之层见迭出，所以一般人以为官是做不得的，财是不能发的，这可大错了。做公务员就是官，我们就希望顶好人材、顶廉洁的知识阶级去做官，惟有这样，公家的事才能办得好。中国那么穷，我们就希望大家绞脑汁来做发明、办工厂、开农场，去发大财。惟有这样，国才能富，民才能强。所以我希望你们能做官、能发财，但不希望你〔们〕因为做了官再去发财。为做官而发财，是没有不贪污的。①

竺可桢掌校期间，始终廉洁自律、公私分明，从不利用特权占公家便宜。《竺可桢日记》1940 年 5 月 2 日条记载了这么一件事：

学校近请得外汇美金一千余元，适其中有数书不到，故尚多美金五元余，适余接 *Harvard Alumni Bulletin*《哈佛大学同学会公报》来函索订报费，计一年，至明年二月一日止为 4.75 美金。故即以此数汇抵，以每元三元三角七计算，计国币十六元一角。此尚系法价，倘用黑市，则每金元须以十六元算，其数当在七八十元之间矣。虽得便宜，但将来此项报纸仍送图书馆。②

---

① 竺可桢.竺可桢全集（第 9 卷）［M］.上海：上海科技教育出版社，2006：444.

② 竺可桢.竺可桢全集（第 7 卷）［M］.上海：上海科技教育出版社，2005：348.

这是一件谁都不晓得，只有竺可桢自己知道的事情，但他在日记中特意记下此事，提醒自己“将来此项报纸仍送图书馆”。《竺可桢日记》1943 年 7 月 18 日条记有另一件事：

十点半至农场（指设在湄潭的浙大农学院农场——引者），……膳后至农场一览。时唐菖蒲（gladiolus，剑兰）、土水仙、福禄考等盛开，黄金瓜、洋葱、番茄均成熟。余购洋葱（五元一斤）、番茄（二元一斤）、金瓜（四元一斤）共一百余元而回。[①]

一位校长到自己学校的农场视察工作，掏钱买了些农场的蔬菜，此类事情在竺可桢看来太正常不过了。殊不知正是这些他认为极平常的小事，却在无形之中影响着一个大学的风气，形塑着一个学校的校风。其时任浙大农学院园艺系主任的吴耕民，在几十年后的一篇文章中深情地回忆：

竺先生为人极廉洁，不揩学校的油。农学院农产品多，如牛奶、牛油、鸡鸭、蛋、水果、西瓜、番茄、花木等样样都有。竺先生以身作则，绝对不揩油白拿，和一般顾客一样都付款购买。我们为他的廉洁道德所感动，也不拿公物送人，自己也不白吃。……竺先生对学校办公费开支也很节约，例如开校务会议照例由学校备便饭，竺先生不准供应老酒，有人要求喝酒，竺先生也铁面无私不准开禁。例如陈建功先生有酒癖，每餐非

① 竺可桢.竺可桢全集（第 8 卷）[M].上海：上海科技教育出版社，2006：602.

喝酒不可，只好自己暗地里叫工友去买一瓶，由他自己付钱，当时大家以陈教授自己化钱喝老酒传为美谈。[①]

无论是在杭州时期还是在西迁途中，总有人通过各种关系或推荐人员到浙大任教，或设法为子女或亲朋好友的孩子进入浙大读书说项。碰到这种情况，竺可桢一概回绝。在一则日记中，竺可桢写道：

现各方谋事者日多，昨鸣雝太太姚含英来，今日二姊所介绍之张瑛来。此外来函谋事者如何建文、杨其泳、王萍州、竺士樵等等，使余应接不暇。若任意位置，抱一有饭大家吃之主义，则学校遭牺牲。若此辈均置之不理，则怨恨丛生，以是知行政当局之困难。余惟以是非为前提，利害在所不顾。[②]

上述请托者名单中，有竺可桢的堂侄竺士樵，有时任国民政府立法委员、竺可桢妻子张侠魂的二姐张默君等。在以后的请托人名单中，甚至有竺可桢尊敬的师长蔡元培先生。对于所有这些替人说项的师长、亲人、朋友、同事，竺可桢总是找出各种借口予以婉拒。对于那些拎着礼品直接找上门来的人，竺可桢简直是深恶痛绝。《竺可桢日记》中多有这方面的记载：

高学洵来并送礼物。余告以余不愿有此种习惯，故昨日送

① 浙江省政协文史资料委员会.一代宗师竺可桢（浙江文史资料选辑第 40 辑）［M］.杭州：浙江人民出版社，1990：16.

② 竺可桢.竺可桢全集（第 6 卷）［M］.上海：上海科技教育出版社，2005：67—68.

来未收。[1]

接邦华函聘万勉之为日文讲师，……其实太不相宜，因其回国久，必甚荒疏也。万并以观世音及无量寿佛为赠，使余鄙其为人。[2]

在遵义期间，有一段时间学校庶务处人手不够，庶务主任王伊曾向竺可桢推荐竺士楷，竺可桢一口拒绝。竺士楷是竺可桢长兄的儿子，时任浙大土木系讲师。竺可桢大哥早丧，他从国外回来后，士楷一直和他生活在一起，由他抚养，供士楷读书上学，直至参加工作，视同己出，叔侄关系特别亲近。这份工作远比做讲师收入要高，竺可桢为什么不同意士楷到庶务处工作呢？《竺可桢日记》中有这样一段记载：

前王伊曾欲介绍士楷为总务事，余不赞同，亦以欲避嫌。且波若喜管事，士楷为总务，则波若必将染指于购置、保管二股，将来必有困难。[3]

《竺可桢日记》中提到的波若，即潘波若，是竺士楷的妻子。竺可桢了解自己的这位侄媳妇，担心她日后会怂恿士楷“染指于购置、保管二股”，致出大事。他不同意士楷去庶务处工作，既是为了避嫌，更是为了防患于未然。

① 竺可桢.竺可桢全集（第8卷）[M].上海：上海科技教育出版社，2006：522.
② 竺可桢.竺可桢全集（第7卷）[M].上海：上海科技教育出版社，2005：372.
③ 同上：511.

但是，对于那些学术造诣深厚的积学之士和有发展潜力的青年才俊，竺可桢却竭诚尽力、豁然大公、千方百计聘请他们到学校任教。竺可桢初到浙大时，曾多次专程到国学大师马一浮家中拜访，诚请他到浙大任教，终因其提出的条件实在难以满足而作罢。浙大西迁途中，当竺可桢得知马一浮颠沛流离而无处安身的境况后，不计前嫌，派专人将其请至学校。竺本人多次到教室同学生一起听马讲课，了解马的需要，并请马为浙江大学校歌作词。著名植物生理学家罗宗洛要求带四个助手一同到浙大，尽管当时学校经费、编制都十分紧张，竺可桢仍欣然同意，帮助一一解决。谈家桢曾在一篇回忆文章中对竺可桢的用人原则做了很生动的诠释：

1937 年秋又获博士学位后，我决定回国了。当时我的母校东吴大学要我返校任教，我不想去，我嫌那里“洋人”味道太重了。我希望能够到一所我们国家自己办的大学里去，扎扎实实地搞一些科学研究和教育工作。那时在旧社会里，派系林立，壁垒森严。一个教会学校出身的大学生想进国立大学任教，确是一件不很容易的事。事也凑巧，我的一位留美同学，他是在东南大学毕业的，知道我这情况以后，就替我写信给他的老师胡刚复先生。由于胡先生的推荐，不久，竺可桢校长代表浙江大学给我寄来了聘书，聘我为浙大生物系正教授，每月薪金 300 大洋。这样崇高的职位和优厚的薪金在一个年仅 28 岁的回国留学生来说，确是不易得到的。……从这一点看，可以说明：竺先生是“任人惟才”，而是不讲派系的。所以他把我这样一个“外来人”也聘进来了。后来我还听说：沪江大学出身的涂长望教授和燕京大学来的谭其骧教授等也都由他聘来浙大，并且都得到重用。可见他聘用教会学校出身的教授，并非仅我一人。①

不徇私情、“任人惟才”的用人原则，不计前嫌、不问派系的开阔胸襟，关心师生、平易近人的民主作风，使竺可桢在师生间产生巨大的亲和力，将全校上下紧紧地凝聚在一起，成为克服困难、蓬勃向上的巨大力量。长期在浙江大学工作的苏步青的感受是对竺可桢上述个人品德产生的无形影响力的最好说明：

这样的校长，他把教授真当作宝贝，我们当教授的怎能不受感动啊！这样的校长又往哪里去找呢？这时，我才真感到竺校长是一位处处为我们着想的好校长，是一位品德高尚的人。……说心里话，从那时开始，我已完全与竺校长一条心了。从此以后，凡竺校长要我干的事，我都干。后来他要我做院长、教务长、训导长、校务维持会长等等，我都毫不推辞。②

阅读竺可桢的这些日记，缅怀他在战火纷飞的艰苦岁月带领浙江大学走过的不平凡历程，让我们对这位著名的教育家充

① 浙大校友总会、电教新闻中心.竺可桢诞辰百周年纪念文集［M］.杭州：浙江大学出版社，1990：7—8.

② 浙江省政协文史资料委员会.一代宗师竺可桢（浙江文史资料选辑第40辑）［M］.杭州：浙江人民出版社，1990：4—5.

满了由衷的敬意。在竺可桢身上体现出来的一位大学校长的家国情怀，他追求真理、培育英才、转变风气、报效国家的办学理念，他“只问是非，不计利害”的精神境界，他克己奉公、清正廉洁、襟怀广阔、平易近人的道德情操，不仅是中国教育史上的一份弥足珍贵的遗产，更是二十一世纪建设高等教育强国的征途中，我们亟待认真发掘、充分利用的宝贵的本土资源。这些基于一所大学的发展所提炼出来的理念、境界和情操，折射出现代大学在中国这块土地上成长、发展所应遵循的基本规律和她的主持者所必须具备的基本素质，对于正在致力于建设世界一流大学的中国高等教育而言，可以提供诸多方面的启示和借鉴。

救国千万事，造人为最要

——《胡适日记全编·留学日记》阅读札记*

从1917年7月10日归国，至1962年2月24日溘然辞世，在近半个世纪的岁月里，胡适几乎把自己的全部精力都献给了祖国的文化教育事业，特别是高等教育事业，在中国教育早期现代化的历史进程中作出了重要的贡献。著名学者余英时教授曾经指出："胡适在美国留学的七年（1910—1917）是他一生思想和志业的定型时期。"一部近八十万字的《留学日记》（即《胡适日记全编》中的《留学日记》部分，文中简称《留学日记》）详细记录了青年胡适留学美国期间的学习、生活、人际交往和"内心生活，思想演变的赤裸裸的历史"，而且"所折射的不仅仅是他一个人的生活世界，而是整个时代的一个缩影"。因此，《留学日记》给我们留下了从源头上梳理、解读胡适一生教育思想和教育活动轨迹的鲜活材料。

1916年8月，在美国哥伦比亚大学留学的胡适在写给好友任鸿隽的诗中发出了"救国千万事，造人为最要。但得百十人，故国可重造"[①] 的呼吁，这既是他与挚友之间的相互勉励，更是他立志献身祖国文化教育事业心声的自然流露。从1917年7月10日归国，至1962年2月24日溘然辞世，在长达近半个世纪的岁月里，胡适几乎把自己的全部精力都献给了祖国的文化教

* 此文系与陈胜合作撰写。

① 胡适.胡适日记全编（2）[M].曹伯言，编.合肥：安徽教育出版社，2001：467.

育事业，特别是高等教育事业。以在北京大学的经历为例，胡适回国不久，即担任了哲学研究所主任、英文部主任、代理教务长、教务长、校评议会评议员、校务委员等职务；先后担任过哲学、外国文学、英国文学、教育和中文等五个系的系主任，在支持和协助蔡元培对北京大学的教育改革中作出了特殊的贡献。直至后来出任北京大学文学院院长、北京大学校长等职务，胡适在北京大学前后服务十九年，努力实践着“吾他日能生见中国有一国家的大学可比此邦之哈佛，英国之康桥、牛津，德之柏林，法之巴黎，吾死瞑目矣”① 的理想。

作为第二批庚款留美学生，胡适走出国门之初抱着实业救国的愿望，选择美国康乃尔大学农科作为研习专业：

> 我初来此邦，所志在耕种。……种菜与种树，往往来入梦。②

那么，他何以改变初衷，转而从事哲学、文学与历史的研究，并献身于教育事业呢？七年的留美生活对其教育思想的形成和以后的教育实践活动产生了什么影响？这是非常值得探讨的问题。著名学者余英时教授曾经指出：“胡适在美国留学的七年（1910—1917）是他一生思想和志业的定型时期。”③ 诚哉此言！一部近八十万字的《留学日记》给我们留下了从源头上梳理、解读胡适一生教育思想和教育活动轨迹的鲜活材料，“写的是一个中国青年学生五七年的私人生活，内心生活，思想演变

① 胡适.胡适日记全编（2）［M］.曹伯言，编.合肥：安徽教育出版社，2001：63.
② 同上：592.
③ 余英时.重寻胡适历程［M］.桂林：广西师范大学出版社，2004：174.

的赤裸裸的历史”。[①]《留学日记》“所折射的不仅仅是他一个人的生活世界，而是整个时代的一个缩影”。[②]

一、“学以济时艰，要与时相应”：从农学到哲学

胡适于1910年7月12日离沪，1910年8月7日抵旧金山，不久即到绮色佳（Ithaca），入康乃尔大学农学院，开始了他的七年留学生涯。胡适之选择农科作为自己的专业，依照他本人的说法，大致有两个原因：一是“根据了当时中国盛行的，谓中国学生须学点有用的技艺，文学、哲学是没有什么实用的这个信念”；[③] 二是“凡农科学生概不纳费，即此一项，一年可省百五十金”。[④] 前者确实反映了当时留学生的普遍认知和选择；后者则受胡适家庭经济情况的制约，他希望能省下百五十金汇给母亲以补家用。在随后的一年半时间里，胡适学习生物学、植物学、生理学和果树学；在实验室做实验，在农场学洗马、驾车，到野外实习。他刻苦学习，成绩不错，入学半年后，“大考，生物学得九十五分，植物学得八十三分，殊满意矣”。[⑤] 但是，随着对农科知识的深入了解，胡适越来越发现自己其实并不适合学习农科。1912年春季学期，胡适终于从农学院转入文学院，专业也改为哲学。在康奈尔大学度过了五个学年之后，

---

① 胡适.胡适日记全编（1）［M］.曹伯言，编.合肥：安徽教育出版社，2001：57.
② 余英时.重寻胡适历程［M］.桂林：广西师范大学出版社，2004：2.
③ 胡适.胡适文集（1）［M］.欧阳哲生，编.北京：北京大学出版社，1998：15.
④ 胡适.胡适书信集（上）［M］.耿云志，欧阳哲生，编.北京：北京大学出版社，1996：16.
⑤ 胡适.胡适日记全编（1）［M］.曹伯言，编.合肥：安徽教育出版社，2001：68.

他于1915年9月末转到哥伦比亚大学，师从杜威，主修哲学。博士论文《中国古代哲学方法之进化史》约九万字，于1917年4月27日写完，5月4日递交校方。[①]

关于从农学改习哲学的原因，胡适在《留学日记》和此一时期与国内亲人及友朋的通信中作过多种解释，海内外学者对此也多有研究。[②] 笔者认为，其中的原因至少可以分作三个层面。

第一个层面，即胡适对自己的亲人所作的解释，他认为中国的具体情况与西方不同，西方农业重利用机器，“非千亩百亩不为功”，而中国“地多零畸”，所以“不甚适合”。这其实是一个连他自己也难以被说服的表面理由。说得更直白一些，这只是一个借口。因为就当时胡适拥有的中国地理知识而言，这根本就不应该成为一个问题。正如他的二哥在回信中所指出的，不能“拘于家乡山僻之情形”，黄河以北，沃野千里，地广人稀，正需要机器耕作才能发展。这样一个不成为理由的理由，胡适只是在面对自己的亲人这一层面时提出过，此后再也没有坚持。

第二个层面，胡适强调自己的兴趣、性向和知识结构与农科不合，而“于文学为近”，“欲以文学发挥哲学之精神”。[③] 这确实是长期困扰胡适的一个重要因素。如前所述，胡适留学之初对选择农科并没有进行过深入考虑。事实上，大多数出国学

① 胡适.胡适日记全编（2）［M］.曹伯言，编.合肥：安徽教育出版社，2001：583.

② 其重要者如：余英时.重寻胡适历程［M］.桂林：广西师范大学出版社，2004；周明之.胡适与中国现代知识分子的选择［M］.雷颐，译.桂林：广西师范大学出版社，2005；罗志田.再造文明的尝试——胡适传（1891—1929）［M］.北京：中华书局，2006.

③ 胡觉致胡适（1911年夏、1912年春）［J］.安徽史学，1989（1）：78，81.

生选择某一门实用技术作为自己的专业与二十世纪初颇有影响的“实业救国”思潮有关。1902 年 3 月东渡日本留学的鲁迅，最初选择的是医学专业，1908 年赴美留学的蒋梦麟最初进的是加州大学农学院，1914 年到日本的郭沫若也选择医学作为自己的专业，等等。尽快改变祖国积弱积贫状况的迫切心情和当时的社会时尚使这一代留学生在出国之初选择专业时很少考虑到自己的兴趣、性向和爱好。但是，一旦进行正规的学习和训练，问题和矛盾便显现出来。一方面，由于原来对于农学没有任何基础，因此专业学习非常辛苦，不得不花大量的时间。胡适的日记中多次出现“连日以温课失眠”，“连日大忙，虽星期亦不得暇”，以至于有“连日似太忙碌，昨夜遗精，颇以为患”的记载。另一方面，功课如此之忙，个人的兴趣爱好却难以割舍。这一时期的日记中同样留下多处“读《召南·邶风》”“读《说文》”“读《王临川集》”“读《陶渊明诗》”[①] 等记载。直到晚年，胡适回忆自己从学农转而研习哲学时，还多次强调了个人兴趣的重要：

我在 1910 年进康乃尔大学时，原是学农科的。但是在康大附设的纽约州立农学院学了三个学期之后，我做了重大牺牲，决定转入该校的文理学院，改习文科。……我认为学农实在是违背了我个人的兴趣。勉强去学，对我说来实在是浪费，甚至愚蠢。[②]

① 胡适.胡适日记全编（1）[M].曹伯言，编.合肥：安徽教育出版社，2001：65，80，70，84，98，104，119.

② 胡适.胡适口述自传 [M].唐德刚，译注.桂林：广西师范大学出版社，2005：46—47.

除此之外，选择哲学作为新的专业，“是我对哲学、中国哲学和研究史学的兴趣。中国古代哲学的基本著作，及比较近代的宋明诸儒的论述，我在幼年时，差不多都已读过”。“还有第三个促使我改行的原因，那就是我对文学的兴趣”。① 可以说，长期以来培养的兴趣和已形成的知识结构，确实是导致胡适从农学改习哲学的重要原因。这方面的原因，是他面对知识界、学术界这一层面时常常强调的。

第三个层面，从《留学日记》中可以看出，胡适最终以哲学为专业还有着更深刻的现实原因。1910—1917 年，胡适留美的七年间，中国社会正经历着巨大而深刻的变革，辛亥革命的爆发、袁世凯的复辟、第一次世界大战的硝烟滚滚、新文化运动的狂飙突起……所有通过各种途径来自祖国的这些信息，都在日记中得到反映，让他彻夜难眠，“连日日所思维，夜所梦呓，无非亡国惨状，夜中时失眠”，② 更催促着他把自己的专业选择与改变民族命运、国家前途的重大使命联系在一起：

吾非谓吾国今日不需实业人材也，实业人材固不可少，然吾辈决不可忘本而逐末，须知吾国之需政治家教育家文学家科学家之急，已不可终日。不观乎晚近十余年，吾国人所受梁任公严几道之影响为大乎？抑受詹天佑胡栋朝之影响为大乎？晚近革命之功，成于言论家理想家乎？抑成于工程之师机械之匠乎？③

---

① 胡适.胡适口述自传［M］.唐德刚，译注.桂林：广西师范大学出版社，2005：48，49.
② 胡适.胡适日记全编（1）［M］.曹伯言，编.合肥：安徽教育出版社，2001：79.
③ 胡适.胡适文集（9）［M］.欧阳哲生，编.北京：北京大学出版社，1998：672.

胡适以梁启超和詹天佑对中国的影响为例，说明文理科是本，其他各科是末，中国人“决不可忘本而逐末”，表明他已从对“实业救国”的迷恋中觉悟。如果说出国之初他选择农学专业更多是受到时代潮流影响，希望习得一技之长以报效国家，同时夹杂着些许个人生活考量的话，那么随着知识的增长、眼界的开阔和志向的确定，他的专业转换，从农学改为哲学，一字之改，在充分反映个人兴趣所在的同时，也在更高层次上体现了他对自己“所要扮演的历史角色的自觉”。[①] 翻检《留学日记》，随处可见青年胡适的自我期许：

盖吾辈去国万里，所志不在温饱，而在淑世。[②]

吾侪治疾须对症，学以致用为本根。……恢我土宇固我藩，百年奇辱一朝翻！[③]

愿集志力相夹辅，誓为宗国去陈腐，譬如筑室先下础，纲领既具百目举。[④]

与经农相见甚欢。一夜经农曰：“我们预备要中国人十年后有什么思想?”此一问题最为重要，非一人所能解决也，然吾辈人人心中当刻刻存此思想耳。[⑤]

今日吾国之急需，……以吾所见言之，有三术焉，皆起死之神丹也：一曰归纳的理论，二曰历史的眼光，三曰进化的概念。[⑥]

---

① 罗志田.再造文明的尝试——胡适传（1891—1929）［M］.北京：中华书局，2006：81.
② 胡适.胡适日记全编（1）［M］.曹伯言，编.合肥：安徽教育出版社，2001：286.
③ 胡适.胡适日记全编（2）［M］.曹伯言，编.合肥：安徽教育出版社，2001：283.
④ 胡适.胡适日记全编（1）［M］.曹伯言，编.合肥：安徽教育出版社，2001：419.
⑤ 胡适.胡适日记全编（2）［M］.曹伯言，编.合肥：安徽教育出版社，2001：536.
⑥ 胡适.胡适日记全编（1）［M］.曹伯言，编.合肥：安徽教育出版社，2001：222—223.

身在异国的胡适，最关心的是十年后中国人的思想会发生怎样的变化，决心“为宗国去陈腐”。他认为能使中国起死回生的三剂“神丹”，即归纳的理论、历史的眼光、进化的概念，都不出“哲学”的范畴。他说：

吾之天职，吾对于社会之责任，唯在竭吾所能，为吾所能为。吾所不能，人其舍诸？

自今以往，当屏绝万事，专治哲学，中西兼治，此吾所择业也。①

在这里，个人抱负的寄托、个人价值的实现、个人兴趣的诉求在新的专业预设中获得了高度的统一，这才是他从农学转习哲学的深层原因。

1917 年 6 月 1 日，回国前夕的胡适作诗与仍在美国的任鸿隽、杨杏佛、梅觐庄话别，回顾了自己在专业选择上七年来的心路历程：

我初来此邦，所志在耕种。文章真小技，救国不中用。带来千卷书，一一尽分送。种菜与种树，往往来入梦。匆匆复几时，忽大笑吾痴。救国千万事，何一不当为？而吾性所适，仅有一二宜。逆天而拂性，所得终希微。从此改所业，讲学复议政。故国方新造，纷争久未定；学以济时艰，要与时相应。文章盛世事，岂今所当问。②

① 胡适.胡适日记全编（2）［M］.曹伯言，编.合肥：安徽教育出版社，2001：158.

② 同上：592.

读着胡适的这些诗句，很自然地让人联想到鲁迅对自己从学医转而从事文艺事业之原因的解释。当他在仙台医学专门学校的课堂上看到时事画片里日俄战争中日军处决中国人，旁边却有许多身体强壮的中国人神情麻木地围观时，他说：

我便觉得医学并非一件紧要事，凡是愚弱的国民，即使体格如何健全，如何茁壮，也只能做毫无意义的示众的材料和看客，病死多少是不必以为不幸的。所以我们的第一要著，是在改变他们的精神，而善于改变精神的是，我那时以为当然要推文艺，于是想提倡文艺运动了。[①]

“学以济时艰，要与时相应。”胡适和鲁迅一样，作为二十世纪初负笈海外的留学生，面对“风雨如磐”的故国，专业上的最终选择都把改变国人的精神面貌、思想品格放在了首位，表现出如此惊人的相似。这是一个十分耐人寻味的历史话题。后来的事实证明，胡适和鲁迅重新选择专业虽然可能使近代中国少了一位农学家和一位医学专家，却由此产生了两位在一定程度上改写了中国近代思想史、文学史和文化史的启蒙大师、文化巨匠。一个世纪后的今天，阅读胡适的《留学日记》，我们在为他改换专业而庆幸的同时，更多的是感动！这告诉我们：一个十九岁的青年，在经历社会大变革和人生大转折的关头，是如何因应时代需要，把专业选择、个人兴趣和报国志向结合在一起的。

① 鲁迅.鲁迅全集（1）[M].北京：人民文学出版社，1981：417.

二、“树人之道，端赖教育”：从基础建设起

从康乃尔大学农学院转入文学院之后，胡适日夜徜徉于他所钟爱的中外哲学、历史、文学作品的比较研读之中，读《马氏文通》《荀子》《稼轩词》《老子》《神灭论》《墨子》《龙川集》《公孙龙子》《中庸》《孝经》《易》《管子》《周礼》《随园诗话》《小仓山房文集》《庄子》《列子》《宋元学案》，读狄更斯、莎士比亚、达尔文、斯宾塞、培根、爱迪生、歌德、大小仲马、苏格拉底、柏拉图、黑格尔、易卜生、泰戈尔、托尔斯泰、韦尔斯、司各得……涉猎的内容远远超出专业范围。转入哥伦比亚大学之后，他写道：

我在1915年的暑假中，发愤尽读杜威先生的著作，做有详细的英文提要，……从此以后，实验主义成了我的生活和思想的一个向导，成了我自己的哲学基础。①

此外，他常常走出课堂，走出书斋，“爱管闲事，爱参加课外活动，爱观察美国的社会政治制度，到处演说，到处同人辩论”。②他利用一切机会，尽可能地融入当地社会，听音乐会，看歌剧，参观博物馆，旁听公民议会，进教堂，参加各种演说会、讨论会，努力广交朋友，吸收新知。对此，胡适曾回忆：

---

①② 胡适.胡适日记全编（1）［M］.曹伯言，编.合肥：安徽教育出版社，2001：58.

我留美的七年间，我有许多课外的活动，影响我的生命和思想，说不定也与我的大学课业一样。[①]

《留学日记》记载，1912—1915 年三年间，胡适应邀在各种会议上公开演讲七十余次。1915 年一年间，收到近千封信，发出八百七十四封信；1916 年一年间，收到一千二百一十封信，发出一千零四十封信。[②] 信中讨论的范围极广，涉及学术问题、政治见解、社会风俗、文字改革、文学革命，等等。胡适在《留学日记》中也常常流露出因参与社会活动耗费过多精力和时间而带来的苦恼，以及处理“专”与“博”的矛盾心情：

吾久决意不演说，此次不得已复为冯妇，今后决不再演说矣。[③]

余近来读书多所涉猎而不专精，泛滥无方而无所专注，所得皆皮毛也，可以入世而不足以用世，可以欺人而无以益人，可以自欺而非所以自修也。后此宜痛改之。[④]

学问之道两面（面者，算学之 dimension）而已：一曰广大（博），一曰高深（精），两者须相辅而行。务精者每失之隘，务博者每失之浅，其失一也。余失之浅者也。不可不以高深矫正之。[⑤]

---

① 胡适.胡适文集（1）［M］.欧阳哲生，编.北京：北京大学出版社，1998：16.
② 胡适.胡适日记全编（2）［M］.曹伯言，编.合肥：安徽教育出版社，2001：116，491，536.
③ 同上：116.
④ 胡适.胡适日记全编（1）［M］.曹伯言，编.合肥：安徽教育出版社，2001：223.
⑤ 胡适.胡适日记全编（2）［M］.曹伯言，编.合肥：安徽教育出版社，2001：34.

尽管在《留学日记》中多次自责，但是终其在美国的整个七年，胡适从未放弃过对政治社会事业之兴趣，一直都在求“专”还是求“博”的矛盾、冲突中自省、徘徊。

为什么会发生这种务广而不专精，屡下决心而又难以改正的情况？胡适认为，原因在于“盖吾返观国势，每以为今日祖国事事需人，吾不可不周知博览，以为他日为国人导师之预备”。[①] 为“国人导师之预备”的自我定位，“祖国事事需人”的现实，使他时刻有一种强烈的使命感、责任感，自觉地增加压力，努力“周知博览”。当然，这种“周知博览”绝不是漫无边际的，仔细阅读《留学日记》中记录的胡适研读的各种文献目录，可以发现一个以中外哲学为主线，包括中外文学、历史、政治、宗教、伦理等典籍的阅读视域，清晰而明确。

1915 年 2 月 18 日的日记很能反映胡适的真实心态，他给这篇日记提炼了一个篇名，曰“自课”，即自己需天天对照检查的言行。其内容如下：

曾子曰：“士不可以不弘毅：任重而道远。仁以为己任，不亦重乎？死而后已，不亦远乎？”此何等气象，何等魄力！

任重道远，不可不早为之计：第一，须有健全之身体；第二，须有不挠不屈之精神；第三，须有博大高深之学问。日月逝矣，三者一无所成，何以对日月？何以对吾身？

……今为积极之进行次序曰：第一，卫生：每日七时起。每夜十一时必就寝。晨起做体操半时。第二，进德：表里一致——

① 胡适.胡适日记全编（2）［M］.曹伯言，编.合肥：安徽教育出版社，2001：158.

不自欺。言行一致——不欺人。对己与接物一致——恕。今昔一致——恒。第三，勤学：每日至少读六时之书。读书以哲学为中坚，而以政治，宗教，文学，科学辅焉。主客既明，轻重自别。……

读书随手作记。①

在这里，胡适以“任重而道远”自勉，以弘毅之“士”自居。“士”者，社会精英之谓也。表率人伦、导引民众是“士”的根本职责。

如果说为“国人导师之预备”听起来似乎有点自负，正像胡适在多年后为自己的《留学日记》重版作序时所承认的，“这里有许多少年人的自喜，夸大，野心，梦想”，那么选择教师作为自己的终身职业，确实是胡适在留学期间确立的职业志向。在胡适看来，做“国人导师”是一个努力的目标和理想，需要具体的职业来承载。在胡适的心目中，“讲学复议政”，教师是一个与“导师”功能最为接近的职业；传道、授业、解惑，教师又是一个最能改变国人思想的职业。专业选择和职业志向在这里得到了和谐的统一。

1916 年 1 月 25 日，胡适与许怡荪通信，讨论改造中国的根本途径问题。他在信中写道：

……适以为今日造因之道，首在树人；树人之道，端赖教育。故适近来别无奢望，但求归国后能以一张苦口，一支秃笔，从事于社会教育，以为百年树人之计；如是而已。

① 胡适.胡适日记全编（2）［M］.曹伯言，编.合肥：安徽教育出版社，2001：61.

……明知树人乃最迂远之图。然近来洞见国事与天下事均非捷径所能为功。七年之病当求三年之艾。倘以三年之艾为迂远而不为，则终亦必亡而已矣。……①

胡适非常明确地表示了自己回国后的愿望——“一张苦口，一支秃笔”，从事“迂远”的百年树人的教育事业。在同年8月22日写给任鸿隽的信中，他更把这种想法概括为四句诗：

救国千万事，造人为最要。
但得百十人，故国可重造。②

“造人”者，通过教育培养一代又一代新式国民之谓也，这是挽救祖国于危亡的最重要的工作；只要有百十位志同道合的同仁不懈地努力，中华文明就能获得新生。四句诗言简意赅地表达了二十世纪初盛行的“教育救国论”的核心内容。

留学期间的种种阅历，使胡适成为一个坚定的“教育救国论”的信奉者。这种信念的形成，基于他的社会历史观与哲学信念。其实，胡适早在出国之前就有过从事教育工作的经历：

1908年，我家因营业失败，经济大感困难。我于十七岁上，就必须供给我自己读书，兼供养家中的母亲。我有一年多停学，教授初等英文，每日授课五小时，月得脩金八十元。1910年，

---

① 胡适.胡适日记全编（2）[M].曹伯言，编.合肥：安徽教育出版社，2001：325.
② 同上：467.

我教了几个月的国文。[1]

胡适那时做教师只是为了养家糊口，为了供自己读书。在美留学的七年，如前所述，胡适从未放弃过对社会政治事业之兴趣，时刻关注祖国的前途和命运。1916 年 1 月 31 日，胡适在致 H.S.维廉斯教授的信中较全面地表述了自己的社会历史观：

吾并非指责革命，因为，吾相信，这也是人类进化之一必经阶段。可是，吾不赞成早熟之革命，因为，它通常是徒劳的，因而是一事无成的。……基于此理由，吾对当前正在进行的中国之革命，不抱太多的希望。诚然，吾对这些革命者则深表同情。

作为个人来说，吾倒宁愿从基础建设起。吾一贯相信，通向开明而有效之政治，无捷径可走。……吾个人之态度则是，“不管怎样，总以教育民众为主。让我们为下一代，打一个扎实之基础”。

这是一个极其缓慢之过程，十分必需之过程，可是，人却是最没有耐心的！以愚所见，这个缓慢之过程是唯一必需的：“它既是革命之必需，又是人类进化之必需。”[2]

简言之，在胡适看来，社会的改造与进步，最好的途径是“从基础建设起”，而基础建设最为重要的内容便是“教育民

---

① 胡适.胡适文集（1）［M］.欧阳哲生，编.北京：北京大学出版社，1998：13.

② 胡适.胡适日记全编（2）［M］.曹伯言，编.合肥：安徽教育出版社，2001：335—336.

众”。这条路虽然极其缓慢，却是“唯一必需的”。当然，从更形而上的层面考察，胡适之推崇教育在改造社会中的重要作用，他之坚信“救国千万事，造人为最要”，与他在哥伦比亚大学师从杜威，“发愤尽读杜威先生的著作，……实验主义成了我的生活和思想的一个向导”分不开。杜威宣称的“我相信教育是社会进步和社会改革的基本方法”，“我相信……教师始终是真正上帝的宣扬者，是真正的上帝之国的向导”[①] 等观点给胡适以深刻印象。直到晚年，胡适都认为，杜威对其一生的文化生命具有决定性的影响。[②] 杜威把教师这一职业比作天国的“向导”，自己身体力行，终身从事教育事业；胡适从未皈依任何宗教，无缘做天国的“向导”，但追随乃师，从基础建设做起，发愿为世俗国人之“导师”。

正是基于对人类社会的发展持这样一种渐变的、进化论的社会历史观，正是基于他的哲学信念，胡适终其一生都是一个虔诚的“教育救国论”的信奉者，老而弥笃。此种志向的形成和确立，其源盖出于早年的留学生活，一部《留学日记》向我们展现了清晰的轨迹。

三、“世安可容无大学之国乎?”

在胡适看来，“教育救国”最重要的内容，就是要办好中国自己的大学。在中国近代教育史、近代文化史上，胡适不是第一

① 杜威.杜威文选［M].涂纪亮，编译.北京：社会科学文献出版社，2006：399，400.

② 胡适.胡适口述自传［M].唐德刚，译注.桂林：广西师范大学出版社，2005：98.

个提出中国要创办自己的大学的学者，但他很可能是第一个提出中国要建设世界一流大学的学者。早在留学期间（1914 年 1 月）发表的《非留学篇》中，胡适就针对当时政府大量派遣留学生而忽视国内大学建设的高等教育政策，反复论述：

盖国内大学，乃一国教育学问之中心，无大学，则一国之学问无所折中、无所归宿、无所附丽、无所继长增高。以国内大学为根本，而以留学为造大学教师之计，以大学为鹄，以留学为矢，矢者所以至鹄之具也……①

反复强调：

久长之计乃在振兴国内之高等教育。是故当以国内高等教育为主，而以留学为宾。当以留学为振兴国内高等教育之预备，而不当以国内高等教育为留学之预备。②

在 1915 年 2 月 20 日的日记中，胡适记下了与他在康乃尔大学的英文老师约翰·亚当斯（John Q. Adams）的一段对话：

先生问：中国有大学乎？余无以对也。……先生曰："如中国欲保全固有之文明而创造新文明，非有国家的大学不可。一国之大学，乃一国文学思想之中心，无之则所谓新文学新知识

① 胡适.胡适文集（9）[M].欧阳哲生，编.北京：北京大学出版社，1998：670.
② 同上：676.

皆无所附丽。国之先务，莫大于是。……”余告以近来所主张国立大学之方针。先生亟许之，以为报国之义务莫急于此矣。[①]

与老师的这番对话使胡适坚定了自己一年前在《非留学篇》中提出的那些观点。同时，老师的提问也使他感慨万端，他在当天的日记中写道：

吾他日能生见中国有一国家的大学可比此邦之哈佛，英国之康桥、牛津，德之柏林，法之巴黎，吾死瞑目矣。嗟夫！世安可容无大学之四百万方里四万万人口之大国乎！世安可容无大学之国乎！[②]

中国不仅要有国立大学，而且要有像哈佛、剑桥、牛津、柏林、巴黎那样的世界一流大学，这是他一生的梦想与愿望。第二天，胡适的心情仍然难以平静，再次在日记中补记了如下一段话：

国无海军，不足耻也；国无陆军，不足耻也！国无大学，无公共藏书楼，无博物院，无美术馆，乃可耻耳。我国人其洗此耻哉！[③]

在整个留学期间，胡适一直对美国高等教育的发展给予特

① 胡适.胡适日记全编（2）［M］.曹伯言，编.合肥：安徽教育出版社，2001：62.

②③ 同上：63.

别的关注，他在日记里留下了这方面的大量记载。例如，1914年1月23日记“康乃尔大学费用”，从该校校刊上详细摘录了1913年收支情况；1914年1月27日记“美国各大学之体育运动费”；1915年3月4日记下了哥伦比亚大学新学年财政预算，并且与我国各省岁出进行比较，结论是“此大学一年之岁出，超出晋、陕、甘、豫、新、湘、皖、赣、浙、闽、桂、贵诸省之上”。[①] 此外，日记中还保存了“美国大学及专科学校学生人数”“美国学生总数”“美国学生最多之大学”“美国藏书最富之大学”“美国富豪捐产兴学之慷慨”等有关美国高等教育的大量资料。在繁忙的学习和社会活动之外，他收集保存这些材料，目的是以备中国建设国立大学、建设一流大学借鉴。1915年1月20日，胡适在哈佛与竺可桢、张子高、郑莱等同学相聚畅谈，“滔滔不绝”。他在日记中记下了谈话内容：

是夜，所谈最重要之问题如下：一、设国立大学以救今日国中学者无求高等学问之地之失。……二、立公共藏书楼博物院之类。三、设立学会。……[②]

一月的波士顿，室外寒气逼人，室内热气腾腾，“畅谈极欢”。一群二十几岁籍籍无名的青年，兴奋地讨论着一个在常人看来与他们遥不可及的大问题——未来中国国立大学的蓝图。这样一幅图景，即使在百余年之后的今天，读起来仍让人心驰

① 胡适.胡适日记全编（2）［M］.曹伯言，编.合肥：安徽教育出版社，2001：79.
② 同上：14.

神往而备受感动。

在留学期间形成的建设国立大学、建设世界一流大学情结，促使胡适在回国就业时毫不犹豫地选择了当时国内唯一的国立大学——北京大学，作为他实现理想的基地。胡适于1917年6月9日离开纽约，7月10日回到上海，9月10日到达北京，就任北大教授。北大校长蔡元培先生9月12日设宴为胡适接风。9月21日，北京大学举行新学年开学典礼，胡适发表了《大学与中国高等学问之关系》的演讲，内容基本上就是他在《非留学篇》中主要观点的展开。

胡适一生在教育上的贡献最为后人所称道者是他在北京大学期间的所作所为，以及同一时期在全国教育界诸多重大活动中所发挥的影响。仔细阅读《留学日记》就可发现，胡适归国后在教育方面产生重大影响的言行，几乎都与他的七年留学生活分不开，都打上了他在异国亲身感受的深深烙印。事实上，胡适归国后在国内教育方面的一些活动和主张，许多都是他在留学期间所思、所想、所为的继续。

就北京大学的改革而言，其大端如：

第一，改革年级制，推行选科制。据《蔡元培年谱长编》记载，1917年11月15日，北京大学开始试行选科制，这是全国高等院校中的首创。蔡元培在谈到此次改革的原因时，多次讲到：

发现年级制之流弊，使锐进者无可见长，而留级者每因数种课程之不及格，须全部复习，兴味毫无，遂有在教室中瞌睡、偷阅他书及时时旷课之弊，而其弊又传染于同学。适教员中有自美留学回者，力言美国学校单位制之善，遂提议改年级制为单位制，亦经专门以上学校会议通过，由北京大学试办。①

蔡元培的这段话包含两层意思：一是说，改年级制为选科制最初的动议者是北大刚从美国留学回来的一位教员（蔡没有具体讲出这位教员的名字，而这位教员就是胡适，后文将作交代）；二是说，此动议已经获专门以上学校会议通过，即将在全国推行，首先由北大试办。《蔡元培年谱长编》的上述记载与事实略有出入，1917 年 11 月 15 日不是北大试行选科制的准确时间，而是教育部召集会议修改大学规程，议决“采用选科制度”的日子。何以如此重大的改革，其动议竟然出自回国仅仅三个月的胡适？1917 年 10 月 25 日，胡适在回复母亲的信里详细谈及此事。原来母亲来信希望他能向校方请两个月假，以便回家乡完婚。胡适早在出国前的 1904 年即十四岁时，即由母亲做主与江冬秀女士订婚，十三个年头过去了，日渐衰老多病的母亲提出这一要求实在是合情合理。但是，胡适无法遵从母命，这封信就是向母亲解释他为什么不能长期请假的原因，其中的第三点是：

此次教育部因改订大学章程事，召集一会讨论此事（此会于 11 月 15 日召开——引者），适亦被请参预会事。因建议废现行之分年级制，而采用“选科制”。此议已经教育部通过，但一

① 高平叔.蔡元培年谱长编（2）［M］.北京：人民教育出版社，1998：60.

切细目详章尚须拟好。此为中国学制上一大革命，一切办理改革之法，非数月所能料理。适为创议之人，当竭力筹办此事，期于一年之内可见诸实行。故决不能久离京城，头尾一个月已多，两月万不可能办到也。[①]

一封家书将此事说得再清楚不过了，留美归来的胡适正是二十世纪二十年代北京大学废止年级制，改行选科制的首倡者。为了参与并在全国尽快实行这场“中国学制上一大革命”，胡适违背母命，推迟了婚期。

第二，倡设教授会，改革学校管理。设立教授会，是蔡元培主持北京大学时期有关学校管理工作改革采取的重大举措。1918 年初，北京大学各学科教授会次第成立，这一举措对彻底改变清末以来充满封建色彩的大学管理方式发挥了至关重要的作用，其影响远远超出北京大学本身。毫无疑问，没有蔡元培的高瞻远瞩，没有他的崇高威望，没有他的兼容并蓄、博采众长的办学思想，教授会设立并在学校工作中发挥作用是难以想象的。然而，最先提出设立教授会的动议者，依然是胡适。何以见得？还是在前面提及的那封给母亲的信中，胡适解释为什么不能请两个月假回家乡完婚的原因，其中的第四点是：“大学现拟分部组织教授会，适亦为创此议之人，故非将此事办妥，不能久离京也。”[②] 这里明确地讲自己是大学组织教授会的“创此议之人”。其实，胡适在这封信中提出的四点原因全是有关工作的，其中的第一点是“大学今年开课太迟，故不便多旷课”；

---

①② 胡适.胡适书信集（上）[M].耿云志，欧阳哲生，编.北京：北京大学出版社，1996：112.

第二点是“适所任工课（原文如此——引者），不易请人代教”。四点之中，前两点是北大的具体工作；后两点既事关北大，更涉及全国高等教育的制度建设。五年后，胡适在北大校庆二十四周年纪念会上发表演说，充分肯定了教授会的作用：

我看这五年的北大，有两大成绩。第一是组织上的变化，从校长学长独裁制变为“教授治校”制；这个变迁的大功效在于：(一) 增加教员对于学校的兴趣与情谊；(二) 利用多方面的才智；(三) 使学校的基础稳固，不致因校长或学长的动摇而动摇全体。①

第三，发起“成美学会”，开大学设置奖学金之先河。在学校中设置奖学金，资助贫寒学生完成学业，在近代中国不乏其人。一些著名学校甚至由个人捐资创办，惠及全体学生。但是，在大学里设置奖学金，特别是发起者既非家产万贯的实业家，也非俸禄丰厚的达官贵人，而仅仅是一介工薪人士，则自胡适始。1918 年 2 月 25 日《北京大学日刊》第七十六号登载了一则消息：“本校教员胡适之先生及职员郑阳和先生，近发起一成美学会。”该则消息后附有《成美学会缘起》及组织章程。同期的《北京大学日刊》刊登了胡适的一篇文章《介绍成美学会》，谈到发起成立这一组织的原因：

西洋各国学校多以此种私人捐助之津贴费，而尤以美国为

① 胡适.胡适文集（11）［M］.欧阳哲生，编.北京：北京大学出版社，1998：104.

最多，其法大抵由私人捐款于学校指定为某科学生或某籍学生之习某科者之津贴，由学校之考选合格之自费学生而给与之。……吾国今日虽有各省官费资送学生之法，而绝少私家津贴之举。即间有之，亦仅视为个人慈善事业，既无组织，又无群力以为之助，故所被甚寡，收效亦微。今“成美学会”之设欲以群力经营此种事业，有此永久之机关，则有志向学者，随时皆有请费之所，用集腋裘成之法，则捐款者无论多寡皆可收育才之效。其用意在于补今日学制之缺陷而应社会之需要。①

在这里，胡适讲得很明白，“私人捐助之津贴费，而尤以美国为最多”。《留学日记》中有很多这方面的记载。胡适此举得到蔡元培的大力支持，蔡不仅列名为赞成人，而且首先捐款一百元，一次交清。成美学会成立后，陆续收到教职员工的捐款，至同年 5 月，已收得助款票洋七百余元，现洋二百余元。考虑到北大贫苦学生为数不少，5 月 3 日，北大评议会开会议决，将成美学会收归学校主办，以扩大其效用，并推定胡适等四位教授将原章程适当修改。② 从此，北京大学有了第一个以教职员捐款为主的资助贫困学生完成学业的专门机构，在全国的高等院校中亦为首创。1922 年 3 月，北京大学公布《国立北京大学助学金及奖学金条例》，其中助学金是为了帮助毕业生继续求学而设，奖学金是为了奖励毕业学生在学术上的贡献。此条例草案即由胡适拟定。

① 王学珍，郭建荣.北京大学史料（1912—1937）[M].北京：北京大学出版社，2000：2785.
② 高平叔.蔡元培年谱长编（2）[M].北京：人民教育出版社，1998：82.

第四，重视大学的科学研究，强调北京大学的任务不是“裨贩学术”而是“创造学术”。胡适在北大期间的另一重要贡献就是积极协助蔡元培创办各类研究机构，努力增强师生进行科学研究的兴味，提高北大的学术水平。蔡元培曾说：

自入北大以后，乃计议整顿北大的办法：第一，我拟办的是设立研究所，为教授、留校毕业生与高年级学生的研究机关。……①

1917年胡适到校后不久，即创办哲学研究所并担任主任。此后，北大成立国学研究所，他被蔡元培举为编辑部主任，主编《国学季刊》。1920年9月，在北大开学典礼上，胡适发表了一篇演讲，题目是《提高和普及》，论及提高和普及的关系。他的基本观点是：

只有提高才能真普及，越“提”得“高”，越“及”得“普”。……桌上的灯决不如屋顶的灯照得远，屋顶的灯更不如高高在上的太阳照得远，就是这个道理。②

作为一所国立大学，“我们没有文化，要创造文化；没有学术，要创造学术；没有思想，要创造思想。要‘无中生有’地去创造一切”。③两年后，1922年9月，在北大开学典礼上，胡

① 蔡元培.蔡元培全集（8）[M].中国蔡元培研究会，编.杭州：浙江教育出版社，1997：276.
②③ 胡适.胡适文集（12）[M].欧阳哲生，编.北京：北京大学出版社，1998：436.

适再次谈到北大的学术现状，表达了深深的忧虑：

近人说，“但开风气不为师”（龚定庵语）。此话可为个人说，而不可为一个国立大学说。然而我们北大这几年的成绩只当得这七个字：开风气则有余，创造学术则不足。这不能不归咎于学校的科目了。我们有了二十四个足年的存在，而至今还不曾脱离“裨贩”的阶级！……这不是我们的大耻辱吗？……祝北大早早脱离裨贩学术的时代，而早早进入创造学术的时代。[①]

可以说，在胡适的心中，时时有一把北大建设成如哈佛、剑桥、牛津、柏林等一流大学的理想，担当起创造文化、创造学术、创造思想、再造文明的重任。

蔡元培对胡适在推动北大学术发展方面的作用给予很高的评价：

胡君真是“旧学邃密”而且“新知深沉”的一个人。[②]

北大关于文学、哲学等学系，本来有若干基本教员，自从胡适之君到校后，声应气求，又引进了多数的同志，所以兴会较高一点。[③]

此外，胡适也是主张大学应对女性开放的最早倡议者之一。他有关女子教育观念的形成，同样受留美经历的影响。《留学日

---

① 胡适.胡适文集（11）［M］.欧阳哲生，编.北京：北京大学出版社，1998：104—105.
② 蔡元培.蔡元培全集（7）［M］.中国蔡元培研究会，编.杭州：浙江教育出版社，1997：501.
③ 同上：505—506.

记》中有如下记载：

吾自识吾友韦女士以来，生平对于女子之见解为之大变，对于男女交际之关系亦为之大变。女子教育，吾向所深信者也。惟昔所注意，乃在为国人造良妻贤母以为家庭教育之预备，今始知女子教育之最上目的乃在造成一种能自由能独立之女子。国有能自由独立之女子，然后可以增进其国人之道德，高尚其人格。盖女子有一种感化力，善用之可以振衰起懦，可以化民成俗，爱国者不可不知所以保存发扬之，不可不知所以因势利用之。[①]

1919年9月，胡适在《少年中国》发表文章，明确表示"我是主张大学开女禁的"，并详细提出了实现"开女禁"的具体步骤：第一步，大学当延聘有学问的女教授，不论是中国女子或外国女子，这是养成男女同校的大学生活的最容易的一步；第二步，大学当先收女子旁听生；第三步女学界的人应及早研究、修改现行女子学制，提高女子中学的程度。[②] 正是在胡适等人的大力支持下，1920年秋，北京大学正式招收女生，实现了蔡元培"素来主张男女平等"的愿望，开创了民国教育史上一个新纪元。

胡适在积极投身北京大学教育改革的同时，广泛地参与了

① 胡适.胡适日记全编（2）[M].曹伯言，编.合肥：安徽教育出版社，2001：299—300.
② 胡适.胡适文集（11）[M].欧阳哲生，编.北京：北京大学出版社，1998：44.

二十世纪二三十年代中国教育界的历次重大改革活动，始终是一位时代的弄潮儿。胡适回国之初即被聘为中华民国国语研究会会员，此后又成为教育部下属的国语统一筹备会会员，多次应邀在教育部举办的国语讲习所讲演。这是由于他在留学期间撰写并发表了大量有关语言文字、白话文、标点符号和拼音字母的论文，引起了国内同行的高度关注，产生了重大影响。上述内容都是新文化运动、五四运动和二十年代教育改革的重要议题。胡适邀请美国著名教育家杜威来华讲学，从迎接到欢送，几乎陪伴了杜威在华的所有活动。他曾说："自从中国与西洋文化接触以来，没有一个外国学者在中国思想界的影响有杜威先生这样大的。"[①] 我们可以说，在宣传、介绍杜威实用主义教育理论方面，在中国没有一位教育家像胡适那样不遗余力。胡适还是 1922 年新学制草案的最终定稿者。他受第八届全国教育会联合会大会委托，根据会议讨论结果拟写修正学制系统草案，"共费了八小时，至夜半一点半钟，方才完稿"。[②] 这个草案几乎就是 1922 年 11 月 2 日正式颁布并对中国现代教育产生长期影响的《学校系统改革案》的原本。这个学制最受后人称道，有时也最为后人所指责者，均为"美国影响"，而胡适就是使这部学制蒙上"美国影响"的最重要人物之一。

1917 年 3 月，正在准备归国的胡适在日记中记下了原出自《伊利亚特》而为十九世纪牛津运动之领袖纽曼（C. Newman）所常说的格言："如今我们已回来，你们请看分晓罢。"胡适认

① 胡适.胡适文集（2）[M].欧阳哲生，编.北京：北京大学出版社，1998：279.

② 胡适.胡适日记全编（3）[M].曹伯言，编.合肥：安徽教育出版社，2001：828.

为此语“可作吾辈留学生之先锋旗也”。[1] 综观胡适回国后在教育界的所作所为，在中国教育早期现代化的历史进程中，他确实无愧于“先锋旗”的称号。阅读胡适的《留学日记》，比照其归国后有关教育的种种言行，是我们了解其教育思想形成、发展脉络，全面评价这位教育家历史贡献的一个很好的视角。

① 胡适.胡适日记全编（2）［M］.曹伯言，编.合肥：安徽教育出版社，2001：556.

忠厚诚笃，家国情怀

——《郑天挺西南联大日记》阅读札记

郑天挺是中国当代著名历史学家和教育家。作为一名学者，他把自己一生最美好的年华奉献给了北京大学、西南联大等著名学府，长期从事大学行政管理工作。他忠于职守，坚持原则，有担当；他宽厚待人，恕以及人，调动尽可能多的人的积极性，为学校发展服务；他严于律己，责在人先，利居众后，洁身自好，不为名利所累，不因穷困而变易操守。广大师生盛赞其"德配其位"，这是对他的最高褒奖。郑天挺是亲身经历了五四运动精神洗礼的知识分子，五四运动在他身上激发起的强烈的爱国主义精神和对民主、进步的追求，与他从优秀传统文化中汲取的营养交融在一起，构成了他衡量是非、立身行事的最高标准。抗日战争是中华民族历史上一次空前的救亡图存的壮举，强烈的家国情怀是支撑郑天挺牺牲一己，努力工作，为学校发展、为维护祖国文化付出所有的力量源泉。

郑天挺（1899—1981），原名庆甡，字毅生，别号及时学人，原籍福建长乐，生于北京，是我国著名的历史学家和教育家。郑天挺从1933年起即担任北京大学秘书长一职，至1950年辞职，前后十八年；抗日战争时期，在担任北大秘书长、北大文科研究所副所长的同时，兼任西南联大总务长。可以说，作为一名学者，他把自己一生中最美好的年华奉献给了北大、西南联大等著名高校的行政管理工作，无怨无悔。1948年12月17

日，是北京大学五十周年校庆纪念日，出席纪念活动的师生抚今忆昔，感慨非常。北大学生特别感念郑天挺为保护学校和关爱学生作出的巨大贡献，特敬献“北大舵手”红绸锦旗一面，落款“全体学生敬献”。学生自治会在《致郑天挺函》中写道：

敬爱的郑秘书长：在炮火连天中，面对着艰险的局面，您倔强地坚守自己的岗位，维护学校秩序，保障同学生活、安全和学习。我们知道：您已经忍受了，而且克服了不少困难和折磨；然而，我们也相信：您这种爱护学校，爱护同学，临难不苟的精神，是无尚光荣的，您为维护祖国文化尽了最大的努力。全体北大同学，不会忘记您，全中国人民不会忘记您，全中国后代的子孙也不会忘记您。[①]

郑天挺是北京大学历史上唯一获得“北大舵手”殊荣称号的学者。1981 年秋庆祝郑天挺执教六十周年时，西南联大校友会向郑先生献上“春风化雨”的条幅，南开大学全体师生献上“桃李增华”的条幅，都是对郑天挺作为教育家的高度褒扬。

2018 年 1 月，中华书局出版了《郑天挺西南联大日记》。日记起自 1938 年 1 月 1 日，迄于 1946 年 7 月 14 日，其起讫时间几与西南联大相始终。由于日记内容翔实丰富，具有其他史料不可替代的价值，因此出版后立即引起学术界广泛关注。有学者称这部日记“为我们留下了一笔堪称‘半部联大校史、一时

① 王学珍，郭建荣，主编.北京大学史料 第四卷：1946～1948［M］.北京：北京大学出版社，2000：1107.

社会全景’的珍贵记录，是研究西南联大校史、近代学术史、教育史乃至文化史、社会史、经济史不可或缺的重要史料”。[①] 阅读这些在昏暗的煤油灯下，在繁忙的工作间隙写下的日记，让我们清晰地看到一位在学术上有深厚造诣、有远大追求的学者，如何在家国情怀的驱使下，服从大局，牺牲一己，为学校发展尽心竭力、辛劳奔波的身影；让我们深刻地感受到，忠厚诚笃、洁身自好的君子之德如何在一位现代大学管理者身上转化为强大的感染力、亲和力和凝聚力。阅读日记让人有一种接受精神洗礼的震撼，有一种思想境界得到升华的愉悦！对于正在致力于建设世界一流大学的中国高等教育而言，我们不仅需要一批理念先进、境界高远、情操高尚的大学校长引领风气，转移世风；也需要更多的忠以尽心、宽以待人、一身正气、勤勉奉公的大学管理人才。可以说，《郑天挺西南联大日记》为我们提供了一部很好的教材。

一、“斯人不出，如苍生何”

1940 年 1 月 17 日的日记记载：“饭后归。见黄子坚、查勉仲、杨今甫、施嘉炀、冯芝生留条，有‘斯人不出，如苍生何’之句。”[②] 日记中提及的五人，当时分别任西南联大师范学院院长、训导长、学校常委会秘书主任、工学院院长和文学院院长，可以说是西南联大最重要的中层干部和著名学者。一行五人来

① 封越健.西南联大独家史料，一代学人心路历程［N].北京：中华读书报，2018－05－23（9).

② 郑天挺.郑天挺西南联大日记［M].俞国林，点校.北京：中华书局，2018：235.

郑天挺寓舍造访，是执行西南联大常委会的一项决议："敦劝"郑天挺就任学校总务长一职。刚巧没有遇到，就留下一张字条。郑天挺在日记里没有抄录字条的全文，却独独记下了这句话，因为他知道这八个字的分量。"斯人不出，如苍生何"，短短的八个字，有着丰富的内涵。

其实，早在 1939 年 12 月 19 日，郑天挺即已知道此事。"遇沈茀斋，茀斋应四川大学教务长之聘，请辞联大总务长，谓继任之选无逾于余，力辞之。茀斋去，再向孟邻师陈其不可。呜呼！吾日夜继晷，读犹不足，安有余暇事此哉？"[①] 沈履，字茀斋，时任联大总务长，为清华大学心理学教授。沈因接受四川大学教务长之聘而将辞职，认为郑是最合适的继任人选，四处活动让郑接替他的职务，并正式向学校递交了辞职信："请准辞去本兼各职。"[②] 从 1939 年 12 月 19 日得知消息至 1940 年 2 月 26 日正式上任视事的两个多月里，郑天挺是否就任联大总务长一职，成为联大常委和教授们之间的一个重要话题。1 月 8 日，汤用彤（锡予）劝郑勿就，给出的理由是："今日校中学术首长皆属之他人，而行政首长北大均任之，外人将以北大不足以谈学术也。且行政首长招怨而学术首长归誉，若怨归北大而誉归他人，将来学校地位不堪设想矣。"郑天挺以为"此语确有远见，佩服之至"。[③] 次日，联大召开第一三二次常务委员会会议，会议由梅贻琦任主席，出席者有蒋梦麟、梅贻琦、沈履、

① 郑天挺.郑天挺西南联大日记［M］.俞国林，点校.北京：中华书局，2018：221—222.
② 北京大学，清华大学，南开大学，云南师范大学，编.国立西南联合大学史料（二）［G］.昆明：云南教育出版社，1998：123.
③ 郑天挺.郑天挺西南联大日记［M］.俞国林，点校.北京：中华书局，2018：231.

查良钊、吴有训、王明之、杨振声、黄钰生、陈序经、施嘉炀、冯友兰、樊际昌。会议“议决事项”第七条：“本大学总务长沈履先生因四川大学程校长坚邀前往襄助校务来函，请准辞去本兼各职。沈先生在本大学劳苦功高，此次挽留无术，应准其离校，作为请假。”第八条：“聘请郑天挺先生为本大学总务长。”① 得知消息后，郑天挺多方奔走，陈述自己难以应命的理由：

沈茀斋来，谓常务委员会一致通过余继任总务长，特来劝驾，并谓今后经费人事均无问题，劝余稍牺牲，稍鼓勇气，为之婉谢之。②

茀斋约今日九时同往校中交代，出避之。谒孟邻师，陈余不就总务长之意，并陈北大不宜再长总务之意。……饭后方作小睡，而梅月涵（贻琦——引者）来，挽劝甚殷。余谓余之不就并未谦让，亦非规避，尤非鸣高，不过欲乘此多士云际稍读书耳，……谈半小时余。虽无结果，而余如释重负，心甚安帖矣。③

然而，第二天，即1月13日，郑天挺就收到了西南联大总务长的聘书。1月15日，郑天挺正式提出辞呈：“作书致梅月涵及常务委员会辞总务长如次：……区区不就之意，并非谦让，亦非规避，更非鸣高。诚以学殖日荒，思自补益。是以南来之初，

① 北京大学，清华大学，南开大学，云南师范大学，编.国立西南联合大学史料（二）［G］.昆明：云南教育出版社，1998：123.

② 郑天挺.郑天挺西南联大日记［M］.俞国林，点校.北京：中华书局，2018：232.

③ 同上：233.

即请之孟邻先生许以专事学问。本校素以扶持学术为任，想必亦昭其悃愊，惠予同情也。谨璧上总务长聘书，诸维鉴照。”[①] 1月16日，联大召开第一三三次常务委员会，由梅贻琦任主席，出席人员有梅贻琦、蒋梦麟、冯友兰、施嘉炀、樊际昌、杨振声、黄钰生、张伯苓（杨石先代）、沈履、查良钊、吴有训。会议“议决事项”第五条：“郑天挺先生函请收回总务长成命，应由本会同人一致前往敦劝，务请郑先生勿再推辞，即日就职共荷艰巨。”[②] 当天晚上，杨振声即告诉郑天挺会议的结果：“晚今甫来谈今日开常务委员会提出余辞总务长事，众主挽留并定明日下午四时来寓敦劝，闻之惭怅。”[③] 17日上午，郑天挺先行入校，本打算找梅贻琦再行申诉，不遇。“晤光旦，请其转达余下午来晤，不烦枉驾之意。……五时后，查勉仲、沈茀斋来，谓诸人在寓相候已一时余。”[④]等到郑天挺晚饭后回到住处，才发现了前面述及的黄子坚、查勉仲等五人留下的写有“斯人不出，如苍生何”的字条。至1月18日，北大同事傅斯年、汤用彤、杨振声、罗常培、陈雪屏、江泽涵、饶毓泰、吴大猷等皆以私人情谊，劝郑天挺以不就为宜，主要理由是：总务工作积弊甚多，难见成效，易招物议，做无代价之牺牲。但到1月20日，傅斯年、杨振声以三校合作为由又劝其出任：“恐余若不就总务长伤及清华、北大两校情感，颇劝余不妨先就。”21日，周炳琳、查良钊、杨振声再次劝他就任：“以免引起校际间之摩擦，

① 郑天挺.郑天挺西南联大日记［M］.俞国林，点校.北京：中华书局，2018：234.

② 北京大学，清华大学，南开大学，云南师范大学，编.国立西南联合大学史料（二）［G］.昆明：云南教育出版社，1998：124.

③④ 郑天挺.郑天挺西南联大日记［M］.俞国林，点校.北京：中华书局，2018：235.

影响合作局面。枚荪（周炳琳——引者）言尤切，以为处今日而言，大有为必不能；在合作局面下而求大改革，亦必不能；只好牺牲个人，维持合作。”郑天挺觉得“诸公之意甚可感”。[①]在春节期间，梅贻琦多次请蒋梦麟督促郑天挺就任。为维持三校合作局面，2月9日，“孟邻师即命余任至本年暑假，以免发生误会。余当时心虽不愿，但师命又不便违，……然为免除校中纠纷、两校误会，不能不作一牺牲”。[②] 2月24日，郑天挺与梅贻琦商定“后日就职”，两天后，在校务主席梅贻琦的陪同下，郑天挺至总务处正式上任。

围绕郑天挺就任联大总务长一职，两个多月里在校内引发种种议论。其实，就郑本人不愿就职的原因而言，是十分简单的。他一再强调，这样做既不是故作谦让，也不是刻意规避什么，更不是以此标榜自己的清高。他的原因只有一个，即已经身兼北大秘书长等管理工作，深感自己学识不足，希望能有更多的时间用来读书提高。在学校方面，从常委会成员到中层干部和三校的教授们三番五次地动员、游说、等待，甚至以常委会决议的名义上门“敦劝”就职，有着深层次的原因，既表达了联大师生对郑天挺出任总务长一职的殷切期盼，更承载着师生们对其人品、德行和能力的高度信赖。

1937年七七事变之际，北大校长蒋梦麟在庐山开会。次日，文学院院长胡适亦离平南下。不久，学校其他负责人纷纷离校，学生也陆续返乡。郑天挺后来回忆：“当二十六年，敌陷北平，

---

① 郑天挺.郑天挺西南联大日记［M］.俞国林，点校.北京：中华书局，2018：237—238.

② 同上：243—244.

全校负责人均逃，余一人绾校长、教务长、文理法三学院院长、注册主任、会计主任、仪器委员长之印。临离北平，解雇全校职员、兼任教员及工友……”[①] 对于在校学生，郑天挺决定每人发给二十元做路费，或返乡，或南下，确保安全离校。10 月底接到南下专款，郑天挺亲自登门，挨门挨户地将之分送到每一位在北平的教授家中，并告以天津接头地点，敦促大家南下。11 月 17 日，郑天挺与罗常培、魏建功、陈雪屏等最后一批教授离北平赴天津，后经海路辗转至长沙。此时，他的五个孩子全部留在北平，寄养在亲戚家，长女不过十三岁，幼子年仅三岁，而他的妻子早在该年之初即因难产而去世。在这种情况下，他以校事为重，抛家别子，只身南下。日记中，郑天挺写的两句诗“万里孤征心许国，频年多梦意怜儿”前后三次出现，正是他当时心境的真实写照。1937 年 11 月 4 日的湖南《力报》有《沦陷后之平津（之三）》一文，讲述七七事变后平津高校的情形，有“各校如北大之秘书（长）郑天挺，支柱艰危，为孤臣孽子，忍辱负重”[②] 的评论。著名学者熊十力对郑天挺在危难时期的表现赞赏有加，他在一封致汤用彤、罗膺中的信中感慨：“毅生、莘田在北平持守得力，天禀实好，亦吾所念。”[③] 一年之后，在 1938 年 9 月出版的《宇宙风》第七十四期上，仍有署名文章《一篇可歌可泣的回忆录：敌人蹂躏下的北京大学》，用大量篇幅介绍并赞扬郑天挺在七七事变后的表现：

① 郑天挺.郑天挺西南联大日记［M］.俞国林，点校.北京：中华书局，2018：307.
② 沦陷后之平津［N］.长沙：力报，1937－11－04.
③ 郑天挺.郑天挺西南联大日记［M］.俞国林，点校.北京：中华书局，2018：5.

当时恰巧庐山开谈话会，一部分教授和校长院长都到牯岭去了。校政不能不有人维持，而平日在行政上负责任者，有一两位趁着平津通了车，仓仓皇皇不免取了三十六计中的上策，逃之夭夭了。当时到校维持的有郑毅生（天挺）秘书长，罗常培（中国文学系主任），孟心史，马裕藻，赵迺抟，魏建功，陈雪屏等十余教授，……其间郑毅生先生始终在暗中维护，直到他本人到了天津，还有职员追去请示，这种重责任的精神，不客气说，是我们这个民族一向缺如的，对于郑先生临危难而明职责的不苟精神，是今日足为新青年作表率的。①

正是由于郑天挺在七七事变后临难不苟、支柱艰危的实际行动和体现出来的个人品德、办事能力赢得了平津地区高校师生的敬重和信赖，因此当西南联大总务长一职出缺时，大家自然而然地想到他，上下一致地推举他。一批学养深厚的著名教授们留下的“斯人不出，如苍生何”八个字，饱含着学人们的期待、厚望与信赖。

1934 年考入清华大学历史系、1939 年 9 月受聘为清华大学历史系助教的何炳棣回忆：“1939 年秋到昆明以后与清华办事处的几位‘故人’偶尔谈及联大人事时，发现清华的人对北大校长蒋梦麟、教务长樊际昌皆不无微词，独对秘书长郑天挺的学

① 程健健.一篇可歌可泣的回忆录：敌人蹂躏下的北京大学［J］.宇宙风，1938（74）：71—75. 从 1937 年 7 月 9 日起，蒋介石在庐山举行国事谈话会，分别邀请各界人士参加，包括国民党各方面军政要员等。北大校长蒋梦麟、清华校长梅贻琦和南开校长张伯苓以及北大、清华教授胡适、傅斯年、浦薛凤、顾毓琇、陈岱孙、庄前鼎、张奚若、陈之迈等亦先后与会。参见：西南联大北京校友会，编.国立西南联合大学校史——1937 至 1946 年的北大、清华、南开［M］.北京：北京大学出版社，1996：序・1.

问、做人、办事才干和负责精神都很倾服。所以我1940年2月得悉郑先生已同意继清华沈履为联大总务长的消息后，深信此后三校合作有了保障不是没有理由的。”① 何炳棣在当时只是一位清华大学刚刚受聘的年轻助教，他的感受应该具有更广泛的代表性。

二、“忠以尽心，恕以及人”

郑天挺受命担任联大总务长的时候，联大的总务工作并不被大家看好。1939年2月14日的日记记载：“下午三时校中开常务委员会。余代表孟邻师出席，无重要议案，大都有关事务方面之事。诸人于总务处责难甚多……”② 另一则日记透露：“公超来，谓孟邻师得家电丁外艰，嘱余代表出席预算会议。遂入校开会两小时半，所议无多，以准备之材料不足，一有质询皆不知所对。旁询一再，亦无确切之数字。回思往时北大预算会议，其准备之密，数字之详，不啻天渊之隔。”③ 郑天挺认为，造成“联大行政效率之不增进，全由于各个人皆有其本校惩赏，与联大不相干之故”。④ 所以，他就任之后，时时、处处出以公心，以是否有利于学校大局作为自己处理一切事务的出发点。

1941年2月，学校为了节省费用，决定将原设在昆明靛花

① 何炳棣.读史阅世六十年［M].桂林：广西师范大学出版社，2005：167.
② 郑天挺.郑天挺西南联大日记［M].俞国林，点校.北京：中华书局，2018：132.
③ 同上：213.
④ 同上：352.

巷的北大文科研究所迁至才盛巷，郑天挺是研究所导师兼副所长，亦住此处。同住一处的其他导师均是北大多年的同事、挚友，他们均持反对态度，责怪郑天挺不向学校力争，用罗莘田的话说，“子可谓忠臣，而非诤臣也”。郑天挺在日记中记下了自己当时的心态：“莘田怪余不争，然余又何能以三数人便利之故，而虚耗校款，况以三数人者余亦在内乎？”[①] 态度非常鲜明，坚持迁出，不能因为是北大的研究所，更不能因为涉及包括个人在内的少数人利益而虚耗校款，使学校受损失。

这类事情还只是涉及少数人利益。有时候，即使触犯到多数人利益，只要是有利于学校全局工作的，郑天挺亦勇于坚持。1942 年 9 月 9 日，联大校务委员会决定：“自十月起教职员每人发房贴一百元，以后各宿舍用费由住宿同人自理。”[②] 这是联大在教职员住房问题上的一大改革。当时学校除工学院外，有宿舍十处，供二百六十四名教职工住宿，每月由学校支付房租数额巨大，而实际上这些宿舍利用率不高，无人管理，住宿者多挂名，如有一处宿舍名义上住十八人，实则常同住者仅五人；而按照规定，不住校者又不得享受这种津贴，显然是不合理的。郑天挺经过调查后决定对这一实行已久的住房津贴制度进行改革。同事中意见极不统一：“雪屏以为总务处必大挨骂；岱孙以为凡识大体者必同情，挨骂可不顾；召亭谓数字如此之惊人，值得考虑。……三日来此事已遍传学校，住宿舍诸同人多表反对。然余自谓出之大公，余亦住宿舍者也，其便利身受之，固

① 郑天挺.郑天挺西南联大日记［M］.俞国林，点校.北京：中华书局，2018：383.

② 同上：604.

不敢以此自私，以此损及学校而不顾。昨日曾以陈孟邻师，师曰水到渠成。今日获大众之赞成，岂渠已成乎？”① 由于郑天挺的坚持，这项涉及全校教职工利益的住房改革方案终于获得“大众之赞成”。

住房问题之外，教职员的薪水调整更是一个令人头痛的难题。1940 年 6 月 29 日：“十时芝生来，子坚来商薪俸调整事，议定三原则：一、教授、副教授、专任讲师参照清华办法，由各校斟酌本校情形自行办理，但应互相通知以为参考；二、助教、教员照前定调整办法办理，但政府津贴之米贴仍照给；三、职员薪俸迭经调整，仍照上次决定办理。日前清华大学少壮教授以待遇不平为言，请学校加薪，遂各加四十或五十，全校皆然，而北大、南开亦继之，于是少壮教授复以各校皆加其不平仍在，于是又加于薪俸较低者三十或四十。国事至此，而仍以一己收入是争，可谓毫无心肝。余故力主他校不再加，以愧之且免其再争也，今日第一原则即是此意。”② 芝生即冯友兰，西南联大文学院院长，清华老人；子坚即黄钰生，西南联大师范学院院长，南开老人；郑本人是总务长，北大老人。冯、黄二人至郑天挺处商量教职员薪俸调整的事是因清华部分教授引起的。这个问题不仅牵涉到每个人的利益，还关系到三校的团结问题。郑天挺义正词严地表态，明确反对部分教授不顾国事、“毫无心肝”的做法，坚持其他二校不再增加，以此促使那些教授反省并断其再提无理要求之后路。郑的想法得到冯、黄的赞同，形

---

① 郑天挺.郑天挺西南联大日记［M］.俞国林，点校.北京：中华书局，2018：604—605.

② 同上：284.

成三条原则。至7月19日："今日与子坚、芝生约，来所商三校薪俸事，……至十二时而散，大体决定矣。"①

郑天挺对于学校、对于学生有极强的责任心。1942年2月14日："余星期六下午例不到校，今日又值旧历除夕，初意在寓，候诸友来过年。四时许，念学生今夜作游艺，或有事故，心颇不安，乃复入校，办公室无一人在，游艺室亦未布置。遇负责同学张保福，谓游艺项目中变者甚多，天又骤寒，恐难满足同学之意，彷徨失措，状极可悯，慰勉之而归。"② 一位大学总务长、知名教授，除夕之夜担心学生安全问题，独自一人去学生游艺场所了解情况。至于以总务长之尊，开会时布置会场，搬迁时调整师生宿舍，到乡下为教职员们寻租房子，与房东一处处地讨价还价……类似的琐碎事情，在日记中随处可见。下雨了，他会想到师生们的房子是否漏水："今日时雨时止，校中茅屋漏者甚多，心甚不宁。古人之己饿、己溺，想象得之。"③每至月底，他一定要求有关部门把薪水准时发送到每一位教职员手里："自余任总务长，必于月底发薪，未尝稍迟。昨日以上月有人事更动，手续未齐，定今日发。及入校，闻仍未发，为之大怒，询之，乃因刚如未至，无人代常委盖章，遂命人往寻，责令下午必发。今非昔比，同人中盖有不能迟半日者也。"④ 提出这样严厉的要求，是因为他深知教授们有的可能是家无隔夜之粮，薪水晚发半天他们也等不起！

---

① 郑天挺.郑天挺西南联大日记［M］.俞国林，点校.北京：中华书局，2018：291.
② 同上：516.
③ 同上：409.
④ 同上：732.

有些事情虽然不在个人权限之内，与总务部门职责无关，但涉及学校全局，郑天挺亦能挺身而出，勇于担当。1940 年 10 月 13 日，联大师范学院被日机轰炸，“学生多人悲戚相诉。余遂不待商之常委，立时宣布下午发贷金一月，并设法救济被难学生。将学生衣物设法移之郊外图书馆。书箱即刻装车，送之龙头村”。[①] 1941 年 3 月 18 日：“昨日为学生贷金事不能入梦。此事本无预总务处，然勉仲入渝，逵羽新归，雪屏代理，若不代筹善策，一旦溃决，恐难收拾。”他当即提出两条解决办法，得到陈雪屏和梅贻琦的同意后，“电部请示”。[②] 事实上，处理这些额外的事情，都需要承担巨大的责任和压力。

一方面是，郑天挺忠于职守，尽心竭力，坚持原则，有担当；另一方面，他在工作中宽厚待人，恕以及人，调动尽可能多的人的积极性，为学校发展服务。郑天挺接手总务长不久，总务部门有的人请假，有的人提出辞职，事务主任毕正宣即是其中之一。毕原为清华大学保管主任，七七事变后曾一度负责清华的留守事务，与郑天挺是旧识。1940 年 3 月 19 日的日记记载：“事务主任毕正宣函请辞职，召之面谈，告以为公为私不应言去之意，述及日人入平与之共守两校之事（毕为清华保管主任），毕为泪下，余亦泫然。平心论之，事务组在全校最不理于众口，弊窦有无固不敢定，然不能积极工作与同人和协，自是大病，但毕个人则一可用之人（如善用之）。……下午三时复至校开常务委员会，谈及毕正宣辞职事，众口纷拿，

① 郑天挺.郑天挺西南联大日记［M］.俞国林，点校.北京：中华书局，2018：326.

② 同上：397.

词多指摘。余急引论他事。余非有爱于毕，想继任难选，反致偾事也。”[①] 第二天，郑天挺“九时入校，途遇勉仲，谈事务组事甚久，亦以顾全三校，慎重处理为言。与月涵谈，请其与毕正宣一谈，述学校慰留之意”。[②]请校务委员会主席出面挽留，毕正宣的事情终于得到圆满解决。

日记中经常可以看到郑天挺因为工作中的一些问题反省自责的记录：

余今日词色过于坚厉，不免有批评指摘之嫌，事后颇愧，悔不应对人如此之严也。[③]

同人遇事推诿，不觉盛怒，厉色严斥之，此为平生所未有也。事后深悔之。[④]

近日颇易发怒，下午在校为体育组房屋又盛怒，惟随即猛省，强自遏制。身体不舒欤？心境不泰欤？睡眠不足欤？必有一于此也，戒之慎之。[⑤]

近来北大多事极矣，余每事弥缝，终难全济，岂才之不逮古人，抑德之不足以服众耶？[⑥]

繁重的工作、数不清的突发事件、处理不完的矛盾纷争，常常搞得郑天挺身心俱疲，有时控制不住，难免发点脾气。事后，他总是站在对方立场上重新审视问题，从自身检查，努力

①② 郑天挺.郑天挺西南联大日记［M］.俞国林，点校.北京：中华书局，2018：254—255.
③ 同上：510.
④ 同上：351.
⑤ 同上：378.
⑥ 同上：402.

弥补可能造成的影响，使那些受到批评的人也心服口服。

正因为郑天挺在工作中凡事出于公心，坚持原则，勇于担当，又能推己及人，待人宽厚，所以在联大师生中获得广泛的认可和赞许。有学者认为这是维系学校的一种无形力量。1940年5月24日的日记记载：“与锡予作深谈，对于北大之前途、同人之趋向、维系之中枢，此老均有深切明快之论，不胜佩慰，不胜忧虑。大意谓北大离北平前之数年间，赖胡适之师为之中心，校誉、校力为之增进。蒋孟邻师于学术方面关切较疏，三年来因抗战，故幸得无事，长此以往，恐人人引去，将有瓦解之虞矣。言间颇以公正相奖许，谓此或许尚是一点维系力。闻之不胜惶愧，同人以此而维系不去，实不敢望，且不愿也。但得常以公正以事学校，以事师长，以事同人，吾意足矣，然深盼其言之不验也。”① 在1942年9月30日的校务会议上，吴正之（有训）当着郑天挺和与会者的面说：“自重庆来者均言各大学总务长莫不为众矢之的”，而他认为“联大独为例外”，其原因在于联大的总务长“以德称也”。郑天挺听后，称：“余逊愧不敢当。余待罪此职忽将三年，幸赖全校之优容，得免陨越，乌足以言以德胜哉！”② 毕业于西南联大，后考取北大文科研究所的王永兴在纪念郑天挺的文章中说：“先生负重任固由于才能超群，但更重要的是先生之德，即圣言之‘忠’也。先生忠于北京大学，忠于西南联合大学，忠于我华夏民族禹域九州广土众民之国也。”③ 这些朝夕相处的同事和学生在当时的评说和事

① 郑天挺.郑天挺西南联大日记［M］.俞国林，点校.北京：中华书局，2018：274.
② 同上：613.
③ 封越健，孙卫国，编.郑天挺先生学行录［M］.北京：中华书局，2009：65.

后的回忆中，都突出强调的是郑天挺的“德配其位”。对于在战火纷飞、三校合一、利益纷繁的艰苦环境中做了整整六年总务长的郑天挺而言，这是极中肯的褒奖。

三、“勤勉奉公，洁身自好”

作为学校的总务长，除去借贷经费，筹措粮食，租赁修建校舍，调配师生住宿，负责学校安全和整个后勤工作等繁重的行政事务之外，郑天挺还受聘担任学校多项临时性工作的负责人，如薪俸调整、职称评聘、与社会各部门联络等，甚至一度兼管事务组主任事务、校卫队大队长事务。学生们称他是“联大最忙的教授之一，一身兼三职（校内）”。[①] 这些工作涉及学校的人、财、物各个方面，权力很大，既需要极大的付出，花费极大的精力，也可能为个人图谋私利提供很大的空间，特别是在那样一种物质条件极端匮乏、社会秩序无法保障的环境中。

1938 年 3 月，郑天挺作为北大秘书长组织师生从长沙抵达昆明后，由于校舍不足，联大文法学院暂设在蒙自。学校决定，由郑天挺和清华王明之、南开杨石先负责筹办。到蒙自后，郑天挺即分别拜会蒙自商会会长、县长，视察校舍工程，协商保安事宜，为教职员和家属寻租房屋，还要与包饭商、理发商讨价还价。4 月 1 日，校舍竣工。11 日，第一批学生到蒙自。“六时车到，诸人率学生先归。余及建功与学生组长十数人搬运行

① 西南联大除夕副刊，主编.联大八年［M］.昆明：西南联大学生出版社，1946：187—188.

李。到校已八时余"。[1] 15 日，第二批学生和部分教师到蒙自，郑天挺"七时起。商定教员宿舍，筹备下午接学生诸事，定学生抽定床位办法。下午一时教员宿舍抽签，余弃权，俟与后来者到齐同抽。此事纷纭三日矣，惟一己私利是视，吾深耻之。二时至歌胪士洋行与徐文、薛德成布置学生床位。五时至车站，学生到者男六十、女七"。[2] 郑天挺没有与第一批来的教师一同抽签，是因为发现一些教师在这个问题上的私心。一直等到5 月2 日，最后一批教师到齐后，他才与大家一起抽签。1939 年4 月，原住在昆明柿花巷公舍的联大教师陆续迁至才盛巷宿舍。4 月 21 日日记："余住里院（西院），南屋楼下东间。就全舍而言，以此室与西间肃文住室为最劣。幸尚南北两面有窗，可以读书为差慰。"[3] 他又是最后搬迁，住的是最差的房间。这两次选择宿舍时，郑天挺虽然尚不是联大总务长，但是北大的秘书长，调配宿舍、安排房间是他的本职工作。

1939 年 11 月 20 日日记："三时至办公处，肃文相告孟邻师以西南联合大学诸院长及负行政责者，均有车费，清华亦然，北大亦拟效之，余颇不愿受此。晚饭后谒孟邻师，陈其私见，盖就工作言之，今日北大诸长固远不如联大之大繁也。师谓此不过为物价高涨中补助意耳，余以事涉多人，未便坚自鸣高。"[4] 讨论这个问题的时候，郑天挺也还没有担任联大总务长。他个人觉得，三校合并之后，虽然各校都保留了原有的建制，但是

---

① 郑天挺.郑天挺西南联大日记［M］.俞国林，点校.北京：中华书局，2018：50.
② 同上：51—52.
③ 同上：147.
④ 同上：210—211.

相应的工作主要是由联大各行政负责人做。他认为包括自己在内的北大当时诸长，工作不如联大繁重，不应该拿车费。但考虑到此事涉及多人利益，又是学校决定，自己如果坚持不拿，“事涉多人”，所以暂时还是拿了。但是，三个月后就任学校总务长，从联大领取相应的车费之后，他即不再领取北大发放的这份车贴。他在1942年2月和蒋梦麟的一次谈话中提及，北大每个月的车费支出是：“陈仲甫三百元，马幼渔、杨今甫、樊逵羽、饶树人、周枚荪、章矛尘各一百元，余尚不支。”① 在郑天挺提及的六名教授中，至少有三分之二已经是联大的院长及行政负责人。在当时的情况下，上述人员领取双份车费也是正常的，因为这没有违反学校的相关规定，但是坚持不再领北大的那份车费却是非常不容易的。

二十世纪四十年代的昆明，物价飞涨，百货腾贵。1943年3月，郑天挺受学校委派去重庆向教育部汇报校舍建设及领代金券事宜。3月17日：“九时膺中来谈，以棉袍一件，托其夫人修理，五年未制新衣，领袖皆破，日日在校，人人皆穷，固无伤。若入渝则太不整齐，故托为补缀之。”② 五年多没有添置过一件新衣服，“日日在校，人人皆穷”确实是当时联大教授生活的真实写照。为了生计，“教授中大多数兼差，且有兼至三四处者”，有的则通过给报刊写应景文字赚点稿费。郑天挺在日记中提醒自己：

近年生活日苦，然余除作学术文字，投之学术性刊物略得

① 郑天挺.郑天挺西南联大日记［M］.俞国林，点校.北京：中华书局，2018：515.
② 同上：673.

微酬外，尚无一文之兼职。此则足以自豪，而无所愧怍于任何人者也。[①]

近半年来，昆明各报星期论文每篇酬八百元，小报无聊文字每千字酬二三百元，同人争先恐后，余甚耻之。曾语端升，非贫无立锥，绝不为小报写稿也。[②]

曾经在北京大学文科研究所读研究生的任继愈，有一段时期与郑天挺、陈寅恪等导师朝夕相处。在一篇回忆文章里，他写道："云南昆明和全国后方的城乡一样，物价飞涨，靠固定工资为生的人，生活越来越困难。有不少西南联大的师生在校外兼几门课，以资补贴。靛花巷住的几位老师，郑毅生先生和汤用彤、罗常培、陈寅恪、向达、姚从吾几位先生都以全力从事教学和研究，未在校外兼职。这种风气也给学生们树立了榜样，研究生们也都专心从事学习，心不旁骛。"[③] 当时云南一些机构或个人愿意出资资助西南联大和云南大学一些著名学者，以改善生活，安心教学和研究。其中，兴文银行欲致送联大、云大二十名热心研究云南文献的教授每人每月一千元，资助他们的研究工作。因为郑天挺曾有《云南通道》之作，所以自然属于资助之列。但郑得知消息后，"婉辞之，……余非不穷，但滥受于人，不愿且不敢也"。[④] 昆明富商邓某欲资助联大教授若干人，每人每月一万元，以一年为期。梅贻琦、潘光旦推荐并力劝郑

① 郑天挺.郑天挺西南联大日记［M］.俞国林，点校.北京：中华书局，2018：844.

② 同上：777.

③ 封越健，孙卫国，编.郑天挺先生学行录［M］.北京：中华书局，2009：82—83.

④ 郑天挺.郑天挺西南联大日记［M］.俞国林，点校.北京：中华书局，2018：704.

天挺接受，郑表示："余以邓君风义及诸公厚爱固可感，但无功受禄甚不安，且校中更有穷过我者，谢之。光旦力劝，允稍考虑，更答之有生以来未尝分外受人一文也。"① 在当时恶劣的物质条件下，郑天挺洁身自好，不因穷困而变易操守，坚持"君子固穷"的精神，这也是他获得联大师生敬重的重要原因。

对于一些在一般学者眼里视为荣誉的事情，郑天挺则能让就让，能推就推。1939 年 5 月，北京大学决定恢复文科研究所，由傅斯年任所长。由于傅还在中央研究院任史语所任主任，兼顾不便，建议增设一名副主任并提议请郑天挺担任，郑当即辞谢，认为自己"以学以德，以齿以才，皆非余所敢僭窃也"。5 月 31 日，再次开会："五时至孟邻师寓，商谈北京大学文科研究所恢复事，到孟真、今甫、锡予、公超、莘田、从吾，仍议以余任副主任，力辞之，愿以秘书负事务责，尚未决。今后研究生之生活拟采取书院精神，于学术外，注意人格训练，余拟与学生同住。"② 后来实在推卸不掉，郑只好勉为其难。事实上，由于傅很少有机会到所里，所里的许多工作，从研究生招生命题、批卷，到日常指导读书、参加讨论、生活管理，以至于研究生毕业论文的审查、毕业生口试的组织工作、导师授课的协调等，都是由郑一手操持的。当时在北大文科研究所就读的研究生中间流传的一副对联形象地描绘了所里的实际情况："郑所长是副所长，傅所长是正所长，郑、副所长掌研所；甄宝玉是假宝玉，贾宝玉是真宝玉，甄、贾宝玉共红楼。"③

---

① 郑天挺.郑天挺西南联大日记［M].俞国林，点校.北京：中华书局，2018：957—958.

② 同上：155.

③ 封越健，孙卫国，编.郑天挺先生学行录［M].北京：中华书局，2009：40.

1943年3月24日，在重庆召开全国历史大会，这是当时史学界一件颇有影响的大事。史学系主任雷海宗通知郑天挺，请他出席。系里教师也一致推选郑天挺和姚从吾、雷海宗、邵循正等四位教授代表联大参加会议。姚从吾知道郑天挺考虑甚多，可能不去，“从吾劝余必往，谓如余不往，则亦必不往”。郑天挺并不是不愿意参加会议，他的真实想法是：“余以前次大病，旷职一个半月，若更请假，实无以对同人。且蒋、梅两公均将赴渝参加中央训练团，离校期在一月以上，若余亦同时入京，校中惟余勉仲一人，此则不能不深虑而后行。”① 会期已经临近，事情仍未定下。3月18日：“五时至文化巷开常务委员会，……会中命余于参加史学会后与部商建筑宿舍及食米代金诸事。”② 这样，因为此行有了明确的公务，所以郑天挺才决定赴重庆参加会议。

律己如此严苛，对工作却是全力以赴，废寝忘食，一丝不苟。由于繁忙，郑天挺经常连吃饭的时间也难以保证：

> 归寓，饭已过，购面包食之，无汤无菜，聊以充饥。③
>
> 下课后治事久之，始至师范学院午饭，几乎又不得食。④

有时候身体不适，郑天挺仍然坚持工作：

> 昨夜卧后，十一时起大泻一次，……今晨六时起，又水泻

---

① 郑天挺.郑天挺西南联大日记［M］.俞国林，点校.北京：中华书局，2018：671.
② 同上：674.
③ 同上：580.
④ 同上：1028.

一次。昨与子坚约今晨下乡谒孟邻师。八时子坚来，……后步往岗头村，子坚向师报告在川勘察校舍情形甚详。……三时附汽车入城，至西仓坡开迁校委员会。四时举行茶会，招待赴川教职员。……腹胀满异常，不敢进食。七时开常务委员会，九时散会。其间大泻两次。九时一刻归。开文科研究所委员会，讨论迁川问题，考虑甚久，不无辩难。至夜十二时三刻，始决定仍迁李庄。余泻者又两次。今日病且倦，下午开会四次，亘十小时未停，困惫极矣，饮焦山楂水而寝。①

这样的场景，日记中多有记载：

月来面色极坏，神疲肌瘦，不自知其故。人人皆言之，势非大休息大珍养不可，拟多睡早睡不操心不动气为修养之道。②

今甫、雪屏偕来劝余下乡休息，以余近来气色太坏、事太忙也，甚感之。③

四、“万里孤征心许国，频年多梦意怜儿”

1937 年 12 月 14 日，郑天挺带领北大同人克服重重困难抵达长沙。1938 年 1 月 10 日，他即得到消息，长沙临时大学将迁往昆明。不久，“北大开临时校务会议报告迁滇并设驻滇办

① 郑天挺.郑天挺西南联大日记［M］.俞国林，点校.北京：中华书局，2018：342—343.
② 同上：713.
③ 同上：720.

事处，以余司总务。此次南来，决意读书，以事务相强，殊非所望”。[1] 当郑天挺作为总务负责人组织北大师生经过半个月的奔波，分头抵达昆明后，由于校舍不足，联大文法学院暂设在蒙自，郑天挺又匆匆前去蒙自做分校的筹备工作。他曾在日记中记下当时的心情：“余自三月到滇，往还于滇越路者凡九次，而投止于大东者亦四宿矣。栖栖遑遑，何补于国，何利于民，更何益于心身学问？思之怅惘。”[2] 从烦琐的行政工作中脱身，能有更多的时间从事学术研究，一直是郑天挺的强烈愿望。“终日栖栖遑遑，未读一书，未办一事。翻检射猎，不足称读书也。工匠市侩之周旋，起居饮食之筹计，不足称办事也。长此以往，真成志气消沉之人矣。”[3] 即使在就任西南联大总务长之后，这种心情也时有流露：“杂事猬集。……自就行政职务，读书甚少。此虽昔所料及而不意少至此也。家书友书亦久不作，谁之过欤？自讼无及矣。”[4] 平心而论，在二十世纪三四十年代的中国大学，特别是像北大、清华这样的著名学府里，绝大多数学者都把从事学术研究看作安身立命的根本，正如郑天挺在日记中记下的罗莘田最初不建议他做总务长时讲的话：“莘田谓余曰：‘君欲为事务专家乎？为明清史专家乎？’余曰：‘此语最诱人。’”[5] 可以说，这是当时学界较普遍的认知。就郑天挺个人的情况而言，他早在二十世纪二十年代在北大读书时即参加了

① 郑天挺.郑天挺西南联大日记［M］.俞国林，点校.北京：中华书局，2018：9.
② 同上：85.
③ 同上：45.
④ 同上：253.
⑤ 同上：232.

“清代内阁大库档案整理会”，参与了明清档案的整理工作，从而奠定了从事明清史研究的基础。他所写的关于清史的一些论文，曾得到当时国内第一流明清史专家孟森的充分肯定：“我往日所作清史论文，颇得先生奖饰。”① 同辈学者中，陈寅恪、傅斯年等也对他的学术论文赞赏有加。在长期从事行政工作的同时，郑天挺从未放松过读书和研究：“全所三楼惟余室与锡予室有灯光，而有人者仅余室耳。八时半各自读书，摘《典故纪闻》，检《十三经》。远处欢声沸鼎，盖送岁者也。今日虽岑寂，而以清静读书结束此二十九年，亦大快事。”② 这是1940年12月31日写下的一则日记，利用一年最后一晚的清静，抓紧时间读书：

昨夜不成寐，念二十七年在蒙自，煤油灯一盏，往往读至深夜。又龙泉镇诸人亦以菜油灯夜读，今谓无电灯不能读书，盖自弃之遁词耳。于是奋然而起，挑灯复读，及倦乃寝。③

八时草论文（指《清代皇室之氏族与血系》——引者）成。此文随作随辍且两月，此可见余之栖栖终日不遑笔墨。然百忙中有此一二小文，亦差可对抗战之大时代及国家民族也。④

在联大担任总务长期间，郑天挺还撰写了《满洲入关前后几种礼俗之变迁》《清代包衣制度与宦官》《清史语解》等多篇

① 郑天挺.五十自述［M］//中国人民政治协商会议天津市委员会文史资料研究委员会，编.天津文史资料选辑（第二十八辑）.天津：天津人民出版社，1984：18.
② 郑天挺.郑天挺西南联大日记［M］.俞国林，点校.北京：中华书局，2018：358.
③ 同上：408.
④ 同上：711.

有影响的论文，这些论文都是他千方百计地挤时间写出来的。郑天挺曾讲起这些论文的写作情况："独念南来以还，日罕暇逸，其研思有间恒在警报迭作晨昏野立之顷，其文无足存，而其时或足记也。"[①] 那么，这样一位学养深厚、抱负远大的学者为什么会一而再、再而三地接受学校安排，长期从事"殊非所望"的行政工作呢？为什么他在日记中多次流露不情愿，事实上也多次提出辞去行政工作的请求，但在实际行动中却那样忠以尽心、宽以待人，那样勤勉奉公、洁身自好？这是非常值得探讨的问题。

郑天挺1899年出生于一个仕宦家庭，父亲郑叔忱早年中进士，长期在翰林院任职，后曾短期任京师大学堂教务提调。郑天挺七岁丧父，八岁丧母，与两岁的弟弟寄养在姨父母家，由表兄张辉曾教读。郑天挺回忆，张辉曾"是搞程朱理学的，律己责人都很严，我思想上受他的影响很大"。[②] 程朱理学在十九世纪中期以后的中国，随着西方文化的侵蚀浸润，已逐渐失去在思想界的主宰地位。但是，它在长期发展过程中形成的培育人的心志、道德、情操等方面的一整套理论和实践仍然有着很大的影响。检阅郑天挺日记，这方面留下了深深的痕迹：

今日偶思及规划筹谋，不患不精明而患不周密，不难于忠尽而难于无私。凡事不可有我，而不可无人。[③]

① 郑天挺.清史探微［M］.北京：商务印书馆，2014：1.

② 郑天挺.五十自述［M］//中国人民政治协商会议天津市委员会文史资料研究委员会，编.天津文史资料选辑（第二十八辑）.天津：天津人民出版社，1984：2.

③ 郑天挺.郑天挺西南联大日记［M］.俞国林，点校.北京：中华书局，2018：10.

大抵君子立身，禀之天性者半，得之于圣哲遗训者亦半。尤要者，在师友之砥砺。余之乾惕寅畏，不敢堕家声、玷祖德、违清议者，师友之力为不少也。①

人当病痛，每多感触，而忧悔随之。佛家之修最后一念，理学家之日求无过，皆为此也。昨与莘田深论之，吾人立身行事，不可不慎也。②

读着这些日记，一位对事以忠、待人以诚、言行笃实、谨慎立身的传统文化中的“君子”形象跃然纸上。

郑天挺又是亲身经历了五四运动精神洗礼的那一代知识分子。五四运动时期，他正在北京大学国文系读书，他与同学们一起走出书斋，参加学生会工作，并曾代表北大学生至天津南开中学联系，参加游行及宣传活动。五四运动在他身上激起的强烈的爱国主义精神和对民主、进步的追求，与他从优秀传统文化中汲取的营养交融在一起，构成了他判断衡量是非、决定进退出处、立身行世的最高标准。

十四年抗战，是中华民族历史上一次空前的救亡图存的壮举。郑天挺离家别子，多年未能见孩子们一面，甚至几年间音信全无。日记中留下了许多他对孩子们的浓浓思念：“昨夜旻、晏两儿入梦，晨即得书，计不得其书且二年余矣！字里行间多少委曲，多少热情，多少希望，读之泪下。噫！苦吾儿矣！苦吾儿矣！”③ 国难家恨之下，郑天挺曾一度有投笔从戎的想法：

① 郑天挺.郑天挺西南联大日记［M］.俞国林，点校.北京：中华书局，2018：93—94.

② 同上：116—117.

③ 同上：679.

“谈及从军，余实有投笔之意，但不愿借此招摇，更不愿作官。如身体及格，余愿为一名小兵。北平诸儿鞭长莫及，雯儿亦足以自立，了无挂碍。不于此时报国，更何所待?”[①] 由于各种原因，郑天挺的从军愿望未能实现。但是，他把这样一种心底深藏的报国之志具体转化为努力做好本职工作的强大动力。我们仔细分析一下他的日记中反复出现的自责、反省，实际上都是从如何做好工作才能更好地为国家、为抗战服务的角度提出问题的。“昨宵不能入寐。平生以天下自任，当此多难之会，进不能运筹帷幄，效命疆场；退不能抚绥百姓，储备军实。……虽曰聚天下英才而教育之，以为悠远之图，此宿师大儒之事，又岂区区何可僭越者乎?”[②] 表面上看起来，这似乎是说目前的工作未能实现自己的抱负。实际上，这里包含着更深一层的意思：国家危难之秋，自己既不能效命疆场，施展抱负，又不能储备军实，安抚百姓；虽然在大学里任教，但没有宿师大儒的高深知识，不能为国家培育人才做更多贡献。行政工作琐碎，也是需要有人去做的，不能脱离自己的实际情况去考虑问题。正因为这是他的真实想法，所以每一次自我反省的结果，不是放弃责任，不是逃避工作，而是鞭策自己更加倍地努力，更珍惜时间，更把做好每一件工作与心中的大目标——家国情怀紧紧地联系在一起，将自省、自责转化为忠于职守、勤勉奉公、严于律己、任劳任怨的持续动力。抗日战争胜利后，北大、清华、南开三校筹划迁返，成立三校联合迁移委员会，以郑天挺为主

① 郑天挺.郑天挺西南联大日记［M］.俞国林，点校.北京：中华书局，2018：954.

② 同上：42.

席，他又肩负起更重的行政组织工作。1946年7月7日，郑天挺是在繁忙的复校工作中度过的，晚上十一时才回到家里，孩子们已经睡下。夜深人静，他想起了九年前的7月7日："二十六年今日，倭虏启衅，其年冬，余将北平北大诸事结束，并协助教授同人南下，资遣职员同人及工友毕，余遂只身南下，留儿辈于北平，含辛茹苦者九年，而气未尝稍馁，固知必有今日。九年中所怀念，惟儿辈耳。余诗所谓'万里孤征心许国，频年多梦意怜儿'，即当时之心境。'海天急鼓收京近，为结西山红叶期'，即当时之信念也。"① 心境与信念，这正是西南联大时期支撑郑天挺牺牲一己，努力工作，为学校发展、为维护祖国文化付出所有的力量源泉。

忠厚诚笃，家国情怀，一部近八十六万言的《郑天挺西南联大日记》，向我们展现了这位把自己最美好的年华奉献给大学行政管理工作的学者的所思、所想、所行，揭示了培植他高尚人格和操守的深厚土壤。这是一代学人的心路历程，对于正在致力于"双一流"建设的中国高等教育而言，或许从中可以得到一些有益的镜鉴。

① 郑天挺.郑天挺西南联大日记［M].俞国林，点校.北京：中华书局，2018：1196.

一位大学教授的自我修为*

——《朱自清全集·日记》阅读札记

朱自清短暂的一生有二十八年是在讲坛上度过的，其中在清华大学、西南联大中文系担任教授、系主任二十三年。他对大学教师这一职业心怀敬畏和神圣，刻苦勤奋，抓住一切机会充实、提高自己。他教了几十年书，对每一堂课总是"如临深渊，如履薄冰"，时时反省，虚心向学生、同行学习，努力改进、提高教学效果。他严格律己，坦白诚挚，待人宽厚、亲切，谦逊而不失原则，在贫困与疾病的考验中彰显出知识分子的气节。他既是一位学识渊博的经师，更是一位品格高洁的人师。《朱自清全集·日记》是对大学教授朱自清一生自我修为的忠实记录。

1948年8月12日，著名文学家、学者、作家，国立清华大学中文系系主任朱自清教授在北平逝世。朱自清的逝世立即在社会各界引发了一场"声势浩大、经久不息的追悼、忆念浪潮，……门生故旧、亲朋好友、学界耆宿，以至蒙其著述恩泽的普通读者，都纷纷撰文悼念。可以说，在二十世纪作家中，对朱自清的悼念风潮，从波及范围、绵延时间、作者数量、文章篇数来说，都超过绝大多数同侪"。[①] 据统计，在朱自清去世后的第一个月，各类报刊发表忆念文章一百零五篇；从8月12

---

* 此文系与裴子卫合作撰写。

① 徐强，编.长向文坛瞻背影：朱自清忆念七十年［M］.扬州：广陵书社，2018：前言·1.

日至1948年底的一百四十天，共计发文二百一十四篇。[①] 这样的规模和声势，除鲁迅和蔡元培等极少数人物外，文教界几乎无人企及。朱自清逝世一周年前夕，毛泽东发表著名时评《别了，司徒雷登》，其中有一段文字高度评价了朱自清的气节：

我们中国人是有骨气的。许多曾经是自由主义者或民主个人主义者的人们，在美国帝国主义者及其走狗国民党反动派面前站起来了。闻一多拍案而起，横眉怒对国民党的手枪，宁可倒下去，不愿屈服。朱自清一身重病，宁可饿死，不领美国的"救济粮"。……我们应当写闻一多颂，写朱自清颂，他们表现了我们民族的英雄气概。[②]

毛泽东的评价把对朱自清的忆念推进到一个新的高度！

朱自清逝世已经七十多年了，可以说，除去"文化大革命"期间，人们的各类忆念文章和纪念活动几乎没有停止过。二十世纪八九十年代，由江苏教育出版社陆续推出的十二卷本《朱自清全集》，更为后人研究朱自清的思想、学术和人格提供了坚实的基础。特别是其中的第九、十两卷，收录了朱自清从1924年7月至1948年8月，二十多年用中文、日文和英文写下的日记，全面记录了他作为一名大学教授一路走来的修为历程。

也许是由于朱自清在文学创作、诗歌理论、文学批评等领域的影响深远，也许是由于脍炙人口的《毁灭》《背影》《荷塘

① 徐强编.长向文坛瞻背影：朱自清忆念七十年［M］.扬州：广陵书社，2018：前言·2.
② 毛泽东选集（第四卷）［M］.北京：人民出版社，1991：1495—1496.

月色》《桨声灯影里的秦淮河》等名篇早已深入人心，所以检视七十多年来众多的忆念文章和研究著述，发现更多的是讨论和展示一位在中国文学现代化进程中作出过特殊贡献的作家、学者、文学家的形象。其实，综观朱自清的一生，短暂的五十一年，他有二十八年的时间是在讲坛上度过的，他的所有作品和学术成果几乎都是在教学之余完成的。1920 年从北京大学哲学系毕业之后，朱自清即开始了教师生涯，在江浙一带的中学、师范学校先后担任教务主任、国文教师；1925 年应清华学校大学部之聘，任国文教授；三年后清华学校改为国立清华大学，朱自清遂担任文学院中国文学系教授，此后一直在清华大学、西南联合大学中国文学系任教并长期担任系主任一职，直至生命的最后一刻。阅读八十余万言的朱自清日记，一位在贫病交加、战乱频仍、颠沛流离中始终站在讲坛上的“大先生”形象跃然而出：他一刻也没有忘记，作为一名大学教授，在专业上要有理想、有追求，严于律己、自强不息；他忠于职守，上好每一堂课，关心每一个学生，向青年学习，从学生身上汲取营养；他为人坦白、诚挚、温厚、谦恭，“既像一个良师，又像一个知友，既像一个父亲，又像一个兄长”。[1] 朱自清逝世七十多年来持续不断的忆念波澜，固然与他作为一位学者、一位文学家的巨大贡献和影响有关；而他作为一位大学教授在无数“桃李”心目中留下的形象，更可能是这种忆念波澜绵延不绝的内在动力。

① 徐强，编.长向文坛瞻背影：朱自清忆念七十年［M］.扬州：广陵书社，2018：116.

一、“使自己成为名副其实的中国文学教授”

1925年8月，经俞平伯、胡适推荐，朱自清结束了在江浙一带的五年中学教师生活，只身来到北京清华学校，担任大学部国文教授，讲授“李杜诗”“古今诗选”和“大一国文”课程。从此，朱自清的一生就与中国文学的有关课程结下不解之缘。二十多年间，他先后开设过“国文”“中国新文学研究”“歌谣”“高级作文”“陶渊明诗”“李贺诗”“历代诗选”“中国文学批评”“宋诗”“中学国文教学法”“国文读本”“国文作文”“散文研究”“中国文学专书选读”“中国文学史概要”“文辞研究”等十数种课程，受到学生的广泛好评。为了这些课程的开设，多年中他从未懈怠，付出了异常艰辛的劳动。我们知道，朱自清在北京大学期间修习的是哲学专业，在走进清华学校（国立清华大学）前后，由于发表了《匆匆》《背影》《荷塘月色》等多篇广为传诵的作品而成为二十世纪二十年代颇有影响的诗人、作家，享有一定的学术声誉。以这样的背景走上大学讲坛，讲授有关中国文学的课程，在常人看来，可能是一个很高的起点，但是，朱自清认为，对于一个中国文学系的教授而言，自己缺乏严格的专业训练和系统的学术著述，要看到自己的“强项”，更要记住自己的“弱项”，必须刻苦勤奋、努力弥补。日记中多处流露出这种内心深处的危机感与自我警示。如1931年12月5日记载：

这两天夜里做了一些奇怪的梦。在其中一个梦里，我被清华大学解聘，并取消了教授资格，因为我的学识不足。[①]

一个月之后，日记里又留下这样的记载：

梦见我因研究精神不够而被解聘。这是我第二次梦见这种事了。[②]

此时的朱自清正利用带薪休假的机会，在英国伦敦大学进行访问研究，以扩充有关欧美文学的知识，借鉴文学研究的新方法和新理念。这一目标既是完善知识结构，做一个名副其实的中国文学教授的题中应有之义，也与他被任命为成立不久的清华大学中国文学系代理系主任有密切的关系。在 1936 年 3 月 19 日的日记中，再次出现类似梦境：

昨夜得梦，大学内起骚动。我们躲进一座如大钟寺的寺庙。在厕所偶一露面，即为冲入的学生们发现。他们缚住我的手，谴责我从不读书，并且研究毫无系统。我承认这两点并愿意一旦获释即提出辞职。[③]

又是在梦中惊醒！日有所思，夜有所梦，如果说在英国期间此类梦境的连续出现是由于走上大学讲坛不久、知识储备不

---

① 朱乔森，编.朱自清全集（第 9 卷）·日记编上［M］.南京：江苏教育出版社，1998：81.
② 同上：101.
③ 同上：408.

足，又刚被任命为代理系主任的强大压力所致，那么五年之后，朱自清担任中文系系主任已届三年，而且由于教学与研究方面的业绩和造诣获得广泛认可，先后受聘为清华大学图书馆主任、《清华学报》编辑委员会主任，并多次被推举为学校评议会成员。作为一名大学教授，他的头上已经有了许多的光环，但是内心深处的危机感仍然没有丝毫减弱。与朱自清同事多年的许维遹回忆：

记得民国二十九年他休假一年，要到成都去休息。临行时，他以诚恳底语调对我说："您们大家底学问都有了基础和相当底成绩，我个人太空虚。"我当时听到他这几句话，我很受感动。学问固无止境，所包括底范围也很广，他在文坛和学术两方面都已负盛名，他底态度还是这样底谦虚。[①]

这次谈话发生在又过去了四年之后的1940年秋季，此时的朱自清仍然觉得自己作为一个大学教授"太空虚"！正是由于对大学教师这一职业心怀敬畏和神圣，朱自清刻苦勤奋，抓住一切机会充实、提高自己。

在英国访问研究的短短一年，朱自清多次订立学习进修计划：

兹列本年度拟读书目如次：1. 通史，阿母斯特朗；2. 圣经，罗素的批评；3. 神话，戈尔登·怀特海德；4. 四个悲剧；5. 理

① 徐强，编.长向文坛瞻背影：朱自清忆念七十年［M］.扬州：广陵书社，2018：81.

查斯的作品七种；6. 文学表现形式，理查；7. 现代作家选，美国的七种；8. 语音；9. 论写作和阅读。[1]

兹将拟读之近代作家列下：小说家：贝内特、哈代、劳伦斯、韦尔斯、康拉德、尼瑞第斯。诗人：梅斯费尔德、瓦特·德拉穆尔、哈代、豪斯曼。剧作家：萧伯纳、巴里、高尔斯华绥。散文作家：斯特雷奇、贝洛克。[2]

这是他刚到伦敦不久制定的读书计划。一位中国文学教授，为了完善自己的知识结构，读书计划中包括了如此之多的欧美文学作品。此外，“戏剧、绘画和音乐将是我下学期感兴趣的学习科目，所以想事先准备一下，学一点入门知识”。[3] 同时，朱自清十分关注西方学者在文学研究领域新的观念和方法：

从费兹先生的讲话中得到一些新的观念，它们迫使我怀疑自己完成研究中国诗词格律要领的能力。我缺乏科学文化的知识。在这个问题上我还没有掌握科学的真理。但我仍要坚持下去，尽自己最大的努力去进行研究。[4]

由于出国前的英文水平不足，他还必须花费大量时间和精力提高英语水平，正式注册上英文课，自费请私人教授，以及主动参与各类有利于提高英语听力和会话水平的社交活动，包括看歌剧、音乐剧：“去温尔大街的皇后剧院看《巴

①② 朱乔森，编.朱自清全集（第9卷）·日记编上［M］.南京：江苏教育出版社，1998：56—57.
③ 同上：79.
④ 同上：98.

雷茨》，尽管有很多内容我听不懂，但我认为这是我在伦敦看过的最好的戏剧了。从中得到一种美的感受，……到今天为止我已看了二十七次演出”。[①] 此时的朱自清，到达伦敦才两个多月。

翻阅朱自清的日记，无论是三十几岁风华正茂的岁月，还是四十几岁过早进入的衰病时期，几乎每个寒暑假，甚至每个月、每个星期，都拟定详细的读书、写作、研究计划，约束督促自己。“下午上课殊觉不能充分发挥为苦。定习日文、英文，读诗论及批评书，又研究兴诗及读香山、放翁集，新文学书亦须读。以后须能教诗声律史，宋人讨论歌谣、杜诗、陆诗、白诗等。”[②] 一周之后，他更确定了每日的时间分配。“定读书程序如次：每日读《诗经》，诵诗、词、曲、新诗（诗每周居四日）。二、四、六上午准备功课。一、三、五上午读专书。一、三、五下午读专书、治事。饭后读报及杂志。晚作文及读小书。”[③] 一周六天，上午、下午及晚上全部排满。

1934 年 7 月 26 日：“今夏拟读之书：1. 理查斯的《文学批评的原则》；2.《评论》；3. 布朗的《形象世界》；4. 耶斯佩森《语法基本原理》；5.《标准英语》；6.《七种意义不明确的话》；7.《意义的含义》；8.《中国语与中国文》；9.《意义学》《中国近代文学史》；10.《言语学概说》；11.《中国哲学史》《中国道教史》；12.《历代史略》夏书，《中华两千年史》雷书；13.《晋

---

① 朱乔森，编.朱自清全集（第 9 卷）·日记编上［M].南京：江苏教育出版社，1998：89.
② 同上：167.
③ 同上：168.

书》；14.《宋人诗话》；15.《左传》；16.《庄子》。”① 这份长长的书单是准备在暑假完成的。

1936 年 2 月 7 日：“决心在年内读下列书籍：1.《活生生的过去》；2. 三部西方文学史；3. 论评论的两本书；4. 七个典型；5. 布鲁姆费尔德（Bloomfield）的著作与沃斯勒（Vossler）的著作；6.《语法规则》；7.《标准英语》；8. 基础训练；9.《日本历史》及一本关于日本语言的一般书籍；10.《草枕》；11. 经子。研究中文欧化的问题。”② 这是在春节之后拟定的全年读书计划。

1938 年 11 月 1 日：“为使自己成为名副其实的中国文学教授，得进修古典文学，背诵著名古诗并阅读近期各种社会学刊物上的文章。”③ 此时的朱自清已经过了不惑之年，为了加强古典文学的积累，还在计划中要求自己“背诵著名古诗”。其实，从 1925 年受聘清华学校算起，他作为中国文学的教授已经有十三个年头，但是，他仍然认为自己还有许多不足之处。

1942 年 2 月 5 日：“寒假中拟做以下工作：1. 读了一的《文法》；2. 整理苏诗笔记；3. 读《宋诗派别论》《春秋三传学》与《穀梁真伪考》；4. 写文章给《新文学》与《四声八律》；5. 准备《散文研究》笔记与解释古诗之观念的笔记；6. 读查理的《桥牌自学》；7. 读刘大杰的《中国文学发展史》与江绍源的《古代旅行之研究》。”④

---

① 朱乔森，编.朱自清全集（第 9 卷）·日记编上［M］.南京：江苏教育出版社，1998：308—309.

② 同上：401—402.

③ 同上：557.

④ 朱乔森，编.朱自清全集（第 10 卷）·日记编下［M］.南京：江苏教育出版社，1998：149.

日记中诸如此类的读书研究计划实在是太多了，他几乎把生活中的每一天都用来读书、研究、写作，都用来提高、充实自己。下面的一则日记写于1948年7月17日，此时的朱自清胃病已至晚期，体重“四十公斤”，刚刚结束了靠吃流食维持生命的状态：“订阅读计划：除星期六下午和星期日外，每天看一本英文或中文书籍，休息时读诗。今日略感身体好些，进干食，食量增加。晚练字并读书。今日诸事顺利。”[①] 写下这则日记二十五天之后，朱自清即与世长辞。他是把整个生命都投入到孜孜以求地做一个名副其实的中国文学教授之中。

除了个人努力读书自修外，抓住一切机会向同行学习，向同事学习，向一切能够提供新知识、新观念、新思想的中外学者学习，是朱自清修炼、提高自己的另一条重要途径。

“江清来谈：一、中国语言文字之特点。……二、比较文学史方法。……浦君可谓能思想者，自愧弗如远甚，记此自勉。”[②] 浦江清（1904—1957），上海松江人。1926年经吴宓推荐到清华研究院任陈寅恪助教，1929年转入清华大学文学院中国文学系任助教、讲师，是朱自清多年的至友。日记中详细记下了二人交流的内容。

“晚公超来谈中国所以无长诗之故，因中国无宗教信仰，不思灵魂得救，而西方有识者皆腐心焦虑于此。……又谓西洋近代诗，日趋精确，阅者渐少，小说新体已成，诗尚在创造中。”[③] 叶公超（1904—1981），江西九江人。时任清华大学外国文学系

---

① 朱乔森，编.朱自清全集（第10卷）·日记编下［M］.南京：江苏教育出版社，1998：516.
② 朱乔森，编.朱自清全集（第9卷）·日记编上［M］.南京：江苏教育出版社，1998：163—164.
③ 同上：172—173.

教授，朱自清把向他请教的收获一一记在日记里。

“晚访雨僧，问咏史诗典实。”① 吴宓（1894—1978），字雨僧，陕西泾阳人。1925 年受聘为清华国学研究院主任，时任清华大学外国文学系教授。朱自清拜访吴宓，请教有关咏史诗的典故。

“一多下午来谈其对于唐初文学见解，……所论均极有见。”② 日记中逐一记下了闻一多关于唐初文学的五点新见解。“晚间听一多演讲，妙极。非常羡慕他，听众冒雨而来，挤满教室。”③ 闻一多（1899—1946），湖北浠水人。1932 年任清华大学中国文学系教授，后长期在清华大学、西南联合大学中国文学系任教授、系主任。闻一多为朱自清至友，日记中多处留下了朱自清向他请益、与他讨论学术问题的记录。

“下午访一多，商定下年课程。又见陈寅恪，谈话甚得益。”④ 陈寅恪（1890—1969），江西修水人。1925 年受聘为清华国学研究院导师，时任清华历史、中文二系双聘教授。朱自清的日记中多处留下向陈寅恪请教、读其著述获得启迪的记录。

可以说，日记中关于朱自清向不同学者请教各类问题的记载不胜枚举。

也许与二十世纪三四十年代国内大学的学术生态环境有关，日记中还保留了大量朱自清积极参加校内外各种学术活动，以及阅读同行、同事著作后感到由衷的喜悦与赞赏的记载。

---

① 朱乔森，编.朱自清全集（第 9 卷）·日记编上［M］.南京：江苏教育出版社，1998：174.
② 同上：233.
③ 朱乔森，编.朱自清全集（第 10 卷）·日记编下［M］.南京：江苏教育出版社，1998：207.
④ 朱乔森，编.朱自清全集（第 9 卷）·日记编上［M］.南京：江苏教育出版社，1998：295.

“追记星期三傅孟真讲演《上古东北之民族》，大略如次……”[①]傅斯年（1896—1950），字孟真，山东聊城人。时任中央研究院历史语言研究所所长，兼任北京大学教授。此则日记是追记三天前傅斯年在清华的一次关于上古时期东北民族历史演进的讲座内容。

“下午往燕京听伯希和讲演，讲题为《在华西方画家》（*Western Painters in China*）大旨如次……”[②] 日记用了一页的篇幅，从六个方面记下了这位法国著名汉学家的讲座内容。

“下午钱宾四讲演，题为《龚定盦》。其讲分析龚之思想与性格……钱讲极佳，一因熟，二因有定见，三因口齿清白、神采生动，故佳。本学期讲演当以此为最佳也。”[③] 钱穆（1895—1990），字宾四，江苏无锡人。时任燕京大学教授。

最能体现朱自清努力扩充自己知识结构的是，他在日记中留下不少关于自然科学、技术科学之类的讲座记录。“下午听王力山讲枪之构造，甚清晰。甲、枪是一种破坏的工具。……乙、枪是一种精密的工具……”[④] 在甲、乙项下，又分 1、2、3，……然后是 A、B、C，……a、b、c……笔记详细到英制、美制枪的各种口径都不漏掉。这是一场纯技术问题的讲座，他记得如此用心。

朱自清善于从同事、友朋的著述中汲取营养。

“阅孟实《诗学》，甚佳。”第二天，继续在日记中有“读

---

① 朱乔森，编.朱自清全集（第 9 卷）·日记编上［M］.南京：江苏教育出版社，1998：177.

② 同上：195.

③ 同上：225.

④ 同上：190—191.

《诗学》毕，大佳，大佳”① 的赞叹。朱光潜（1897—1986），字孟实，安徽桐城人。时任北京大学西语系教授，与朱自清过从甚密。《诗学》书稿公开出版时改书名为《诗论》。朱光潜在《敬悼朱佩弦先生》一文中说：“《诗论》的初稿也送给他，由他斟酌过。”② 由此可见，事实上，朱自清在认真阅读并大加赞赏的同时，还对书稿提出过积极的建议。

“读寅恪先生《天师道与滨海地域之关系》一文，极有胜义。”③ 日记中具体地记下了他认为陈论文中最有启发意义的五个方面。

“读王力《汉语元音与音调的特性》稿。他论证了好几个与音调特点有关的重要而复杂的问题。”④ 日记中列举了他觉得王力书稿中具有创新见解的九个方面。王力（1900—1986），字了一，广西博白人。时任清华大学中国文学系教授。日记中留下朱自清多次从这位同事的著述中深受教益的记录。“读完了一的《文法理论和方法》第一本。提出了新的宝贵的论点，是一本严肃的著作。”⑤“读了一的《文法理论和文法》，既新且全，可解决许多问题。”⑥ 从王力的著述中，朱自清丰富了自己关于音韵、语言、汉语语法方面的知识，受到方法论方面的启迪。

翻检朱自清二十多年的日记，凡是涉及与同行、同事交流，阅读他们的学术成果，或者是听各类学术讲座的记载，都会从

① 朱乔森，编.朱自清全集（第9卷）·日记编上［M].南京：江苏教育出版社，1998：185.
② 俞平伯，吴晗，等.最完整的人格——朱自清先生哀念集［C].张守常，编.北京：北京出版社，1988：239.
③ 朱乔森，编.朱自清全集（第9卷）·日记编上［M].南京：江苏教育出版社，1998：265.
④ 同上：321.
⑤ 朱乔森，编.朱自清全集（第10卷）·日记编下［M].南京：江苏教育出版社，1998：44.
⑥ 同上：44.

字里行间深深地感受到他那种认真的态度，那份见贤思齐的虔诚。他总是虚怀若谷地看到别人的长处，由衷地给予高度的评价；他总是毫不留情地把自己不足的一面展现出来，两相对照，作为鼓励鞭策自己前进的动力。终其一生，朱自清都坚实地走在为“使自己成为名副其实的中国文学教授”[①] 而努力的路上。

二、“教了几十年书，总是那份‘如临深渊，如履薄冰’的态度”

上面的话出自朱自清的学生兼同事、著名学者吴晗之口，[②]准确地概括了学生和同事心目中朱自清作为大学教授的另一种形象。朱自清深知，要有广博的专业知识，不断充实和提高自己，是成为名副其实的大学教授的基本条件。但是，他更明白，仅有这个条件是不够的，必须在教学中付出极大努力，关心学生的成长，教学才能获得好的效果。要做到这一点，必须摆正与学生之间的关系，教学相长，尊重学生而不是把自己置于高高在上的位置。日记中保存了大量他在教学中时时反省、勇于承认自己的不足，虚心向学生、同行学习，努力改进、提高教学效果的记录。“上国文课，讲错一句，惭愧之至！惭愧之至！”[③]他连着用了两个惊叹号警示自己。两天以后，他在课堂上及时向同学改正了，但是心中仍然惭愧不已：

---

① 朱乔森，编.朱自清全集（第9卷）·日记编上［M］.南京：江苏教育出版社，1998：557.
② 徐强，编.长向文坛瞻背影：朱自清忆念七十年［M］.扬州：广陵书社，2018：112.
③ 朱乔森，编.朱自清全集（第9卷）·日记编上［M］.南京：江苏教育出版社，1998：250.

早上课改正前所误解者，心中实甚忸怩也。[1]

在宋诗课上读错“祋”字。[2]

大一国文课我上得不好。[3]

早（上）大一有人示我“文侯之命”，问文侯是指重耳否，余竟不知所对，惶恐之至。[4]

一学生写信给我谓他的分数判错了。检查后，发现了另一起相同情况，我真粗心。[5]

这里有专业知识方面的纰漏，有工作上的失误，有对教学方法的反省。知识方面的纰漏让他感到“惶恐之至”，当面向学生承认并改正；工作上的失误使他坐卧不安，自责不已；有的仅仅是自我感觉，如大一“国文”课后的感受，他也记在日记里提醒自己。

其实，上面提到的把一个学生的分数判错的事情，后续的故事还很长，朱自清并没有在日记中留下痕迹。当时在西南联大与朱自清同事的杨振声回忆：

我们在国文系共事的时间，前后约共十年（先在清华，后在西南联大），每一事件的经过，都加深我对佩弦先生的敬爱。有一次他忽然要辞职，我吃了一大惊。问他原因，他说他把一

① 朱乔森，编.朱自清全集（第9卷）·日记编上［M］.南京：江苏教育出版社，1998：251.
② 同上：530.
③ 同上：438.
④ 同上：266.
⑤ 朱乔森，编.朱自清全集（第10卷）·日记编下［M］.南京：江苏教育出版社，1998：36.

个学生的分数算错了。我说:“假使我们教一辈子书,只算错一次,虽不可原谅,倒可饶恕。”这只证明他是怎样地负责!怎么说我也劝他不要辞职。国文系可以没有我,但不能没有他。①

一位著名教授,因为算错了一个学生的分数就提出辞职,这样的事情在二十世纪三四十年代的中国高等教育界,可以说极其罕见。

二十多年间,朱自清开设的所有课程几乎都是他长期研究的成果,有着深厚的积累。比如大一“国文”,他几乎年年都给新生上这门课,教材是他与杨振声、闻一多等几位清华大学中国文学系的教授反复讨论,年年修订补充而成的。即使是如此熟悉的课程,也是每逢上课,他都要花时间考虑、准备,丝毫不敢懈怠。朱自清一生的挚友、著名教育家叶圣陶对此特别有感触:

他是个尽职的胜任的国文教师和文学教师。教师有所谓“预备”的工夫,他是一向做这个功夫的。不论教材的难易深浅,授课以前总要剖析揣摩,把必须给学生解释或提示的记下来。一课完毕,往往满头是汗,连擦不止。看他神色,如果表现舒适愉快,这一课是教得满意了,如果有点紧张,眉头皱起,就可知道他这一课教得不怎么惬意。②

另一位老朋友郑振铎对此也印象深刻:

---

① 徐强,编.长向文坛瞻背影:朱自清忆念七十年[M].扬州:广陵书社,2018:187.

② 同上:179.

他教了三十多年的书，在南方各地教，在北平教；在中学里教，在大学里教。他从来不肯马马虎虎地教过去。每上一堂课，在他是一件大事。尽管教得很熟的教材，但他在上课之前，还需仔细地预备着。一边走上课堂，一边还是十分紧张。记得在清华大学的时候，有一次我在他办公室里坐着，见他紧张地在翻书。我问道："下一点钟有课么?""有的，"他说道，"总得要看看。"[①]

为了上好课，朱自清还经常向学生了解、征求他们对教材和教学方法方面的意见和建议。"1940 级之代表要求我考虑改变中文文选内容。下午召开大一国文委员会，未通过决定。但委员们倾向下学年选用两种文选，其一应从宋朝以来历代文章中编选，学生们可任择其一。"[②] 通过正式程序，肯定了学生对教材的意见。"预备班学生要求逐字逐句解释国文课文并多做测验，同意多测验而拒绝逐字逐句解释课文。我承认未给他们足够的时间预习与复习课文，但仍很激动。"[③] 可能是朱自清觉得不能完全同意学生的意见，所以"很激动"，但还是接受了学生们的另一个建议。"两个大一生代表来找我，并对大一国文教学提出了希望，共三点：一、更强调指定的读物和在技巧方面多做阐明；二、多做阅读与写作练习；三、省略一些古文并做更合理的安排。我认为这些要求是合情合理的。"[④] 学生的三条意见，

① 徐强，编.长向文坛瞻背影：朱自清忆念七十年［M］.扬州：广陵书社，2018：223.
② 朱乔森，编.朱自清全集（第 9 卷）·日记编上［M］.南京：江苏教育出版社，1998：410.
③ 朱乔森，编.朱自清全集（第 10 卷）·日记编下［M］.南京：江苏教育出版社，1998：244.
④ 同上：495.

作为任课老师，作为中国文学系的系主任，朱自清一字不漏地记了下来。

日记中还留下许多朱自清反省对待学生态度的记录。有些事在常人看来根本不是问题，他却在日记中责己严苛，悔恨不已：

主持大一国文考试。宣布事项三次，其中一次用语挖苦，不好，悔之。[①]

与学生交谈中用词不慎。[②]

对一年级学生太严肃。应对青年人和蔼些。[③]

也许是意识到问题后马上就改正，一周以后的日记中即出现了"同学生作颇具感情的谈话"。[④] 朱自清长期患胃病，四十岁后病情时重时轻，长年缠身。有的学生回忆：

他非真正病倒绝不请假，而能够挣扎起床便一定到课了。记得最后一堂课他正病好，进了教室便不断喘息，我们都不忍再听下去，劝他回家休息。他却坚持着："我能讲，我可以坐下讲。"[⑤]

曾经做过朱自清的本科生、研究生，以后又与他成为同事的王瑶深情地回忆：

---

① 朱乔森，编.朱自清全集（第9卷）·日记编上［M].南京：江苏教育出版社，1998：434.
② 同上：499.
③ 朱乔森，编.朱自清全集（第10卷）·日记编下［M].南京：江苏教育出版社，1998：59.
④ 同上：61.
⑤ 徐强，编.长向文坛瞻背影：朱自清忆念七十年［M].扬州：广陵书社，2018：321.

作者以前上他所授的“文辞研究”一课，因为是关于中国文学批评的专门课程，内容比较干燥一点，班上只有作者一人听课；但他仍然如平常一样地讲授，不只从不缺课，而且照样地做报告和考试。现在回想起他在台上，作者一人在下边的讲授光景，还恍如目前。[1]

拖着病躯，面对教室里仅有的一个学生，照常讲课、考试，从不缺课，这里蕴含着对学生多么厚重的爱、对事业多么深沉的责任感。

下面的几则日记反映了朱自清在教学活动中的另外一些特点。

下午研究院考试，委员均到，萧答案至令人失望，结局殊纠纷，久之始定为中等。众意一、萧知识大抵转贩而来；二、其答案多模棱闪避之辞，记诵亦太劣；三、无想象力，不能持论。一多谓对此间中国文学系学生治学方法极不满，杨遇夫亦以为然。余甚愧恧，因余见亦尔也。[2]

这是一个极具典型意义的个案，包含三层意思：第一，作为应邀参加研究生口试的委员，朱自清在日记中详细地记录了各位委员对考生口试的三条负面评价；第二，特别记下了闻一多、杨遇夫（1885—1956，名树达）两位委员对清华中国文学系学

① 徐强，编.长向文坛瞻背影：朱自清忆念七十年［M].扬州：广陵书社，2018：167.
② 朱乔森，编.朱自清全集（第9卷）·日记编上［M].南京：江苏教育出版社，1998：207.

生“治学方法极不满”的一致看法；第三，记下了参加会议的感受，归纳为一句话：很惭愧，自己的见解也就是这个水平。综观这则日记的内容，特别是最后一句话的意思，可以看出，本来是考试委员的朱自清，竟把自己放在了考生的位置上，日记的内容实际上是他参加这场口试的收获。委员们对考生的批评意见、对中文系学生治学方法的批评意见，他都看作对自己的批评与提醒。

下午考朱延丰君，答甚佳，大抵能持论，剖析事理颇佳。陈先生谓其精深处尚少，然亦难能可贵。陈先生问题极佳，录数则……①

可能是因为委员们对考生的表现都比较认可，所以这天的日记就考生的答辩没有留下多少内容；相反，因为在会上听到陈寅恪教授对学生的提问，印象特深觉得“极佳”，所以用大量篇幅把陈寅恪提的四个问题全部录下。

对霍士休进行的口试委员会今天下午开会。进展颇为顺利。冯友兰先生指出唐代以后大量传奇故事的渊源。唐代的传奇故事是霍的研究题目，而这正是他论文中的大弱点，但我们却没有发现。②

① 朱乔森，编.朱自清全集（第9卷）·日记编上［M］.南京：江苏教育出版社，1998：208.
② 同上：345.

同样，在这则参加学生口试后的日记中，对考试过程一带而过，朱自清记下的是冯友兰教授在会上对学生提出的指导意见，因为他觉得冯友兰指出的问题“我们却没有发现”。

上面的几则日记说明，在日常的教学活动中，朱自清在尊重学生、听取学生意见、做到教学相长的同时，也善于在共同的教学活动中从同事身上汲取营养，推进自己的学术工作，使教学与研究得到很好的结合。事实上，数十年间，朱自清关于文学评论、文艺创作、国文教学的大量研究成果，都包含着他在讲坛上、在教室里、在与师生们的共同教学活动中获得的启迪、经验与灵感。对学生们而言，教学活动中先生留下的身影、体现的精神更成为鞭策他们永远奋进的不懈力量。朱自清去世后清华大学全体学生敬献的挽联即表达了这种心情：

哲人其萎遍寻园院怀背影，风雨如晦共学典型作鸡鸣。

学生们将永远铭记风雨如晦的日子里，在校园中与先生相濡以沫、切磋问学的“共学”情景，鸡鸣起舞，先生的形象永远是激励他们勇往前行的精神源泉！

三、“最完整的人格”

朱自清生活在一个充满动乱与忧患的时代，正像那个时代许多先觉的知识分子一样，他深切地关注着中国的命运和民族文化的改造与新文化的建设。青年时代在北京大学读书期间，朱自清即投身新文化运动和五四运动，加入新潮社，在《新潮》《时事新报》《北京大学学生周刊》等刊物上发表文章，宣传介绍新思想；加入北京大学平民教育讲演团；参加北京大学校役夜班的教学工作。1928 年清华学校改制后，他协助首任中国文学系系主任杨振声，以及后来自己担任系主任后，为清华大学文学院中国文学系的创建、发展、办出特色作出了重大贡献。杨振声曾说：

民国十七年秋天，清华已正式改为大学，我担任了国文系系主任。……我去清华的第二天，便到古月堂去访他。……就在这小屋子里，我们商定了国文系的计划。除了国文系的教员全体一新外，我们还决定了一个国文系的新方向，那便是：(一) 新旧文学的接流，与（二）中外文学的交流。国文系添设比较文学与新文学习作，清华在那时是第一个。①

朱自清在清华大学的二十三年间，主持中国文学系的工作十五年，他坚持中国文学系“古今融汇，中西贯通”的办学方针，将西洋文学列为必修课程，把新文学研究以及来自民间的艺术瑰宝如戏曲、民谣列为正式选修科目。同时，身体力行，利用休假赴英国研修英美文学，亲自讲授“新文学研究”“散文研究”“民谣”课等课程。

二十世纪三四十年代的清华大学文学院中国文学系（包括后来的西南联大文学院中国文学系）可谓群星璀灿、名家云集，

① 徐强，编.长向文坛瞻背影：朱自清忆念七十年［M］.扬州：广陵书社，2018：279.

如陈寅恪、刘文典、杨树达、黄节、闻一多、杨振声、罗常培、罗庸、魏建功、王力、浦江清、游国恩、陈梦家、沈从文、余冠英等，且大多数致力于传统文学研究，各自都有着深厚的学术造诣。要在这样一个氛围中为新文学开辟一块天地，实行“古今融汇，中西贯通”的办学方针，有太多学术上、人事上的工作需要一步步推进，作为系主任，朱自清工作的繁重可想而知。日记中经常看到这样的情景：

早见刘盼遂、王了一、许骏斋，商定下学年课程。下午又访陈寅恪，商课程，大体已定。[①]

上午编讲义，……下午与赵公接洽下半年课程。开教授会，系谈话会，众论考试制度。……晚中文系读书报告会。[②]

连日来因为忙于日常事务工作而心神不定，完全不能集中自己的思绪。[③]

从开学典礼之后，不知总在忙些什么，得不到一个小时的时间坐下来好好读书。现在日常工作已处理停当，希望今后会好些。[④]

为了能有更多的时间从事学术研究，也是出于健康的原因，他曾多次向校方、向学院提出辞职。但是，每每请辞未能获准，他仍一如既往默默地为大家服务。

① 朱乔森，编.朱自清全集（第9卷）·日记编上［M].南京：江苏教育出版社，1998：215.
② 同上：216.
③ 同上：319.
④ 同上：320.

作为系主任，在确定专业方向之后，他最操心的是如何协调各位教授、同事之间的关系，使大家能有一个和谐的工作环境，完成教学任务。一些教授很有个性，为了大局，朱自清常常提醒自己要学会委曲求全，更多的情况是隐忍：

一多建议下学期中文系教授每人只开一门课，而不顾其他各系。这种想法，我不能苟同。他对系内和校内工作的态度，使我深感不快。①

入城，晤黄晦闻先生，商下年度事，尚未得许。②

一多拍电报给我，要求今晚有人去火车站接他，我亲往迎接。我们谈及课程。尽管向他陈述了困难，他还是不同意不开汉语语音课。③

冯告以闻君意见。为商谈聘任郭沫若事，尚未做出决定。闻直接向冯提出此请求，令余惊异。然尚不知是否为正式请求。④

日记中的冯指冯友兰，时任文学院院长；闻是闻一多，中文系教授。院长冯友兰告诉时任系主任的朱自清，闻一多向他提出，要求中文系聘请郭沫若为教授。作为系主任，朱自清听后很自然地感到“惊异”，因为闻的行为是越级的，他并没有向自己这个系主任提出过。但朱自清马上自我宽慰：“尚不知是否为正式请求。”“参加一年级国文教学会议，我出言傲慢，想来

① 朱乔森，编.朱自清全集（第9卷）·日记编上［M］.南京：江苏教育出版社，1998：540.
② 同上：217.
③ 同上：492.
④ 同上：466.

必定得罪众人，伤害了今甫和广田的自尊心，下次需注意。”①

朱自清的这种谦谦君子之风，固然有顾全大局，为学科发展着想的考虑；其实，待人宽容、慎谨、温和、笃实，遇事总要经过一番慎思明辨的功夫，是他一贯的做人态度和处事原则。对同事、对学生是如此，对同事的家属、对家里的佣人是如此，即便是对完全陌生的人也是如此：

饭后宁太太来找妻，我对她太冷淡。当时我正看报，妻未领她去卧室，却在我面前接待她。她俩兴致勃勃，大谈物价飞涨，使我看不进报纸，恼怒之余，我故意怠慢客人。妻去书房取香皂，我继续看报，不同客人谈话。待客不好，咎实在我。不过我未对妻说，因为她不知道。②

对女佣责备的方法不妥，彼不安者半日，对我不加理睬。③

对人力车夫发怒，甚不好。④

但是，朱自清绝不是“拆烂污”，做没有原则的乡愿、“烂好人”，相反，他在工作和生活中极有原则性。1940 年考入西南联大中国文学系读书的刘北汜曾经回忆：

我第一次听到朱先生在公开场合讲话，……（是）在一次茶会上。那时候我刚考进西南联大中国文学系。当时的系主任

---

① 朱乔森，编.朱自清全集（第 10 卷）·日记编下［M］.南京：江苏教育出版社，1998：237

② 同上：：481.

③ 同上：444.

④ 朱乔森，编.朱自清全集（第 9 卷）·日记编上［M］.南京：江苏教育出版社，1998：554.

是罗常培（莘田）。……在入学之后，系里曾发给每一个新生一份表格，调查他们的兴趣和家庭情况。我在“课外爱读书籍”项下填的是“爱读新文艺作品，讨厌旧文学”。不料这一条引起了罗常培先生的不满，在系里举行的迎新茶会上，他站起来说：“有一个学生（未提我的名字，只提了学号）的思想需要纠正。他说他讨厌古文学，这是不成的，中国文学系就是研读古文的系，爱新文艺的就不要读中国文学系！”他很激动，我呢，觉得受了指责，是惹了祸，一时很是狼狈。没有想到的是朱自清先生和杨振声先生都立即起来为我说了话。他们的意见相近，都以为中国文学系应着重研究白话文。朱先生当时很激愤地说：“我们不能认为学生爱好新文艺是要不得的事。我认为这是好现象，我们应该指导学生向学习白话文的路上走。这应是中文系的主要道路。研读古文只不过便利学生发掘古代文化遗产，不能当作中文系的唯一目标！”茶话会成了辩论会，朱、杨两先生那种认真的态度也就一直留在我的脑中，成为历久弥新的印象。[①]

在面对有关中文系发展大方向的问题上，温文尔雅的朱自清一下子变得“很激愤”，当众发表了与系主任不同的意见。他坚持原则，在日常生活中也绝不苟且。孩子们回忆：

父亲不仅注意大节，也十分注意所谓小节。我记得抗日战争胜利后，全家刚复员回到清华，那时，清华园里到处是日本

① 徐强，编.长向文坛瞻背影：朱自清忆念七十年［M］.扬州：广陵书社，2018：177—178.

人扔下的破烂，而住房里原来的家具已经荡然无存。我们家由于穷，只能添置少量最必要的家具，连父亲书房里工作用的三屉桌也是买的被虫子蛀坏了的旧货。由于厨房里没有一张桌子，家里人就到野地里去捡了一张破桌子供切菜等用。父亲知道后，非常生气，认为这是公家的东西，叫立刻送回去。还有一次，学校在我家门前倒了几车黄土，我的小妹妹要取一点儿去玩，父亲也不许，因为那是公家的。他一生中从来公私分明，即使是一张信笺、一个信封，只要是公家的，也绝不乱用；大概正因为这样处处注意小节，才始终做到了大节不亏吧。①

生活的拮据和体弱多病，在朱自清短暂的一生中，如影随形，始终是压在他精神上、身体上的两座大山。作为家里的长子，他很早就承担起赡养父母、照顾弟妹的责任。自己的小家庭，共有八个子女，又在很长的一段时间内分居北京、扬州两地。日记中经常能看到生活的窘迫给他造成的压力：

早晨访叶，想借一百元。他曾答应借钱，但没想到他向我道歉说已把一千元存入银行，手头没钱。这使我大感诧异和失望。②

给系里写申请，要求预支九月份部分薪水。③

我尝到经济拮据而产生的自卑感。④

---

① 徐强，编.长向文坛瞻背影：朱自清忆念七十年［M］.扬州：广陵书社，2018：351.

②③ 朱乔森，编.朱自清全集（第9卷）·日记编上［M］.南京：江苏教育出版社，1998：314.

④ 朱乔森，编.朱自清全集（第10卷）·日记编下［M］.南京：江苏教育出版社，1998：126.

西南联大时期，为了节省家用，夫人和孩子们住在成都亲戚家，他住昆明清华的教授宿舍，吃“团饭”。一位学生回忆：“冷天，自清先生把一张旧毯子披在身上，作为御寒的大衣。日里披了去上课，夜间就当作被子盖。”[①] 日记里多有这样的记载：

下午访了一，请他太太帮忙为我补袜子，并缝邮包。[②]

为缝袜子与被子用去约两小时，缝纫实难事。[③]

上午归来，得妻信，谓每月最低生活费需二千二百元，为此我很不安，无法维持家用，真不知该怎么办，天哪！[④]

找出几件东西去卖，我竟无力步行，只能乘公共汽车进城。晚上找了几家拍卖行，将带去的东西全部寄卖。[⑤]

卖掉一匹半窗帷布，得二千四百元，颇顺利。[⑥]

虽然生活如此困顿，但是在同事和学生的眼里，他从来不叹穷叫苦，更不因穷困而消沉、馁气。他只是用劲地教书，写作，研究。[⑦] 为了维持一家人的日常生活，朱自清在繁重的教学、科研和行政工作之外，利用一切时间，发挥自己多年来在中学、大学教授中国文学积累的丰富经验，写下了至今仍是广大语文教学工作者和一般文史爱好者视为必读之书的一批经典之作，如《精读指导举隅》《略读指导举隅》《国文教学》（以

---

① 徐强，编.长向文坛瞻背影：朱自清忆念七十年［M］.扬州：广陵书社，2018：928.
② 朱乔森，编.朱自清全集（第10卷）·日记编下［M］.南京：江苏教育出版社，1998：143.
③ 同上：166.
④ 同上：209.
⑤ 同上：213.
⑥ 同上：244.
⑦ 徐强，编.长向文坛瞻背影：朱自清忆念七十年［M］.扬州：广陵书社，2018：241.

上均与叶圣陶合作），《语文零拾》《语文影及其他》《经典常谈》，等等。“君子固穷，取之有道”，日记中留下许多他勤奋撰述的记载：

必须努力工作。在下学期，希望能完成《古诗十九首释》，并继续写《学生作文中的错误》，此外，必须开始研究中国诗词格律。近来，我必须写完关于中国古代典籍的《古典常谈》，并为之写序。写两篇短文，还须为《国文》写篇文章。[1]

必须使自己保持忙碌，尽最大努力进行日常工作。[2]

即使在这样的窘迫中，他仍常常接济生活贫困的学生。“朱先生自己的家庭负担极重，总是过贫穷的日子。他除了学校薪水与稿费外，别无收入，然而他对于穷学生总是帮助的。”“我在厦门大学念书时，他知道我很穷，还寄过两次稿费给我买书。”[3]

也许是长期繁重工作和拮据生活的影响，朱自清的身体很早就出现了问题。日记中能看到的最早记录是 1936 年 1 月 26 日：“消化不良。”[4] 此时他年仅三十八岁。此后，日记中有关胃痛的记录逐渐频繁。从 1941 年 2 月开始，他干脆用一些自制的符号来代替每天日记中关于胃疼的记录：○表示稍好，○之内加×表示胃病发作，×表示胃病严重，×越多表示胃痛越严重。有学者统计：“九年间（1937—1946 年——引者），日记中关于胃病

① 朱乔森，编.朱自清全集（第 10 卷）·日记编下［M］.南京：江苏教育出版社，1998：143.
② 同上：121.
③ 徐强，编.长向文坛瞻背影：朱自清忆念七十年［M］.扬州：广陵书社，2018：241.
④ 朱乔森，编.朱自清全集（第 9 卷）·日记编上［M］.南京：江苏教育出版社，1998：400.

的记载高达 1 170 多处。1940 年只记了两个月，1941 年 1 月份没有记。另外有少数几个月不全。按此来算，几近占总天数的 40%多。”① 尽管如此，朱自清仍然坚持教学、研究、写作不辍，对所承担的行政工作毫不懈怠。下面是 1948 年他去世前的几则日记：

胃不适，似痛非痛，持续约十二小时，最后痉挛，整夜呕水。②

胃极不舒服。开评议会，未参与轮流休假问题之讨论即离去。晚胃痛并呕吐。③

卧病多日，今日始下床。每隔两小时吃一次东西，且不能与孩子同桌进食。④

上课两小时，甚疲倦。为填两份表格费事不少，……为预备班讲课，题目是《国语与普通话》。⑤

体弱。出席系主任会议，讲话时头昏眼花，颇疑能否康复。⑥

体重四十公斤。较前减一公斤半。继续编教科书。打算整理一多手稿，工作相当繁重。⑦

在疾病与贫困交相煎逼的最后日子里，朱自清在日记中平静地写下了让毛泽东感慨不已的如下一段话：

---

① 李传玺.朱自清的胃［N].中华读书报，2021－08－11.
② 朱乔森，编.朱自清全集（第 10 卷）·日记编下［M].南京：江苏教育出版社，1998：487.
③ 同上：498.
④ 同上：499.
⑤ 同上：500.
⑥ 同上：504.
⑦ 同上：514.

我在《拒绝“美援”和“美援”面粉的宣言》上签了名，这意味着每月使家中损失六百万法币，对全家生活影响颇大；但下午认真思索的结果，坚信我的签名之举是正确的。因为我们既然反对美国扶植日本的政策，就应采取直接的行动，就不应逃避个人的责任。①

第二天，他在日记里重申：

再次考虑拒绝面粉。得知下午公布宣言。清寒学生有困难。对此，主张不必采取一致行动。②

当时的大学教授中，在拒绝“美援”面粉的宣言上签名的人很多。但是，对于生命时刻处于危险之中、家中几乎断粮的朱自清而言，下这份决心显得格外不易。此时的朱自清，还挂念着清寒学生，觉得他们有困难，不必和大家一起行动。

朱自清在专业上，孜孜以求，刻苦勤奋，古今融汇，中西贯通，用一生的努力做一个“名副其实的中国文学教授”；在教学中，尊重学生，上好每一堂课，关心每一个学生，对每一堂课总是“如临深渊，如履薄冰”，鞠躬尽瘁；在做人上，严格律己，坦白诚挚，待人宽厚、谦逊而不失原则，在贫困与疾病的考验中彰显气节。

朱自清去世后，与他有着长期交往的李广田在一篇忆念文

①② 朱乔森，编.朱自清全集（第10卷）·日记编下［M］.南京：江苏教育出版社，1998：511.

章中称他的人格是“最完整的人格”,[1] 这一赞誉得到朱自清的同事、学生、朋友和一切与他有过接触的人的广泛认同。在1948年8月26日清华大学师生公祭朱自清的会场，悬挂着一幅国立清华大学讲师、教员、助教联合会敬献的挽联：

佩弦先生千古：使顽夫廉使懦夫立，求经师易求人师难。

朱自清完整的人格，感染和温润着所有与其有过接触的人，使“顽夫”变得廉洁，让“懦夫”坚强起来；他既是一位学识渊博的经师，更是一位品格高洁的人师！这幅挽联是对大学教授朱自清一生自我修为的最好评价。

① 徐强，编.长向文坛瞻背影：朱自清忆念七十年［M].扬州：广陵书社，2018：4.

大爱无疆

——《梁启超家书校注本》阅读札记

*

梁启超"一门三院士，九子皆才俊"。梁氏九个子女在不同的历史时期、不同的工作岗位上，为国家独立、民族复兴作出了积极的贡献。几十年间，梁启超奔走国是，行踪无定，与孩子们的书信往来成为他教育子女的重要手段和渠道。这些家书，一方面是对传统家教精神的自觉承接，有关立志、求学、做人、治事的种种教诲，充盈着中国传统文化的精髓；另一方面，又主动将西方现代文化中先进的观念、思想融入其中，力求实践他培育二十世纪"新民"的理想和实现"少年强则中国强"的世纪之梦。子女们的成长道路，留下了梁启超辛勤浇灌的深深印记。

中华民族有重视家庭教育的传统，千百年来流传下来的各种形式的家训、家规不计其数，其中有一种很重要的文体即是"家书"。家里的长辈通过书信与不在身边的晚辈进行交流，内容因人而异，但都非常广泛，大到经邦纬国、改朝换代、道统接续、治学修身，小到家庭生计、邻里琐事、养身之道、柴米油盐，可以说，事无巨细，无不涉及。这种交流因为是在亲人之间进行的，所以往往直抒胸臆，坦露心迹，没有雕饰，意随笔到。或是态度严峻，或是苦口婆心，晓之以理，动之以情，字里行间浸透了对下一代成长的关切，倾注了对家族兴旺的期

* 此文系与裴子卫合作撰写。

待。正因为有这样一些别的文献所不具备的特点，所以历史上很早就有人把这种家书整理汇集，作为家庭教育的教材，如朱熹的《朱子训子帖》等。近代以来，最有代表性、影响最大的当推《曾文正公家训》，该书即由曾国藩的一百二十封家书组成。书以人传，由于曾氏家族五代之内代有英才，是海内外难得一见的长盛之家，因而《曾文正公家训》一书在社会上广泛流布，影响不衰。

与曾国藩晚清名臣、理学大师的政治身份、学术立场不同，梁启超是近代著名的改革家、教育家，文化启蒙的一代宗师，这是大家都熟知的。其实，他还是一位非常称职的父亲，这方面又与曾国藩有着相似的一面。梁启超不仅将自己的一生奉献给他念兹在兹、无日或忘的“新民”事业，而且身体力行，在他的精心培育下，九个子女个个都成为二十世纪的“新民”，在不同的历史时期、不同的工作岗位上为国家独立、民族复兴作出了积极的贡献。世人用“一门三院士，九子皆才俊”① 的美誉称赞梁氏家庭教育的成功。《梁启超家书校注本》一书，收录梁氏存世家书六百五十五封，其中与子女的通信即有四百零八封。这批前后近三十年间写下的书信，忠实、全面地记录了一位慈父在子女教育问题上的所思、所行，生动、翔实地留下了梁氏九个子女各自成长的鲜活足迹。可以说，梁启超写给子女们的家书，就是一部二十世纪版的《梁氏家训》，阅读这些感情细腻

---

① 长女梁思顺，文史学者。长子梁思成，著名建筑学家，第一届中央研究院院士。次子梁思永，著名考古学家，第一届中央研究院院士。三子梁思忠，毕业于美国西点军校，英年早逝。次女梁思庄，著名图书馆学家。四子梁思达，经济学研究者。三女梁思懿，社会活动家。四女梁思宁，新四军女战士。五子梁思礼，火箭控制系统专家，中科院院士。

丰富、没有任何修饰的书信，真切地感受到梁启超对子女、对亲人、对青年、对生活深沉的爱恋，对社会、对民族、对国家强烈的责任感，在教育子女问题上为我们开启了无尽的思考空间。

一、“发蒙通德艺”“辨志良在初”

“发蒙通德艺”“辨志良在初”① 是1910年岁末流亡日本的梁启超为长女梁思顺的日记题诗中的两句话。戊戌政变后，梁启超亡命日本，在紧张的办学、办报以及开展各种活动的同时，他对子女的教育抓得很紧，在给国内二弟启勋的信中写道：“顷每日与顺儿讲文，亦致有兴味也。”② 跟随在身边的长女梁思顺，没有机会进正规学堂，梁启超就自己在家教学。年底了，思顺将记载着自己一年学习心得的日记合订成《艺蘅馆日记第一编》呈父亲审阅，梁启超欣然题诗。在这首长诗中，梁启超表扬女儿学习刻苦努力，一年下来，日记写了一千多页。同时，告诉她：读书学习，写文章，古人当作是一辈子的事，要有恒心；“文章所固有，相期在道腴”，我更希望你多多理解体察古圣先贤文章中的“道腴”（即传统伦理道德——引者），读书作文，修身为本，这是最要紧的；“发蒙通德艺”“辨志在良初”，从发蒙开始就要德艺并进，打下做人的基础。

二十世纪初，随着清政府各项“新政”的次第推行，新式

① 梁启超.饮冰室合集·文集之四十五·下［M］.北京：中华书局，1989：51.
② 梁启超.梁启超家书校注本［M］.胡跃生，校注.桂林：漓江出版社，2017：48.

学堂从城市向广大乡村推进。传统教育注重德育，以“成人”为目的；而现代教育的根本特征是重知识，以知识为导向。如何在新旧教育的嬗变中，在中国社会深刻变革的历史转折时期，顺应时代潮流，处理好德性与知识的关系，是梁启超与子女们通信中讲得最多的问题。检阅四百余封他写给子女们的信件，其中有不少是讨论学习方法、治学态度、专业选择、职业生涯的话题。但是，可以明显地感受到，重点不在知识的获得和功利的诉求，而更强调立志和做人，这是梁启超家书的核心。事实上，梁启超本人即是在一个拥有非常优秀的家教和家风的环境中成长起来的。在《三十自述》一文中，梁启超谈到自己：“四五岁，就王父（王父即祖父——引者）及母膝下授《四子书》《诗经》，夜则就睡王父榻，日与言古豪杰哲人嘉言懿行，而尤喜举亡宋、亡明国难之事，津津道之。六岁后，就父读，受中国略史，五经卒业。……父慈而严，督课之外，使之劳作，言语举动稍不谨，辄呵斥不少假借，常训之曰：‘汝自视乃如常儿乎？’至今诵此语不敢忘。”[①] 这是宋明以来儒家知识分子追求的精神境界，特别强调道德的修养和精神的陶冶，把“义理”和“名节”视为立身之本。梁启超正是在国家民族灾难深重的大环境下，在这种强调义理、名节，注重德性修炼的家庭氛围的熏陶下度过了幼年、少年时代，他又把这种家风、家教作为自己教育子女的信条。

武昌起义爆发后，梁启超迅即回国，在紧张的政治活动之余，他惦念着留在日本的几个孩子的教育。1912 年 12 月 1 日，

① 梁启超.饮冰室合集·文集之十一［M］.北京：中华书局，1989：16.

他在给长女思顺的信中写道："汝所学精进，吾甚喜慰。……汝劬学宜得赏，吾有极精美之文房品赏汝，但恐未必有便人耳，思成（指梁之长子梁思成——引者）学进，亦更有赏也。"[①] 仅仅一天之后，他在12月3日的信中告诉思顺："别有影宋本四书一部，赏与思成。此书至可宝，可告之。"[②] 12月5日，他再次写信，让思顺转告思成，这次孩子们获得的赏品中，"思成所得四书乃最贵之品也。可令其熟诵，明年侍我时，必须能背诵，始不辜此大赉也"。思顺自己获得的赏品是《韩集》（即《韩愈文集》——引者）一箱，父亲在信中告诉她："《韩集》本欲留读，因濒行曾许汝，故复以赉汝。吾又得一明刻本《李杜全集》，字大寸许，极可爱，姑以告汝，却不许撒娇来索。思成若解文字，则吾他日赏之。"[③]《论语》《韩集》《李杜全集》，都是梁启超平日针对不同孩子成长的需要留心准备的。《梁启超家书校注本》一书中的大量信件，留下了梁启超在不同时期分别给远在国内外各地的孩子赠送"赏品"的清单：《资治通鉴》《续资治通鉴》《史记》《文选》《白香山集》《欧阳文忠全集》《宋诗钞》《后汉书》《东坡集》《韩柳合集》等，可以说都是中国传统文化典籍中的精品。

1918年夏秋之际，梁启超在参加繁忙的政治活动和进行著述的间隙，为思顺、思成、思永等讲授国学源流和《孟子》。"为群儿讲学术流别，三日后当了。更拟为讲《孟子》——非随文解释，讲义略同学案也。……吾每日既分一半光阴与彼辈，

① 梁启超.梁启超家书校注本［M］.胡跃生，校注.桂林：漓江出版社，2017：325—326.
② 同上：328.
③ 同上：329—330.

亦致可惜。弟能来听极善……”这是梁启超在写给二弟启勋信中透露的信息。一个月内，他有三封信谈到孩子们的学习情况，并邀请二弟启勋，如果时间允许，一并来听最好。他认为，《孟子》一书，孩子们现在年龄尚小，不一定能懂，“不过予以一模糊之印象，数年以后，或缘心理再显之作用，稍有会耳”，在他们今后的成长过程中，此书一定会发挥作用。[①] 在讲课的过程中，梁启超编写了《读〈孟子〉记（修养论之部）》作为讲义，该文后在1919年2月4—8日、10—13日《时事新报》刊出。梁启超在连载时的“著者识”中写道：“客岁暑中为儿曹讲《孟子》，略区为三部：一曰哲理论，二曰修养论，三曰政治论。今将修养论之部，刊登报中，聊为青年学古淑身之一助。”[②] 强调《孟子》一书关于人生修养的论述对于青年特别有帮助。在讲义中，梁启超写道：“《孟子》全书教人者千言万语，可以两言蔽之，曰‘先立乎其大者，则其小者不能夺也’。（《告子》上）”那么，什么是“其大者”呢？梁继续引《孟子》原文：“王子垫问曰：‘士何事?’孟子曰‘尚志。’（《尽心》上）”“尚志”即是立志。梁解释说：“‘尚志’者，谓高尚其志也。人类之能进步，以其有向上心，不以现状自满足，而常求加进。此其所以异于禽兽也。志一立，则肌肤筋骸皆挺举，而神明自发皇；而不然者，则奄奄若陈死人，更复有何事，直一齐放倒耳。故孟子首以此教学者也。”[③] 梁启超用社会进化、人与禽兽的区别等浅显道理讲解孟子的修养论、修养功夫，目的在于为儿女的

① 梁启超.梁启超家书校注本［M].胡跃生，校注.桂林：漓江出版社，2017：111.

② 梁启超.饮冰室合集·集外文（中册）［M].夏晓虹，辑.北京：北京大学出版社，2005：774.

③ 同上：775—776.

人生修养打下一个好的基础。在《要籍解题及其读法》一书中，梁启超进一步强调，《孟子》一书“于今日青年尤为相宜，学者宜摘取其中精要语熟诵，或抄出常常阅读，使其精神深入我之‘下意识’中，则一生做人基础可以稳固，而且日日向上，至老不衰矣”。[①] 他希望将孟子的修养论、修养功夫融入儿女或青年之生命中去，成为他们立身的根基。

1923 年 5 月，梁思成、梁思永兄弟俩遭车祸，思成骨折住进医院，梁启超到医院看望受伤的孩子。但是，由于医院离家太远，加上工作繁忙，他无法陪在孩子身边，就通过写信的方式与思成交流。他在一封信中写道：

父示思成：吾欲汝以在院两月中取《论语》《孟子》，温习谙诵，务能略举其辞，尤于其中有益修身之文句，细加玩味。次则将《左传》《战国策》全部浏览一遍，可益神智，且助文采也。更有余日，读《荀子》则益善。各书可向二叔处求取。[②]

受伤的梁思成当时已结束了在清华的学业，正准备赴美留学，心急如焚。梁启超却建议儿子趁着在医院治腿的机会，认真温习《论语》《孟子》二书，要求他将二书中“有益修身之文句，细加玩味”。住院一个多月后，梁思成想尽快出院，早日赴美，并请母亲转告父亲自己的想法。梁启超得知后写信给思成：“汝母归后说情形，吾意以迟一年出洋为要，……盖身体未完全复

① 梁启超.饮冰室合集・专集之七十二［M］.北京：中华书局，1989：8.
② 梁启超.梁启超家书校注本［M］.胡跃生，校注.桂林：漓江出版社，2017：594.

元，旋行恐出毛病，为一时欲速之念所中，而贻终身之戚，甚不可也。人生之旅，历途甚长，所争决不在一年半月，万不可因此着急失望，招精神上之萎葸。汝生平处境太顺，小挫折正磨炼德性之好机会。”① 他让思成安心住院，结合《论语》《孟子》的温习，把这次受伤的挫折转变为磨炼自己德性的机会。

梁启超重视子女们的精神陶冶、德性养成，强调从传统文化典籍中汲取营养，以古圣先贤为学习榜样。这一点是非常明确的。在具体方法上，不仅仅鼓励他们钻研原典、细加玩味，更注重通过自己或者孩子们经历的具体事例来引导他们亲近经典，体悟、吸纳典籍中关于人生修养的真谛。这一点，即使孩子们早已长大成人，仍然坚持。1926 年 10 月 4 日，梁启超给几个孩子写信，告诉他们自己昨天经历的一件事：

孩子们：我昨天做了一件极不愿意做之事——去替徐志摩证婚。他的新妇是王受庆夫人，与志摩恋爱上，才和受庆离婚，实在是不道德之极。我屡次告诫志摩而无效。……我在礼堂演说一篇训词，大大教训一番，新人及满堂宾客无一不失色，此恐是中外古今所未闻之婚礼矣。今把训词稿子寄给你们一看。……品性上不曾经过严格的训练，真是可怕。我因昨日的感触，专写这一封信给思成、徽音、思忠们看看。②

他借发生在自己身边的徐志摩的例子，告诫子女们“品

① 梁启超.梁启超家书校注本［M］.胡跃生，校注.桂林：漓江出版社，2017：597—598.

② 同上：701—702.

性上不曾经过严格的训练，真是可怕”。其实，此时的梁思成、林徽因[①]早已成婚，三子梁思忠已是在美国西点军校就读的留学生。

二、“处忧患最是人生幸事”

梁启超对孩子们充满真挚、热烈的爱，对于不在身边的子女，他几乎把写信或者阅读孩子们的来信作为最大的享受。在1926年9月29日的一封信中，他写道：

孩子们：今天从讲堂下来，接着一大堆信——坎拿大（加拿大——引者）三封内夹成、永、庄寄坎的好几封，庄庄（梁思庄——引者）由纽约来的一封，又前日接到思永来一封，忠忠（——梁思忠，引者）由域多利（现通译为维多利亚——引者）来的一封——令我喜欢得手舞足蹈。[②]

这一年，梁启超已经五十三岁，信中毫无掩饰地表达了接到孩子们的信后“手舞足蹈”的兴奋愉悦之情。1927年6月15日，他给远在美国、加拿大工作和求学的几个孩子的信中写道：

孩子们：三个多月不得思成来信，正在天天悬念，……你们须知你爹爹是最富于情感的人，对于你们的爱情，十二分热烈。

① 林徽因原名林徽音。
② 梁启超.梁启超家书校注本［M］.胡跃生，校注.桂林：漓江出版社，2017：697.

你们无论功课若何忙迫，最少隔个把月总要来一封信，便几个字报报平安也好。你爹爹已经是上了年纪的人，这几年来，国忧家难，重重叠叠，自己身体也不如前。你们在外边几个大孩子，总不要增加我的忧虑才好。[①]

不要以为这只是梁启超晚年时的写信口吻，翻阅他留下的数百封信件，能够深切地感受到暖暖的慈父之爱流淌其间，几乎每一封信都是“爱”透纸背。他在信中对儿女常用昵称、戏称来表达自己炽烈的感情，“我的宝贝”是大女儿思顺的专用昵称，思成、思永兄弟二人是“不甚宝贝”的宝贝，二女儿思庄为“小宝贝”，三女儿思懿为“司马懿”，最小的儿子思礼的爱称则是“老白鼻”。正如有研究者指出：“如果对《梁启超家书》进行语言分析，做一次关键词量化筛查和分析，使用频次高并具有精神品格意义的，我想一定是‘爱’或与之关联的字词。”[②] 当然，这只是问题的一个方面。另一方面，作为父亲，梁启超对子女的爱更体现在对他们的严格要求上，他总是有意识地引导子女在忧患、挫折中成长，以此磨炼意志、砥砺人格。“你们谅来都知道，爹爹虽然是挚爱你们，却从不肯姑息溺爱，常常盼望你们在苦困危险中把人格能磨炼出来。”[③] 这是一种更高层次的大爱。

辛亥革命后，梁启超结束流亡生活回到国内，所到之处受到各界空前热烈的欢迎和礼遇，一时名利双收，生活优裕。不

① 梁启超.梁启超家书校注本［M］.胡跃生，校注.桂林：漓江出版社，2017：783.

② 同上：879.

③ 同上：772.

久，袁世凯阴谋称帝，梁启超与蔡锷联合西南各省策划反对帝制的“护国运动”，历经险阻，家庭生活也大受影响。梁启超认为这是教育子女们的好机会，他在给思顺的信中写道：

处忧患最是人生幸事，能使人精神振奋，志气强立。两年来所境较安适，而不知不识之间，德业已日退，在我犹然，况于汝辈。今复还我忧患生涯，而心境之愉快，视前此乃不啻天壤，此亦天之所以玉成汝辈也。使汝辈再处如前数年之境遇者，更阅数年，几何不变为纨绔子哉。此书可寄示汝两弟，且令宝存之。[①]

他让思顺看完后把信交给思成、思永一读，并保存好。一个多月后，他给三个孩子写信，再次提及此事：“孟子言：‘生于忧患，死于安乐。’汝辈小小年纪，恰值此数年来无端度虚荣之岁月，真是此生一险运。吾今舍安乐而就忧患，非徒对于国家自践责任，抑亦导汝曹脱险也。吾家十数代清白寒素，此乃最足以自豪者，安可逐腥膻而丧吾所守耶？此次义举虽成，吾亦决不再仕宦，使汝等长育于寒士之家庭，即授汝等以自立之道也。”[②] 1916 年 3 月 18 日，梁启超在给思顺的信中寄去《从军日记》一篇，共九页。《从军日记》是梁启超该年 3 月 4 日离开上海，经香港抵海防一路的行程记载，其间充满了曲折和艰辛。他在信中告诉思顺：“读此当详知吾近状。……此记无副本，宜宝存之，将来以示诸弟，此汝曹最有力之精神教育也。”[③]

---

① 梁启超.梁启超家书校注本［M］.胡跃生，校注.桂林：漓江出版社，2017：486.
② 同上：493.
③ 同上：507.

1927年初，北洋政府在国民革命军的冲击下摇摇欲坠，甚至连各驻外使馆的日常经费和工作人员的薪酬亦无法支付。梁思顺正随其丈夫在加拿大领事馆任上，生活自然受到影响。梁启超在信中写道：

顺儿：我看见你近日来的信，狠欣慰。你们缩小生活程度，暂在坎挨一两年，是最好的。你和希哲（思顺丈夫——引者）都是寒士家风出身，总不要坏自己家门本色，才能给孩子们以磨炼人格的机会。生当乱世，要吃得苦，才能站得住（其实何止乱世为然），一个人在物质上的享用，只要能维持着生命便够了。至于快乐与否，全不是物质上可以支配。能在困苦中求出快活，才真是会打算盘哩。何况你们并不算穷苦呢。拿你们（两个人）比你们的父母，已经舒服多少倍了，以后困苦日子，也许要比现在加多少倍，拿现在当作一种学校，慢慢磨炼自己，真是最好不过的事，你们该感谢上帝。[①]

此时的梁思顺夫妇已经是有四个孩子的父母，梁启超的信不仅鼓励他们要保持寒士家风的本色，更提醒他们这也是对他们自己的孩子的一种教育和熏陶，用心可谓良苦。

“生于忧患，死于安乐”，梁启超反复让孩子们涵泳玩味《孟子》一书中的这句话。其实，他自己一生都在努力践行这句话。早年流亡日本期间，在极端艰苦的条件下，他废寝忘食地吸收新知，从事著述和参加各种活动，“年来贫彻骨，而为学日

① 梁启超.梁启超家书校注本［M］.胡跃生，校注.桂林：漓江出版社，2017：777—778.

有常课，精神日用则日出，而心境泰然，其乐乃无极也”。[①]“兄近日贫乃彻骨，拂逆之事更亹亹不知所届，然心境之旷怡，乃过于前，不知学道有进耶？抑疲于忧患而不复觉为忧患也。”[②]这是他在给国内二弟启勋的信中坦陈自己的处境和心情，生活上虽“贫彻骨”，精神上却“乐乃无极”。辛亥革命后，梁启超回国，百事缠身，“入都五日，门簿所载客名已三百二十人，接见者约三之一，其劳可想。然吾性惟劳乃乐，故精神似尚胜于在津时”。[③]“要之，生为今日之中国人，安得有泰适之望，如我者则更无所逃避矣。”[④] 这是他在给大女儿的信中讲述自己回国后的近况，“吾性惟劳乃乐”，一天接见上百位来访客人，为国事奔走，愈忙碌愈感到愉快。尽管如此，他还是不放过一切机会，时时反省，提醒自己加强学养之修炼。前面曾经提及，1916 年初，他回西南联络各省反对袁世凯复辟，策划“护国运动”，一路艰辛，体力、精力常感不适。他在给女儿的信中写道：“因念频年佚乐太过，致此形骸习于便安，不堪外境之剧变，此吾学养不足之明证也。人生惟常常受苦，乃不觉苦，不致为苦所窘耳。”[⑤] 此类信件读来，与其说是教育子女，毋宁说是与孩子们相互勉励，春风化雨，润物无声。次子思永的一段话代表了他们一代的心声：“爹爹尽可放心，我们弟兄姊妹都受了爹爹的遗传和教训，不会走到悲观沉郁一路去。”[⑥]

---

① 梁启超.梁启超家书校注本［M］.胡跃生，校注.桂林：漓江出版社，2017：45.
② 同上：49.
③ 同上：397.
④ 同上：415.
⑤ 同上：510.
⑥ 同上：803.

三、“总要在社会上常常尽力，才不愧为我之爱儿”

进入二十世纪的第一年，梁启超在海外流亡中写下了《自励》诗二首、《志未酬》一篇、《爱国歌》四章，抒发自己在新世纪之始的心情。在《志未酬》中，他写道：

志未酬，志未酬，问君之志几时酬？志亦无尽量，酬亦无尽时。世界进步靡有止期，吾之希望亦靡有止期。众生苦恼不断如乱丝，吾之悲悯亦不断如乱丝。登高山复有高山，出瀛海更有瀛海，任龙腾虎跃以度此百年兮，所成就其能几许？虽成少许，不敢自轻，不有少许兮，多许奚自生？但望前途之宏阔而寥远兮，其孰能无感于余情？吁嗟乎男儿志兮天下事，但有进兮不有止，言志已酬便无志。①

这一年，梁启超二十九岁，身居海外，胸怀祖国，他立志为国家的独立、富强，为解除众生的苦恼，“不敢自轻”，不言志酬，“报国惟忧或后时”。近三十年过去了，1927 年 1 月 2 日，对于梁启超而言，是个难得的清闲日子：

孩子们：今天总算我最近两个月来最清闲的日子，正在一个人坐在书房里拿着一部杜诗来吟哦。……司法储才馆下礼拜便

① 梁启超.饮冰室合集·文集之四十五·下［M］.北京：中华书局，1989：16.

开馆，以后我真忙死了，每礼拜大概要有三天住城里。清华功课有增无减——因为清华寒假后兼行导师制，每教授担任指导学生十人，大学部学生要求受我指导者已十六人，我不好拒绝。这是由各教授自愿的，我完全不理也可以，但我不肯如此。又在燕京担任有钟点——燕京学生比清华多，他们那边师生热诚恳求我，也不好拒绝，真没有一刻空闲了。……上月为北京学术讲演会作四次公开的讲演，讲坛在旧众议院，每次都是满座，连讲两三点钟，全场肃静无哗，每次都是距开讲前一两点钟已经人满。在大冷天气，火炉也开不起，而听众如此热诚，不能不令我感动。我常感觉我的工作，还不能报答社会上待我的恩惠。[①]

如此紧张的节奏，如此繁重的工作，梁启超仍时时觉得未尽到自己的责任，不能报答社会的恩惠。事实上，此时他已身患肾病，便血的症状时隐时现。长期以来超负荷的工作，严重地损害了他的健康。他在给思顺的一封信中写道：

我的宝贝思顺：你猜我一个月以来做得什么事，我且把我的功课表写给汝看。每日下午二时至三时在东南大学讲“中国政治思想史”，除来复日（即星期日——引者）停课外，日日如是。每来复五晚为校中各种学术团体讲演，每次二小时以上。每来复四晚在法政专门讲演，每次二小时。每来复二上午为第一中学讲演，每次二小时。每来复六上午为女子师范讲演，每次二小时。每来复一、三、五从早上七点半起至九点半（最苦

① 梁启超.梁启超家书校注本［M］.胡跃生，校注.桂林：漓江出版社，2017：713—715.

是这一件，因为六点钟就要起来），我自己到支那内学院上课，听欧阳竟无先生讲佛学。此外各学校或团体之欢迎会等，每来复总有一次以上。讲演之多既如此，而且讲义都是临时自编，自到南京以来（一个月）所撰约十万字。张君劢跟着我在此，日日和我闹，说“铁石人也不能如此做”，总想干涉我，但我没有一件能丢得下。①

此时的梁启超已年近五十，在常人看来这样拼命地工作，“铁石人也不能如此做”，而梁启超却掏心掏肺地告诉女儿：“我没有一件能丢得下。”对国家、对社会、对青年，梁启超总觉得有一种不可推卸的责任，总怀有一种恩惠未报的歉疚感。家书中花费大量笔墨叙述自己的近况和生活细节，固然是抒发情感和向家人报平安，更重要的是，借助这样的机会，表达自己的人生态度和理想追求。这种意识又自觉或不自觉地始终充溢于家书的字里行间，启发孩子们要自觉承担社会责任，要感恩长辈、亲人和世人，由近及远，由个人到社会、国家。1912 年 12 月 18 日，他写信给尚留在日本的长女思顺，让思顺和思成每十天一定要给回到广东老家的祖父去一封请安的信。② 1913 年 5 月，思顺等几个孩子即将从日本启程回国，他去信反复叮咛，告诉他们一定要向友人辞行告别，表示感谢。③ 1916 年 6 月 22 日，梁启超接到思成、思永给他的信，这是在父亲梁莲涧去世后他接到的孩子们的第一封信，一看信中并无哀痛之语，他马

① 梁启超.梁启超家书校注本［M］.胡跃生，校注.桂林：漓江出版社，2017：574.

② 同上：335.

③ 同上：417.

上回信批评："来禀已悉。新遭祖父之丧，来禀无哀痛语，殊非知礼。以年幼姑勿责也。"[①] 1924 年 9 月，梁启超夫人去世，由于身体和工作的原因，夫人后事的料理以及安葬的一切事宜都是由二弟启勋一手办理的。梁启超写信给孩子们：

这等事本来是成、永们该做的，现在都在远（指思成、思永在美国留学——引者），忠忠又为校课所迫，不能效一点劳，倘若没有这位慈爱的叔叔，真不知如何办得下去。我打算到下葬后，叫忠忠们向二叔磕几头叩谢。你们虽在远，也要各各写一封信，恳切陈谢（庄庄也该写），谅来成、永写信给二叔更少。这种子弟之礼，是要常常在意的，才算我们家的乖孩子。[②]

把这种对家人、对长辈的亲情、礼节、责任扩而大之，就是对社会、对他人、对事业的关心和责任感。1919 年 12 月 2 日，正在欧洲游历考察的梁启超也许是看到欧洲战后的景象有感而发，写信给思顺：

得十月廿一日禀，甚喜。总要在社会上常常尽力，才不愧为我之爱儿。人生在世，常要思报社会之恩，因自己地位做得一分是一分，便人人都有事可做了。[③]

在另一封信中，他告诉孩子们："我常说天下事业无所谓大

---

① 梁启超.梁启超家书校注本［M］.胡跃生，校注.桂林：漓江出版社，2017：519.

② 同上：651.

③ 同上：551.

小（士大夫救济天下和农夫善治其十亩之田，所成就一样），只要在自己责任内，尽自己力量做去，便是第一等人物。”① 在社会上服务并承担一定的责任，就不能耿耿于个人得失：“凡为社会任事之人，必受风波。吾数十年日在风波中生活，此汝所见惯者，俗语所谓‘见怪不怪，其怪自败’，吾行吾素可耳。”②

“一门三院士，九子皆才俊”，梁启超的子女们各有自己的成就，个个都成为自己行业领域的专家，他们成功的原因何在？“天下事业无所谓大小，只要在自己责任内，尽自己力量做去，便是第一等人物”；“人生在世，常要思报社会之恩，因自己地位做得一分是一分”。看似平淡却蕴含着深刻人生体悟的这两句话，是激励孩子们走向成功的重要因素。

四、“求学问不是求文凭”“凡学问最好是因自己性之所近”

梁启超一生奔走国事，为社会服务，行踪遍及海内外，这就使得子女们的教育很难有稳定的环境，他也没有更多的时间和孩子们在一起，亲身感受他们的成长过程。二十世纪的第一个十年，长女思顺、次女思庄、长子思成、次子思永、三子思忠都在日本，到了读书年龄，有的孩子去学校读书，有的请日本教师在家教读。梁启超本人则往来奔波于国内、日本、美国、新加坡以及澳洲等国和地区。二十世纪二十年代，几个年长的孩子思成、思永、

① 梁启超.梁启超家书校注本［M］.胡跃生，校注.桂林：漓江出版社，2017：605—606.

② 同上：565.

思庄、思忠等先后去美国、加拿大留学，而年纪尚小的四子思达、三女思懿、四女思宁则在天津的学校读书。梁启超在国内各地活动频繁，在天津时间不多，为了提高充实子女的国学、史学基本知识，决定让他们几个从 1927 年下半年起，休学一年补课，特地聘请了他在清华国学研究院的学生谢国桢先生来做家庭教师，在家里办起了补课学习组。[①] 这样一种特定的家庭生活状态，决定了梁启超对子女们在学业上的关心与指导，成为他写信交流的另一个重点。

辛亥革命后，梁启超回到国内。长女思顺和弟妹们留在日本，她的学业是由梁启超设计课程，请了几位日本朋友教读。1913 年 2 月 20 日，梁启超在给思顺的信中写道：

得禀，知已受比较宪法及财政学，甚慰。可以吾命请于诸师，乞其于纯理方面稍从简略，于应用方面稍加详，能随处针对我国现象立论尤妙。……惟功课虽增，每周受业时间万不许加增，宁可延归期一两月耳。吾极不欲过劳汝，惟念归后难得良师，故欲汝受此完全教育耳，可出此书与津村先生商之。刀祢馆先生复以余晷授思成，可感之至，为我深道谢，并告思成勉学，毋负盛意也。[②]

信中的意思很明确，实际上是告诉女儿，她在学习比较宪法和财政学这些功课时，既要注重理论学习，更要关注中国的

① 吴荔明.梁启超和他的儿女们［M].北京：北京大学出版社，2013：286.

② 梁启超.梁启超家书校注本［M].胡跃生，校注.桂林：漓江出版社，2017：365—366.

情况，联系中国的实际；同时，要她劳逸结合，学习上不能操之过急。在另一封信中，他特别强调了健康问题：

第三号禀悉。何故忽患不能睡之证，由忧我思我耶？抑由功课太迫，用脑太劳耶？我何劳汝忧，汝忧我是杞人之类耳。功课迫则不妨减少，多停数日亦无伤。要之，吾儿万不可病，汝再病则吾之焦灼不可状矣，吾得汝痊愈之报告，吾心乃释也。[1]

在读书与健康的关系问题上，梁启超从来都是把孩子们的健康放在第一位。

在 1925 年 7 月 10 日的一封信中，梁启超对刚到加拿大的次女梁思庄的学业问题坦陈了自己的建议：

庄庄，你的信写许多有趣话告诉我，我喜欢极了。你往后只要每水船都有信，零零碎碎把你的日常生活和感想报告我，我总是喜欢的。我说你“别要孩子气”，这是叫你对于正事——如做功课，与及料理自己本身各事等——自己要拿主意，不要依赖人。至于做人带几分孩子气，原是好的。你看爹爹有时还有“童心”呢！

你入学校，还是在加拿大好。你三个哥哥都受美国教育，我们家庭要变“美国化”了！我狠想你将来不经过美国这一级（也并非一定如此，还要看环境的利便），便到欧洲去，所以在加拿大预备像更好。稍旧一点的严正教育，受了狠有益，你还

① 梁启超.梁启超家书校注本［M］.胡跃生，校注.桂林：漓江出版社，2017：345.

是安心入加校罢。至于未能立进大学，这有什么要紧？“求学问不是求文凭”。总要把墙基越筑得厚越好。你若看见别的同学都入大学，便自己着急，那便是“孩子气”了。[①]

此时的梁思庄年仅十六岁，母亲去世不久，大姐思顺的丈夫周希哲被政府派往加拿大任总领事，梁启超考虑到她的教育问题，就让她随回国奔丧的大姐前往加拿大读书。到加拿大后，思庄面临的第一个问题是：在哪里求学更好？因为她的三位哥哥思成、思永、思忠都在美国留学，她去美国读书顺理成章，十分自然，更不要说美国的高等教育当时在世界上的地位和影响，国内青年趋之若骛。第二个问题是：直接上大学，还是先在中学补习一段时间后再入大学？因为出国前，思庄在天津中西女中已打下了较好的英文基础，直接进入大学也不困难。针对这些问题，梁启超建议：第一，选择读书的学校最好就在加拿大，几个孩子不要都集中在一个国家，眼界要开阔；此外，先接受一段“稍旧一点的严正教育”对一个人的成长更有好处。第二，“求学问不是求文凭”，不必急急忙忙入大学，“总要把墙基越筑得厚越好”，让她安心先在中学补习一段时间。梁启超给女儿的这些建议，实际上针对的是二十世纪二十年代中国留学生教育中普遍存在的问题，他希望子女出国留学不要“求速成”，不要“攀名牌”，不要“混文凭”。一年后，思庄顺利考入加拿大麦基尔大学。越一年，1927 年 8 月，思庄已经是大学二年级的学生，要准备选择专业了，梁启超在一封信里谈了自己的看法：

① 梁启超.梁启超家书校注本［M］.胡跃生，校注.桂林：漓江出版社，2017：631—632.

庄庄在极难升级的大学中居然升级了，从年龄上你们姊妹弟兄们比较，你算是最早一个大学二年级生，你想爹爹听着多么欢喜。你今年还是普通科大学生，明年便要选定专门了，你现在打算选择没有？我想你们弟兄姊妹，到今还没有一个学自然科学，狠是我们家里的憾事，不知道你性情到底近这方面不？我狠想你以生物学为主科，因为它是现代最进步的自然科学，而且为哲学、社会学之主要基础，极有趣而不须粗重的工作，于女孩子极为合宜，学回来后本国的生物随在可以采集试验，容易有新发明。截到今日止，中国女子还没有人学这门（男子也很少），你来做一个“先登者”不好吗？还有一样，因为这门学问与一切人文科学有密切关系，你学成回来可以做爹爹一个大帮手，我将来许多著作，还要请你做顾问哩！不好吗？你自己若觉得性情还近，那么就选他，还选一两样和他有密切联络的学科以为辅。……专门科学之外，还要选一两样关于自己娱乐的学问，如音乐、文学、美术等。[1]

作为一位父亲，梁启超替女儿的谋划实在是无懈可击，既高瞻远瞩，又细致入微：从世界科学发展前景，到国内人才奇缺；从家里孩子们的专业分布、女性特点，到父亲工作的实际需要；等等。尽管如此，他还是在信中一再申明“你自己若觉得性情还近，那么就选他”，完全没有一点强迫的意思，表现出对孩子个人选择的高度尊重。思庄遵从父亲的建议，选择生物学读了一年之后，感到自己确实对这门学科缺乏兴趣，又不好

① 梁启超.梁启超家书校注本［M］.胡跃生，校注.桂林：漓江出版社，2017：794—795.

意思与父亲讲。梁启超是从她写给思永的信中得知此事的，得到消息后马上写信：

庄庄：听见你二哥说你不大喜欢学生物学，既已如此，为什么不早同我说。凡学问最好是因自己性之所近，往往事半功倍。你离开我狠久，你的思想近来发展方向我不知道，我所推荐的学科未必合你的式。凡学问没有那样不是好，合自己式（和自己的意兴若相近者）便是最好。你应该自己体察做主，用姊姊、哥哥们当顾问，不必泥定爹爹的话。……我狠怕因为我的话，搅乱了你治学针路，所以赶紧写这封信。[①]

得知女儿不喜欢自己建议的生物学科，他不仅没有丝毫不快，反而自责不已，觉得对女儿了解不够，告诉她“凡学问最好是因自己性之所近，往往事半功倍”，指出，凡学问没有那样不是好，合自己式便是最好，让她自己体察做主。这体现了一位父亲对子女的真切关爱。梁思庄最后选择了自己喜欢的图书馆学专业，学成回国后长期在北京图书馆、燕京大学图书馆和北京大学图书馆服务，成为我国著名的图书馆学家、现代图书馆事业的先行者。

对子女们的专业选择、个人职业取向，只提建议，不加干涉，是梁启超教育孩子的一个原则；即使对于他们的政治态度、政治参与等重大问题，也给予充分尊重。三子思忠二十世纪二十年代赴美留学，先后就读于弗吉尼亚陆军学院和西点军校，

① 梁启超.梁启超家书校注本［M］.胡跃生，校注.桂林：漓江出版社，2017：856.

对政治颇感兴趣。针对这种情况，梁启超明确表态："思忠来信叙述入学后情形，我和你娘娘都极高兴。你既学政治，那么进什么团体是免不了的，我一切不干涉你，但愿意你十分谨慎，须几经考量后方可加入。在加入前先把情形告诉我，我也可以做你的顾问。"①

但是，对于一些自己认定的对人生修养、道德操守、身心健康有重要影响的做学问的取向、态度、方法等，梁启超往往再三强调，不轻易让步，极力说服子女们端正态度、摒弃功利、开阔视野、拓展胸襟。长子思成清华毕业后于 1924 年赴美留学，入宾夕法尼亚大学建筑系学习。在学校，他学习刻苦、成绩优秀，但是总觉得学习建筑、美术在当时的中国没有什么大的用处，于是去信向父亲吐露心思。梁启超回信：

思成来信问有用无用之别，这个问题狠容易解答，试问唐开元、天宝间李白、杜甫与姚崇、宋璟比较，其贡献于国家者孰多？为中国文化史及全人类文化史起见，姚、宋之有无，算不得什么事。若没有了李、杜，试问历史减色多少呢？我也并不是要人人都做李、杜，不做姚、宋。要之，要各人自审其性之所近何如，人人发挥其个性之特长，以靖献于社会，人才经济，莫过于此。思成所当自策厉者，惧不能为我国美术界作李、杜耳。如其能之，则开元、天宝间时局之小小安危，算什么呢？你还是保持这两三年来的态度，埋头埋脑做去便对了。

……我生平最服膺曾文正两句话"莫问收获，但问耕耘"。

① 梁启超.梁启超家书校注本［M］.胡跃生，校注.桂林：漓江出版社，2017：712.

将来成就如何，现在想他则甚？着急他则甚？一面不可骄盈自慢，一面又不可怯弱自馁，尽自己能力做去，做到那里是那里，如此，则可以无入而不自得，而于社会亦总有多少贡献。我一生学问得力，专在此一点，我盼望你们都能应用我这点精神。①

信中提及的姚崇、宋璟皆为唐代名臣，为振兴唐帝国、开创“开元盛世”作出过重要贡献。梁启超将这两位名臣和李白、杜甫两位诗人对比，意在说明看问题的角度不同，会得出完全相左的结论。就当时而言，姚、宋二人声名显赫，李、杜二人穷困潦倒。但是，如果从中国文化史、人类文化史上考察，则“姚、宋之有无，算不得什么事。若没有了李、杜，试问历史减色多少呢”？他以此启发思成，所谓“有用”与“无用”，都是相对而言的，不能仅从一时一事上判断，而要放在大格局中考察。其实，他更要说明的是，一个人只要就自己性之所近，发挥特长，努力去做，就是对社会的贡献，“莫问收获，但问耕耘”。所以，他鼓励思成，不要为眼前的所谓“有用”“无用”所干扰，要潜心所学。

学习理论要注意联系实际，接受新知要关注中国问题，求学问不是求文凭，专业选择最重要的考量因素是个人兴趣，是“性之所近”。在建议孩子们求学过程中注意这些方面的同时，梁启超还一再根据自己的体验告诉他们，“学业上之熏染陶熔，影响亦非小”，即是说，做学问的取向、态度对一个人的德性、品格乃至生活情趣、生命的质量亦会产生很大的影响，引导他

---

① 梁启超.梁启超家书校注本［M］.胡跃生，校注.桂林：漓江出版社，2017：737—738.

们把求学问与磨炼心性、提高生命的意义结合起来。1927 年 8 月，思成即将大学毕业开始新的生活，梁启超去信提供自己的意见：

关于思成学业，我有点意见。思成所学太专门了，我愿意你趁毕业后一两年，分出点光阴多学些常识，尤其是文学或人文科学中之某部门，稍为多用点工夫。我怕你因所学太专门之故，把生活也弄成近于单调，太单调的生活，容易厌倦，厌倦即为苦恼，乃至堕落之根源。再者，一个人想要交友取益，或读书取益，也要方面稍多，才有接谈交换，或开卷引进的机会。不独朋友而已，即如在家庭里头，像你有我这样一位爹爹，也属人生难逢的幸福。若你的学问兴味太过单调，将来也会和我相对词竭，不能领着我的教训，你全生活中本来应享的乐趣，也削减不少了。我是学问趣味方面极多的人，我之所以不能专精有成者在此，然而我的生活内容异常丰富，能够永久保持不厌不倦的精神，亦未始不在此。我每历若干时候，趣味转过新方面，便觉得像换个新生命，如朝旭升天，如新荷出水，我自觉这种生活是极可爱的，极有价值的。我虽不愿你们学我那泛滥无归的短处，但最少也想你们参采我那烂漫向荣的长处（这封信你们留着，也算我自作的小小像赞）。我这两年来对于我的思成，不知何故常常像有异兆的感觉，怕他渐渐会走入孤峭冷僻一路去。我希望你回来见我时，还我一个三四年前活泼有春气的孩子，我就心满意足了。这种境界，固然关系人格修养之全部，但学业上之熏染陶熔，影响亦非小。因为我们做学问的人，学业便占却全生活之主要部分。学业内容之充实扩大，与生命内容之充实扩大成正比例。[①]

梁启超将对学问、德性、生命三者关系的深刻体悟娓娓道来，把自己摆进去，对短处不遮不掩，自揭伤痛；对长处不惜赞美之词，如“朝旭升天”“新荷出水”“烂漫向荣”等。正是这些充满睿智、卓识、真诚和浓浓父爱的家书，感染、熏陶、浸润着远在万里之外的孩子们的心灵，成为他们学有所成、身心健康、积极处世、乐观向上等人品和学品的重要精神源泉。

五、“我自己常常感觉我要拿自己做青年的人格模范”

1900 年，亡命日本的梁启超有感于国家民族的危亡，在《清议报》上发表《少年中国说》一文，发出“少年智则国智，少年富则国富，少年强则国强，少年独立则国独立，少年自由则国自由，少年进步则国进步。少年胜于欧洲，则国胜于欧洲。少年雄于地球，则国雄于地球”这一振聋发聩的时代强音，寄希望于青年一代，期盼他们担负起振兴民族的大任。“壮哉我中国少年，与国无疆！”[②] 1902 年，《新民丛报》连载了梁启超撰写的长文《新民说》，全面提出了他理想中的“新民”亦即“中国少年”的形象：“新民云者，非欲吾民尽弃其旧以从人也。

① 梁启超.梁启超家书校注本［M］.胡跃生，校注.桂林：漓江出版社，2017：793.
② 梁启超.饮冰室合集·文集之五［M］.北京：中华书局，1989：12.

新之义有二：一曰淬厉其所本有而新之，二曰采补其所本无而新之。二者缺一，时乃无功。先哲之立教也，不外因材而笃与变化气质之两途。斯即吾淬厉所固有采补所本无之说也。一人如是，众民亦然。”[①] 作为中国近代著名的改革家、教育家，文化启蒙的一代宗师，梁启超的贡献是多方面的，而他的最大贡献是顺应时代潮流，呼唤“中国少年”，提出塑造“新民”的时代命题。梁漱溟曾经评价说：“总论任公先生一生成就，不在学术，不在事功，独在他迎接新世运，开出新潮流，撼动全国人心，达成历史上中国社会应有之一段转变。”[②] 胡适也曾深情地回忆：“我个人受了梁先生无穷的恩慧。现在追想起来，有两点最分明。第一是他的《新民说》，第二是他的《中国学术思想变迁之大势》。梁先生自号‘中国之新民’，又号‘新民子’，他的杂志也叫作《新民丛报》，可见他的全部心思贯注在这一点。‘新民’的意义是要改造中国的民族，要把这老大的病夫民族，改造成一个新鲜活泼的民族。”[③] 梁启超去世后，胡适的挽联是“文字收功，神州革命。生平自许，中国新民”，[④] 充分肯定他在特定历史时期进行文化启蒙的重大贡献，赞扬他“生平自许，中国新民”的巨大影响。胡适的挽联十分准确而富有典型意义。梁启超振臂呼唤“中国少年”“中国新民”，在十九世纪末二十世纪初的神州大地，为国人开启了一扇认识自我、认识世界的新窗口，唤醒了沉睡者，更点亮了青年一代的心灵。事实上，

① 梁启超.饮冰室合集·专集之四［M］.北京：中华书局，1989：5.
② 梁漱溟.纪念梁任公先生［M］//夏晓虹.追忆梁启超（增订本）.北京：生活·读书·新知三联书店，2009：220.
③ 胡适.胡适文集（1）［M］.欧阳哲生，编.北京：北京大学出版社，1998：71.
④ 胡适.胡适日记全编（5）［M］.曹伯言，整理.合肥：安徽教育出版社，2001：354.

梁启超的一生即是自我革新、不断“善变”的一生，是“不惜以今日之我与昨日之我挑战”的一生，是努力做一个二十世纪“新民”的一生。他一再强调：“吾所谓新民者，必非如心醉西风者流，蔑弃吾数千年之道德学术风俗，以求伍于他人；亦非如墨守故纸者流，谓仅抱此数千年之道德学术风俗，遂足以立于大地也。”① 细细检阅数十年间他给子女们写下的数百封充满激情、充满大爱的家书，无不是他“新民”理想的具体实践。家书中心心念念的打好做人基础、厚植根柢，“发蒙通德艺”“辨志在良初”的教诲；家书中反复叮嘱的“总要在社会上常常尽力”“只要在自己责任内，尽自己力量做去”的立身处世原则；家书中随时提醒的处忧患是人生幸事、尊老爱幼、与人为善、知恩图报的生活细节；家书中关于学问、德性、生命三者关系的深刻体验；等等——没有严厉的说教，没有空泛的大道理，但却无不饱含着我国“数千年之道德学术风俗”之精粹，又“采补”吸纳了西方文化教育之优长。在这些家书中，我们看不到那个时代“心醉西风”“墨守故纸”的通病，感受到的是一种催人奋进、自强不息的“元气淋漓的气象”。

1927 年 5 月 5 日，梁启超在一封给孩子们的信中写道：“我自己常常感觉我要拿自己做青年的人格模范，最少也要不愧做你们姊妹弟兄的模范。我又狠相信我的孩子们，个个都会受我这种遗传和教训，不会因为环境的困苦或舒服而堕落的。”② 综观梁启超的一生，他确实是无愧于孩子们的模范，是无愧于那

① 梁启超.饮冰室合集·专集之四［M］.北京：中华书局，1989：7.

② 梁启超.梁启超家书校注本［M］.胡跃生，校注.桂林：漓江出版社，2017：773—774.

个时代青年们的人格模范！他的子女们也无愧于乃父的遗传和教训，个个都为民族复兴和社会进步，作出了自己的贡献。梁启超的家庭教育无疑是成功的，《梁启超家书校注本》为我们提供了一部生动、鲜活、充满亲情的家庭教育百科全书。

参考文献举要

一、典籍、文献

洪焕椿.浙江方志考［M］.杭州：浙江人民出版社，1984.

胡思敬.国闻备乘［M］.北京：中华书局，2007.

黄庆澄，等.东游日记·湖上答问·东瀛观学记·方国珍寇温始末［M］.陈念庆，点校.上海：上海古籍出版社，2005.

刘显世，谷正伦，修.任可澄，杨恩元，纂.贵州通志［M］.贵阳：贵阳书局，1948.

欧阳兆熊，金安清.水窗春呓［M］.北京：中华书局，1997.

杨伯峻.孟子译注［M］.北京：中华书局，1960.

朱寿朋，编.光绪朝东华录［M］.张静庐，等，校点.北京：中华书局，1958.

朱熹.四书集注［M］.长沙：岳麓书社，1985.

二、报刊

《教育与职业》《教育杂志》《力报》《宇宙风》《中华读书报》《中华教育界》

三、笔记、日记、年谱、文集

蔡元培.蔡元培全集［M］.中国蔡元培研究会，编.杭州：浙江教育出版社，1997.

杜威.杜威文选［M］.涂纪亮，编译.北京，社会科学文献出版社，2006.

高平叔.蔡元培年谱长编（2）［M］.北京：人民教育出版社，1998.

管庭芬.管庭芬日记［M］.张廷银，整理.北京：中华书局，2013.

胡适.胡适口述自传［M］.唐德刚，译注.桂林：广西师范大学出版社，2005.

胡适.胡适日记全编［M］.曹伯言，整理.合肥：安徽教育出版社，2001.

胡适.胡适书信集［M］.耿云志，欧阳哲生，编.北京：北京大学出版社，1996.
胡适.胡适文集［M］.欧阳哲生，编.北京：北京大学出版社，1998.
黄炎培.黄炎培教育文集（第1卷）［M］.中华职业教育社，编.北京：中国文史出版社，1994.
黄炎培.黄炎培日记（第1卷）［M］.北京：华文出版社，2001.
康有为.康有为全集［M］.姜义华，张荣华，编校.北京：中国人民大学出版社，2007.
梁启超.梁启超家书校注本［M］.胡跃生，校注.桂林：漓江出版社，2017.
梁启超.饮冰室合集［M］.北京：中华书局，1989.
刘大鹏.退想斋日记［M］.乔志强，标注.太原：山西人民出版社，1990.
刘绍宽.厚庄诗钞［M］.平阳：内部资料，1919.
刘绍宽.厚庄诗文续集［M］.平阳：内部资料，1937.
刘绍宽.刘绍宽日记［M］.温州市图书馆，编.方浦仁，陈盛奖，整理.北京：中华书局，2018.
鲁迅.鲁迅全集（3）［M］.北京：人民文学出版社，1991.
马克思恩格斯选集（第一卷）［M］.中共中央马克思恩格斯列宁斯大林著作编译局，编译.北京：人民出版社，2012.
孙诒让.孙诒让全集·籀庼述林［M］.北京：中华书局，2010.
汤克勤，编著.龚自珍诗全集汇校汇注汇评.上海：上海古籍出版社，2019.
唐浩明.唐浩明评点曾国藩家书［M］.北京：华夏出版社，2011.
田正平，李笑贤，编.黄炎培教育论著选［M］.北京：人民教育出版社，2018.
严复.严复集（第1册）.王栻，主编.北京：中华书局，1986.
严修.严修集［M］.陈鑫，杨传庆，整理.中华书局，2019.
严修.严修年谱［M］.高凌雯，补.严仁增，增编.济南：齐鲁书社，1990.
严修.严修日记（1894—1898）［M］.陈鑫，整理.天津：天津古籍出版社，2017.
恽毓鼎.恽毓鼎澄斋日记［M］.史晓风，整理.杭州：浙江古籍出版社，2004.
曾国藩.曾国藩家书［M］.北京：线装书局，2008.

曾国藩.曾国藩日记［M］.贾泓杰，王诚伟，整理.北京：九州出版社，2014.
曾国藩.足本曾文正公全集（第一部）［M］.李翰章，编纂.李鸿章，校勘.宁波，等，校注.长春：吉林人民出版社，2006.
张之洞.张文襄公全集［M］.北京：中国书店，1990.
浙大校友总会、电教新闻中心.竺可桢诞辰百周年纪念文集［M］.杭州：浙江大学出版社，1990.
浙江大学校史编辑室.费巩烈士纪念文集（卷二）［M］.杭州：浙江大学出版社，1980.
郑天挺.清史探微［M］.北京：商务印书馆，2014.
郑天挺.郑天挺西南联大日记［M］.俞国林，点校.北京：中华书局，2018.
中共中央文献研究室，中共湖南省委《毛泽东早期文稿》编辑组.毛泽东早期文稿［M］.长沙：湖南出版社，1995.
朱乔森，编.朱自清全集［M］.南京：江苏教育出版社，1998.
朱峙三.朱峙三日记（1893—1919）［M］.胡香生，辑录.严昌洪，编.武汉：华中师范大学出版社，2011.
竺可桢.竺可桢全集（第6卷）［M］.上海：上海科技教育出版社，2005.
竺可桢.竺可桢日记（第1册）［M］.北京：人民出版社，1984.

四、资料集

北京大学，清华大学，南开大学，云南师范大学，编.国立西南联合大学史料（二）［G］.昆明：云南教育出版社，1998.
陈谷嘉，邓洪波，编.中国书院史资料（下册）［M］.杭州：浙江教育出版社，1998.
陈学恂，主编.中国近代教育史教学参考资料（下册）［M］.北京：人民教育出版社，1987.
范文澜.中国近代史［M］.北京：人民出版社，1962.
封越健，孙卫国，编.郑天挺先生学行录［M］.北京：中华书局，2009.
利玛窦.利玛窦中文著译集［M］.朱维铮，主编.上海：复旦大学出版社，2001.
璩鑫圭，唐良炎，编.中国近代教育史资料汇编·学制演变［M］.上海：上海教育出版社，1991.

宋恩荣，章咸.中华民国教育法规选编［M］.南京：江苏教育出版社，2005.
王学珍，郭建荣，主编.北京大学史料（第四卷）［G］.北京：北京大学出版社，2000.
西南联大北京校友会，编.国立西南联合大学校史——1937 至 1946 年的北大、清华、南开［M］.北京：北京大学出版社，1996.
西南联大除夕副刊，主编.联大八年［M］.昆明：西南联大学生出版社，1946.
熊月之.晚清新学书目提要［M］.上海：上海书店出版社，2007.
徐强，编.长向文坛瞻背影：朱自清忆念七十 年［M］.扬州：广陵书社，2018.
张宪文，辑.孙诒让遗文辑存（温州文史资料第五辑）［M］.杭州：浙江人民出版社，1990.
浙江省苍南县政协委员会文史资料委员会，编.苍南县文史资料第十六辑（刘绍宽专辑）［G］.平阳：内部资料，2001.
浙江省政协文史资料委员会.一代宗师竺可桢（浙江文史资料选辑第 40 辑）［M］.杭州：浙江人民出版社，1990.
中国人民政治协商会议天津市委员会文史资料研究委员会，编.天津文史资料选辑（第二十八辑）［M］.天津：天津人民出版社，1984.
中南地区辛亥革命史研究会，武昌辛亥革命研究中心.辛亥革命史丛刊（第 10 辑）（第 11 辑）［G］.武汉：湖北人民出版社，2001.
朱有瓛.中国近代学制史料（第 1 辑下册）［G］.上海：华东师范大学出版社，1986.

五、研究著述

陈青之.中国教育史［M］.上海：商务印书馆，1936.
陈左高.历代日记丛谈［M］.上海：上海画报出版社，2005.
戴维·迈尔斯.社会心理学（第 8 版）［M］.侯玉波，等，译.北京：人民邮电出版社，2006.
干松春.制度化儒家及其解体［M］.北京：中国人民大学出版社，2003.
何炳棣.读史阅世六十年［M］.桂林：广西师范大学出版社，2005.
吉尔伯特·罗兹曼.中国的现代化［M］.国家社会科学基金“比较现代化”课题组，译.南京：江苏人民出版社，1988.

李细珠.变局与抉择：晚清人物研究［M］.北京：北京师范大学出版社，2017.

罗志田.再造文明的尝试——胡适传（1891—1929）［M］.北京：中华书局，2006.

骆惠敏.清末民初政情内幕（上卷）［M］.北京：知识出版社，1986.

桑兵.晚清学堂学生与社会变迁［M］.桂林：广西师范大学出版社，2007.

时蓉华.现代社会心理学［M］.上海：华东师范大学出版社，1989.

滕大春.美国教育史［M］.北京：人民教育出版社，1994.

田正平.中国教育史研究（近代分卷）［M］.上海：华东师范大学出版社，2009.

吴荔明.梁启超和他的儿女们［M］.北京：北京大学出版社，2013.

徐佳贵.乡国之际：晚清温州府士人与地方知识转型［M］.上海：复旦大学出版社，2018.

殷陆君.人的现代化——心理·思想·态度·行为［M］.成都：四川人民出版社，1985.

余英时.重寻胡适历程［M］.桂林：广西师范大学出版社，2004.

浙江大学校史编写组.浙江大学简史（第一、二卷）［M］.杭州：浙江大学出版社，1996.

周明之.胡适与中国现代知识分子的选择［M］.雷颐，译.桂林：广西师范大学出版社，2005.